THE DISCIPLINES OF
ORIGINAL SIN

LAW & LITERATURE

刘春园 著

法学与文学公开课
来自原罪的规训

北京大学出版社

序

陈兴良*

刘春园在其博士论文基础上撰写而成的《法学与文学公开课》（共三辑）系列图书，由北京大学出版社出版。受邀为本书作序，感到十分荣幸。

刘春园于2012年毕业于中国人民大学法学院刑法专业，获得博士学位，其导师是黄京平教授。刘春园的博士论文题目是《西方文学与刑法思想关系研究——以历史变迁为视域》，该篇博士论文选题新颖，资料丰富，论述流畅，观点前沿，颇获好评，并获得中国法学会刑法学研究会首届"全国刑法学优秀博士学位论文"二等奖。我主编的《刑事法评论》为此专门开设"刑法与文学"专栏，刊载过刘春园博士论文中的三个篇章：《神秘、冰冷而邪恶的异己力量——漫谈卡夫卡文学作品中的司法异化现象》（载《刑事法评论》第34卷，北京大学出版社2014年版）；《"亲密敌人"与"快乐伴侣"——文学作为刑法学研究工具之可能性探讨》（载《刑事法评论》第35卷，北京大学出版社2015年版）；《查理斯·狄更斯文学作品中的法学情缘——以〈雾都孤儿〉〈荒凉山庄〉〈双城记〉〈游美札记〉为分析样本》（载《刑事法评论》第37卷，北京大学出版社2016年版）。刘春园的博士论文通过以后，2014年获得国家社科基金后期资助，并于2016年在中国人民大学出版社出版。相比较之下，本书可以说是其博士论文的通俗版，对于普及法学与文学知识具有重要价值。

法学与文学是一个跨学科的研究领域，热衷于法学与文学研究的一般并不是文学家而是法学家。因此，法学与文学是法学的一个十分独特的分支。法学与文

---

* 北京大学博雅讲席教授、博士生导师。

学运动起源于美国,根据苏力教授的介绍,美国的法学与文学运动,可以分为四个分支:一是作为文学的法律,即将法律文本甚或司法实践都当作文学文本来予以研究;二是文学中的法律,研究文学作品所反映出来的法律;三是有关文学的法律,研究各种规制文学艺术产品的法律;四是通过文学的法律,以文学的手段讲述、讨论和表达法律问题。[1]应该说,在以上四种法学与文学研究的进路中,最为常见也最能代表法学与文学运动特色的是第二种进路,即研究文学中的法律。因为法律是一种社会现象,而文学作品的内容是社会生活的镜像,通过古代文学作品,可以窥探法律在当时的社会生活中留下的痕迹,以此作为对法律史文本研究的一种必要补充。

我国虽然没有类似于美国的法学与文学运动,然而对文学中的法律进行研究这种方法在我国亦具有一定的影响力。换言之,我国学者采用从文学作品中研究古代法律的研究进路,并取得了一定的成果。例如我国学者徐忠明教授的《法学与文学之间》一书,根据作者自述,这本文集取名《法学与文学之间》,用意在于里面收录的内容分为两个部分:一是研究中国古典文学作品中的法律问题,这是命名的基本理由;二是检讨中国古今法律中的一些问题,可以归入法学这个名目。[2]由此可见,该文集的第一部分才是真正意义上的法学与文学的研究,其编名为"古典文学与法律文学"。其中的古典文学主要是中国古典文学,例如元杂剧、明清小说等文本中的中国古代法律文化。个别篇章也论及西方古典文学,例如古代希腊著名悲剧《安提戈涅》中的古代希腊法律文化。这些研究虽然并不系统,仅以论文的形式呈现出来,但其在我国法学与文学研究中具有开拓性。

较为系统地进行法学与文学研究的是苏力教授,其《法律与文学:以中国传统戏剧为材料》一书是我国法学与文学研究领域的扛鼎之作。该书的主要内容是通过对中国传统戏剧文本的分析,揭示其所反映的法学主题,例如复仇、冤案、清官、严格责任、正义等。不仅如此,在该书中,苏力教授还对法学与文学的一般理论进行了论述,包括历史、方法与进路等。正如苏力教授所言:"本书的基本

---

1 参见苏力:《法律与文学:以中国传统戏剧为材料》,生活·读书·新知三联书店2006年版,第9页。
2 参见徐忠明:《法学与文学之间》,中国政法大学出版社2000年版,自序,第1页。

追求不是运用具有历史意味的文学材料来印证法律的历史,甚至也不是运用文学材料来注释或宣传某些当代的法律理念;而是力求在由文学文本建构的具体语境中以及建构这些文本的历史语境中冷静地考察法律的、特别是中国法律的一些可能具有一般意义的理论问题,希冀对一般的法律理论问题的研究和理解有所贡献。"[1] 由此可见苏力教授的双重追求:不仅通过戏剧文本了解中国古代法律,而且通过戏剧文本理解法律一般理论。

如果说,徐忠明和苏力两位教授的研究主要以中国古代文学,尤其是戏剧为素材,开启了我国法学与文学的研究之路;那么,刘春园就是以西方文学为素材,探讨西方刑法思想的起源与进化。因此,刘春园的研究具有两个特点:一是西方法学与文学的研究对于一位中国学者来说,无疑具有更大的挑战性,它要求研究者不仅对西方法律有深刻的理解,而且需要具备扎实的西方文学知识。二是这是一种体系性的研究,描述了西方法律思想的历史演变,具有历史的视野。本次在北京大学出版社出版的《法学与文学公开课》系列,以公开课的方式展示了刘春园在法学与文学领域取得的学术成果,这是具有创意的一种文本形式。本系列共分为三辑:第一辑"来自原欲的呼唤",介绍"古希腊—古罗马文明"分支下的文学作品与罪刑思想;第二辑"来自原罪的规训",介绍"希伯来—基督教文明"分支下的文学作品与罪刑思想;第三辑"岁月中定格的救赎影像",希冀从影视作品之角度对西方刑事司法效果进行镜像化呈现。这些结合文学或者影视作品,对西方刑法思想的叙述,通过透视文学或者影视作品,使得西方刑法思想得以生动呈现,将鲜活的文学形象与冰冷的法律理念嫁接起来,如同冰与火的共存,给读者带来意想不到的震撼力与穿透力。这种阅读快感是单纯阅读法学作品或者文学作品所无法获取的,因而也是令人难忘的。

应该说,西方文学作品本身就具有大量以法律或者司法为主题的经典之作,因为这些作者本身就有在法学院就读的经历。例如,美国学者博西格诺等著的 *Before the Law: An Introduction to the Legal Process* 一书,书名中的 "Before the

---

1 苏力:《法律与文学:以中国传统戏剧为材料》,生活·读书·新知三联书店2006年版,第3页。

Law",直译就是"法的门前",亦可译为"法律之门"。这里的"法的门前"是卡夫卡的小说《审判》中的一则寓言。寓言的内容是讲一个人站在法的门前,这个人带着对法的厚望而来,他本以为法应该是任何人在任何时候都可以接近的。然而,守门人挡住了入口,阻碍了这个公民实现求见法的愿望。[1] 通过卡夫卡小说中的这则寓言,可以了解到在卡夫卡那个时代,法律不是广为人知的,它们被贵族小集团隐藏和把持。他们要让我们相信,这些古老的法律被一丝不苟地实施着。因此,法学与文学的结缘,对于法科学生是一种幸运。从本书中,我们既可以读到文学作品,又可以从这些文学作品中读到法律。这也正是法学与文学的魅力之所在,本书的价值之所在。

北京大学出版社2019年出版的周光权教授的《刑法公开课》(第1卷)一书,深受读者欢迎。在该书中,周光权教授在总序中指出:"本书的主体内容来自教学活动(尤其是刑法学硕士生、博士生课程)或与教学密切关联的科研活动,在正式出版时,遂命名为《刑法公开课》。"[2] 由此可见,"公开课"这个书名背后隐含着将范围较小的课堂授课内容公之于众,向社会开放的意思。这是将学术成果转化为公共知识的一种途径,它可以克服学术的高冷,将之转变为亲近读者,并能够为读者带来阅读快感的作品,从而使那些高深的法学知识得以更加广泛地传播。对于这一编辑出版规划,我深以为然。刘春园教授的《法学与文学公开课》的出版,使公开课从专业课拓展到专业基础课,这是值得嘉许的。我相信,北京大学出版社出版的"公开课"还会扩展到其他专业,使之成为法学成果的转化之道。

是为序。

谨识于北京海淀锦秋知春寓所

2020 年 11 月 26 日

---

1 引自〔美〕博西格诺等:《法律之门》(第六版),邓子滨译,华夏出版社2002年版,引言,第7页。
2 周光权:《刑法公开课》(第1卷),北京大学出版社2019年版,总序,第1页。

2019 年 3 月与高铭暄教授在上海

目录
CONTENTS

引　言 / 001

原罪烙印——生命不能承受之重 / 005

第一讲　人神之契：《圣经》故事 / 011

　　"摩西十诫"与原罪：《圣经·旧约》之"摩西与耶和华之约" / 015
　　报应与株连：《圣经·旧约》之"索多玛城的毁灭" / 018
　　"登山宝训"与宽恕：《圣经·新约》之"耶稣与上帝之续约" / 022
　　人皆罪者：《圣经·新约》之"行淫时被捉的女人" / 026

第二讲　法的精神：民族史诗 / 035

　　征服与荣耀：英格兰史诗《贝奥武甫》/ 037
　　以挚爱之名：日耳曼史诗《尼伯龙人之歌》/ 045
　　上帝赐予的公平：法兰西史诗《罗兰之歌》/ 051
　　基督教谕 vs. "灰鹅法典"：冰岛史诗《尼亚尔萨迦》/ 061
　　强权即正义：西班牙史诗《熙德之歌》/ 067
　　忏悔与救赎：俄罗斯史诗《伊戈尔远征记》/ 074

第三讲　中世纪的挽歌：桂冠诗人的预言 / 079

　　献给中世纪的挽歌：《神曲》/ 079

艰难的回赎——向规则与秩序俯首 / 127

第四讲　重返伊甸园：英清教徒文学作品中的原罪与救赎 / 129

约翰·弥尔顿文学作品 / 130
　　撒旦的箴言：《失乐园》/ 130
　　镌刻于灵魂的印记：《复乐园》/ 133
平民"圣经"：约翰·班扬与《天路历程》/ 137

第五讲　向规则与秩序俯首：古典主义文学的"三一律"与秩序观 / 141

情欲与责任的冲突：皮埃尔·高乃依与《熙德》/ 144
爱欲与理性的较量：让·拉辛与《昂朵马格》/ 146

踟蹰与回首——理性的迁徙 / 165

第六讲　从乌托邦到格列佛：英国启蒙思想时期文学作品 / 171

丹尼尔·笛福文学作品 / 172
　　国王与臣民的模拟建制：《鲁滨逊漂流记》/ 172
　　倘若能有明天：《摩尔·弗兰德斯》/ 175
童话中的刑法哲学：乔纳森·斯威夫特与《格列佛游记》/ 178

第七讲　浪漫的工具理性：法国启蒙思想时期文学作品 / 189

"法意"之雏形：孟德斯鸠与《波斯人信札》/ 190
伏尔泰文学作品 / 205
　　启蒙精神的化身：《查第格》/ 207
　　邪恶与美德同在：《如此世界》/ 207
　　蒙昧者的归化与变异：《天真汉》/ 210
狄德罗文学作品中的刑法思想 / 212
　　祭坛上的刺怨：《修女》/ 213

工具理性孕育出的毒果：《拉摩的侄儿》/ 216

　卢梭文学作品 / 220

　　西方宪政制度的基石：《社会契约论》/ 221

　　进化与归零：《论人类不平等的起源和基础》/ 226

　　"新人"的风采：《爱弥儿》与《新爱洛伊丝》/ 230

　　"就让上帝来审判我吧"：《忏悔录》/ 233

第八讲　破译梅菲斯特手中的人性密码：德国启蒙思想时期文学作品 / 243

　上帝与魔鬼的赌局：歌德与《浮士德》/ 244

无可辩护——显微镜下的罪罚图谱 / 267

第九讲　"名利场"：法国批判现实主义文学作品 / 273

　司汤达文学作品 / 274

　　无可辩护：《红与黑》/ 275

　　"人格主义"罪刑观：《桑西一家》/ 278

　"性恶"——社会进步的原动力：巴尔扎克与《人间喜剧》/ 280

　普罗斯佩尔·梅里美文学作品 / 284

　　自由的精灵：《嘉尔曼》/ 285

　　优雅的凶残：《高龙巴》/ 288

　"自由意志"——罪恶的渊薮：福楼拜与《包法利夫人》/ 290

　莫泊桑文学作品 / 296

　　商女亦知亡国恨：普法战争系列作品 / 297

　　上流社会打造的罪犯：《一个儿子》/ 298

　　再度受害：《巴蒂斯特太太》/ 300

　　请逮捕我：《流浪汉》/ 301

　　高贵光环下隐藏的罪恶：《一个疯子》/ 303

第十讲　向阳而生：英国批判现实主义文学作品 / 307

狄更斯文学作品 / 308

善恶分明的人间童话：《雾都孤儿》/ 314

一部引发司法改革的巨著：《荒凉山庄》/ 316

暴力之无限变式：《双城记》/ 320

一部杰出的比较法著作：《游美札记》/ 325

人性本恶：史蒂文森与《化身博士》/ 332

"雪一样洁白的杀人犯"：托马斯·哈代与《德伯家的苔丝》/ 334

第十一讲　灵魂的救赎：俄国批判现实主义文学作品 / 339

陀思妥耶夫斯基文学作品 / 340

来自"地狱"的纪实报告：《死屋手记》/ 341

对人类灵魂的终极拷问：《罪与罚》/ 346

"上帝隐退"后的平民气质：《卡拉马佐夫兄弟》/ 358

列夫·托尔斯泰文学作品 / 365

苦难的救赎：《复活》/ 368

买不起的法律：《太贵了》/ 384

契诃夫文学作品 / 385

与一万个囚徒的谈话笔录：《萨哈林旅行记》/ 386

"飞越疯人院"：《第六病室》/ 390

浓缩人类文明进程的赌局：《打赌》/ 394

第十二讲　"天生犯罪人"：美国批判现实主义文学作品 / 399

弗兰克·诺里斯文学作品 / 400

"犯罪基因"携带者：《麦克梯格》/ 400

无处不在的致命触角：《章鱼》/ 403

"天生犯罪人"样本研究：马克·吐温与《傻瓜威尔逊》/ 405

第十三讲 "来自少数派的报告"：挪威批判现实主义文学作品 / 411
  易卜生文学作品 / 412
    粉饰一新的"棺材船"：《社会支柱》/ 413
    守望正义的孤独者：《人民公敌》/ 415

第十四讲 显微镜下的罪恶基因：自然主义文学作品 / 419
  犯罪病理学之鼻祖：龚古尔兄弟文学作品 / 421
  左拉文学作品 / 425
    手术刀下剥落的意志自由：《泰莱丝·拉甘》和《马德兰·菲拉》/ 427
    家族遗传阴影下的犯罪史：《卢贡-马卡尔家族》/ 429
    "人类良心的一刹那"：《我控诉》/ 436

行走着的歌——文学对刑法思想发展脉络的完美诠释 / 459

引 言

西方文学史与刑法思想史均来自两大源头：其一是古希腊—古罗马文明，其二为希伯来—基督教文明，二者习惯上被称作两希文明。

古希腊—古罗马文明萌生于原始社会，取向于个体本位，呈现出较为强烈的张扬个性、放纵原欲、肯定个体生命价值的人文特征，其中蕴含着根深蒂固的世俗人本意识；希伯来—基督教文明则鼎盛于西方中世纪，主要强调群体本位，提倡抑制原欲、肯定超越现实生命价值的宗教人本思想。文艺复兴是西方文化模式的关键性重组时期，新的价值取向与精神内蕴使得西方社会的人文传统既吸纳了古希腊—古罗马文明的世俗人本意识，也囊括了希伯来—基督教文明之宗教人本思想，继而完成了"放纵原欲—禁锢人性—释放人性—原欲泛滥—理性回拨"之嬗变。至此，西方文明完整意义上的"人文主义"观念积淀成型，并指引着其后数百年社会价值观的变迁与演化。

西方刑法思想的发展、进化与上述两条脉络基本吻合。首先来观察希伯来—基督教文明对刑法思想的影响。纵观刑法思想发展史，教会刑法向来为启蒙思想时期的法学家所诟病，后者也正是扛着反对"黑暗的中世纪"之旗帜对其进行批判与解构，继而勾勒出刑事古典学派的理论基石。然而，不可忽视的是，基于希伯来—基督教文明在西方文明发展史中所特具的母题地位，刑事古典学派在其理论萌芽与发展过程中亦被基督教文明强大的价值旨归反影响、同归化，乃至二者最终呈现出相互交融的图景。例如，刑事古典学派建立于自然法基础之上，往往以"上帝视角"来评判世间罪罚，其理论设立的逻辑原点之一即是人类具有其自由意志。从该理论产生的文化土壤考察，可以追溯至基督教文明。《圣经·创世记》记载，亚当与夏娃面对撒旦的诱惑时，均拥有选择善恶的自由意志，最终他们铤而走险、铸成大错，也就自然面临着被逐出伊甸园的严厉惩罚，这是其在意志自由状态下实施了违背戒律的行为之后所应承担的不利后果。故而，在上帝面前，人类生而平等地具有原罪，其基于可选择的意志自由而实施的特定行为，如果被已经确定的世俗律法评价为非法，那么要求其承担特定的责任便具有当然的合理性。可以看到，就某种程度而言，希伯来—基督教文明与刑事古典学派不仅分享着共同的逻辑原点，而且其中已然包蕴着罪刑法定、适用平等、罪刑均衡等近现代刑事法基本原则之雏形。再来观察西方文明的另一支母题，古希腊—古罗马文明。与上述希伯来—基督教文明所采用的"上帝视角"不同，古希腊—古罗马文明为西方刑法思想的发展注入了汩汩"平民意识"，其中以生命意识、自由意识为代表的人文关怀，更侧重于对罚之缘由、罪之救赎的终极拷问，带有显著的人本主义色彩。考察西方文明的童年时期、文艺复兴时期、浪漫主义时期乃至20世纪以来的刑法思想，我们可以从中捕获大量被打上人文主义烙印的样本，痕迹鲜明。

事实上，西方刑法思想正是在上述二元价值的反复冲撞、融合、互补、转化的过程中渐趋成熟，"古希腊—古罗马文明"与"希伯来—基督教文明"所包蕴元素的不同组合模式，奠定了当今刑法理论不同派别的理论根基。19世纪以来，西方刑法思想的发展，亦始终在以"人权保障与社会防卫""个体权利与公民义务"为纵横轴所搭建的坐标系间波动，一定时期侧重于对犯罪者人权的保障，一定时期倾向于对社会群体秩序的保护；一定时期强调对个体权利的尊重，一定时期提倡公民义务的履行。根据上述客观发展的脉络，西方大部分国家于不同社会背景下选择相应的刑事政策，其理论依据无非是针对"人之原欲与理性控制"之间关系的分析与权衡。不同国家根据族群性文化习惯与公共政策，对两种文明的价值取向进行干预、调整与适用。其理论之支撑点，究其根源，仍可追溯至西方文明的二重性。

由此，本系列作品《法学与文学公开课》将从三个方面完成对上述话题的阐释与演绎。

第一辑"来自原欲的呼唤"，介绍"古希腊—古罗马文明"分支下的文学作品与罪刑思想。概略而言，这是一种彰显个体生命价值、追求现世幸福的世俗人本价值观，肯定人之原欲的合理性，以强调人之主体性与意志自由为逻辑原点。借用自然时间序列为线索，该部分划分为四个递进层次，分别是古希腊神话与古罗马悲剧中孕育的刑法学思想、文艺复兴时期的文学作品与刑法学思想、浪漫主义时期的文学作品与刑法学思想、20世纪的文学作品与刑法学思想。上述四个时期人文社会的发展轨迹，均与"古希腊—古罗马文明"一脉相承，呈现出较为鲜明的原欲情结与人本意识，无论是文学作品还是法学思想，均传递着张扬个性、放纵原欲、肯定个体生命价值的理念，刑法思想侧重于对个体权利的保障。

第二辑"来自原罪的规训"，介绍"希伯来—基督教文明"分支下的文学作品与罪刑思想。大致而言，这是一种重视群体责任、追求来世幸福的宗教人本价值观，强调个体对规则与秩序的绝对服从，以理性抑制人之肉体欲望、虚化人之主体性、强调意志的被决定性。其中包括四个层次，分别是中世纪的文学作品与刑法学思想、理性主义时期的文学作品与刑法学思想、启蒙思想时期的文学作品与刑法学思想、实证主义时期的文学作品与刑法学思想。上述四个时期人文社会的进化图谱，均与基督教文明一脉相承，强调对生命原欲的抑制，倡导群体本位思想，突出规则与秩序在人类社会进化中的显著作用，刑法思想侧重于对社会群体秩序的保护以及公民义务的履行。

第三辑"岁月中定格的救赎影像"，希冀从影视作品之角度对西方刑事司法效果进行镜像化呈现。数据时代的到来，逐步颠覆着传统的阅读习惯与信息获取方式，有着深厚历史底蕴的纸质文化在一定程度、一定层面上被影像文化所取代。几乎所有在世界范围内引起关注的法律影视作品，均以真实案例为原型，其中积淀着刑事司法制度在世俗社会得以运行的心理基础，反映着公众对刑法实然运行状态的检视，也涵盖了公众对司法实践各个层面的预期性回应，是刑法专业理论与民众朴素观点激烈碰撞、正面交锋的重要平台。涉法影视作品特具的强大的叙事能力、监督能力与批判能力，能够轻而易举地获取民众共鸣，激发、引导、干预其同情心与同理心的运作方向，继而支持或者质疑法学理论与司法实践，使得法学研究的逻辑原点与司法实践的操作惯例在大众法律文化观的影响下得以调整、反拨与进化。其中包括两个部分，分别是涉法电影与涉法剧集。

本书为第二辑，介绍"希伯来—基督教文明"分支下的文学作品以及各时期文学作品演绎下的罪刑观。

原罪烙印

——生命不能承受之重

耶稣站起身来向女人走去,立刻被愤怒的市民、不怀好意的法利赛人以及凶狠残酷的文士所包围。他平静地指着地上匍匐的女人说:"你们中间谁是没有罪的,谁就可以先拿石头砸她。"

——《新约·约翰福音》(8:7)

不可杀人。不可奸淫。不可偷盗。不可作假见证陷害人。不可贪恋人的房屋,也不可贪恋人的妻子、仆婢、牛驴,并他一切所有的。

——《旧约·出埃及记》(20:13–20:17)

一个欧洲人可以不相信基督教信念的真实性,但他的言谈举止却逃不出基督教文化的传统,并且依赖于该种文化才有意义。如果基督教消失了,我们的整个文化也将消失;接着你便不得不痛苦地重新开始,并且你也不可能提得出来一套现成的新文化来。你必须等到青草长了,羊儿吃了,长出毛来,你才能用羊毛做出一件新大衣。在此期间,你必须经过若干个世纪的野蛮状态。

——〔英〕T. S. 艾略特《基督教与文化》

时代背景

持续千年的中古时期,希伯来—基督教文明在西方一统天下,认为人类祖先因违背上帝诫律偷食禁果后获取惩罚,继而遭受永劫之苦。由于人类祖先具有原罪,原恶就蛰伏于人类本性之中。如此,古希罗文化中人之"原欲"就转变为希伯来—基督教文化中人之"原罪",这种原始欲望既是人类生存繁衍的活力之源,也是其沉沦于感官地狱的原始驱动,人类在繁衍与毁灭、创造与破坏、美德与邪恶间轮回辗转,永无停息。如《刑法与文学公开课》第一辑《来自原欲的呼唤》所述,古希罗文化中,原欲以其本色的面目出现,同时期的文学作品与法学思想也对人类个体价值充分认可,对自然释放的人之原欲热烈赞美;而在希伯来—基督教文学中,原欲被打上了原罪的烙印,不时敲响警钟,告诫人类应当不断涤荡罪恶、接近圣洁。

统一后的罗马帝国穷兵黩武,追求法律与集权的强盛与完美。反映在刑法思想层面,古罗马人以务实的精神承袭了古希腊人尊崇的自然法观念,刑事处罚逐渐介入宗教、城邦、家庭、个人四个领域,该种司法模式随着罗马帝国的扩张蔓延至整个欧洲。《十二铜表法》(公元前 450 年前后)被公认为罗马刑法典之鼻祖,其中第八表(私犯)与第九表(公法)即为罗马刑法之渊源。《十二铜表法》规定了至详的刑法规范,现代刑法基础理论几乎在《十二铜表法》中均有所涉猎,其中包括犯罪概念的表述、犯罪故意与过失的划分、犯罪阶段与犯罪停止形态的界定、犯罪责任要件(刑事责任年龄)的满足等;另外,《十二铜表法》还建立了疑罪从无、任何人未经审判不得处以死刑等司法原则与制度。[1] 然而，众所周知，无论形式还是内容均臻于完美的《十二铜表法》未能阻止罗马帝国的轰然坍塌。

究其根源，习惯于以武力征服获取荣耀的古罗马人，其文化底蕴却相对贫瘠。征服古希腊后，面对希腊人强调个体本位的原欲型文化内核，古罗马人感到无比新鲜与刺激，很快将其演绎为对肉欲与物欲的放纵。这种直白、浅显的文化解读直接诱发了罗马帝国末期贵族阶层的侈靡颓废，并导致整个社会陷入对原欲的狂热追逐之中。

一位马赛诗人对5世纪古罗马的堕落作出如此下描述："帝国境内……均滑向罪恶深渊，他们将酗酒当作时尚、将通奸看作荣耀，却给节制与美德蒙上羞耻的面纱……奄奄一息的罗马帝国正在迈向死亡。"[2] 中世纪经院哲学家奥古斯丁（Augustinus, 354—430年）[3] 亦描述过罗马人酒神节的狂欢情景："狂欢而又放荡……人群将巨大的男性生殖器摆上马车，高声歌唱、招摇过市；城中身份最贵重的妇人将花环一圈圈挽上它的根茎，纯洁的处女们伸展双手向它祈祷……这种堕落可怕的仪式，恐怕连一个妓女遇见

---

1 参见《十二铜表法》第八表、第九表。
2 〔美〕威尔·杜兰：《世界文明史》，幼狮文化公司译，东方出版社1999年版，第43页，"信仰的时代"。
3 圣·奥古斯丁，古罗马帝国时期基督教思想家，欧洲中世纪基督教神学、教父哲学的重要代表人物，其理论是宗教改革之救赎思想的源头，著有《忏悔录》与《上帝之城》等文学著作。

也会掩面离去。"[1] 民间醉生梦死，皇帝的德性也颓败之至，塔西陀的《编年史》中记载了尼禄皇帝荒诞离奇的丑态："装扮后的尼禄变成了一名奴隶，侍从们拥簇着他在妓院与酒肆中游荡。他们专门偷窃商店里的东西，并丧心病狂地随意袭击路过的百姓。"[2] 帝王如此，贵族们自然亦步亦趋，其奢靡生活被罗马诗人马蒂里尽收眼底："绿衣贵族坦卧绸塌，千娇百媚的侍妇宽衣解带卧在其侧、轻摇绿扇。少奴用陶瓷金板挥杆蚊蝇，女摩挲师为他进行全身推拿。失势的奴隶紧张地等待着他的弹指信号，敏捷地将头靠近，安静地吞下他的小便，专注地凝视着尊贵荣耀的主人。"[3] 在这样一幅幅糜烂堕落的图景中，人类的耻感与罪感荡然无存，这正是罗马帝国末期危机四伏的表征。最后数个世纪中，罗马帝国饱经战火蹂躏，日耳曼铁蹄践踏之处，生灵惨遭荼毒。"此时，一个来自遥远、陌生国度的声音由远及近，它是那样空灵、温柔、微弱，与罗马世界的粗鄙张扬、醉生梦死具有天壤之别。这首梦幻般的圣曲以恬美的音符、舒缓的旋律感动了辗转于苦难中的人们，以纯洁的信仰对抗罗马帝国的物质主义，以理性的禁欲节制抵御罗马帝国的放纵骄奢。质朴、虔诚的日耳曼民族挥动着'上帝之鞭'抽打着彪悍凶猛的罗马人，摧毁了不可一世的罗马

---

1 〔美〕参见波高·帕特里奇：《狂欢史》，刘心勇译，上海人民出版社1993年版，第40页。
2 《塔西佗〈编年史〉》(下册)，王以铸、崔妙因译，商务印书馆1981年版，第25章。
3 转引自徐葆耕：《西方文学：心灵的历史》，清华大学出版社1990年版，第42页。

帝国。"[1]

  欧洲人立于古罗马的废墟上发出感慨，认为罗马帝国的毁灭是多种因素共同作用之结果，从文化层面考察，则应归咎于古罗马人对原欲型文化的过度推崇与沉溺，导致群体理性的湮没与个人原欲的泛滥，二者之间的制衡关系失调。文学作品《上帝之城》中，奥古斯丁对古希腊神话中放纵情欲的众神厉言诅咒，认为是他们造成了古罗马人的放荡不洁；在此批判基础上，奥古斯丁虚构出至善与至美的永恒世界，引导人们放弃对现世物欲、肉欲的追求，皈依充满希望与光明的彼岸世界。[2] 欧洲人在惊惧与哀伤中开始反思，试图寻找救赎自我的途径，逐渐意识到人类内心原欲的邪恶，渴望以理性来与它抗衡。这种群体性心理为来自东方的希伯来宗教文化的渗透与蔓延提供了精神沃土——在罗马帝国轰然崩塌的惨痛教训面前，希伯来宗教文化关于人之"原欲"即"原罪"的警告具有无比雄辩的说服力，基督教文学所提供的清新、圣洁

---

1 赵林：《西方宗教文化》，长江文艺出版社1997年版，第149页，转引自蒋承勇：《西方文学"人"的母题研究》，人民出版社2005年版，第62页。
2 奥古斯丁时期，罗马帝国迅速衰落。《上帝之城》的写作背景是公元410年，罗马市遭西哥特人的洗劫。异教徒乘机对基督教信仰进行攻击、责难。奥氏批驳了异教徒对基督教的责难，通过对罗马史的评论告诉世人罗马的毁灭是咎由自取，与基督教无关，并对上帝的创造与人类的起源、发展、结局进行阐述，歌颂上帝的伟大创造与救赎计划。罗马帝国无足轻重，真正重要的是"上帝之城"的发展，即人类精神的进步。基督教理所应当是实行这种进步的媒介，无论皇帝是异教徒、基督徒或是野蛮人都没有罗马教皇与基督教重要。该书包含着一种完整的历史观，对欧洲发展有巨大影响，其学说为教会与国家之间的长期斗争埋下了伏笔。参见〔古罗马〕奥古斯丁：《上帝之城（上卷）》，王晓朝译，人民出版社2006年版，序言。

的彼岸之景亦给西方人失序的心理注入了无穷希望。[1] 他们充满虔诚地将上帝迎入灵魂的圣殿,希望以上帝的慧目来监管内心的邪恶,加重人性天平上的理性砝码,遏制原欲的涌动。可见,上帝被西方社会普遍接受,教会刑法在欧洲的盛行,是出于特定时期人类生存与发展的需要,正是群体性心理需求促成了强调抑制原欲、注重精神寄托、鼓励群体本位的教会刑法的萌芽,教会刑法逐渐发展为严密的逻辑体系,与罗马法、日耳曼法并列成为欧洲近代三大法律渊源。[2]

---

[1] 参见赵林:《西方宗教文化》,长江文艺出版社1997年版,第149页。

[2] 〔法〕勒内·达维德:《当代主要法律体系》,漆竹生译,上海译文出版社1984年版,序言。

第一讲
人神之契：《圣经》故事

讨论文本

· 摩西与耶和华之约　　　　· 索多玛城的毁灭

· 耶稣与上帝之续约　　　　· 行淫时被捉的女人

导言

　　《圣经》是基督教的正式经典，包括《旧约》和《新约》两个部分。"约"即盟约之意——《旧约》即耶和华通过摩西与希伯来人所立之约，《新约》则为上帝通过耶稣与信者的另立之约。《新约》成书与基督教的确立密切相关。基督教由犹太人创立，时间约在公元1世纪，起初为犹太教的一个派别，后来独立成教，信奉耶稣为基督（救世主）。基督教奉犹太教《圣经》为经典，同时编辑另一部经典，并将二者合在一起，称前者为《旧约》，后者为《新约》，统称《圣经》。

　　谈到《圣经》的形成，必然关涉希伯来人的民族宗教——犹太教的产生。值得一提的是，希伯来人是世界上唯一因为遵从同一部律法书而形成的民族，该民族的整个历史均浓缩在一部宗教法典《圣经·旧约》之中。希伯来圣经文学不仅在东方文学史上占有重要地位，而且由于希伯来民族苦难的迁徙史，伴随着希伯来人的足迹遍布欧洲乃至整个西方，与欧洲各民族文化交融发展，对西方文明产生了深刻、久远的影响；而希伯来人在"巴比伦之囚"时期创造的犹太教，更是直接影响并促成了西方基督教的诞生，基督教成为整个西方人信奉的主流宗教，在中古时期发展为庞大、严密、完整的教会刑法体系，统治西方刑法学理论逾千年。[1]

知识链接
———————————————————————————

希伯来人是今犹太人与以色列人的古称。希伯来人的国家位于亚洲西南部今巴勒斯坦地区（从地中海东岸至约旦河、死海周围一带），属欧罗巴人种地中海类型闪米特族的一支。希伯来人的祖先原本生活在两河流域，公元前14世纪左右，经过一次大迁徙，从两河流域来到迦南地区，并与迦南族人融合共处。希伯来12个游牧部落逐步形成南北两个部落联盟，南方是犹太，北方为以色列，公元前11世纪，建立统一的国家。第一任国王扫罗（前1028—前1013年在位）在反抗腓利士人的侵略中献出生命。大卫（前1013—前973年在位）继位后，建都耶路撒冷，完成统一大业。大卫死后，其子所罗门（前973—前933年在位）登基，在位期间为以色列犹太王国的鼎盛时代。前925年，以色列犹太王国再次分裂为两个国家，北方是以色列，南方是犹太，自此国力日渐衰弱，不断受到周围大国侵略。公元前722年，以色列王国被亚述所灭，结束了该国200余年的历史。公元前586年，巴比伦人又攻占了犹太王国首都耶路撒冷，带走数万犹太人作为俘虏，史称"巴比伦之囚"，犹太王国随之灭亡。其后，这个地区先后为波斯、马其顿和罗马等帝国所统治。在此期间，犹太人多次反抗，却不断遭到镇压。最终，犹太人被驱逐出自己的家园，流落世界各地。

某种程度上讲，圣经文学是希伯来人的神话故事与民族史诗，但它显然缺少

———————————————————————————

[1] 《旧约》的成书与犹太教的确立密切相关：在彻底改变希伯来人命运的"巴比伦之囚"后五百余年间，希伯来人挣扎在存亡线上，但这五百年恰恰是他们文化史上最为重要的时期——希伯来人完成了一神论的犹太教义，整理希伯来民族历代的文学遗产，并重新编订了教规、信条，作为颠沛流离、寄人篱下的希伯来民族唯一的精神寄托，至公元前2世纪大功告成，被基督教称作《旧约》，与其后产生的《新约》相区别。《旧约》反映了希伯来民族的发展与王国兴亡的全部历史。最早的作品离我们已经三千余年，最晚的两千余年，其思想特点是一神论的犹太教思想。《旧约》深受四邻文化古国的影响，如天地创造、洪水方舟等神话与巴比伦史诗《吉尔伽美什》极为相似；箴言、格言等"智慧文学"则深受埃及宗教文学《亡灵书》的影响。作为文化传播载体，《旧约》架起了东西方文化流通、融合的桥梁。

了古希腊神话与史诗中神祇、半人半神英雄以及世俗人类洋溢着蓬勃生机的灵性。我们在圣经文学中只看到"神化的人",是人性向神性的无限提升,人之主体性萎缩消弭,而非古希腊式"人化的神",由神性向人性下滑,人之主体性高扬凸显。希伯来神话是一神世界,古希腊神话是多神空间,众神形态俊美、七情六欲俱全,喜欢与人类交混嬉戏,热衷于参与人类的纷扰争执,与人类同喜共悲。与上帝相比,宙斯对于人类是相当宽容的,这也许是由于宙斯本人比人类更为放纵原欲;上帝则清心寡欲,几乎没有任何人类欲望,他代表着人类原欲的对立面——理性。

《旧约》之《出埃及记》记载了犹太创国英雄摩西带领希伯来人逃离埃及、重返"流淌着蜜与牛奶"的故乡——迦南的故事。这是希伯来民族一部历时久远、壮烈磅礴的迁移史,其规模与气势完全可以与古希腊之《荷马史诗》相媲美。但是,由于其中的圣者摩西被抽空了人的血性与原欲,虽然彰显其如神祇般崇高,却也缺失了人之生命的亮丽。同样作为战争的主角,《伊利亚特》中的希腊勇士阿喀琉斯与摩西之别迥异。阿喀琉斯是人间国王珀琉斯与海洋女神忒提丝之子,血统为半人半神,外在形象俊美健硕,表现了人向神的提升,内在情欲上却全然是神性向人性的滑落,七情六欲皆备,性格火暴难以羁绊。在《荷马史诗》中,阿喀琉斯为了心爱的女奴不惜与古希腊最高统帅阿伽门农刀剑弩相向,为了给好友复仇竟然做出人神共怒的虐尸暴行,这两个事例充分证明了阿喀琉斯的世俗人性。相比之下,摩西出身低贱,仅是一名犹太奴隶的后代,远征途中,摩西的英勇与智慧却是上帝隐性神力的再现,而摩西的继承人约书亚、亚伯拉罕、耶稣等亦均如此。摩西形象的刻画具有深刻的历史原因,犹太民族是一个饱受苦难、屡受挫折的民族,作为该民族的领袖,摩西必须具有阿喀琉斯等英雄所缺乏的优秀品质——自我牺牲的精神、集体主义责任观以及浓郁的民族忧患意识,却不得享受世俗人类七情六欲之纷繁生活。与古希腊推崇的个体本位恰好相反,摩西身上体现的是一种卓尔不群的群体本位价值观,这种群体本位观念在销蚀了狭隘的民族意识乃至民族偏见后,在《新约》中升华为一种拯救人类脱离苦难、热爱整个人

图 1-1 《金牛犊的崇拜》(1634 年),〔法〕尼古拉斯·普桑

类的博爱主义。

从刑法层面考察,《圣经·旧约》前五章被合称作《摩西五经》,其中"摩西十诫"是针对整个民族进行的规训,措辞异常严厉,彰显着浓厚的群体本位价值观以及否定个体价值、抑制个人欲望的教谕旨归。"摩西十诫"相传为犹太先知摩西根据上帝耶和华的旨意而著,主要内容覆盖了戒律与惩罚诸方面,故而又被称作"律法书",是希伯来犹太教律的核心组成,其后由基督教继承、发展,成为中世纪教会刑法的直接渊源,并对后世西方刑法产生了决定性影响。

本节将为大家介绍《圣经》中的四个故事,摩西与耶和华在西奈山订立的"人神之契"的故事,其中的"摩西十诫"囊括了刑事犯罪中自然犯的基本形式以及入罪、出罪标准;"索多玛城的毁灭"则生动描述了罪者终归伏法、无辜者永享荣耀的带有浓厚宗教教义色彩的古朴罪罚观;"登山宝训"很大程度上突破了

"摩西十诫"之内容,其精神内涵也由惩罚他人向羁束自我转变;"行淫时被捉的女人"则进一步为我们诠释了从《旧约》到《新约》核心教义的演化,前者的报复、自律与后者的宽恕、博爱形成鲜明对立,同时暗示着西方刑法思想由"以眼还眼、以牙还牙"向宽恕、隐忍的罪罚观的变迁。

"摩西十诫"与原罪:《圣经·旧约》之"摩西与耶和华之约"

《旧约·创世记》记载,上帝耶和华创造了人类与万物,并选中希伯来人作为子民。他与摩西约定,他将赐生存、繁衍、富足于希伯来人;作为回报,希伯来人必须永远信奉他的教谕;同时,希伯来男子必须实行"割礼"作为二者之间的立约记号。希伯来最伟大的先知与导师——摩西率领族人摆脱埃及法老的奴役,逃离埃及、途经西奈山时,队伍中发出质疑之声与骚乱,为了整顿族人秩序,耶和华在西奈山上显圣,用手指刻划十条戒律于石板之上授予摩西,摩西将神意颁布于众。这就是摩西代表众人与上帝约定

图 1-2 《手捧"十诫"的摩西》(1648 年)
〔法〕菲利普·德·尚帕涅

的"摩西十诫",其中后五条内容涉及刑律——"不可杀人。不可奸淫。不可偷盗。不可作假见证陷害人。不可贪恋人的房屋,也不可贪恋人的妻子、仆婢、牛驴,并他一切所有的。"(《旧约·出埃及记》20:13-20:17)

现代法学家将《摩西五经》视作成文法,将其内容归纳为 613 条戒律,其典型特征是具有浓厚的同态复仇色彩。[1] 作为人类早期社会之常见现象,一提到"同态复仇",人们就伴随着一种偏见,认为这是一种进化缓慢、愚昧残酷的惩罚原

1　See Hyman E. Goldin, Hebrew Criminal Law and Procedure, New York: Twayne Publishers, INC., 1952, p. 12,转引自何勤华、夏菲主编:《西方刑法史》,北京大学出版社 2006 年版,第 67 页。

则。事实上，这种表面上看来较为残忍的习俗体现着一种对等报应的本质，是朴素正义观的原始载体。需要说明的是，刑罚制度演变过程中，《摩西五经》与先于其出现的《汉谟拉比法典》[1]所载同态复仇之含义并不相同。《汉谟拉比法典》颁布于古巴比伦汉谟拉比王执政期间（前 1792—前 1750 年），极力维护社会等级制度，保留了同态复仇原则与神明裁判习惯。但是"享有"同态复仇权利之"犯罪人与受害人"必须是巴比伦的自由公民，奴隶以及没有公民权的自由人毫无权利可言，"倘人毁他人之目，则毁其目；倘人断他人之骨，则断其骨"的同态复仇并不公平地及于所有人。与《汉谟拉比法典》相比，《摩西五经》中的同态复仇是一种鲜有阶级属性因此更为进步的刑罚观，反映了民众之间利益的对等性与一致性。例如，《旧约·创世记》第 9 章规定："凡流人血的，他的血也必被人所流，因为神造人，是照自己的形像造的。"（《旧约·创世记》9:6）《旧约·出埃及记》第 21 章规定："若有别害，就要以命偿命，以眼还眼，以牙还牙，以手还手，以脚还脚，以烙还烙，以伤还伤，以打还打。"（《旧约·出埃及记》21:23-21:25）不难发现，上述律法几乎抹杀了一切等级特权意识，彰显出强烈的平等刑罚理念。

进一步讲，《摩西五经》中的同态复仇并非仅停留于机械的"以眼还眼、以牙还牙"之层面，而是首先将犯罪意图划分为"故意、过失"，根据不同罪过形态适用不同刑罚的量刑规则，同时强调孤证不定案，必须形成证据链的证据适用规则，并且重视个体生命，禁止赎金刑置换生命刑的刑罚替代原则。例如，《旧约·民数记》第 35 章，以列举方式详细描述了故意杀人与过失杀人的区别，刑罚报应主义色彩鲜明：

"倘若人用铁器打人，以致打死，他就是故意杀人的，故意杀人的必被治死；若用可以打死人的石头打死了人，他就是故意杀人的，故意杀人的必被治死。若用

---

[1]《汉谟拉比法典》由序言、正文和结语三部分组成，序言和结语约占全部篇幅的五分之一，语言丰富，辞藻华丽，充满神化、美化汉谟拉比之辞，是一篇对国王的赞美诗。正文包括 282 条法律，对刑事、民事、贸易、婚姻、继承、审判等制度均作出详细规定。参见《汉穆拉比法典》，杨炽译，高等教育出版社 1992 年版，第 114 页。

可以打死人的木器打死了人，他就是故意杀人的，故意杀人的必被治死。报血仇的必亲自杀那故意杀人的，一遇见就杀他。人若因怨恨把人推倒，或是埋伏往人身上扔物，以致于死；或是因仇恨用手打人，以致于死，那打人的必被治死。他是故意杀人的，报血仇的一遇见就杀他。"（《旧约·民数记》35:16-35:21）

"倘若人没有仇恨，忽然将人推倒；或是没有埋伏，把物扔在人身上；或是没有看见的时候，用可以打死人的石头，扔在人身上，以致于死，本来与他无仇，也无意害他。会众就要照典章，在打死人的和报血仇的中间审判。会众要救这误杀人的脱离报血仇人的手，也要使他归入逃城。他要住在其中，直等到受圣膏的大祭司死了。（《旧约·民数记》35:22-35:25）"

"无论谁故意杀人，要凭几个见证人的口，把那故意杀人的杀了，只是不可凭一个见证的口叫人死。"（《旧约·民数记》35:30）

"故意杀人犯死罪的，你们不可收赎价代替他的命，他必被治死。那逃到逃城的人，你们不可为他收赎价，使他在大祭司未死以先，再来住在本地。这样，你们就不污秽所住之地，因为血是污秽地的，若有在地上流人血的，非流那杀人者的血，那地就不得洁净。（'洁净'原文作'赎'）"（《旧约·民数记》35:31-35:33）

《旧约·民数记》第35章，甚至专门划出"逃城"对误杀之人作出庇护，其中体现的刑法思想与古希腊神话"俄瑞斯忒斯弑母案"中雅典娜对刑事被告的庇护法谕如出一辙，二者均对审判之前的被告人予以特殊保护，防止愤怒的血亲在会众庭审之前私自行刑处死行为人。不同的是，俄瑞斯忒斯对母亲实施了"故意杀害行为"，雅典娜将其庇护于帕特农神庙内，主要是为了阻止复仇女神（检察官角色）的追缉；逃城的庇护仅限于"误杀"者，故杀者则"必被治死"，而且鼓励血亲一定要亲自复仇，"一遇见就杀"。从这个角度来看，"俄瑞斯忒斯弑母案"所体现的是审前对刑事被告基本人权进行保障的司法理念，亦即"无罪推定"原则的具体适用，而《摩西五经》已经开始较为理性、严谨地区分故意犯罪与过失犯罪的主观恶性，并根据过错程度施以不同处遇：

"你吩咐以色列人说：你们过约旦河，进了迦南地，就要分出几座城，为你们作逃城，使误杀人的可以逃到那里。这些城可以作逃避报仇人的城，使误杀人的不至于死，等他站在会众面前听审判。你们所分出来的城，要作六座逃城。在约旦河东要分出三座城；在迦南地也要分出三座城，都作逃城。这六座城要给以色列人和他们中间的外人，并寄居的，作为逃城，使误杀人的都可以逃到那里。"
(《旧约·民数记》35:10-35:15)

特别值得一提的是，以希伯来语编著的《摩西五经》中，并无与犯罪（crime）、刑法（penal law）相对应的词汇，而是以宗教色彩浓郁的罪孽（sin）与救赎（redemption）取而代之。这是由于《摩西五经》确认世间只存在一种犯罪——人生来具有之"原罪"。这种独特的犯罪观代表着一种非常宽容进步的刑法思想，即犯罪的严重程度不在于对人或财产的侵害程度，而是取决于对上帝的冒犯与不恭，因此，除了伤人身体或者性命的故意行为，对于盗窃、抢劫、通奸等行为并不会适用极刑。可见，"限制死刑"之观念已经在《摩西五经》中萌芽。有些刑法学者以《摩西五经》中的戒条不具有强制执行效力为由，否认其具有刑事法典的性质，恰恰是因为上述文化背景知识的缺失。希伯来民族的刑罚制度与其独特的罪刑观念相契合，亦即所有世俗民众的罪孽均应由上帝进行审判，上帝明确规定为罪恶的，可以由人来代替上帝执行刑罚；上帝没有明确规定为罪恶的，禁止人类惩罚同类。[1] 这也可以说是"罪刑法定"与"授权司法"思想的最初表述。

报应与株连:《圣经·旧约》之"索多玛城的毁灭"

《旧约·创世记》中，索多玛（Sodom）这座城市罪恶深重，所以上帝决定毁灭它。亚伯拉罕得知后，为索多玛城即将遭遇的大灾难而悲哀，因此代表全城居民向上帝请求宽恕。数番讨价还价后，亚伯拉罕终于为索多玛城的幸免于难争取到一线希望——只要城中能够找到一定数目的义人，上帝就收回成命，宽恕这座城市。

1　参见《旧约·出埃及记》20:13-20:17。

图1-3 《天使敦促罗得和他的家人逃离索多玛城》(1615年) 〔佛兰德斯〕彼得·保罗·鲁本斯

"如果全城有50个义人,您还要毁灭它吗?您是怜悯与慈爱的主,难道不能因为这50个人而宽恕其他罪人吗?将义人与罪人通杀,这并非您所行的公义啊!"

上帝答应亚伯拉罕,如果索多玛城有50个义人,他会因为他们而宽恕所有罪人。

亚伯拉罕见状,进一步冒昧地请求:"如果少5个,仅仅少5个义人呢?"

上帝答应:"45个义人也足以救得了那座城了。"

亚伯拉罕继续试探:"假如再少15个,只有30个义人如何?"

上帝微笑道:"如果有30个义人,我也必不动怒。"

"20个呢?我的主啊,您一向是宽容的,20个义人又怎样?"

上帝平静地回答:"为了这20个的缘故,我会宽恕这座城。"

"仆人诚惶诚恐地再次冒犯您,如果10个呢?这可是整整10个义人哪!"

上帝简略地回答:"不毁灭。"说完转身而去。[1]

遗憾的是,亚伯拉罕为索多玛居民所做的辩护与争取是枉然的——整个索多玛城竟然连10个义人也未能凑齐:

上帝随后派两位天使降临索多玛城,明察暗访当地风俗习惯、人性品格。天使化作异乡人,借宿在义人罗得家中。傍晚,全索多玛城的人,男女老少蜂拥而至,要求罗得将两个貌美的异乡人交出,任他们凌虐。罗得苦苦哀求,甚至提出以自己还是处女的两个女儿来代替异乡人承受苦难,依然遭到全城人的拒绝与羞辱。天使愤怒了,使出法术将罗得一家救出,警告他们迅速离开此地,天亮之前这座荒淫无道、被上帝所厌弃的城市将消失在滚滚烈焰之中。上帝严格信守诺言,无奈人类罪愆深重、无法救赎,因而不得不将整个城市付之一炬。只有罗得一家逃出了这座罪恶之城。罗得的妻子没有听天使的警告,离家时不舍回头,变为盐柱;罗得与自己的两个女儿逃出后,同寝留下后裔,大女儿的大儿子起名摩押,今摩押的始祖;小女儿的小儿子起名亚米,今亚扪人的始祖。[2]

"索多玛城的毁灭"生动诠释了《旧约》教义中古朴的罪刑观。首先,有罪必罚。这种惩罚来自上帝,因此更具有确定性与威严性。索多玛居民顽劣不化、野性未除、造孽深重,面对天使的数次感化,并无改过之心,行为也未有丝毫收敛,末日到来时,必将无人侥幸逃脱上帝的审判。其次,从宽处罚情节的提出。亚伯拉罕在索多玛居民与上帝之间担任着辩护人的角色,屡次挺身而出为人类辩护,争取利益;上帝亦深谙亚伯拉罕之苦心,尽最大可能作出让步,彰显其仁慈、宽厚的胸怀。最终审判者与被审判者达成协议——以部分义人换取整个城邦的刑罚豁免权,"10个义人"成为整个索多玛居民之酌定减轻甚至豁免刑罚的情节。无奈这座城市罪愆积重难返,最终天使搜遍全城,仅发现罗得、罗得之妻、

---

[1] 参见《旧约·创世记》18:22-18:33。
[2] 参见《旧约·创世记》13:13,18:20-19:38。

罗得两个女儿共计 4 个品德高尚之人，与全城民众得以豁免的数目要求相距甚远。最后，绝不罪及无辜。罗得一家得以幸免，是因为他们平素言行善良虔诚、远离罪恶，尽管其也居住于索多玛城，属于索多玛居民，但明察秋毫的上帝在严惩罪人的同时，绝不会滥杀无辜。换句话说，索多玛城的故事以平实、浅显的语言向基督徒们讲述了一个基本的罪罚观——有罪者难逃惩罚、有罪者可自我救赎、无罪者永享荣耀。

图 1-4 《亨利八世祈祷书》（约 1500 年）手稿插图：福音书作者圣约翰在拔摩岛上写下《圣经启示录》"，（法）让·波耶

"登山宝训"与宽恕:《圣经·新约》之"耶稣与上帝之续约"

据《圣经》所述,摩西死后,以色列人忘恩负义,撕毁与耶和华之约定,耶和华降大灾难于他们,使得这个民族饱尝战火蹂躏、被逐出家园、颠沛流离。其后,仁慈的上帝怜悯并希望拯救苦难深重的人类,与其重新立约,是为《新约》。[1]《新约·希伯来书》中记载:

"所以主指责他的百姓说(或作"所以主指前约的缺欠说")"日子将到,我要与以色列家和犹大家另立新约。不像我拉着他们祖宗的手领他们出埃及的时候,与他们所立的约,因为他们不恒心守我的约,我也不理他们。这是主说的。"主又说:"那些日子以后,我与以色列家所立的约乃是这样:我要将我的律法放在他们里面,写在他们心上;我要作他们的神,他们要作我的子民。他们不用各人教导自己的乡邻和自己的弟兄,说:'你该认识主';因为他们从最小的到至大的,都必认识我。我要宽恕他们的不义,不再记念他们的罪愆。"既说新约,就以前约为旧了;但那渐旧渐衰的,就必快归无有了。"(《新约·希伯来书》8:8-8:13)

《新约·马太福音》涉及"登山宝训"(The Sermon on the Mount)之记载。传说在加利利海西岸,耶稣向基督徒传授天国中的法则,作为其在世俗社会的修行准则。"登山宝训"很大程度上突破了"摩西十诫"之内容,其精神内涵也由惩罚他人向羁束自我转变。

首先,是关于幸福的解释,亦即"福音书"应有之义:"虚心的人有福了,因为天国是他们的。哀恸的人有福了,因为他们必得安慰。温柔的人有福了,因为他们必承受地土。饥渴慕义的人有福了,因为他们必得饱足。怜恤人的人有福了,因为他们必蒙怜恤。清心的人有福了,因为他们必得见神。使人和睦的人有福了,因为他们必称为神的儿子。为义受逼迫的人有福了,因为天国是他们的。人若因我辱骂你们,逼迫你们,捏造各样坏话毁谤你们,你们就有福了。应当欢

---

[1]《新约》全书共27卷,成书于公元1世纪,包括福音书、历史书、使徒书信和启示录。与《旧约》使用希伯来语不同,《新约》使用希腊文编撰而成。

喜快乐，因为你们在天上的赏赐是大的。在你们以前的先知，人也是这样逼迫他们。"(《新约·马太福音》5:3—5:12)很明显，与《旧约》不同，《新约》的教义开始向隐忍与宽恕过渡，"天国八福"要求基督徒清心寡欲、严谨律己、与世无争地过一生。不仅要严于律己，"登山宝训"还要求教徒必须宽恕他人，我们可以看到这种教义日后将极大影响西方社会罪罚观的变迁。

其次，是针对报复、爱仇敌以及饶恕的解释："你们听见有话说：'以眼还眼，以牙还牙。'只是我告诉你们：不要与恶人作对。有人打你的右脸，连左脸也转过来由他打；有人想要告你，要拿你的里衣，连外衣也由他拿去。(《新约·马太福音》5:38—5:40)"你们听见有话说：'当爱你的邻舍，恨你的仇敌。'只是我告诉你们：要爱你们的仇敌，为那逼迫你的祷告。这样，就可以作你们天父的儿子，因为他叫日头照好人，也照歹人；降雨给义人，也给不义的人。"(《新约·马太福音》5:43—5:45)"你们饶恕人的过犯，你们的天父也必饶恕你们的过犯；你们不饶恕人的过犯，你们的天父也必不饶恕你们的过犯。"(《新约·马太福音》6:14—6:15)很明显，在《旧约》"以牙还牙、以眼还眼"之等害罪刑观之外，《新约》还建立了一种颇为新奇的对待仇人与敌人的喻世之道——"以善治恶"。上述教谕分为上下两段，上段肯定了《旧约》教谕的教诲，下段则是《新约》对基督徒的要求。这些为人处世之道不仅包括"被打左脸，右脸也伸过来"的宽恕与隐忍，更包含"爱邻舍，也爱仇敌"的博爱精神，只有如此，才能在末日审判时获得天父的宽恕，顺利抵达天堂。

再次，涉及"成全律法"，是关于律法颁布、遵守、实施以及审判权、刑罚权的解释。开篇点明主旨，基督降世并非为了行使"摩西十诫"中的某一条诫命，也并非在律法中增加新意，其使命是将律法刻至世人的心中，并在适用律法时保持整体观与体系观。一则强调了律法存在的必要性，即使天崩地裂，律法的效力亦应岿然不动，世人举念动静，皆以律法为准。二则针对制定律法者、执行律法者作出训诫，要求二者必须首先遵守律法。如果法度适用不平等，产生厚此薄彼的结果，则为末日审判时步入天堂之门的大忌；而遵守律法并且一视同仁适

图1-5 《登山宝训》(1481—1482年),〔意〕柯西莫·罗塞利

用于全体子民者,才可能获得天父眷顾,安享极乐:"莫想我来要废掉律法和先知;我来不是要废掉,乃是要成全。我实在告诉你们,就是到天地都废去了,律法的一点一画也不能废去,都要成全。所以无论何人废掉这诫命中最小的一条,又教训人这样作,他在天国要称为最小的;但无论何人遵行这诫命,又教训人遵行,他在天国要称为大的。"(《新约·马太福音》5:17-5:19)另外,在论及律法的制定原则与适用规律时,"登山宝训"阐述的观点与我国古语"己所不欲,勿施于人"具有异曲同工之妙:"所以,无论何事,你们愿意人怎样待你们,你们也要怎样待人,因为这就是律法和先知的道理。"(《新约·马太福音》7:12)

关于审判权与刑罚权,"登山宝训"继承了"摩西十诫"之教谕,认为世俗人类没有资格审判自己的同类。人类最常见的错误是"只见芒刺,不见梁木",自身不洁,一叶障目,如何去审判他人?其实施的刑罚又怎能令世人心服口服?因此,所有的罪孽均应在天父面前得到最终裁决,所有的惩罚均应由天父亲自启动,其理由仍然建立于原罪伦理基础之上:"你们不要论断人,免得你们被论断。因为你们怎样论断人,也必怎样被论断;你们用什么量器量给人,也必用什么量

器量给你们。为什么看见你弟兄眼中有刺,却不想自己眼中有梁木呢?你自己眼中有梁木,怎能对你弟兄说'容我去掉你眼中的刺'呢?你这假冒为善的人!先去掉自己眼中的梁木,然后才能看得清楚,去掉你弟兄眼中的刺。"(《新约·马太福音》7:1-7:5)

最后,是关于七宗原罪之"色欲"的解释。如上所述,《旧约》中,"摩西十诫"之一即"不可奸淫",主要限制奸淫的行为与举止;而"登山宝训"却将奸淫戒律之内涵扩充至思想领域,起心动念皆为禁止,必要时甚至可以挖眼断腕以呵护内心的圣洁,这与我国古语"万恶淫为首"颇具相似性。毫无疑问这是典型的意淫犯罪观,于宗教教谕尚可理解,运用至法律层面就令人匪夷所思了。因此,当后来启蒙思想者扛起人性与自由的大旗声讨教会文化的荒谬与专横时,思想犯罪首先是其诟病的重点目标:"你们听见有话说:'不可奸淫。'只是我告诉你们,凡看见妇女就动淫念的,这人心里已经与她犯奸淫了。若是你的右眼叫你跌倒,就剜出来丢掉,宁可失去百体中的一体,不叫全身丢在地狱里;若是右手叫你跌倒,就砍下来丢掉。宁可失去百体中的一体,不叫全身下入地狱。"(《新约·马太福音》5:27-5:30)不仅如此,建立于上述奸淫观念基础上,"登山宝训"还对夫妻关系与制造淫乱关系的行为作出了颇具新意的解释:"又有话说:'人若休妻,就当给他休书。'只是我告诉你们:凡休妻的,若不是为淫乱的缘故,就是叫她作淫妇了。人若娶这被休的妇人,也是犯奸淫了。"(《新约·马太福音》5:31-5:32)按照当时法利赛人的教导,男子可以随时休妻,只要一纸休书即可,因此所宣传的婚姻关系稳定性较弱。"登山宝训"要求基督徒的标准必须高于法利赛人,只有在一种情况下才可以休妻——"淫乱的缘故",除此之外不得休妻。按照这样的观点,如果有人休了妻子,女方必然会被世人"叫她作淫妇",这是一种世人眼中的"淫妇",其客观事实包括两种:其一,女子确实违背了"不可奸淫"之戒律,罚当其罪;其二,女子并没有触犯戒律,却背负上莫须有的罪名。在第二种情况下,如果有人娶了该女子,因为该女子身心仍然纯洁,因此该婚约行为便和与有夫之妇淫乱行为具有同等效果,因此男子会背负同样罪名。可以看到，不是由于淫乱的缘故而休妻，是一种不公平的行为，也丧失了公义性，男子在神的眼中就是在制造淫乱，其罪过与本身淫乱者相比有过之而无不及。

综上所述，如果说形成于公元前的犹太教教义《旧约》所强调的是"有罪必罚"的严厉刑罚观，这一点在《旧约·申命记》中耶和华对子民的告诫中得以诠释："所以你要知道耶和华你的神，他是神，是信实的神。向爱他，守他诫命的人守约，施慈爱直到千代。向恨他的人当面报应他们，将他们灭绝。凡恨他的人，必报应他们，决不迟延"（《旧约·申命记》7:9-7:10）；那么，公元后产生的基督教教义《新约》则彰显了宽恕与博爱的胸怀。前者"有罪必罚、绝不迟延"的罪罚思想在"索多玛城的毁灭"的叙述中得以生动再现；后者所提倡的"人皆罪人，但求宽恕"的罪罚精神则在"行淫时被捉的女人"的故事里得以完美诠释。

人皆罪者：《圣经·新约》之"行淫时被捉的女人"

公元前1世纪清晨，薄雾中的耶路撒冷城。耶稣在大殿中开始布道，突然，一群法利赛人和文士牵着一名女子闯入大殿，并将她扔在耶稣脚下。女子衣冠凌乱、披头散发、身上伤痕斑驳，身躯因恐惧而发抖。一名文士质问耶稣："这名贱妇与人行淫时被当场抓获，根据摩西律法，当受乱石打死之罚，不知您认为如何？"言语中充满挑衅，法利赛人也在旁煽风点火。大殿里聆听耶稣布道的市民们被激怒了，责难声越来越大，纷纷要求惩处这个邪恶的女子。耶稣站起身来向女子走去，立刻被愤怒的市民、不怀好意的法利赛人以及凶狠残酷的文士所包围，他平静地指着地上匍匐的女子说："你们谁没有罪，可以首先用石头砸她。"众人震惊，长时间的沉默后，从老至幼一个个从大殿鱼贯而出，法利赛人与文士也悻然离去。大殿中只剩耶稣与那位妇人。妇人呜咽着爬到耶稣脚边，耶稣将她扶起询问："那些人呢？没有人治你的罪吗？"妇人答："仁慈的主啊，没有。"耶稣低声言："我也不定你的罪，你离去吧，以后不要再犯罪了。"（参见《新约·约翰福音》8:3-8:11）

图1-6 《耶稣与通奸的女人》(1630—1633年),〔荷〕马蒂亚斯·斯特姆

《圣经·新约》中,这是一个非常著名的关于原罪与救赎的故事。此处的行淫女子事实上扮演着三个角色、承载着三重寓意——在法利赛人与文士手中,她是他们挑起民愤、攻击耶稣的可悲工具;在普通市民眼中,她是他们隐藏自我罪孽、发泄心中恐惧的遮羞布;在耶稣脚下,她却是他传播道义、教育民众、哀悯救赎的真正的人。耶稣对行淫女子的判决蕴含着基督教教义《新约》之罪刑观的两重含义:其一,从上帝视角观察,人人皆为原罪的承载者。既然如此,谁有资格审判他人?谁又拥有权力惩罚他人?因而上帝才是唯一能够对人类进行审判与惩罚的合法主体。其二,人间制定的罪与上帝眼中之罪内涵不同。故事最后,耶稣对女子低声抚慰:"我也不定你的罪,你离去吧,以后不要再犯罪了",其中提到了两个"罪",其含义迥异:第一个罪是指上帝眼中的罪,这是一种源自人类劣根性的"原罪",耶稣知晓自己并非上帝,因此无权给女子定罪;第二个罪是指世俗法律规定的犯罪,诸如通奸,诸如不守妇道。由于原罪与世俗之罪来源不同,因此对待世俗之罪与原罪的制裁方式亦应有所不同。世间每个人皆为原罪之身,对人世间罪行的审判必须秉持宽容态度,对罪者要怜悯与宽恕;对上帝眼中之罪的审判则是一种末日审判、良心审判,其特质是睚眦必报、丝毫不爽。

以上故事分别来自《圣经·旧约》与《圣经·新约》,二者对比可以得出以下结论：根据精神实质不同，《旧约》教谕所代表的是"法的宗教"，《新约》教谕传布的则为"人的宗教"。在法的宗教中，法是人类外在行为的规范，因此教谕中均为全知全能的耶和华对人类的吩咐，字里行间没有对话，只存在独白，权威上帝的声音凌驾着一切、覆盖着世间万物。作为"人的宗教"之基督教，《新约》的行文以民众与先知间的质疑与回应形式展开，包孕着多重冲突的复调色彩。耶稣及其使徒突破了时间与地域的桎梏，走下殿堂，深入民间进行布道：他们穿梭往返于庶民市场、下等客栈、餐馆酒肆甚至澡堂妓院，他们医治好盲人的眼疾（《新约·约翰福音》9:6–9:15）、瘸子的双腿，并让哑巴开口（《新约·马太福音》9:1–9:35），他们使得麻风病人重返世俗社会（《新约·路加福音》17:12–17:15），他们接受人皆鄙视的妓女的香膏供奉（《新约·路加福音》7:37–7:50），他们对窃贼的悲苦境遇给予同情（《新约·约翰福音》10:10–10:12），他们对行

图 1-7 《耶稣治愈盲人》(1560年)，〔西班牙〕埃尔·格列柯

淫女人的无知愚昧进行宽恕（《新约·约翰福音》8:3-8:11）。其中一位最著名的隐忍顽强的布道者，以悲悯智慧的声音不停地与世间俗子进行对话，感召着芸芸众生——这即为《新约》的典型叙述形式。与犹太教《旧约》之禁止、惩罚的观点相左，基督教《新约》的精髓在于道成肉身与受难赎罪。基督耶稣舍去了英雄与王的桂冠，化身为社会地位最为卑贱的木匠之子，降临至世间最肮脏秽乱的马槽中（参见《新约·路加福音》2:5-2:7），一生布道救人，直至最终蒙冤入狱，头戴荆冠，被鞭打、虐杀于十字架上（参见《新约·马可福音》15:17-15:25）。由此不难发现，《新约》宣传着"隐忍、忏悔"的赎罪观（妓女、淫妇、小偷、强贼等皆可获得救赎），其教谕的精神内涵已经从他报的报复刑过渡至自罚的教育刑，隐忍与宽恕成为鲜明的价值旨归。

《旧约》与《新约》为我们诠释了两个完全不同的宗教世界。前者的恪守、报复、自律与后者的隐忍、宽恕、博爱形成鲜明对立，同时暗示着西方刑法思想由"以眼还眼、以牙还牙"的罪罚报应观，向宽恕隐忍思想的变迁——"有人打你右脸，连左脸也转过来由他打"（《新约·马太福音》5:39），甚至要饶恕他，"不是到七次，乃是到七十个七次"（《新约·马太福音》18:22）。如此看来，《旧约》倡导严格的报应主义与平等的同态复仇；《新约》则认为"伸冤在我、我必报应"，否认世俗社会对同类的审判，强调只有全知全能的上帝才可操持生杀予夺的刑罚权。《旧约》的平等主义彰显于现世的同态复仇，不分贵贱一律苛求形式上的平等；《新约》的人人平等只存在于来世，只有洗刷罪愆、升入天国者才可获取这种平等，"刑罚谦抑"思想开始萌芽，刑罚价值亦由"恪守、报复"转为"自律、宽恕与博爱"。其后数个世纪，《新约》教谕历经圣·奥古斯丁与托马斯·阿奎那等思想家的归纳与演绎，逐渐发展为规模庞大、逻辑严密的经院哲学；基督教亦获取日益稳固的地位，与崭新的政治格局一统欧洲长达千余年。在经院哲学的渗透与影响下，西方人挣扎在"原罪—赎罪—末日审判"的轮回之中，以宗教理智抑制肉体欲望、否定现世价值、宣扬来世幸福、压抑个体价值、赞美群体责任观，最终导致人的主体性无限萎缩。

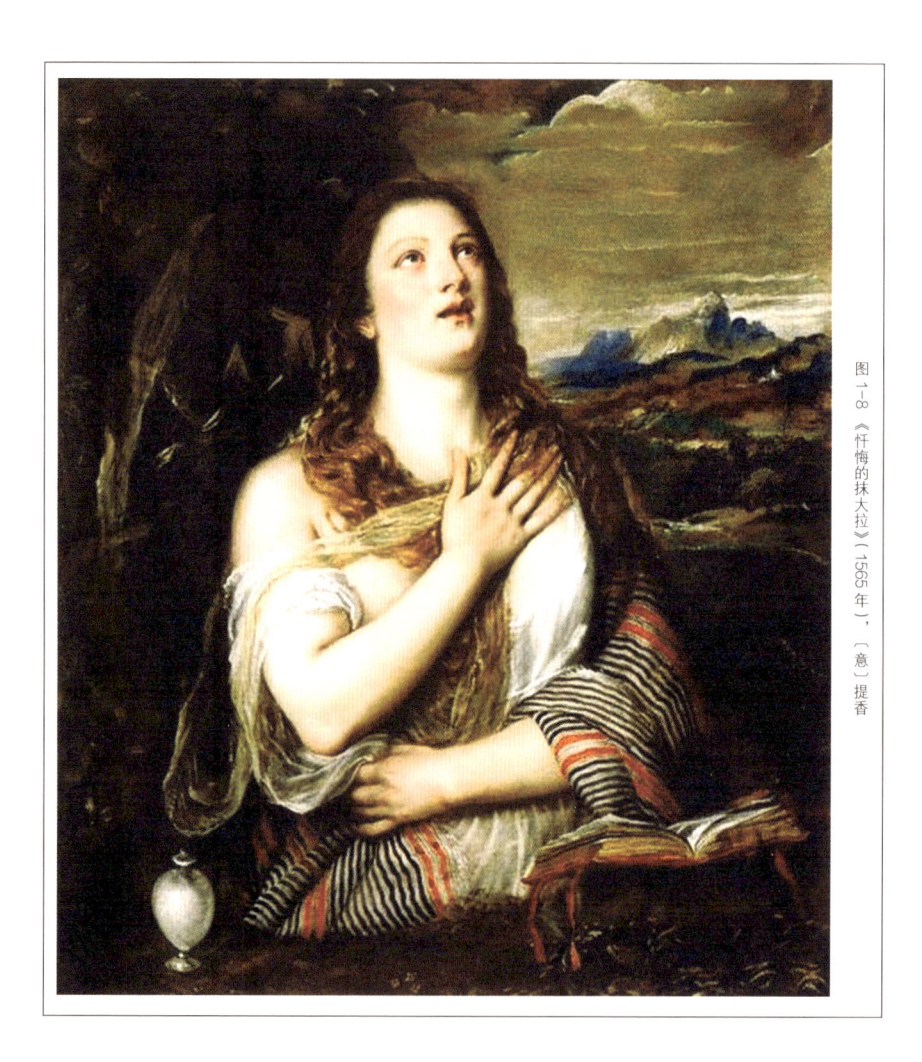

图1-8 《忏悔的抹大拉》(1565年)，〔意〕提香

知识链接

《最后的审判》是意大利文艺复兴大师米开朗基罗于 1535 年至 1541 年受命于罗马教宗保罗三世，为西斯廷教堂绘制的壁画，现藏于梵蒂冈西斯廷礼拜堂。

1534 年，教宗保罗三世不顾年过六旬的米开朗基罗年事已高，要求"他显示其绘画艺术的全部威力"，在西斯庭教堂祭坛后面的大墙上绘制壁画，这种疯狂的艺术剥削行为令米开朗基罗身心俱惫。当时，米开朗基罗正经历精神与信仰的危机，他选择用《最后的审判》这一主题，来展现其所承受的巨大痛楚。老艺术家从 1535 年年末至 1541 年 10 月 31 日止，用了近六年的时间，完成了这幅体现着画家宏伟艺术魄力的群像构图——《最后的审判》，在这块将近 200 平方米的大墙上，绘出了约四百个等身大小的裸体群像。

1541 年圣诞前夕画作揭幕，整个罗马城为之沸腾。艺术家卓越的写实主义绘画才能，使意大利人民为之倾倒，他们似乎听到了真正的上帝惩罚声，他要惩罚那些使祖国忍受耻辱和出卖人民利益的显要人物。同时，画中裸体人物亦引发亵渎神灵的争议，二十多年后，米开朗基罗去世不久，教皇庇护四世突发奇想，下令将所有裸体人物画上腰布和衣饰，受命画家被戏称为"内裤制作商"。1596 年，教皇克莱芒八世索性想把这幅壁画全部毁掉，幸被罗马圣路卡美术学院的画家们及时劝阻。

这幅壁画的主题为：上方与天顶画相接处两个半圆形画面是无翼天使，正簇拥着基督受难时的十字架等物，左面一组抱着十字架，右面一组抱着耻辱柱；耶稣下方八个吹号角的天使正在唤醒死者，宣示审判即将开始。

画面分四个层次，最上层是天国天使，中央是耶稣基督，下层是等待接受审判与裁决的人群，最底层是地狱，中心主题是人生具有原罪，注定不断背离上帝，罪孽深重，但终将得到拯救。构思上，画作立意于基督来临那一刻情景，他将对所有生者与死者进行审判，被他赦免之人将得到永生。为了将约四百个人物安排于同一空间，艺术家画面构图采用了水平线与垂直线交叉的复杂结构，显现出如旋风般中心吸附四周的力量，将整个空间结合成一体。

画面正中央的云端闪电中，站立着身躯高大、神态威严的救世主基督。耶稣复活后，在天国的宝座上开始审判凡人灵魂，此时天和地分开，世间一览无余，他正举起有力的右臂，宣称审判开始，大小幽灵都聚集到耶稣面前，听从他宣谈生命之册、辨别善恶。凡罪人，被罚入火湖，作第二次死，即灵魂之死；凡善者，耶稣赐他生命之水，以求灵魂永生。耶稣十二门徒和圣母玛丽亚环绕在旁边，圣母玛丽亚正蜷缩在耶稣身旁，用手拽紧头巾和外衣，不敢去正视这场末日审判。

在耶稣的左侧（即画面右侧），有体形高大而年迈的使徒彼得，他拿着天堂钥匙正要交给耶稣。最右边还可找到背负X形十字架的安德烈，拿着一束箭的殉道者塞巴斯蒂安，手持车轮的加德林，带着铁栅栏的劳伦蒂。在耶稣左侧的下面，有十二门徒之一的巴多罗买，手提着一张从他身上扒下来的人皮，这张人皮的脸就是米开朗基罗自己被扭曲了的脸形，这是米开朗基罗有意这样添加上去的。这些人物都拿着生前折磨自己的刑具，诉说着自己的痛苦。

在耶稣的右侧（即画面的左侧）也有许多历史与神话人物：那个左手背小梯子的通常被认为是亚当，后面围头巾的女人即是夏娃。另一个体格壮实的裸体老人即圣保罗。在这些使徒的下面，是一些被打入地狱的罪人，有的在下降；有的因为生前行善，正在渐渐上升，画面左侧下部地面上有几个呈骷髅状的幽灵，由于他们的善良，骨骼上重新长出肉来。

在耶稣的中央下部，有一小舟上载八个天使，他们受圣命之差，驾云来到地狱，吹起号角，召唤所有的灵魂前来受审。在这只小舟的右边，有一个头身倒置、身带钥匙的裸体形象，人们认为这是教皇尼古拉三世的权力下坠的象征，因他生前实行僧侣捐卖制，出卖教职，理应受到惩罚。在画面的右下角，是长着驴耳朵，被大蛇缠身，周围还有一群魔鬼的判官朱诺斯，这里暗指教皇的司礼官，他曾在教皇面前攻击米开朗基罗的这幅壁画。

米开朗基罗于作画期间不断从赞美诗《最后的审判日》和但丁的《地狱篇》中汲取灵感，整个构图在当时是一种全新的尝试，形成了一个律动的圆形的以基督为中心的统一体，使得众多的人物和复杂的情节显得统一、和谐。这幅气势磅礴的大构图，体现了米开朗基罗的人文主义思想，艺术家以超人的勇气，将人物全部创作为裸体形象，意在表现赤条条来、赤条条去，每个人都要面对上帝公正裁判的主题，这又一次证实了其所秉持的敢于肯定人、赞美人的人本主义思想。

图 1-9 《最后的审判》（1535—1541 年，局部）
〔意〕米开朗罗·博那罗蒂

第二讲
法的精神：民族史诗

讨论文本

- 英格兰史诗《贝奥武甫》
- 法兰西史诗《罗兰之歌》
- 西班牙史诗《熙德之歌》
- 日耳曼史诗《尼伯龙人之歌》
- 冰岛史诗《尼亚尔萨迦》
- 俄罗斯史诗《伊戈尔远征记》

导言

  作为一种典雅、庄严、豪放的文学体裁，史诗是叙述某一民族的重大历史事件或者歌颂民族英雄人物的叙事长诗。[1] 前者被称作创世史诗，主要以远古时期的歌谣与神话为素材，反映了一个民族童年时期朴素的自然观；后者被称作英雄史诗，往往以氏族复仇、部落战争、民族迁徙等重大历史事件为主题，所歌颂的人物大多真实存在，记载着民众对先祖所开创的丰功伟绩的赞美与景仰。无论是创世史诗还是英雄史诗，均为民族集体创作的结晶，经过世代口口相传、润饰修改，逐渐定型，集中反映着某个民族的基本价值观与伦理观，包蕴着其独一无二的精神气质与心理特征，并且承载着该民族特征鲜明的法律文化。

---

[1] An epic poem is a lengthy narrative poem, ordinarily involving a time beyond living memory in which occurred the extraordinary doings of the extraordinary people in their dealings with the gods or other superhuman forces, gave shape to the mortal universe for their descendants, the poet and their audience, to understand themselves as a people or nation.（译文：英雄史诗是一种叙事体长诗，一般而言，史诗通过描述具有英雄气概的主角与神祇或者其他超人类力量进行对抗的故事，为民族后áz、吟游诗人及其听众塑造了伟大而辉煌的世界，这些超越时空存在的史诗逐渐定型为一个民族、国家所特有的精神图腾。）Michael Meyer, *The Bedford Introduction to Literature*, Bedford: St. Martin's Press, 2005, pp. 21–28.

"九功之德皆可歌"(《左传·文公七年》),英雄史诗中所述英雄,本质是一个民族在草创、开拓、发展进程中战胜者的群像。通过对其所立功勋的颂扬,对其历经磨难的回顾,这些传说在漫长岁月中逐渐定型为一个民族所特有的精神图腾,在祖辈交口传颂中积淀为民族意志的坚韧磐石。英雄史诗中关于罪与罚的法律故事,则几乎占据着每一部民族史诗的显赫主题,为我们架起一面映射西方早期法律思想与司法制度的明镜,我们可以从中探知处于氏族社会末期与迈入封建化进程后西方主要民族的罪罚观,考察其法律思想得以孕育、萌发的人文环境。

西方中世纪英雄史诗以时间为界限大致分为两类。一类创作于中世纪早期,反映了处于氏族社会末期的蛮族的生活状况。此时欧洲基本上还未迈入封建化进程,基督教也未开始传入信仰世界,因而作品中浸润着浓厚的多神教色彩,较多反映的是人与魔(代表着变幻莫测的自然)之间的斗争,典型代表是英格兰史诗《贝奥武甫》、日耳曼史诗《尼伯龙人之歌》。另一类是欧洲封建化以后的产物,此时基督教已经渗透至整个西方文明的血液中,因而作品中洋溢着浓郁的基督教教义与部族秩序观,较多反映了群体社会中人与人之间的关系,包括君与臣、个人与国家、民族之间的冲突与规制,英雄荣誉观突破了个体自由的桎梏,上升到集体与国家之高度;爱国热情亦体现在维护国家统一、抗击外侮以及对异教徒的征剿与掠夺的史实中,典型代表是法国史诗《罗兰之歌》、冰岛史诗《尼亚尔萨迦》、西班牙史诗《熙德之歌》以及俄罗斯史诗《伊戈尔远征记》。

从刑法学研究角度考虑,由于记载中世纪刑事法律制度的文献现已大部分遗失,而场景恢宏、气势磅礴的民族史诗蕴含着一个民族在发展、进化的过程中所包蕴的特殊文化密码,我们不妨尝试从以下六部著名的西方史诗入手,从中发掘、分析、了解中世纪时期的西方人对良善与邪恶、公道与正义的根本看法。本讲以史诗所载内容形成时间为序,以同时期法律文化为视角,对英格兰、法兰西、日耳曼、冰岛、西班牙、俄罗斯六个民族的英雄史诗进行剖析,梳理西方主要民族所承继的传统司法程序及实务惯例,发掘、分析处于氏族社会末期与迈入封建化进程后西方主要民族对罪与罚的根本观点,考察其法律思想得以孕育、萌发的人文环境之相似性，继而总结出建立在民族罪罚观基础上的西方刑法思想的发展轨迹。

征服与荣耀：英格兰史诗《贝奥武甫》

英国文学源于盎格鲁—撒克逊古英语时代（5 世纪起，至 11 世纪"诺曼征服"时止），英雄叙事长诗《贝奥武甫》（约 750 年）完成于 8 世纪，作者已无从稽考。《贝奥武甫》是欧洲文学史上继古希腊、古罗马史诗后首部以民族语言谱就的史诗，叙事风格颇受罗马诗人维吉尔的影响；其亦为现存古英语文学中最伟大的作品，被视作英国文学之发端，与法国《罗兰之歌》、德国《尼伯龙人之歌》、俄国《伊戈尔远征记》一起被誉为欧洲文学四大英雄史诗。

故事发生在北欧丹麦、瑞典一带，全诗 3182 行，描述了斯堪的纳维亚南部高特族贵族青年贝奥武甫[1]降魔伏怪、为民造福的事迹。

全诗以两部分构成。第一部分故事背景是丹麦皇宫。国王霍格斯为了犒赏骁勇善战的武士，特意建造"鹿宫"供其玩乐，琴声惊动附近沼泽地的妖魔格兰德尔。之后，在长达十余年的时间里，格兰德尔每晚潜入鹿宫吞噬将士，丹麦武士被杀无数。吟游诗人将这个恐怖的消息传到瑞典南部高特族。霍格斯家族世交、高特国王的外甥贝奥武甫闻听此事，带领 14 名勇士专程拜访霍格斯并留宿鹿宫，与格兰德尔搏斗并扭断后者臂膀，格兰德尔逃回巢穴后毙命，贝奥武甫将格兰德尔之断臂作为战利品钉于宫殿墙壁。第二夜，格兰德尔之母前来复仇，贝奥武甫将她赶至老巢，并将其头颅与儿子尸体的头颅砍下，带回鹿宫。

---

[1] 贝奥武甫是生活在 6 世纪的历史人物，经过吟游诗人的加工，创作逐渐成为史诗的主人公。据学者考证，历史上确有贝奥武甫其人，且确为史诗中高特国王海格拉克的外甥。一次，海格拉克率舰队劫掠莱茵河下游弗罗西亚人的土地，当时该地是法兰克王国的一部分。他们获得胜物甚丰，正欲启程回去，忽遭法兰克士兵袭击，海格拉克死于战场。贝奥武甫杀死一名法兰克旗手后，泅水返回高特。此事发生在公元 521 年，史诗《贝奥武甫》中穿插提到过四次，正好与法国史学家格利高里的《法兰克的历史》和无名氏的《法兰克史记》所记载的史实吻合。参见〔英〕佚名：《贝奥武甫》，陈才宇译，译林出版社 2018 年版，序。

第二部分故事背景移至瑞典王国。英雄们带着荣耀回到故乡，国王海格拉克赞赏外甥贝奥武甫之威猛，遂分割一半国土与其治理。后来，海格拉克与王子在一次战斗中身亡，贝奥武甫统治了整个国家，前后执政50年，国泰民安。其后，高特国的一位奴隶发现一处宝藏，300多年来一直由一只火龙看守。奴隶偷了一只金杯献给自己的主人，因此触怒火龙，遂向整个国家进行疯狂的报复。暮年的贝奥武甫再次出征，重伤后与火龙同归于尽。火龙所看守的巨大宝藏被保存至贝奥武甫墓前，作为人们对他的思念与敬意。[1]

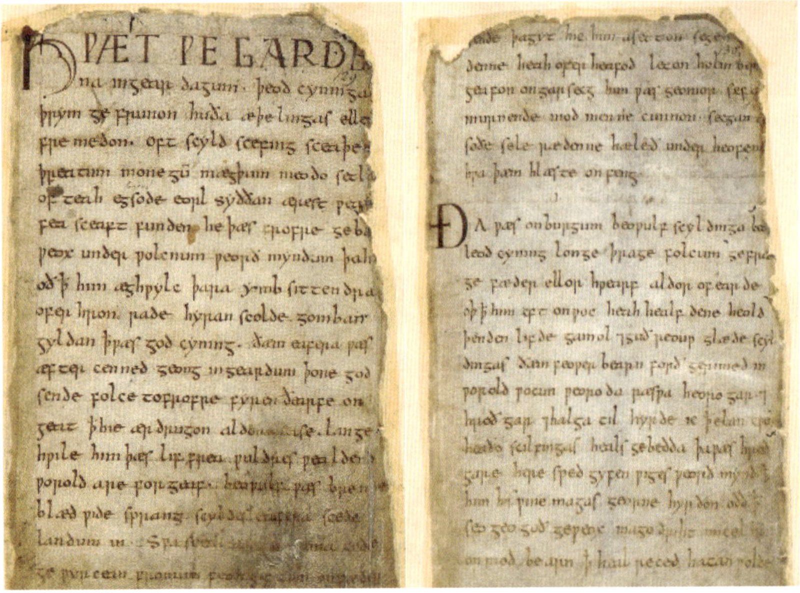

图2-1 《贝奥武甫》（中世纪手抄本）

---

1 史诗梗概及本节史诗引文来源于〔英〕佚名：《贝奥武甫》，陈才宇译，译林出版社2018年版。

知识链接

图 2-1 《贝奥武甫》手稿的第一位有据可考的主人，是古英语研究先驱劳伦斯·诺埃尔，第一页的页头有其签名；后来，著名收藏家罗伯特·科顿爵士获得此珍贵手稿，并传给了他的孙子约翰·科顿爵士，最终科顿爵士将手稿捐给国家。18 世纪，为了妥善保存，该手稿被送至西敏斯特的阿什伯纳姆别墅。1731 年 10 月 23 日晚，别墅发生火灾，大量手稿受损，有些被烧得一干二净，幸好《贝奥武甫》基本无恙，可是在后来的岁月中因处置不当大受折损，页面外围的文字也逐渐脱落。1845 年，这份手稿被贴上裱纸保存，但已是弱不禁风，连碰一碰都必须万分小心。

作品主题涉及公元 8 世纪日耳曼民族武士的日常生活情景。此时正逢日耳曼民族大迁徙时期，史诗中的英雄来自日耳曼民族发源地——斯堪的纳维亚半岛，英国人最初的祖先也来自该岛。故而，现代英国人仍将该时期的英雄人物视作自己的祖先，并以成为其后裔倍感荣耀。史诗以贝奥武甫的英雄事迹为主线，集中展现了日耳曼民族的传统价值观——具有强烈的荣誉观与复仇心理，崇尚对外族的征服，视掠夺为生存之必备手段，对孔武有力、骁勇善战、慷慨热情、英勇不屈的精神倍加推崇。在这部史诗中，贝奥武甫最值得歌颂的品质即"为民族而战"，他的最高美德体现于忠诚与责任——忠于国王与民族，勇于承担责任。另外，盎格鲁—撒克逊人通过对贝奥武甫英雄形象的刻画，客观上传达了其关于伦理、道德与法律的基本看法，凝聚着英格兰民族的传统罪罚观。

首先，在英格兰民族传统价值观中，荣耀的获取很大程度来源于对异类的征服与掠夺——目的的正当性与手段的合法性并不在评价范围内，这与英格兰民族的形成环境密切相关。英国是一个通过不断被征服而形成的国家，包括"古罗马征服""盎格鲁—撒克逊入侵""诺曼征服"等著名历史事件，英国所遭遇的绵延不断之外部征服，对民族气质的养成产生了重要影响。

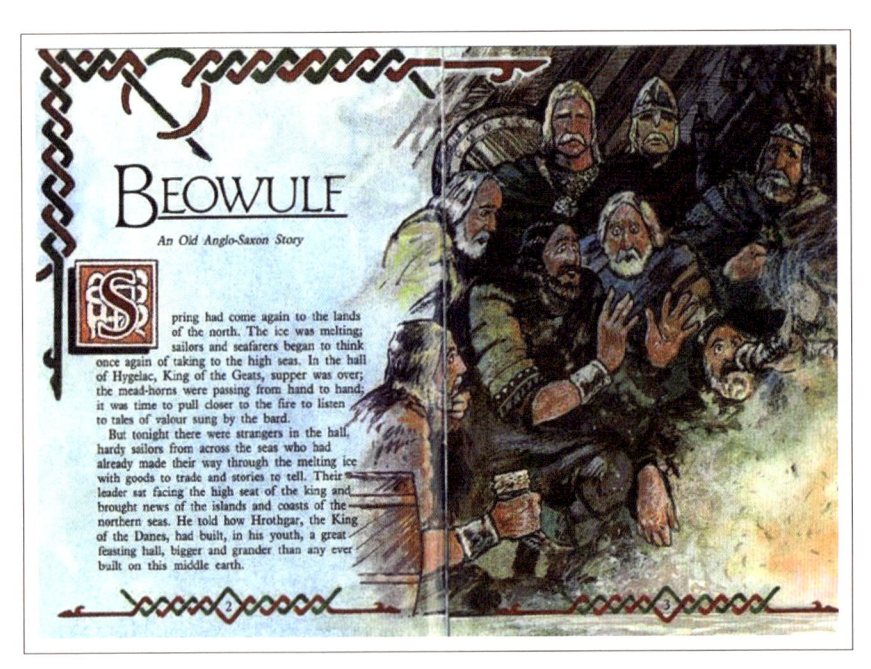

图 2-2 《贝奥武甫》插图

知识链接

"古罗马征服""盎格鲁—撒克逊入侵""诺曼征服":不列颠群岛上最古老的居民是凯尔特人(The Celtic),居住在不列颠南部,他们并非现代英国人的祖先,而是自称布立吞人(Britons),不列颠(the land of Britons,意为布立吞人的土地)即得名于此。公元55年,罗马军队在裘力斯·凯撒的率领下入侵不列颠岛,遭到布立吞各部落的顽强抵抗。直到公元78年,罗马皇帝克劳狄一世才彻底征服不列颠,生长在这块土地上的布立吞人沦为奴隶,此谓"古罗马征服"。

400年后罗马帝国逐渐衰落,公元410年罗马军队撤离不列颠。与此同时,欧洲北部的部落开始从瑞典、德国北部入侵不列颠岛，其中尤以盎格鲁人（Angles）、撒克逊人（Saxons）和朱特人（Jutes）为盛。他们占领了原属布立吞人的家园，将他们驱逐到不列颠岛的北部和西部，然后自己定居下来。他们先后建立了许多小国，盎格鲁人势力最大。此谓"盎格鲁—撒克逊入侵"。

7世纪，这些小国联合起来形成英格兰（England），即盎格鲁人之国（the land of Angles），发展为一个渐趋统一的民族——英吉利（English）。但是，不列颠这片土地并未因此平静下来，不计其数的王国、部落之间战事频繁。直到9世纪，南方的威塞克斯王国在艾尔弗雷德大帝的领导下成功击败了丹麦入侵，英格兰的大、小王国才逐步走向统一。11世纪初，丹麦人再次入侵不列颠，英格兰人开始了长达25年的奴隶生活。不久，诺曼人也入侵英格兰，击败了盎格鲁—撒克逊人，并最终征服了整个英国，此谓"诺曼征服"。这一事件标志着盎格鲁—撒克逊时代的结束。盎格鲁—撒克逊人早先信仰多神教，7世纪时，基督教传入不列颠，盎格鲁—撒克逊人开始信仰基督教，他们建筑了修道院传经布道，于是早期的文学作品通过僧侣们记载下来，作品中不可避免地留下了基督教的烙印。

英格兰祖先日耳曼人地处高纬度地区，自然气候恶劣（冰冻期长达七至八个月，日照期极短），因此日耳曼人每隔若干年便会更换居住地，主要依靠渔猎、畜牧、种植与劫掠为生——尤其是劫掠，成为当时积累财富的主要渠道。发生于5世纪的盎格鲁—撒克逊人向大不列颠的迁徙，即为一场劫掠性质之远征。在日耳曼民族的价值观中，民族荣耀的获取很大程度来源于主动征服。公元98年写成的《日耳曼尼亚志》[1]记载，"出身高贵的青年们会自愿地寻找发生战争的部落，如果他们（日耳曼）的本土常年平静无战事。这固然因为他们生性好动，不喜欢歌舞升平的世界，更重要的是在一场场征服战争中能够为自己、为家族获取永恒

---

[1] 该书是现存最早的记录日耳曼人生活习俗的作品，详细记载了古罗马时代日耳曼尼亚和居住在日耳曼尼亚的各个部落的情况。

的荣誉"[1]。日耳曼尼亚贵族青年们甚至认为,"可以用血换取的东西,以汗得来便是懒惰与懦弱"[2]。以上特点正是故事主人公贝奥武甫的真实写照。贝奥武甫的一生就是借助蛮力不断征服的一生,他意志稳笃、手段狠辣,做事务求斩草除根,不给对手留有一丝生路,他对格兰德尔母子的处理方式即为明证。至于史诗第二部分看护宝藏的火龙,它对人类的攻击情有可宥——属于火龙的金杯被人类所盗取,火龙唯一的希望是索回金杯,这是它的职责所在。不幸的是,它遇到了嗜血勇猛的贝奥武甫,虽然年近八旬,依旧黩武好战。激战中二者同归于尽,火龙不仅未能将失窃的金杯寻回,反而搭上自己性命,也丧失了对整个宝藏的控制。客观而言,贝奥武甫征战火龙的目的并非完全是为民除害,更大程度上是觊觎火龙看守的巨大财富;另外,贝奥武甫的一系列行为集中显示了该民族对侵略与掠夺行径毫不掩饰的认可与崇敬——奄奄一息之时,贝奥武甫并未因自己性命将尽而忧伤,而是为自己给国民带来的可观财富欣慰不已。

其次,《贝奥武甫》也是一部表现正教与异教冲突的基督教作品,浓厚的宗教情节赋予征服异族之战的正当性与必要性。6世纪末7世纪初,基督教传入英国,激烈冲击了之前存在的日耳曼本土文明。反映在文学作品上,这部史诗可以被看作是"模仿罪与赎的基督教寓言诗"[3],故事中的神灵、人物、事件均可以在基督教与异教的冲突层面进行解读。例如,格兰德尔被描述为人间第一个被打上记号的"罪人"该隐的后代,贝奥武甫战胜了它,便意味着基督教教徒战胜了异教徒。再如,火龙在基督教教义中常常是撒旦的化身,贝奥武甫降伏了它,即象征着基督耶稣最终战胜了撒旦。但是,我们也应当看到,基督教对贝奥武甫的行为并非完全肯定,尤其是对他孜孜不倦地追求荣耀以及棋逢对手时狠辣凶残的行为模式,始终抱有怀疑与鞭挞的态度。总的来说,原始的、饱浸着日耳曼传统的荣誉观、征服欲与基督教隐忍、宽恕的教义结合后,发展为中世纪骑士精神与美德的核心

---

[1] 〔古罗马〕塔西陀:《阿古利可拉传·日耳曼尼亚志》,马雍、傅正元译,商务印书馆1959年版,第62页。
[2] 〔古罗马〕塔西陀:《阿古利可拉传·日耳曼尼亚志》,马雍、傅正元译,商务印书馆1959年版,第69页。
[3] 参见肖明翰:《〈贝奥武甫〉中基督教和日耳曼两大传统的并存与融合》,载《外国文学评论》2005年第2期。

部分，指引着以后西方人文精神以双向度为坐标，向纵深发展。

最后，《贝奥武甫》对益格鲁—撒克逊早期社会的复仇传统进行了真实刻画，其中蕴藏着大量、宝贵的传统罪罚观。中古时代初期，作为君主笼络武士的手段之一，财产馈赠与地位分配是家族获取世袭荣誉的重要来源；但是对于全体公民而言，维系社会关系更重要的还是依靠血亲纽带。一旦家族成员被害，无论其系纷争挑起者还是被动应战者，其他家族成员均具有复仇的义务与责任，这种责任与正义与否毫无干系。因此，血亲复仇在当时是一种最为稳定的维系族群生存的手段。当然，冲突双方亦可以通过婚媾或者由弱者向强者进贡财物等方式阻隔复仇进程。但上述手段仅仅具有暂时性，作用仅仅是延缓复仇的进程，最终仇杀依旧会爆发，所牵连的无辜者也会成倍增加——后文介绍的冰岛史诗《尼亚尔萨迦》，其家族复仇进程恰好验证了这一观点。《贝奥武甫》涉及数个诸如此类的典型复仇情境，文中均是通过转述、回忆与预言等间接方式加以叙述的。

案例之一，发生在丹麦部落酋长赫纳夫与弗里西亚国王芬恩之间的纷争。后者是前者的姐夫，二者相争的结局是整个家族的灭亡——赫纳夫及儿子阵亡，芬恩的儿子阵亡，无奈之下，赫纳夫的忠诚部将亨格斯特与芬恩签订休战协议，为赫纳夫及儿子举行火葬；此后双方均伺机复仇，终于又引发新一轮血腥屠杀，芬恩被斩落马下，王后（赫纳夫的亲姐姐）希德贝尔遭囚禁；最终亨格斯特赦免王后，携其返回丹麦。

案例之二，丹麦国王罗瑟迦将女儿下嫁虮髯国国王垠耶德，企图平息其父王被丹麦人杀害而产生的仇恨。婚宴上，一位虮髯国老兵挑拨新兵，说其父亲即被公主的侍从之一所杀，新兵愤怒，遂将该侍从杀害，喜事变丧事，现场陷入一片混乱——丹麦国王以联姻消弭世仇的努力终告失败，两个国家重返敌对状态。垠耶德难以咽下此口恶气，率军侵入丹麦，一把火焚烧了贝奥武甫从格兰德尔手中拯救出来的鹿宫。

案例之三，瑞典国王奥根索有两子，分别是欧赛尔和奥尼拉，后者继承王位后，想方设法置前者之子伊恩孟德与伊吉尔斯于死地。兄弟二人逃亡至南部高特国,高特国王赫德莱德(海格拉克之子)收留了他们,却给自己招致大祸,奥尼拉追杀而至,赫德莱德死于非命。贝奥武甫继位后,派兵支援伊吉尔斯,最后杀死奥尼拉,替赫德莱德报了仇。

案例之四,高特国王(贝奥武甫的外祖父)雷塞尔原有三个儿子——赫巴德、赫斯辛和海格拉克。赫斯辛自幼残酷无情,以射杀朋友与家臣为乐,最终误杀自己的兄弟赫巴德,老国王伤心而亡。后来,瑞典人与高特人发生氏族纠纷,新国王赫斯辛阵亡,由海格拉克接替王位。海格拉克杀死瑞典国王奥根索,为兄弟报了仇。

案例之五,高特人与瑞典人之间持续数代的血腥仇杀,导致四位国王战死疆场,死伤的将士、平民更是不计其数。《贝奥武甫》的末尾以预言方式暗示,贝奥武甫去世后,瑞典人将灭亡高特族,法兰克人也将参与这一复仇进程。

以上的复仇故事均具有史料价值,皆为与主人公贝奥武甫相关的事件,环环相扣,在历史上确有其事。可以看到,在五场不同原因导致的血腥斗争中,"复仇"二字具有崇高的地位,个体仇恨可以轻易上升为家庭、族群乃至民族、国家的仇恨,而平息仇恨的唯一方式便是复仇——或者是复仇方借修约之机将仇敌置于死地、斩草除根;或者是企图借联姻之机恢复和平但终遭失败,血腥复仇被进行到底;或者是王位争夺导致皇族残杀、牵连外邦,引发国与国之间的战争,后以复仇形式终结;或者是皇族后裔间的爱恨情仇转移至外人身上,矛盾不断激化,终以复仇形式解决;或者是国家与国家间的血腥屠杀无限扩大,将愈来愈多的无辜者卷入永无休止的复仇战争。当"复仇"被作为关键词引入各类纷争的解决模式中时,为了家族、集体与国家的荣誉,公民个人自愿抛弃了个体命运的选择权与决定权,彻底融入无法控制的历史进程,反映出该时期行为主体高度的群体本位权利观念,与古希腊时期的史诗所追求的个性解放与个体权利本位的价值取向具有天壤之别。尤其需要指出的是,该时期国家、民族、氏族、个体行为中复仇意识的普遍化存在,催生了复仇由混沌无序状态向规则、克制状态的追寻与转变。

以挚爱之名：日耳曼史诗《尼伯龙人之歌》

《尼伯龙人之歌》[1]（约 1202 年）在勃艮第与尼德兰民间传说的基础上创作而成。上述两个传说的形成时间（376—600 年的欧洲民族大迁徙时代）远早于史诗的完成时间，人物形象与故事情节经过数百年之口口相传，在 13 世纪才基本成型。《尼伯龙人之歌》将两个彼此独立的传说连接为贯穿一致、首尾相连、情节统一的故事，借古日耳曼人的形象展示了 13 世纪的社会生活与骑士形象，其人物思想、价值标准与行为方式均打上了中世纪的烙印。[2] 故事主要叙述了两位王后在一场筵席上因虚荣而发生争执，以及由此引发的一系列惨绝人寰的复仇血案与国家战争。

第 1 歌至第 19 歌为第一部分，叙述了尼德兰国王西格夫里特被暗害以及尼伯龙宝藏被骗走的故事。尼德兰国王西格夫里特英俊威猛，于青年时曾有过屠龙取宝的壮举，占有了尼伯龙宝藏，他的国家亦被尊称为尼伯龙根王国。与勃艮第公主克里姆希尔德结婚 10 年后，应克里姆希尔德之胞哥——勃艮第国王恭特与王后布伦希尔德邀请，西格夫里特携妻去沃尔姆斯省亲。席间，两位女人因丈夫地位的高低展开激烈唇战，小姑子克里姆希尔德羞辱了嫂子布伦希尔德。勃艮第大臣哈根为给王后报仇，不仅杀害了西格夫里特，还从其遗孀克里姆希尔德手中骗走了尼伯龙宝藏并沉进莱茵河底，勃艮第取代尼德兰成为尼伯龙根王国。第 20 歌至第 39 歌为第二部分，主要描述了克里姆希尔德的血腥复仇过程以及勃艮第王国的覆灭。克里姆希尔德寡居多年，为了替夫报仇、夺回尼伯龙宝藏，她远嫁匈奴可

---

[1] 据北欧冰岛歌谣集《埃达》记载，古代勃艮第国有一个王族被称作尼伯龙，相传他们拥有大批宝物。后人将此传说与北方流传的另外一个关于尼德兰英雄西格夫里特打败尼伯龙、占有全部宝物的传说融合，创作了这部史诗。在这部史诗中，虽然"尼伯龙人"不再仅仅指勃艮第国的王族，而是宝物掌握在谁的手里谁便是"尼伯龙人"，但作品的内容讲述的均为这些"尼伯龙人"从兴盛到衰亡的过程。

[2] 从该部作品反映的基本思想与叙事风格推断，作者极可能为帕骚大主教寺院供职的下层骑士，具有深厚的文学修养，对律法、宫廷礼仪与骑士生活颇为熟稔。史诗原文由中古高地德语谱就，包括 39 歌、2379 节、9516 行。参见〔德〕佚名：《尼贝龙根之歌》，钱春绮译，人民文学出版社 1995 年版，译者序。

汗。在皇后位置上辛苦经营 13 年后，克里姆希尔德认为复仇时机已到，遂说服可汗，邀请勃艮第国王携家眷、众臣来匈奴做客。筵席上，克里姆希尔德下令砍下哥哥恭特的头颅，并手刃哈根。勃艮第老帅希尔德勃兰特虽然对哈根等人欺骗女流夺取宝物的行径不耻，但当其目睹勃艮第与匈奴众勇士们死于一个妇人的计谋时，也无法保持理智，悲怒之中杀死了克里姆希尔德公主。故事以众英雄的同归于尽告终。[1]

图 2-3 尼伯龙宝藏[2]

---

[1] 史诗梗概及本节史诗引文来源于〔德〕佚名：《尼贝龙根之歌》，钱春绮译，人民文学出版社 1995 年版。

[2] 图 2-3 至图 2-6，引用自 https://www.douban.com/photos/photo/2525077567/#imageP47。

图 2-4　勃艮第王后布伦希尔德与国王恭特

可以看到，两条线索贯穿了《尼伯龙人之歌》的始终——一条明线，讲述了因两位皇后口角引起的三个国家间的血腥复仇；一条暗线，描述了三国皇室觊觎、争夺尼伯龙宝藏的明争暗斗与惨烈厮杀。同样，两位人物的言行心理推动着整个史诗波澜壮阔的发展进程——一位是尼德兰皇后、勃艮第公主克里姆希尔德；另一位是勃艮第重臣、血案的始作俑者哈根。

克里姆希尔德原本是一名温顺贤淑、貌美温柔的少女，然而，强烈的复仇欲望使得她在诡谲多变的宫廷斗争中辗转挣扎，最终沦落为一名嗜血、残酷的妇人。起初，尼德兰国王西格夫里特占有了尼伯龙宝藏，尼德兰王国国力昌盛，被称作尼伯龙根王国。位于莱茵河中游的勃艮第国王恭特为与其交好，将妹妹克里姆希尔德嫁给西格夫里特，两国结为姻亲邻邦。少女时的克里姆希尔德目睹了宫

图 2-5　尼德兰王子西格夫里特与勃艮第公主克里姆希尔德

廷中的多桩爱情悲剧,决心终身不嫁。但是面对英俊多情的西格夫里特王子,敞开了心扉。不承想灾难从此接踵而至,先是夫君命丧勃艮第佞臣哈根手下,接着尼伯龙宝藏被哥哥骗夺;最后在匈奴王宫的血腥屠杀中,克里姆希尔德也倒在血泊之中,再也没有醒来。

以当时的视角来看,克里姆希尔德的复仇行为是正当的。首先,两位皇后的口角是整个史诗的关键,二人在省亲筵席上的争执焦点是国王与封臣之间的权力位阶关系。克里姆希尔德之所以对高傲、刻薄、蛮横的嫂嫂进行斥责与羞辱,是基于对丈夫与自己荣誉的维护;在将荣誉看得比生命还珍贵的中世纪欧洲,克里姆希尔德的行为是完全可以被理解的。其次,丈夫在狩猎途中惨遭暗算后,克里姆希尔德明知凶手就是勃艮第大臣哈根,却苦于没有证据,只得忍气吞声等待报复的时机。智慧的克里姆希尔德很快设计出一个复仇计划——她拒绝返回尼德兰，而是留在自己的娘家广散钱财、笼络人心，很快便以慷慨、美貌打动了一大批勃艮第仁人志士的心，大有与哥哥恭特分庭抗礼之势。大臣哈根嗅到了危险，怂恿恭特将妹妹的尼伯龙宝藏哄骗到手。可怜的克里姆希尔德利用财富进行复仇的计划破灭了，被迫使出最后的撒手锏——下嫁匈奴可汗，伺机为夫报仇。最后，13 年后，克里姆希尔德终于在匈奴获得了可汗的宠爱与大臣的敬意，她认为复仇时机成熟，遂邀请哥哥赴匈奴叙旧。大殿上，克里姆希尔德义正词严地向哥哥索要被骗取的尼伯龙宝藏，并指出哈根就是多年前的弑君凶手。面对哥哥的无情拒绝与哈根对骗取宝藏的百般狡辩，克里姆希尔德彻底丧失了理智，不惜以儿子的性命为代价（激怒哈根斩落可汗幼子之首级），激怒匈奴可汗以及武士，匈奴人对勃艮第宾客大开杀戒，掀起了一场腥风血雨。最终，克里姆希尔德下令杀死哥哥，亲斩哈根，结束了自己跌宕起伏的传奇一生。史诗中所刻画的克里姆希尔德公主，是一位饱受屈辱、历经沧桑却又不失高贵气质的女性形象，她以美貌、忠贞、智慧、坚忍的性格魅力赢得了日耳曼人民的热烈赞美。

史诗另一个重要人物——勃艮第重臣哈根，其身上亦寄托着中世纪骑士阶级忠君、护国的鲜明特征。以哈根为代表的封建社会的辅国之臣，将勇敢与忠诚奉为最高荣誉与理想品德。但哈根身上所凝聚的英雄精神已不仅仅表现为披坚执锐、浴血奋战，而是被注入了新的价值观——民族利益高于一切，为了获取尼伯龙宝藏，他不择手段，即使承担万世罪责乃至付出生命也在所不辞。

首先，两位王后（小姑子与嫂子）间关于自己丈夫地位高低的冲突，通常应当看作家族内部的矛盾，往严重处说是邦国礼仪间的龃龉，无论如何不足以掀起这样一场灭族亡国的腥风血雨。哈根作为两朝重臣、辅君元老，不会分辨不出其中的轻重利害；但是，哈根始终觊觎着尼德兰的宝藏，这场妇人间的争执为他实现攫夺宝藏、富国兴邦的宏大抱负提供了绝佳时机。于是他竭力从中作梗，以为勃艮第皇后恢复名誉之借口，设计将尼德兰国王杀害，手段残忍、卑劣。其次，尼德兰国王命丧黄泉后，哈根认为攫取宝藏如囊中取物般轻而易举。但他

图 2-6 勃艮第重臣哈根

很快发现，宝藏的继承人、尼德兰国王遗孀克里姆希尔德将自己视作不共戴天之仇人，因而不得不偃旗息鼓、静待时机。当他看出克里姆希尔德以财宝为诱饵纠集死士、企图复仇的动机时，大喜过望，怂恿国王恭特趁机将宝藏攫取。哈根一手策划了这场弑君夺宝的惨案，扮演着教唆者、策划者与实施者三重角色。具有特殊意义的是，哈根的所作所为并非为了私利，而是始终以勃艮第王国的利益为旨归。最后，作为恭特的重臣，哈根早已看出克里姆希尔德公主之约凶多吉少；劝阻无效后，却毅然决定与君主一同前往，并在登岸后将渡船焚毁，以示断绝后路。在匈奴王宫里，面对愤怒的克里姆希尔德，哈根对杀死西格夫里特的罪行供认不讳，将全部责任揽至自己身上。从此角度而言，哈根又彰显了忠君护国、视死如归的英雄本色。

可以看到，克里姆希尔德与哈根，一君一臣，其结仇、复仇的行为轨迹，代表了当时日耳曼民族所认可的伦理观与价值观，彰显着鲜明的因果报应论与宿命论。作品中的人物勇敢地追逐幸福、体验荣耀，却往往陷入事与愿违的荒谬境地，被命运所摆布；各路英雄结局悲惨，却均是咎由自取，其因果缘由甚至可以追溯至数十年前。例如，尼德兰国王西格夫里特为了迎娶克里姆希尔德而讨好其兄恭特，曾经设计骗取冰岛女王布伦希尔德的婚约；新婚之夜，又暗助恭特强行破了力大无比的布伦希尔德的童贞，这就为以后的一系列悲剧埋下了伏笔——西格夫里特死在哈根手中的直接原因却是哈根为给布伦希尔德恢复荣誉。再如，克里姆希尔德向哈根透漏丈夫的命门所在，原意是为了保护丈夫在猎狼游戏中不受伤害，结果却使他送了性命。而哈根之所以杀害西格夫里特、抢夺尼伯龙宝藏，其原意是为了勃艮第王国的昌盛，最终却成为王国毁灭的罪孽根源。另外，这部史诗的最大价值在于摆脱了当时史诗普遍因袭法国的风气，是原汁原味的德国本土文化。它扎根于德国民族的历史素材，综合了民族大迁徙时期不同日耳曼部落的传说，反映了人们对权势、荣誉的追逐以及强烈的复仇欲望。史诗在题材来源、道德训喻以及神秘宿命观等层面上与《荷马史诗》有着极大的同源性，不同的是其中隐含着对国家主义与家族荣誉的突出强调，以及对为了履行公民义务而不惜牺牲个人幸福乃至生命的集体主义精神的宣扬，反映了同时期典型的罪罚观。

上帝赐予的公平：法兰西史诗《罗兰之歌》

与西方其他民族史诗一样，《罗兰之歌》[1]作为法国最早的一部民族史诗，最

---

[1] 全诗共291节，4006行，现存八种文字（法兰西、英格兰、意大利、尼德兰、日耳曼、威尔士、斯堪的纳维亚、拉丁等语言）撰写的八个版本，历代评论家一致认为牛津收藏抄本的价值最高。根据牛津抄本最后一句"杜洛杜斯叙述的故事到此为止"，可以推断出史诗编写者的姓氏为杜洛杜斯。至于谁是杜洛杜斯，至今没有具有说服力的、公认的结论。参见〔法〕佚名：《罗兰之歌》，杨宪益译，上海译文出版社1981年版，译者序。

初由吟游诗人在民间传唱了一百年，直到 11 世纪（成书约在 1087—1095 年之间）才出现最初的手抄本。从《罗兰之歌》的叙事文笔来看，作者可能是一位具有良好拉丁文修养的僧侣，既虔心于基督教义，也崇尚穷兵黩武的精神——查理大帝[1]之英武神威、奥利维之睿智明理以及罗兰之勇猛刚毅，均是史诗中倾力推崇的品质。史诗素材来自查理大帝于公元 778 年指挥的龙塞沃战役[2]，作品主人公罗兰是查理大帝手下十二重臣之一，同时亦是查理大帝之甥，最终战死疆场。由于基督教与伊斯兰教在地中海地区争夺异常激烈，民间传说必然会渗入鲜明的政治宗教色彩，经过数代人的口口相传，《罗兰之歌》逐渐被演绎为长期圣战中的重要篇章。

查理大帝奉教皇旨意，出兵征讨异教徒摩尔人（即阿拉伯人），历时七载，最后一站是萨拉戈萨。萨拉戈萨王马尔西勒奉出人质求和，查理大帝决定派出使者与之谈判。这是一个危险的差事，因为马尔西勒狡猾阴险，曾杀死两名议和大将。查理大帝接受外甥罗兰的建议，令罗兰之继父、查理大帝之妹夫嘉奈隆前往。嘉奈隆认为罗兰有意让自己送死，对其怀恨在心，遂在谈判中与马尔西勒约定：他保证查理大帝的部队由罗兰殿后，马尔西勒可以抢劫所有财物，条件是必须除掉罗兰。查理大帝听信嘉奈隆之言班师回朝，令罗兰殿后，留下十二重臣与两万精锐部队。当罗兰率军行至西班牙与法国交界荆棘谷时，遭到

---

[1] 即查理一世（742—814 年），法兰克国王，768 年继承王位，是中世纪欧洲历史上一位具有雄才大略的君主，主张与罗马教廷合作，奠定了基督教统一的基础。查理一世通过征战逐渐成为伦巴德人、托斯卡纳人、撒克逊人的国王；800 年，其受罗马教皇利奥三世加冕，统治除不列颠和斯堪的纳维亚以外的整个欧洲，法兰克帝国是罗马帝国后的又一大帝国。

[2] 778 年，查理大帝攻下西班牙潘普洛纳，撒拉逊人要求讲和，查理大帝随后南下进攻萨拉戈萨。萨拉戈萨守军倚仗深沟高垒，固守不降。查理大帝部队困了两个多月，毫无进展，又听到后方撒克逊人叛乱，遂带军队和人质撤退。这是查理大帝远征中的一次重大挫折，在他生前，法国纪年史缄口不谈此事。829 年，《皇家纪事》首次提到，查理大帝在 778 年带领大队人马抵达比利牛斯山，为了抄近路借道位于海拔一千五百公尺的龙塞沃，8 月 15 日，经过山石峥嵘的峡谷时遭到伏击，一批武装人员从山坡直冲而下，法兰克人长途跋涉，又带了笨重的战利品，只有招架之功。这次袭击中死了几位重要人物，其中有御厨总监艾吉哈尔德、宫廷伯爵安塞姆、布列塔尼边区总督罗兰。〔法〕佚名：《罗兰之歌》，杨宪益译，上海译文出版社 1981 年版，译者序。

四十万摩尔兵伏击。罗兰英勇迎战,终因众寡悬殊、全军覆灭,罗兰亦战死疆场。回国后,嘉奈隆受到审判,在由藩主组成的陪审团的注视下,被判处车裂之刑。[1]

通过描述恢宏的战争情景,这部纪功史诗再现了鲜活的英雄群像。它虽然以 778 年的龙塞沃战役为摹本,更多反映的却是 11 世纪法兰克民族的传统文化。同时,我们应当注意到,关于基督教与伊斯兰教圣战的历史,不同教派具有不同记载,《罗兰之歌》属于基督教记录模式,自然站在基督徒的角度叙事,从中可以看

图 2-7 《罗兰之歌》(中世纪手抄本)

到法兰克民族乃至整个欧洲宗教、伦理、法律观念的主流取向;从罪罚思想、刑事审判制度与刑事司法程序等角度考察,这部史诗至少揭示了以下几方面之内涵。

首先,这部史诗对战争过程作了真实、客观的描述,却彻底颠覆了战争的性质与结局。公元 778 年的欧洲,狼烟四起,查理大帝在金戈铁马中拓展帝国疆土。为了征服异教徒占领的伊比利亚半岛,查理大帝亲征西班牙,南下进攻萨拉戈萨时遭遇前所未有的困局,连续两个多月未进一步。一筹莫展之时,惊闻后方撒克逊人叛乱,决定撤退回国,在回国途中于龙塞沃峡谷遭遇伏击,损失惨重。值得一提的是,查理大帝在激战中痛失一员爱将——布列塔尼边区总督罗兰。这场战役是查理大帝戎马倥偬生涯不愿触及的奇耻大辱,其在有生之年对此缄口不谈。然而,在民间,这场战役却被传将开来,吟游诗人对其添枝加叶,经过民众之口口相传,龙塞沃峡谷袭击查理大帝的基督徒巴斯克人被改作伊斯兰教徒摩尔

---

1 史诗梗概及本节史诗引文来源于〔法〕佚名:《罗兰之歌》,杨宪益译,上海译文出版社 1981 年版。

人,战争性质由开拓疆土转化为基督徒剿灭异教徒的圣战,惨败结局亦被演绎为一场完胜。另外,作为民族英雄史诗,作品还杜撰出叛国者嘉奈隆的形象,因为只有以叛徒作祟来解释法兰克军队的大败,才不至于伤害其高傲的民族自尊心;史诗还设计了异教徒被歼灭以及叛徒的可耻下场,以此回应人们向往公道与正义的价值诉求。如此,龙塞沃战役最终被润饰为一部波澜壮阔、气势宏伟的《罗兰之歌》,不仅在法兰克妇孺皆知,甚至在整个欧洲广为传颂,成为中世纪骑士精神之楷模。客观而言,虽然作品对史实进行了部分篡改,却充分展现出中世纪欧洲的宗教观,即在接受基督教后,其他任何宗教信仰皆被视作异端邪说,善与恶、对与错、正义与邪恶的判断标准被简化为宗教信仰的派别之争。中世纪的欧洲人认为,基督教代表着正义与神意,伊斯兰等异教代表着邪恶与不义,基督徒的天职便是将异教徒赶尽杀绝。圣战进行前,士兵均会接受神职人员的布道,认为只要勇猛向前,便会获得上帝的垂眷,生前罪孽一笔勾销,死后灵魂升入荣耀天堂。以当今文明标准考察,当史诗作者以充满虔诚的笔触重墨描述基督徒价值观的同时,亦暴露他们偏执、狂热、嗜血与愚昧的一面。遗憾的是,时至今日,在部分西方人眼中,这种狭隘的文化观仍以"西方中心主义"为载体在意识领域内根深蒂固地存在着,这也是基督教一元文化发展至今所保留的稍许血脉特征。[1]

其次,史诗对于罗兰的赞美反映了该时期法兰西民族对集体主义、理性精神的充分肯定。对原始力量的赞美与肯定,是自古希罗文学后经久不衰的西方文学母题;以塑造英雄为核心的中世纪史诗,更是将这种文学传统发挥至极致状态。同时,中世纪史诗与古希罗史诗的英雄观的异质性也十分明显——罗兰的最大特征即英勇,他追随查理大帝屡战沙场,却绝非率性而为,而是以维护民族利益与君主荣耀为前提。《罗兰之歌》不再像古希腊史诗那样强调英雄的生物学优势,

---

[1] 这是某些西方当代文化的一个不自觉之前提,认为西方文化优于非西方文化;或者认为人类的历史围绕着西方文化展开;或者认为西方文化特征、价值或理想具有某种普遍性,从而代表着整个世界未来的发展方向,所有这些,都带有西方中心论的色彩。它最极端、粗劣也令人反感的形式是种族优越论;它最温和、科学化、概念化的形式是现代化理论,认为西方文化在其特殊的历史环境下发展出来的特殊的社会现象、经济模式、政治制度、法律理念、价值取向均具有全球的普遍意义。

图 2-8 《罗兰之歌》(中世纪手抄本)插图"龙塞沃战役"

譬如矫健的体魄与健美的身姿、充沛旺盛的力比多,而是更注重表现英雄的理性品质。作为中世纪骑士精神的典型代表,罗兰并非满足于物质奖励与个人荣誉,也蜕离了为个人恩怨拼血肉之躯的鲁莽形象;在他的心目中,始终摆在第一位的是民族利益。他将自己的行为自觉地与民族前途融于一体,正视自己的责任,在民族利益的驱动下表现得英勇无畏。毫不夸张地讲,史诗中的罗兰是一位摒弃了个人欲望的理性人,其言辞与行为均成功地摆脱了感情羁绊,建立在理性基础之上——无论是推迟婚期的决定,还是攻打萨拉戈萨的提议,或是建议继父作为使者前往萨拉戈萨进行谈判,以及战役中制止奥利维向查理大帝求援,均是深思熟虑后之抉择。如果上述情景发生在希腊神话中的阿伽门农、阿喀琉斯、奥底修斯等神祇或者半人半神的身上,结局将大为不同。《罗兰之歌》对罗兰的赞誉,使我们感受到中世纪英雄观的变化,即由充满神性色彩的力量型英雄转为注重思考的理性英雄,由注重个体意志、个体欲望满足的个人主义英雄转为注重民族意志、以群体利益为中心的群体本位英雄——私权让位于公权,感性让位于理性,混乱无章随心所欲的私力复仇让位于宗教威慑与集体秩序,该种群体理性的萌发与形成在欧洲法学思想的进化与演变中具有重要价值。

最后,史诗生动地再现了中世纪法兰克及其附属地的罪罚观,其中包括盎格鲁—诺曼人习惯法的详细司法制度。该种罪罚观与司法制度带有浓郁的宗教色彩,以上帝为代表的神意裁决被尊奉为最高权威,包括君主在内的所有世俗民众必须严格遵守并奉意执行。关于该话题,我们可以以查理大帝归国后对叛国者嘉奈隆的审判场景为切入点进行探讨。这段精彩的描述整整占据了史诗最后22个小节(第270节至第291节)——罗兰死后的理性正义正是通过这场奇特的神明裁判得以伸张,罗兰精神的崇高性亦通过文末的神明开示得以彰显。

审判序幕拉开之前,作为十恶不赦的罪人,叛变者嘉奈隆在候审期间已经受到酷刑的折磨——他被剥光衣服、绑缚在一根尖木桩上押送回国,沿途示众。这场审判在宏伟的埃克斯皇家教堂进行,审判团法官由帝国的藩主们担任,包括巴伐利亚人、日耳曼人、普瓦蒂埃人、布列塔尼人、诺曼人和法兰克人。查理大帝则充当检控官的角色,以"叛国罪"为名向各位藩主指控嘉奈隆的罪状:其一,两万法军精锐部队因其叛国行为战死在荆棘谷;其二,十二重臣在战争中无一生还,他最宠爱的外甥罗兰与勇武儒雅的贵族弟子奥利维也战死疆场。

随后,嘉奈隆开始首轮辩护,认为自己杀死罗兰的动机是因为后者"损害了我的荣誉与钱财","这与叛不叛国没有丝毫联系"。裁判席上的藩主们认为嘉奈隆的辩护可以成立,众口一词道:"这件事情没有那么简单,确实可以认真辩论。"在藩主们的鼓励下,且看到三十名皇亲国戚愿意做保人与自己站在一起,嘉奈隆"精力充沛、神采飞扬、声音洪亮"地开始了第二轮申辩,焦点仍然是否认叛国行为——自己追随大帝南征北战、忠心可鉴,罗兰却视其为眼中钉,罗兰明知马尔西勒国王阴晴不定、喜怒无常,且有过斩首使者的先例,却向查理大帝

图 2-9 《罗兰之歌》(中世纪手抄本)插图

建议自己去完成这项危险的任务,目的是置自己于死地;所幸的是,其利用计谋得以成功返回。罗兰居心叵测,先行不义,自己仅是以其人之道还治其人之身,确实向罗兰报了仇,但绝未叛国。

作为陪审团的藩主们被嘉奈隆的言辞打动,非常同情其遭遇,纷纷主张"事情到此为止",约定"中止审判,向国王求情、赦免嘉奈隆",理由有二:其一,罗兰已死,这是无可挽回的事实,无论嘉奈隆的陈述是否属实,对嘉奈隆的处罚均无法使罗兰起死回生;其二,嘉奈隆是朝中重臣、名门望族,且一家满门忠烈,应当保他性命,日后嘉奈隆会更加忠心地辅佐国王;其三,如果判处嘉奈隆死刑,根据当时律令规定,为他作保的三十名贵族将会受到牵连,这种处决方式实在太过骇人听闻。因此,藩主们一致认为"为此事剑拔弩张,实在是不够聪明",大家还是言归于好,面向未来。面对藩主们全票通过的无罪判决,身为一国之君的查理大帝亦无可奈何,只有"难过地低下了头"。

行文至此,似乎罗兰的冤屈将永无出头之日。但是,史诗文笔一转,给这场看似结局已定的审判带来了一个小高潮——一位名叫梯埃里的公爵快步上前,主动请缨以决斗的方式解决此案。他的理由亦有三:其一,嘉奈隆对查理大帝之效忠是为臣本分,并不应作为赦免重罪之依据;其二,无论罗兰对嘉奈隆是否做过不义之事,嘉奈隆不应以两万法兰克男儿的生命作为私人复仇行为之陪葬;其三,嘉奈隆面对死去而无法张口辩驳的罗兰与十二重臣,花言巧语、恣意构陷,更可看出他是一个无情无义的小人,应当被"千刀万剐,绞死正法"。言毕,梯埃里上前一步道,如果有谁反对,他愿"以腰间的利剑进行辩护"——该种赌博性质的神明裁判,在中世纪的欧洲享有至高无上的效力,藩主们不得不接受梯埃里的建议,等待对方决斗人员挺身而出。

被告方比纳贝尔将军宣布接受梯埃里的挑战。比纳贝尔孔武有力、面带红光、骁勇善战,梯埃里身材薄削、面露菜色且从未有过出征经历,二者身体素质与历练经验差异明显——这是一场毫无悬念的决斗,因此,"十万骑士恸哭起来,他们爱罗兰而怜悯梯埃里,他们深知,梯埃里若想获胜,除非获得上帝力量之助"。决斗过程险象环生,梯埃里一度占尽下风,毫无招架之力。比纳贝尔剑剑直刺要害,梯埃里却次次奇迹般躲过厄运。最后,垂死的梯埃里"借上帝之手"用利剑劈开比纳贝尔头盔,后者脑浆迸裂、落马而亡。梯埃里赢得了战斗。

跌宕起伏的剧情发展至此处已经毫无悬念,以藩主组成的审判团,此刻也被这诡异的决斗结果所震撼，不再偏袒嘉奈隆，而是双手抚胸惊呼："上帝显灵了！绞死嘉奈隆是天意，作保的亲族也应该同罪处死！"史诗记载中，此案的行刑过程异常惨烈，为嘉奈隆作保的三十名贵族被吊死在树上，嘉奈隆则遭受了类似"车裂"的酷刑——"嘉奈隆的下场令人不寒而栗。他被绑缚于战马之上，神经拉长，四肢支离破碎，鲜血溅落于草地，作为叛徒懦夫死去"。可以看出，罗兰所代表的理性正义的实现，是通过嘉奈隆受到审判、最终伏法得以完成的。

这部史诗向我们揭示了欧洲中世纪较为细致的审判图景，陪审团、辩护、决斗、神明裁判等司法制度得以生动再现。

第一，史诗详细描述了现代陪审团制度的雏形，充分显示了当时乃至延续至今的审判制度之特色，当然，史诗时期陪审团成员的选取标准与当今截然不同，尊贵的身份是参与司法审判的先决条件。查理大帝作为一国之君，扮演的角色为检控官，其权力仅是提出指控，却并无能力主宰案件之裁决结果，不同部族藩主组成的陪审团才是定罪量刑的决定者。我们从史诗的行文中可以看到，从一致建议赦免被告人的刑事责任，到许可控辩双方派人进行决斗，再到最后众口同声要求对被告人施以极刑，生杀予夺的裁判大权确实由陪审团一手掌握。

第二，具有鲜明对抗色彩的辩护制度在该部史诗中得以充分彰显。文中对被告嘉奈隆的辩护场景进行了详尽描述，查理大帝作为检控者的每一句控诉，均会引致被告人长篇大论的反驳与解释，在突出其狡诈卑劣个性的同时，也客观反映了当时司法程序对于被告人辩护权的充分保障。当然，嘉奈隆的贵族出身也是其充分享有辩护权的必要条件，其显赫的家族背景是获取充分辩护空间的坚实后盾。

第三，司法裁判过程带有浓厚的神明裁判色彩，其载体便是当时西方司法程序普遍认可的决斗制度。面对控辩双方的激烈对抗，藩主们意见不一，主流意见是对报复刑功能的质疑（绞死嘉奈隆亦无法使罗兰复活），以及对未来江山社稷的功利性考虑（希望嘉奈隆戴罪立功、辅佐国王）；另外，由于三十名贵族的担保，如果绞死嘉奈隆，则涉及"连坐"问题，这也是嘉奈隆家族给陪审团施加的巨大压力——这场豪赌只有非黑即白两种结果，胜则逃出生天，败则满族灭门。

基于上述考虑，陪审团倾向于对嘉奈隆实施赦免。整个审判背后，利益交织异常复杂，连查理大帝亦无法控制，只能哀声长叹。此时，被湮没的正义、被屠戮的公道，必须借助一种超越人间司法桎梏的方式来恢复——具有"神明裁判"性质的决斗参与剧情推演就顺理成章了。在中世纪，"人们对于当今所谓还原事实真相的证据很少具有概念；更为简单的方法是由上天区分有罪与无辜，通过一次次决斗产生的结果，被看作是发现真理的最可靠的方法"[1]。梯埃里的决斗宣言开启了这一古老而庄严的程序，一旦敲开了上帝审判的大门，众人无不匍匐听命，所有藩主不得不宣称"决斗是合理的"。正是通过终极的神明制裁，正义才在罗兰身上复活。决斗程序是烦冗的，结果是血腥的，决斗所彰显的裁决是不容置疑的，所有藩主众口一词："上帝显灵了！"嘉奈隆必死，而罗兰永生。

图 2-10　中世纪司法决斗的情形

---

[1] 〔法〕孔多塞：《人类精神进步史纲》，何兆武、何冰译，生活·读书·新知三联书店 1998 年版，第 83 页。

基督教谕 vs. "灰鹅法典":冰岛史诗《尼亚尔萨迦》

《尼亚尔萨迦》[1]约成书于1280年,是冰岛史诗中流传最广、篇幅最长的作品,围绕着两个家族的兴衰荣辱,刻画了六百余名个性鲜明的人物形象。其中既包括维京海盗的发迹史,也包括显贵家族间的血亲复仇;既包括第五法庭的创建过程,也包括基督教对冰岛社会罪罚观的侵袭与引导,跨越了冰岛社会960年至1016年间的关键历史期。主人公是两名自幼友情甚笃的自由民——慷慨豪放、威猛英勇的海盗贡纳尔和博学儒雅、精通法律与诉讼技巧的尼亚尔。史诗分为两部分,第一部分描述了维京海盗贡纳尔的一生。贡纳尔从海外掠夺归来成为暴富者,迎娶貌美妇人哈尔盖德。哈尔盖德生性傲慢刻薄,前两任丈夫均因夫妻矛盾被其养父谋杀,被杀者家族聘请了精于法律的尼亚尔为代理人与哈尔盖德家族打官司,哈尔盖德对尼亚尔素有怨恨。尼亚尔与贡纳尔家族聚会时,两位女主人因座次问题发生争执,哈尔盖德指使自己的侍从杀害对方侍从,从此引发两大家族间连绵数十年的循环复仇。恰逢冰岛陷入饥荒,贡纳尔对外发放自己的粮食,哈尔盖德心有不满,遂去盗窃邻居奥特凯尔之余粮。贡纳尔道歉,奥特凯尔却要求法庭对哈尔盖德以盗窃罪进行审判。贡纳尔无奈,只得提出决斗,奥特凯尔被迫接受和解。后奥特凯

图 2-11 《萨迦》(中世纪手抄本)

---

[1] "萨迦"是一个名词,由动词衍生而来,源出古日耳曼语,本意为"说"和"讲",即讲故事之意。13世纪前后,冰岛人和挪威人用散文把过去叙述祖先们英雄业绩的口头文学记载下来,加工整理而成《萨迦》。参见石琴娥主编:《萨迦选集》,商务印书馆2000年版,序。

尔多次挑衅贡纳尔，贡纳尔怒从心起，将奥特凯尔与朋友共计八人全部杀死，法庭判处行凶者对死难者进行金钱赔偿。其后的马术比赛中，贡纳尔与特里休宁山脉居民结下仇怨，且杀死十四名特里休宁袭击者。因背负诸多命案，贡纳尔向尼亚尔求救，尼亚尔利用诉讼技巧为贡纳尔提供了有力帮助——经过调解，双方以和解告终。特里休宁人托尔盖尔对判决不服，联合奥特凯尔之子对贡纳尔发动复仇，贡纳尔毫不费力地将二者杀死——这就违背了尼亚尔对他"根据法律，不可对同一家族实施两次复仇"的告诫。经过尼亚尔的多方斡旋，贡纳尔被法庭判处流放三年刑期，在此期间不得返回冰岛，否则即为不受法律保护之人。贡纳尔不忍离开庄园，其仇家便利用这三年时间攻打庄园，杀死贡纳尔。由于贡纳尔是不受法律保护之人，因而无法诉诸法律手段讨回公道，在尼亚尔的默许下，尼亚尔之子与贡纳尔之子联合起来，以血亲复仇方式将贡纳尔的仇家全部杀死。

　　第二部分讲述了尼亚尔一族丧身火海的故事。尼亚尔希望为义子霍斯库尔德迎娶族长佛洛西的侄女希尔德龚恩，后者开出条件，要求未婚夫必须具有族长头衔。尼亚尔遂在议会召开时，拒绝以自己渊博的法律知识为人们排解纷争，有意制造四个议会法庭间的矛盾，趁机建议成立第五法庭作为上诉法庭，解决四个法庭判决之间的冲突。议会采纳其提议开辟第五议会与法庭；作为报答，授予其义子霍斯库尔德第五议会族长头衔，这就为迎娶希尔德龚恩扫清了道路。经人挑拨，尼亚尔的亲生儿子杀死义子，族长佛洛西在侄女的坚持下（她拿着丈夫的血衣声称只要以血还血，而非金钱赔偿）向尼亚尔家族提出诉讼。法庭当时以罕见的高额赔偿（约600盎司银币）进行调解，未成功。后佛洛西带领族人在尼亚尔庄园放了一把大火，尼亚尔家族全部遇难，幸存者只有尼亚尔的女婿卡里。卡里指控佛洛西，聘请冰岛"三大法律专家"之一的索尔哈尔（尼亚尔生前之得意门生）作为法律顾问，佛洛西则请同样是"三大法律专家"之一的艾尔约夫作为法律顾问。法庭辩论中，索尔哈尔以深厚的法学知识底蕴对佛洛西发起凌厉攻击，均被艾尔约夫以出人意料的诉讼技巧轻易化解（其中包括诉讼管辖权的争议与向法官行贿罪的确认）。最终，索尔哈尔无法忍受法律被艾尔约夫玩弄于股掌之间，于震怒中从病床上跳起，径直奔向法庭，杀死了他所遇见的第一个佛洛西的血亲，揭开了新一轮复仇大战的序幕。多人丧命后，形成判决——"除了金钱赔偿，佛洛西与所有纵火犯均被判处流放刑，佛洛西为三年，其他人为终生"。卡里指责法庭将决斗单挑与纵火杀人混为一谈，继续实施复仇计划，甚至追至海外，杀死了除佛洛西之外的所有纵火者。佛洛西踏上罗马之途，寻求教皇庇护；而卡里亦追至罗马，觐见教皇，聆听圣谕。二人于暮年之时相逢于家乡冰岛，一笑泯恩仇。

在这部场景浩荡、人物众多的宏伟诗篇中，剧情始终围着接连出现的复仇、和解、再复仇、再和解等冲突展开，各项法律制度与诉讼程序占了相当篇幅，为我们描绘了一幅典型的中世纪斯堪的纳维亚民族所特有的刑事司法画卷。其中审判尼亚尔灭门案，对法庭程序与审判过程的描述更是细致逼真，因而又被称作"最卓越的法律史诗"。[1] 诚然，由于该部史诗在13世纪才著录成书，因而对300多年前的冰岛司法状况描述有一定出入，但它的历史价值在于向后人传递了13世纪的冰岛人对待这段历史的审视与评价。

冰岛最初开拓者由两类人组成：一类是为了反抗挪威"金发王"哈拉尔德的专制，揭竿而起的地方贵族，另一类是为了躲避侵略成性的维京海盗的挪威西南部农民。移民本身是为了躲避王权专制而离开故土，故而这群人拒绝建立中央集权政府，选择族长式的松散管理。930年，每年一次的议员与市民大会通过了一部以西部挪威地区法律为基础的法典，并选举出"法典宣谕官"，专门向冰岛民众口头宣布铭刻于"法律岩"之上的成文法典，同时充任争议时的法律解释者与裁断者。965年，冰岛以地域为标准划分为四个区，拥有各自的议会与法庭；1005年，第五法庭成立，行使上诉法庭的职责。可以说这个时期的冰岛法制在日耳曼民族中是最为详尽与体系化的，但由于冰岛当时选择无政府管理模式，既无军队亦无警察，依据法典作出的裁判只能由个人执行——这正是冰岛在进入"法制社

---

[1] k. p. ker, *Epic and Romance: Essays and Medieval Literature*, reprint, New York: Dover, 1957, p. 57. 转引自〔美〕西奥多·齐奥科斯基：《正义之镜——法律危机的文学省思》，李晟译，北京大学出版社2011年版，第84页。

会"后最令人匪夷所思之处。

"冰岛史诗"由四十余部家族史诗构成,是斯堪的纳维亚民族对世界文明的伟大贡献。史诗创作年代是13世纪,反映的却是930年至1030年间冰岛各大家族的传奇经历;当同一时期其他日耳曼民族(哥特、勃艮第、伦巴第、法兰克、撒克逊等)已经被位于南部的罗马帝国征服、同化并浸润于基督教的光芒之下时[1],主要由斯堪的纳维亚异教徒组成的冰岛由于独特的地理位置与民风传统,却依然保持

图2-12 《被焚者的萨迦》手抄本(约1350年)

着无政府的原始状态与多神教文明的精髓。这种独特的"异族"地位赋予《尼亚尔萨迦》极其崇高的历史价值——它因此被评价为"对于日耳曼民族与生俱来的、而非来自罗马人或者基督徒气质的最后也是最完美记载与表述"[2]。从法律角度考察,如果希望通过西方文学作品来了解日耳曼民族的古朴法律观念,以及他们由血亲复仇状态向宗教刑法归化的具体过程,"冰岛史诗"堪称优秀典型的分析样本。

首先,史诗对10世纪司法状况的描述中,展现了早期冰岛与其他日耳曼民族最显著的区别——即使拥有完美精致的成文法典,暴力也是解决纠纷的最终方式,充分展现了这段时期内法律的孱弱与暴力的张扬。正如有学者曾经对13世纪冰岛

---

[1] 哥特人在4世纪就有了自己的《圣经》译本,勃艮第与伦巴特人在5世纪将罗马法吸收至自己的政治与法律制度之中,撒克逊人在9世纪创造了歌颂耶稣的圣歌。

[2] See k. p. ker, *Epic and Romance: Essays and Medieval Literature*, reprint, New York: Dover, 1957, p. 57, 转引自〔美〕西奥多·齐奥科斯基:《正义之镜——法律危机的文学省思》,李晟译,北京大学出版社2011年版,第68页。

《灰鹅法典》[1]戏谑道:"那些表现出洛可可式精致的法典中,如此烦琐、精确的形式化似乎只是为了自娱自乐。"[2]事实的确如此,其原因并非法律本身存在缺陷,而是当时民众的普遍司法观使然——法律是公之于众的(宣谕官口头向民众宣谕法典),案件事实也是清晰明了的(议会对案件进行审判,认定事实、裁断是非),但只要判决或者和解结果不令人完全满意,就有可能引起新一轮的循环复仇,法典形同虚设。例如,在尼亚尔灭门案的审理过程中,连逻辑严谨、思绪冷静的伟大法律人,史诗中冰岛"三大法律专家"之一的索尔哈尔,当他遇到程序正义质疑实质正义的情形时,也毫不犹豫地从病榻上跳起,一脚踢开法律,操起武器解决问题。史诗中的这段描述令人哑然失笑,却并不荒谬,我们可以从冰岛显贵尼亚尔与贡纳尔竭力希望终结这种以暴制暴的风俗,却最终无法控制局面的事例来验证索尔哈尔行为的合理性与真实性。再如,贡纳尔与仇家达成协议,只因贡纳尔不愿离开故乡,因而成为不被法律保护之人,继而仇家趁此机会一了百了地结果了贡纳尔;其后,贡纳尔的儿子因无法诉诸法律,只得以血亲复仇的形式将仇家一一手刃,这是公力救济用尽之后的唯一复仇手段。第三个案例是,霍斯库尔德案通过法庭调解已经解决,但由于双方的相互嘲笑使得和解协议成为一纸具文,引发最后的纵火惨剧。尼亚尔一族葬身火海后,司法程序立刻启动,双方最终促成了和解协议。偏偏尼亚尔的女婿卡里追到天涯海角将所有凶手斩尽杀绝,最后在基督教的感悟下与佛洛西握手言和。其中最令人不解的一节故事是,最优秀的法律人、冰岛第五法庭的缔造者、司法改革的倡导者尼亚尔,其设立第五法庭的初始目的居然是给自己的义子谋得一份族长头衔以迎娶族长佛洛西之侄女。如此种种,整部史诗给我们留下的深刻印象似乎是对法律的不停戏谑与嘲讽——正义的实现过程中,法律始终缺席,

---

[1]《灰鹅法典》(或译《灰雁法典》),据记载,930 年,冰岛召开第一次自由人大会"阿尔庭",会上制定了冰岛最早的法典——《灰鹅法典》,将全岛划分为十二个区,设置自由人大会主持立法等一切事务,名为"庭"。全岛的阿尔庭由三十六名头领组成,庭长与头领均是推举产生,每三年一任,可以连任。"庭"平时组织捕鱼、放牧、打猎、分配劳动成果;遇到诉讼纠纷时,亦是在"庭"的大会上解决。财产纠纷或者仇杀命案往往通过索要赔偿求得解决,奴隶被杀不需要支付赔偿金赎罪。965 年,冰岛在自治基层组织"庭"的大会基础上建立了冰岛共和国,它是现代欧洲国家代议制共和政体的先驱。

[2]〔美〕西奥多·齐奥科斯基:《正义之镜——法律危机的文学省思》,李晟译,北京大学出版社 2011 年版,第 88 页。

它已经蜕变为一纸具文,甚至是法律人谋求私利的道具。

其次,《尼亚尔萨迦》向我们展示了古日耳曼人如何接受基督教教化,将原始而强烈的复仇情怀转向宽恕与博爱的过程。这种具有代表性的心理转变历程是教会刑法一统欧洲近千年历史中极其重要的前提。史诗中,古日耳曼人的非基督徒气质得以淋漓尽致的彰显,他们对荣誉无上崇敬、对暴力不懈追求,但是我们亦应看到,史诗在竭力渲染暴力复仇的杀戮与血污中,始终以一条暗线贯穿情节首尾——歌颂基督徒温良仁慈的品质,为具有浓厚宗教情怀的结局埋下了伏笔。其一,贡纳尔之胞弟皈依基督教。第一部分结局中,与贡纳尔一起被判处流放刑的还有其弟考尔斯凯格。与贡纳尔选择留在故土因而成为一名不受法律保护的罪犯不同,考尔斯凯格服从法律流亡丹麦,并在那里皈依基督教,受聘于拜占庭皇家卫队,安然终了一生。其二,尼亚尔义子霍斯库尔德之死。当尼亚尔的儿子因仇人挑拨,出于嫉恨杀死自己的义兄霍斯库尔德时,"霍斯库尔德未作任何抵抗,他只是双手合起置于胸前,喊道'主啊,宽恕他们吧'!"可以发现,霍斯库尔德的临终行为已经带有明显的基督徒色彩,因而更能够引起民众对尼亚尔亲子的谴责与对义子的崇敬。其三,尼亚尔之死。发生于1011年的"火烧尼亚尔"惨案是轰动全冰岛的最大仇杀案,同时也是冰岛移民开始后的最大规模家族械斗案件。以佛洛西为首的仇家联合将近二百余人攻打尼亚尔庄园,尼亚尔家族在烈火中惨遭灭门。面对仇家放火焚烧的卑劣行为,作为一名睿智的法律人,尼亚尔已经厌倦了多年的冤冤相报,这位年近八旬的可敬老人命令儿子们不许抵抗,意图以生命终结这场连绵无尽的暴力循环,这就更符合以生命来救赎罪孽的基督徒的行为模式。其四,面对尼亚尔家族幸存者卡里对纵火者的追杀,西达区的族长哈尔主动放弃了对杀害自己儿子之人的追凶行动,希望以此感动冰岛荒蛮的民风,而哈尔与其家族正是冰岛首批接受基督教的人。其五,史诗结局,佛洛西与卡里在罗马教皇的宽恕与感召下,终于捐弃前嫌、握手言和——事实上,二人仇深似海,除了基督教之宽恕与博爱精神,没有什么可以浇灭卡里的复仇怒火。

综上所述,与对法律的尽情嘲讽不同,作为史诗另一条主线的上述案件之最终解决，所依赖的并非异教徒的复仇行为，而是对基督教的信仰，象征着冰岛民众由异教徒精神向基督教精神的转变。众所周知，血亲复仇等私力救济模式在6世纪至13世纪的冰岛是完全合法的，《尼亚尔萨迦》似乎在暗示读者，只有借助基督教信仰的威力，才能激活早已存在的成文法典，也只有在此状况下，法律与正义的统一在冰岛的社会共识中才真正开始萌发。

强权即正义：西班牙史诗《熙德之歌》

西班牙史诗《熙德之歌》（约1140—1157年），作者已不可稽考。[1]史诗以西班牙著名民族英雄罗德里戈·鲁伊·地亚斯（1040—1099年）[2]为原型。全文分三歌152节，讲述了贵族熙德一生最重要的传奇经历。第一歌叙述了熙德蒙冤被君主流放的故事；第二歌叙述了熙德在流放途中与摩尔人作战，将战利品进贡给君主，最后蒙君主赦免的故事；第三歌叙述了熙德因女儿受辱在御前法庭打官司，终获胜诉的故事。

熙德受国王阿方索之命，去塞维利亚征收摩尔国贡品，受朝臣嫉恨，污蔑其侵吞贡品，阿方索下令将熙德流放。与妻女告别后，熙德与部下踏上流亡之旅。国王禁止国内任何人接济熙德，因而熙德一离开卡斯蒂利亚境内，便开始征战异教国，掠夺摩尔人财富作为自己的给养，屡战屡胜。攻占巴伦西亚以及击败侵犯巴伦西亚的摩洛哥大军后，熙德从战利品中精挑细选贵重物品进贡给国王阿方索。阿方索颇为感动，宽恕了熙德，并主持了熙德的两个女儿与贵族子弟卡里翁

---

1 佚名：《贝奥武甫 罗兰之歌 熙德之歌 伊戈尔出征记》，陈才宇等译，译林出版社1999年版，序。
2 罗德里戈·鲁伊·地亚斯，贵族后裔，由于英勇善战，赢得被征服者摩尔人的尊敬，称他为"熙德"。卡斯蒂利亚国王阿方索六世因熙德对摩尔人作战功勋卓著，将自己的堂妹希梅娜许配他为妻。1080年，熙德因未经阿方索的同意，擅自对托莱多伊斯兰王国发起进攻，引起阿方索强烈不满，于次年受流放处分。熙德被迫率领一部分亲友和追随者离开卡斯蒂利亚，到占据萨拉戈萨的摩尔国王军队中效力，并成为国王的保护人，后来脱离摩尔国王。由于他英勇、慷慨大方、宽宏大量，许多卡斯蒂利亚和周围王国的勇士慕名投奔，熙德的势力迅速扩大，不断地与摩尔人作战，屡战屡胜。1094年，熙德攻下了巴伦西亚及其周围地区，成为这一地区实际上的统治者。1099年，熙德在巴伦西亚去世，他的妻子希梅娜携其遗体回到卡斯蒂利亚。

伯爵的后代费尔南多、迭哥的婚礼。两位贵族子弟求婚之目的是觊觎熙德的巨额财富。当他们因懦弱奸诈受到熙德手下将领的奚落嘲笑时,怀恨在心,向熙德请求携妻回归本土。途中行至一树林时费尔南多、迭哥凶态毕露,侮辱、鞭笞各自的妻子致二者昏死,并将二者遗弃于野兽出没的森林,企图借野兽之口毁尸灭迹。熙德派送护持的大将穆涅斯及时赶到,营救了两个妇人。熙德向阿方索提出控诉。国王在京城召集众多贵族与著名的法学家召开御前会议。最终熙德以决斗的方式为女儿索回了公道与荣耀。[1]

总的来讲,《熙德之歌》将主人公熙德作为杰出的民族英雄加以赞颂,充分反映了当时西班牙民众的情感与愿望,体现了社会所崇尚的伦理价值取向。

图 2-13 熙德在阿方索加冕典礼上

---

[1] 史诗梗概及本节史诗引文来源于佚名:《贝奥武甫 罗兰之歌 熙德之歌 伊戈尔出征记》,陈才宇等译,译林出版社1999年版。

首先，史诗宣扬了"忠君、爱国、齐家"的英雄价值观。熙德是谕封贵族，却受佞臣嫉恨诬陷而被国王判处流放刑，这在当时确为奇耻大辱。但是熙德毫无怨言，反而恭敬接受刑罚，踏上漫漫流放之途；对于国王提出的九天内离开国境的苛刻履行期限，他亦认真依律履行，没有拖延一刻。这充分展现了熙德忠贞不贰、忍辱负重的宝贵品质。流放途中，熙德作为被贬黜将领，遭受种种不公正待遇，却依然心系百姓，解救西班牙人民于摩尔人侵扰的水火之中，建立了赫赫战功。当然，熙德屡次发动的针对摩尔人的战争，最直接目的是保证自己部队的给养供需，因为国王阿方索明令禁止任何人给予熙德部队以援助。另外，史诗中最令人感动的镜头是对熙德流放前与妻子、女儿依依惜别之情的刻画，他的每一句叮嘱、每一次回首均令人动容，丈夫的温柔体贴与父亲的慈爱包容跃然纸面——这也是西班牙史诗超越传统欧洲史诗的一个亮点，它抛弃了以往英雄冰冷的情感世界，细致临摹了一个普通丈夫与父亲的形象，为宏伟瑰丽的史诗增添了人性的温度；而这片绵绵舐犊之情亦为后文做了伏笔，引出熙德因女儿的悲惨遭遇而冲冠一怒、奋起控诉的精彩篇章。

其次，与英格兰史诗《贝奥武甫》所携带的浓郁的武力征服色彩相仿，史诗从正面宣扬了"强者掠夺弱者"的合理性，赞美了熙德慷慨、仁慈的英雄气质。如上文所述，向异教徒的疯狂掠夺是熙德以及部将赖以生存的主要渠道。而在当时基督教盛行的西方世界，这种掠夺行为均被赋予正当意义。放眼熙德占领的地域，无论是最初劫掠的卡斯特洪，还是稍后侵占的埃纳雷斯、瓜达拉哈拉、阿尔科塞尔、伯约、巴塞罗那，以及最终封王之地巴伦西亚，均是熙德率部"屠城"取得。每场战役结束后，都有无数的金银珠宝、成群的牛羊牲畜、大批的貌美妇人被熙德赏赐给部将……这种"慷慨"气质为熙德赢得了极高的赞誉，武士们纷沓而至，希望在这个视屠杀、劫掠为合法的世界里分得一杯羹——"原来是步兵的现在成了骑兵，夺取到的金银数也数不清，参与攻城的人全都成了富人。熙德为自己留下五分之一战利品，总共有三万黄金，至于还有多少别的财宝，谁还能数得清？"史诗以淳朴、直白的语言对战争的残酷性、破坏性进行了真实、细致的陈述，我们从中可以嗅到浓烈的血腥气息——这是一个嗜血、野蛮、黩武的民族，在动辄"三百人""一千五百人""五万人""满城的少年、壮年男子"被熙德部队屠杀的背后，在熙德手下将领们"跑追全城，将财富掠夺尽有，将美妇尽揽怀中，将老少男子杀光"的露骨描述中，异教徒家庭支离破碎，妇孺老少在滚滚战车下被碾为齑粉。与此形成对照的是，熙德将妻子与女儿接到占领地巴伦西亚城时，曾有一段抒情描述——"熙德和妻女登上城堡，几双美丽的眼睛朝四面观望，巴伦西亚城就在他们脚下延伸。一边是一望无垠的海洋，另一边的果园郁郁葱葱，无比宽广，令人神往"，面对若此美景，他们举手感谢上苍，却完全忘记了这是抢夺来的原属于别人的福地，剥夺了原住民的生存权，无视被占领地百姓的饥寒窘迫与悲恸欲绝。不仅如此，"智慧"的熙德甚至与归降的摩尔贵族做起了无本生意，将那些不方便带走却又无暇屠杀的俘虏卖给摩尔贵族。熙德对摩尔贵族十分慷慨，在奴隶交易中，他奉行绝不还价的原则，只要出价便得成交。以现代战争伦理标准来评价熙德的行为，西班牙人心目中的原始英雄观，西班牙民族所热烈赞美的慷慨与仁慈确实具有先天缺陷——他们将劫掠视作荣耀，将屠城化为赞歌，在血腥中积累财富，在侵略中扩大疆域，在消灭异族的滔天罪行中完成本民族的文明化进程。这部淳朴、直白的史诗所蕴含的正是特定时期的欧洲所普遍推崇的人性观与正义观。

最后，史诗细致地再现了中世纪西方司法审判全景，我们可以清晰地拆分出司法活动的每个阶段。

客观事实还原阶段。镜头首先转向案发地点——茂密的森林中，两名贵族兄弟对妻子实施了谋杀（未遂）行为。归家途中，二人商量后决定杀人复仇。他们首先遣散所有家丁以避免证人目击作案过程，接着扒下妻子的斗篷皮袄，随后掏出藏在皮靴里的马刺刺向妻子，受害者鲜血淋淋，最终停止了呼叫。两名公子以为她们已死，将"尸体"遗弃在橡树林深处，等待野兽吞食、毁尸灭迹……

起诉与庭审会议召集阶段。暴怒中的熙德将贵族兄弟告上御前法庭，指控罪名有四项：一是欺君之罪（国王阿方索是主婚人与证婚人，贵族兄弟犯下弑妻之

图 2-14、图 2-15 熙德屠城巴伦西亚

罪，相当于违背了其在国王面前的誓言）；二是故意伤害罪（鞭笞、残害妻子）；三是故意杀人罪（杀妻未遂）；四是诈骗钱财罪（骗取熙德陪嫁的巨额财宝以及两柄宝剑）。国王应允了熙德的指控，下令信使奔赴全国各地，"向莱昂、圣地亚哥发送谕旨，还向葡萄牙人、加利西亚人以及卡里翁人和卡斯蒂利亚人传去王命，通知他们前来参加在托莱多召开的御前法庭会议，七星期之内务必到齐，违令不出席者不再是国王的大臣"。"御前法庭如期举行，不仅所有贵族纷纷出席，王国的许多法学家也参加了御前庭审，他们在卡斯蒂利亚都享有盛名。"

接着，国王宣布了法庭审判规则：首先，所有人不得自行使用武力进行私力救济；其次，法官由与原被告双方无姻亲以及利益关系的伯爵担任；最后，熙德针对两个贵族后裔的指控，恳请法官务必保证公正判决。在此阶段的描述中，我们可以了解到当时西班牙司法审判组织的构成，陪审团完全由藩主与贵族组成，前提是陪审团成员与原被告双方均无利益关系，其他贵族充当审判监督之主体，至于国王阿方索，仅扮演着坐纛者之角色，并不介入案件之实质审理。可以发现，西班牙早期司法审判中，刑事案件与民事案件同时审理、合并审理，案件参与人组成非常简单，包括陪审团、原告与被告。由陪审团负责定罪，原告与被告当庭陈述事实，交相辩论质证，其中并没有出现法官主持审判、检控官代为指控的规则，这是与之前的法国史诗《罗兰之歌》中描述的不同之处。另外，审前程序还专门介绍了卡斯蒂利亚各位享有盛誉的法学家参加御前庭审的情形，但是并没有介绍法学家意见对于案件最终结果的所起的作用。这应该是西方文学中关于法学理论与法学实践相结合的较早记载。

案件审理阶段。首先，熙德申请婚姻关系的解除，并提出了第一个诉讼请求——卡里翁兄弟将两柄宝剑归还原主。陪审团一致判决："熙德的要求合情合理。"卡里翁家族召开紧急会议，对熙德的诉求进行分析，认为"熙德没有因我们凌辱他女儿而找我们算账，只要国王出来打圆场，这场官司会有好的收场；他只要求还两柄剑，我们完全可以归还，他一拿到剑，御前庭审就会告终"，因而满口答应了熙德的要求。判决生效后立即执行，宝剑当场归还熙德手中。熙德验明真假后，将宝剑转手赠与他人，接着提出第二个诉讼请求——卡里翁兄弟将熙德赠与的三千马克黄金物归原主。这一要求出乎卡里翁家族意料，因为这笔巨款早已被挥霍殆尽，于是请求国王立即终结御前会议。但是该项请求遭到国王的拒绝。经过商议，卡里翁家族建议以实物折价的方式归还黄金，陪审团予以认可，同样督促被告方当场履行判决。"跑马、驮马和骡子，全都体壮膘肥，还有若干把镶嵌宝石的利剑，经过法庭估价，熙德全都收下。由于自己财力有限，卡里翁兄弟还向他人借了款。这次宣判使两公子家族狼狈不堪。"清点财物后，熙德不慌不忙地言归正传，直指本次诉讼的真正目的，提出第三个诉讼请求——"他们还有一桩最大的罪行，我不能不提出申诉……"面对熙德的指控，被卡里翁家族收买的陪审团成员加尔西亚伯爵起身驳斥："卡里翁两公子系豪门望族，熙德的女儿都没有资格做他们的姘妇，怎能做他们的合法妻室？将她们遗弃合情合理，熙德这番申诉我们应当不予理睬。"被告之一费尔南多也起身为自己辩护："我们是卡里翁伯爵的后裔，原本应娶国王或皇帝的女儿为妻，不应该和你这样普通贵族的女儿结亲。抛弃你的女儿，我们有这个权利。"庄严的审判偏离轨道，变为身份高低之争，人们纷纷发表自己的观点。最后熙德的侄子佩德罗出场，历数卡里翁兄弟令人鄙夷之事：其一，面对摩尔人袭击，卡里翁两兄弟丢盔弃甲，被佩德罗救回一命，事后却与佩德罗约定，谎称摩尔人是由两兄弟打败，领取熙德的封赏，佩德罗不屑于其卑鄙行径，却也不愿在熙德面前揭发他们。其二，两兄弟数次被狮子吼声惊吓，不得不钻入桌底，被人搀扶出来时已经小便失禁。卡里翁兄弟的轶事引得满堂哄笑，审判无法继续。为了结束这场口水战，也为了不得罪卡里翁与熙德任何一方，国王阿方索提议双方进行决斗——"决斗时间就在明晨，太阳一出就开始，三人对三人"。熙德家族欢呼雀跃，卡里翁两公子却提出异议，以准备武器为名要求延期。国王准许延期。

判决阶段。决斗场地是卡里翁的领土。国王亲临监督，现场观众甚多，不仅包括贵族，也包括平民百姓。这部诗史最大贡献之一是对当时司法决斗的程序作了极尽详细的描述，因此成为西方社会决斗制度的生动摹本。决斗分为三场，胜多负少者为胜利者。第一场决斗以费尔南多"认输"而告终;第二场决斗以迭哥主动策马跑出决斗圈(意味着认输)而告终;第三场也就不必继续进行了。令人迷惑的是,《熙德之歌》对于决斗后卡里翁两公子遭受的惩罚语焉不详,原文如此描述:"国王吩咐熙德的人夜里离开卡里翁领地,这样就不会遭到袭击,不必担惊受怕。他们行为十分谨慎,日夜兼程,终于回到了巴伦西亚城。他们完成了熙德交付的使命,将卡里翁两公子打得差一点丧生。熙德听了无比兴奋,卡里翁两公子则身败名裂……"这似乎暗示着熙德本身并未参加决斗,也未在决斗现场督战,这场由国王主持的司法决斗未能产生任何刑事法律后果,仅导致卡里翁家族名誉扫地(包括决斗现场对卡里翁兄弟的暴打),这不能不说是该史诗于法律文本分析意义上的一大遗憾。

忏悔与救赎:俄罗斯史诗《伊戈尔远征记》

被誉为世界五大英雄史诗之一的《伊戈尔远征记》,是中世纪俄罗斯文学的扛鼎之作,亦是俄罗斯、白俄罗斯、乌克兰民族共有的瑰宝。它于1187年著录俄书,所反映的史实是1185年罗斯国伊戈尔大公对波洛夫人发动的一场失败的远征。

12世纪末,基辅罗斯由中央集权国家分裂为各个小公国,导致异族入侵。突厥游牧民族的分支波洛夫人,以早年侵占的伏尔加与第聂伯河间的丰美牧场为根据地,屡屡侵犯罗斯南部边疆,劫掠财物、焚烧房屋、残杀民众等无恶不作。罗斯南部王公曾组成联盟于1184年大败波洛夫人。罗斯北部大公伊戈尔对未能参加南部联盟的围剿,深感遗憾。为了表示自己对罗斯大公以及南部联盟的忠贞,伊戈尔于1185年擅自出兵波洛夫,却遭完败,仅剩十五名兵士生还;不仅如此,伊戈尔逃回罗斯的途中,还因战略失误将波洛夫人引入罗斯腹地,为罗斯百姓带来了深重灾难。这是一曲荡气回肠的民族悲歌,也是俄罗斯民族坚强、隐忍、忠贞精神的形象写照。谈及这部史诗的作者,与中世纪其他西方民族的史诗一样,至今未有定论。但是据多方考证,俄罗斯文学界普遍认为作者是一名武士。[1]作者在序言中指出,这部悲剧史诗的最大特点是"遵循真实的历史",而不像其他史诗那样粉饰现实,对王公贵族、英雄武士歌功颂德。而且,该史诗的更大价值在于记录的及时性,由于著书时间是1187年,是对两年前的历史事件的记录,而非对久远历史与传说的整理,因而比《罗兰之歌》《熙德之歌》及《尼伯龙人之歌》等欧洲史诗具有更强的真实性与鲜明的时代感。

史诗主体由三部分构成。第一部分描述伊戈尔擅自出征波洛夫。伊戈尔军在顿涅茨河突袭波洛夫人,首战告捷,波洛夫人弃篷而逃,伊戈尔军掠宝无数。波洛夫人调动主力奔向顿涅茨河,于清晨围歼伊戈尔部队,伊戈尔兵败被俘。波洛夫节节追击、深入罗斯腹地,向百姓征敛,人们对伊戈尔的鲁莽出征怨声载道。第二部分描述基辅大公斯维雅托斯拉夫对伊戈尔的怜惜以及对其擅自出征的谴责,指出他的出征是为了追寻个人荣耀,同时向诸侯发出号召,为伊戈尔的失败复仇。但是诸侯们同床异梦,甚至私通波洛夫人残害自己的兄弟。第三部分描述伊戈尔之妻雅罗斯拉夫娜对丈夫的祝福与等待,雅罗斯拉夫娜的哭诉与祈祷感动了上天,负责囚禁伊戈尔的波洛夫人将其释放,伊戈尔终于回到祖国。[2]

与其他西方国家同时期创作的史诗相近,《伊戈尔远征记》中也洋溢着浓烈的宗教色彩与浓厚的忠君情结。整个故事中多次出现神秘的预兆与谶语,从伊戈尔出征惨败到解除监禁囹圄还朝,均带有神秘色彩。忠君是史诗的另一个主题,这一点从伊戈尔大败波洛夫人后的心理活动即可看出端倪,"地上插满箭矢,抢走波洛夫姑娘,连同绫罗绸缎和金银首饰……都献给勇武的斯维雅托斯拉夫"。由此可见,对伊戈尔而言,一切荣耀的来源、一切行动的动机均出自对基辅大公的崇敬与忠贞;即使是这次鲁莽的出征,其出发点亦是彰显自己对大公与南部联盟的尊敬。

---

1 参见《俄国编年史和〈伊戈尔远征记〉的作者》,1972年莫斯科俄文版,第393页,转引自魏荒弩:《伊戈尔远征记漫笔》,载《外国文学研究》1993年第4期。
2 梗概及本节史诗引文来源于佚名:《贝奥武甫 罗兰之歌 熙德之歌 伊戈尔出征记》,陈才宇等译,译林出版社1999年版。

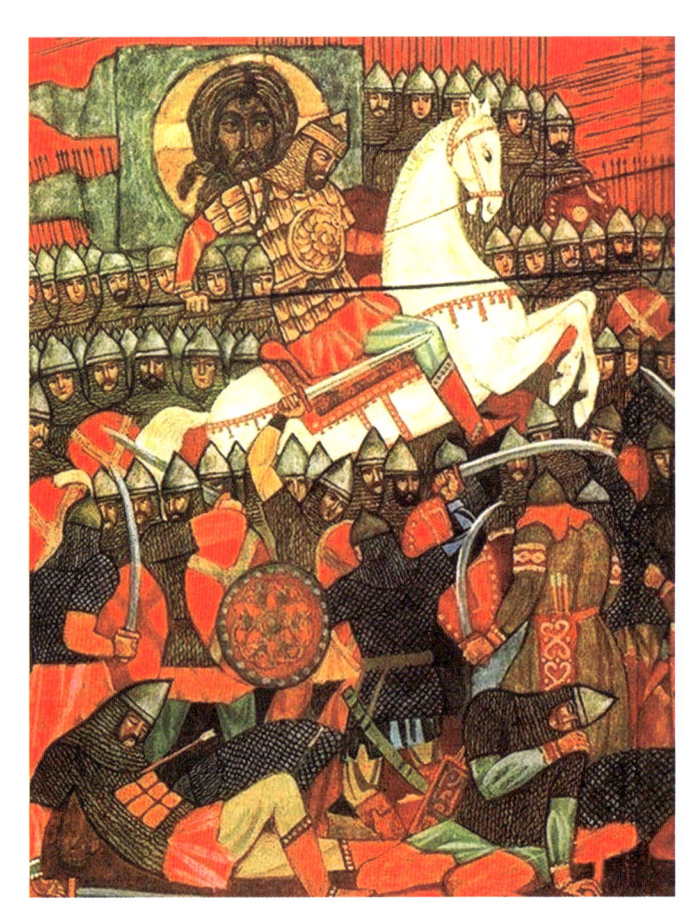

图 2-16 《伊戈尔远征记》

其次,当时的西方史诗均以爱国、集体主义精神为主流价值进行宣谕,并对掠夺杀戮异邦行为进行肯定与赞美;《伊戈尔远征记》固然亦不例外,但它与同时期其他史诗最为迥异的禀赋,是其中所深藏的基督徒般虔诚的忏悔与赎罪思想。伊戈尔被俘后,并未寻找借口、埋天怨地,而是在囚牢里对自己进行了审判:"回顾以前种种，我自知有罪。我曾经虐杀生灵，流了基督徒的血；我暴力攻打格列波夫城，使无辜教民深受祸害；我使百姓陷于掳掠之苦而悲啼，活人反而羡慕死者，临死的人暗自庆幸脱离这场殉教劫火；老者填沟壑，少者受创伤；男子碎尸殒命，女子含冤受辱。我造了孽，今天上帝罚我，我自作自受。目睹他人戴棘冠之苦，何不令我一人代受众生之苦？"伊戈尔回忆着一场场战争的惨烈景象，坚信此番大败是命运使然——自己在攻略城池的战役中造孽太多，上帝终于动怒，他的判决公正不阿，他的刑罚轻重得当，因而绝不可怨天尤人，唯有忏悔赎罪。最难能可贵的是，落难如斯、身陷囹圄的伊戈尔依旧心系百姓福祉，坦然承担一切罪过，祈望上帝呵护苍生、罚己代众受难。与伊戈尔忏悔赎罪的精神一脉相传，基辅大公斯维雅托斯拉夫也颇具浓厚的基督徒气质——当诸侯国分崩离析、内讧迭起、自己的威信日渐式微而无法支撑大局时，斯维雅托斯拉夫同样向上帝祈求降罪与惩罚，以期国家安然度过劫难，黎民百姓免遭屠戮，"上帝因罗斯有罪而降祸；敌军得胜，非上帝厚于彼，而是因为我有罪过，令我忏悔，不再作恶。上帝又教异族入侵罗斯，使我们自省，永绝邪恶"——这段独白与《旧约·出埃及记》中圣徒摩西对族人的训谕具有惊人的相似性。

综观中世纪西方史诗，各民族塑造了形色各异的英雄典型，或是贝奥武甫的勇猛刚毅，或是大将罗兰的骁勇善战，或是熙德爵爷的嗜血狡黠，或是尼德兰国王的英俊多情，其他作为配角的百般人物也是百般仪态……西方人所青睐的种种脸谱中，像伊戈尔这般具有忏悔与救赎精神的角色是绝无仅有的。与《贝奥武甫》屠龙夺宝、《熙德之歌》劫杀异教徒、《罗兰之歌》屠杀摩尔人、《尼伯龙人之歌》对尼伯龙宝藏的血腥争夺等功彪千秋的"英勇事迹"相比，《伊戈尔远征记》记载了一场失败的战役，其中流露出的更多是对民族历史的理性思考与深刻反省。固然，这种思考与反省是建立在对东正教的崇拜与信仰之上，具有不可否认的宿命论与唯心论色彩，但其中所彰显的忏悔、赎罪、救赎观念却在漫长的岁月中积淀出一个优秀民族的永恒灵魂，塑造了一个具有卓尔不群、高贵气质的伟大民族。同样是掠夺与效忠，同样是英雄主义，《伊戈尔远征记》由于增加了反省、忏悔、自我救赎的因素，更加符合基督教的气息，因而在四大史诗中显得卓尔不群。在这部抒情与叙事结合的史诗中，作者摒弃了任何概念、僵化、冷漠的文学笔法，赋予所有的自然景象以蓬勃生机，形成了天人合一的奇景，散发着感人肺腑的艺术魅力。

这部史诗对后世俄罗斯文学造成的影响颇为深远——无论是普希金、雷列耶夫歌颂自由与光明的诗歌，还是陀思妥耶夫斯基、托尔斯泰作品中对人类灵魂的层层拷问，或是肖洛霍夫的作品《静静的顿河》中对战争场面的处理，均可发现《伊戈尔远征记》所采取的叙事手法与所宣扬的精神内涵。《伊戈尔远征记》所特具的艺术魅力，连同它维护民族统一的价值取向以及反映整个民族躬身自省、追求永恒救赎的精神内涵，使其成为"斯拉夫人民诗篇中最美丽、最芬芳的花朵"[1]。

---

1 别林斯基语，参见佚名：《贝奥武甫 罗兰之歌 熙德之歌 伊戈尔出征记》，陈才宇等译，译林出版社1999年版，序。

第三讲
中世纪的挽歌：桂冠诗人的预言

讨论文本

- 《神曲》

导言

中世纪末期，基督教对社会各方面的统治进入极盛状态，同时也预示着它的衰退即将到来。13 世纪末，意大利文艺复兴前夜，佛罗伦萨诞生了一位横跨两大文明板块的历史巨人——诗人但丁·阿利基耶里，他是屹立于中世纪与新纪元交界处的伟大人物，身兼新旧文化传承的历史重任[1]，其最为著名的作品是奏响中世纪挽歌的《神曲》，集中反映了西方文明在中古时期的主要成就，亦透射出文艺复兴时期人文思想的曙光。

献给中世纪的挽歌：《神曲》

《神曲》[2]的作者是但丁·阿利基耶里（Dante Alighieri，1265—1321 年），意大利最伟大的诗人。但丁最初并非文学家，而是出身贵族的政治家，曾是佛罗伦萨最高行政长官，后来在政治斗争中遭到流放。流放期间，但丁无时无刻不在思念

---

1 〔意大利〕但丁：《神曲》，田德望译，人民文学出版社 2002 年版，序言。
2 《神曲》（1307—1321 年）原名《喜剧》，薄伽丘在《但丁传》中为了表示对诗人的崇敬，给这部作品冠以"神圣的"称谓，后来的版本便以《神圣的喜剧》（Divine Comedy）作书名。中译本通称《神曲》。

着家乡佛罗伦萨,最后索性构建出一个自己心目中永恒的世界,将其关于宗教、政治、科学、哲学的毕生所学均融入其中,历经15年(1307—1321年),终于完成了此部作品——《神曲》。此后不久,但丁去世。

知识链接

但丁,欧洲文艺复兴开创人,以《神曲》享誉世界。出生于意大利佛罗伦萨一个没落贵族家庭。1294年加入与教皇对立的白党,并被选为最高权力机关执行委员会的六位委员之一。1301年保皇派黑党执政,控制佛罗伦萨,宣布放逐但丁,一旦他回城,任何佛罗伦萨士兵都可以处决烧死他。1315年,佛罗伦萨被军人掌权,宣布如果但丁肯付罚金,并于头上撒灰、颈下挂刀、游街一周就可免罪返国。但丁拒绝,从此再也未能回到家乡。2021年,为了纪念但丁逝世700周年,意大利文化部将每年的3月25日命名为"但丁日"。

图3-1 《名人但丁》(1405年),〔意〕安德烈·德·卡斯塔格诺

作为中世纪最后一位诗人,但丁对作品的体例进行了精心的构思与布局,整个作品由《地狱》(Inferno)、《炼狱》(Purgatory)与《天堂》(Paradise)三部分构成,每部分均包括33曲,加上第一部的序曲,共计100曲,14233行。基督教中,"三"这个数字象征着"三位一体的神",而"一百"则象征着"完美",但丁对体例作出此种设计,是希望赋予这部作品以喜悦、祥和的色彩。

如前所述,《神曲》所创作的时代正逢欧洲由中世纪向近代社会过渡的时期,政治方面,基督教教皇与各地封建主争权夺利,矛盾十分尖锐;意识形态方面,基督教的禁欲主义、陈腐教谕与客观进步的自然科学、生机勃勃的资产阶级人文主义水火不容。在此新旧交替之时,但丁立于中世纪的夕阳之中,借一首《神曲》抒发胸臆,对基督教上层贪腐成性的罪恶行径大加鞭笞,甚至为当时在任的罗马教皇预留地狱位置,尺度之大令人震惊。另外,该部作品中,但丁讴歌了一批为宗教和社会改革而献身的人士,同时对中古社会的政治、哲学、科学、神学、地理、历史、文学及艺术,作了概括性总结,使得《神曲》在某种程度上成为集西方中世纪文明之大全的百科全书。

大赦圣年1300年春,35岁的但丁被母狼(象征着贪婪)、雄狮(象征着强暴)、母豹(象征着淫荡)追逐,迷失于一片黝黑的森林。在古罗马诗人维吉尔的指引下,但丁进入中心位于耶路撒冷的"地狱"。九层地狱居住着生前犯有重罪的灵魂,他们根据罪孽轻重不同被监禁于各个层级,接受永罚。第一层是林勃,监禁着基督耶稣出世前未能接受洗礼的远古时期的异教徒;其余八层的罪人按照生前犯的罪孽接受酷刑,分别为邪淫、贪食、贪婪、愤怒、异端邪说、暴力、欺诈、背叛。在地球的另一端,有一座"炼狱",与"地狱"相伴而生,也分为九层。除了净界山与地上乐园,还有七级,是有罪灵魂洗涤罪孽之地。生前犯有罪孽但已忏悔的灵魂,按照傲慢、忌妒、愤怒、懒惰、贪婪、贪食、贪色"七原罪"分别在这里修炼濯洗、逐层上升,待罪恶炼净后仍有望进入天堂。在已逝恋人贝阿特丽齐指点下,但丁进入天堂游历,也包括九层,分别是月球天、水星天、金星天、火星天、木星天、土星天、恒星天以及原动天,最后还有"三位

图 3-2 《神曲》插图（1824—1827 年），〔英〕威廉·布莱克，描绘但丁逃离三只野兽

一体"讲学布道的神学美德天。这里宏伟庄严，充满了仁爱与欢乐，三位圣人向但丁询问"信念、希望、博爱"神学三美德的真谛，但丁顿感醍醐灌顶，当他欲一窥神秘明丽的"三位一体"之圣像时，所有景象迅然消逝，全诗在极乐气氛中戛然而止。[1]

这是一部充满着隐喻、象征等浪漫主义色彩与现实批判主义倾向的作品。但丁以自己为主角，借助第一人称的口吻述说了在生命几近枯槁焦萎之时，经历了梦幻式的救赎旅程。作品中，但丁从地狱到炼狱（净界）再到天堂，一路上遇到各个时期的历史人物，并且将自己心目中倾慕者、爱慕者、愤恨者以及

1　梗概及本节故事引文来源于：〔意大利〕但丁：《神曲》，田德望译，人民文学出版社 2002 年版。
2　在英国，1825 年，威廉·布莱克（William Blake，1757—1827 年）受命绘制 102 幅《神曲》插图。1827 年，布莱克去世后留下的一部分作品尚未完成，但其作品均满含慈悲，集中表现了罪、罚、报应和救赎等主题。本节所有威廉·布莱克的作品均来源于该组插图。

图3-3 《但丁和三重世界》（1465年），〔意〕多米尼科·米切利诺

关于政治、哲学、宗教、自然科学的知识悉数收入作品中。但丁一生尊敬的古罗马诗人维吉尔，是带领他穿过地狱走向炼狱（净界）的向导；而他青春时的恋人少女贝阿特丽齐，则以圣女的身份指引他走向天堂；至于当时的政敌与教皇，则被但丁抛入地狱，永远不得解脱。需要指出的是，但丁不仅在作品中热烈拥抱古罗马的哲学思想，对以基督教为核心的思想领域发起挑战，而且大胆选择了当时的平民语言（佛罗伦萨语）而非当时僧侣贵族圈流行的拉丁文谱写诗篇，因而受

到广大百姓的热情回应——但丁当时并没有意识到,他已经悄然揭开了欧洲文艺复兴的帷幕。

一、地狱

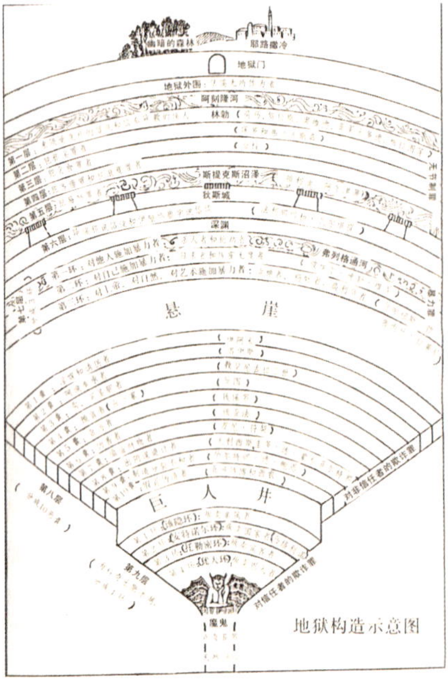

图 3-4 《神曲》手抄本插图"地狱构造图"
〔意〕雅克布·戈多·普契尼

地狱共有九层,每层容纳犯下不同罪行的灵魂,分别是不信奉上帝(limbo)、邪淫(lust)、贪食(gluttony)、贪婪(greed)、愤怒(wrath)、异端邪说(heresy)、暴力(violence)、欺诈(fraud)、背叛(treachery)。地狱越深,罪孽越重,刑罚越可怖。

但丁由维吉尔带领着游览了地狱，路上遇到了无数古代英雄人物的灵魂，也包括昔日的政敌与朋友，大家都在遭受各式酷刑的折磨，例如被怪物剥皮，赤身裸体相互撕咬，刑种与残酷程度均与在世时所犯下的罪愆相对应。最为可怕的是，堕入此境界中的灵魂永远不得解脱，地狱大门上赫然刻着这样几个字——"进入此门者，必将放弃一切希望"。但丁虽然热爱上帝，却非常仇视当时的教会，他将许多教皇级大佬均扔进了地狱这一层，同时也对地狱中饱受无尽酷刑折磨的游魂充满了同情。

图 3-5 《神曲》插图（1824—1827 年）"地狱门上的铭文"（英）威廉·布莱克

但丁和维吉尔进入地狱，大门上方写着："进入此门者，必将放弃一切希望"。
（ABANDON EVERY HOPE, WHO ENTER HERE）

地狱外围：庸碌者。地狱外围居住着一群以陀螺方式不停旋转的灵魂，他们在世时庸庸碌碌、糊里糊涂、毫无目的、游手好闲，去世后无论是天堂还是地狱都不肯收留他们，只好在地狱外围接受惩罚，但丁将他特别讨厌的一位教皇——西莱斯廷五世（Celestine V, Saint）也放在地狱外围陀螺似地转圈。[1]

第一层是不信仰上帝者。但丁跟着维吉尔走到最大的一条冥河——阿刻隆河（Acheron）边上。河边有无数魂魄正排着队，等着过河接受审判。维吉尔带领但丁顺着河边走到地狱第一层：林勃（Limbo，源自拉丁语 limbus，意即边缘）。安放在此层的亡灵是没有机会信奉基督的良人，包括耶稣圣诞之前已经逝去的古代圣贤、平民以及刚出生未经洗礼就不幸夭折的婴儿。这些灵魂因为没有作恶，故而不会遭受酷刑，但也丧失了升入天堂的机会。维吉尔与但丁在这一层的城堡中还遇到四位诗人，六人一起谈古论今。城堡外面围着七道围墙，象征着谨慎、公正、坚韧、节制、聪明、学问、智慧七种品格；每道墙都有一扇大门，分别象征着拉丁文、逻辑、修辞、音乐、算术、几何、天文七种学问。但丁与其他五位诗人一起披荆斩棘通过考验，进入城堡，遇到了历史书中基督诞生前的英雄与伟人、帝王将相、品行高贵的夫人以及古典时代的科学家和哲学家，包括柏拉图、亚里士多德、欧几里得、苏格拉底等。

第二层是邪淫者。但丁在维吉尔的带领下进入第二层地狱，正式的惩罚由此开始。地狱门口站着无比公正的判官——米诺斯（Minos），这里的灵魂排队向他坦陈自己生前的罪行，米诺斯根据罪人的坦白，稍加考虑，便用他的长尾巴在自己身上缠绕起来——缠绕几圈，亡魂就会被裁判到第几层地狱去。维吉尔带领但丁走到因沉溺肉体之欢而无法自拔的灵魂所在的一层，哀嚎的灵魂在狂风中翻滚、碰撞，痛苦无比，却无法控制自己。眼前每飞过一个灵魂，维吉尔就会向

---

[1] 西莱斯廷五世一心只爱修行、不爱权力，继位几个月后辞职。接替他的卜尼法斯八世（Boniface Ⅷ, Saint）认为教权高于王权，颁布了法令，向国王纳税必须获取教皇批准。法国国王腓力四世将教皇卜尼法斯囚禁，教皇最终郁闷而亡。但丁认为，西莱斯廷五世放弃了对教会和国家的责任，只顾自己修行，导致昏聩的卜尼法斯八世上台，故而罚其在地狱外围转圈。

图 3-6 《但丁与维吉尔渡冥河》(1822 年),〔法〕德拉克罗瓦

图 3-7 《米诺斯审判罪人》(1825—1828 年),〔奥〕约瑟夫·安东·科赫

但丁介绍一个,共计一千多人,其中不乏知名人物。但丁在此层了解到每一个人的爱恨情仇,其中不乏因私情、私奔引起国与国之间的战争与杀戮,实乃罪孽深重。听着这些凄美悱恻的故事,但丁过度悲哀,在这层地狱中数次晕倒。

第三层是贪食者。维吉尔扛着哭得昏过去的但丁下到第三层地狱,这一层专门处罚贪食者。但丁醒来后发现这一层冰雹横扫天幕,落到地面后积成污水潭,等待受刑的灵魂泡在冰冷的脏水中瑟瑟发抖、惊恐不安。三头怪兽刻尔勃路斯(Cerberus)是冥界之王哈德斯的看门猎犬,它一边低吼,一边将这些生前贪吃的魂魄撕成碎片。在这里,但丁遇到了佛罗伦萨的老熟人,向其询问家乡令人尊敬的政客们在地狱里的现状。同乡告诉但丁,这些政客有的犯异端罪、有的犯鸡奸罪,都在更深的地狱中受苦。但丁愁容满面,为这些人深深担忧。维吉尔拍拍他的肩膀说,只有等到最后的审判到来时,才知道最终的归属——幸福的更幸福,痛苦的则更痛苦。

第四层是贪婪(挥霍)者。维吉尔直接走进第四层地狱,这一层处罚的是贪财者与挥霍者。这一层的人看起来比其他八层地狱中的人都多,他们分为两队,一队是守财奴,另一队是败家子,分别用胸口推着重物相向而行,直到面对面互相狠狠撞上才开始互相咒骂,之后他们背过身继续推着重物前行,然后再次相撞、互骂,循环往复。但丁将诸多教士、主教、教皇都安排在了这一层接受惩罚,理由是他们在生前贪婪金钱、挥霍无度。

第五层是愤怒者。维吉尔带领但丁顺着一条又黑又脏的泉水下到第五层。脏水汇集到了一个满是污泥的沼泽——斯提克斯(Styx)。希腊神话中,这是围绕地狱的一条冥河。沼泽里的灵魂满身泥淖,他们生前均犯了愤怒的罪过,死后仍然被罚站在黑泥中,满怀怒火地相互撕咬、血肉横飞。

第六层是异端邪说者。接下来,维吉尔带领但丁来到铜墙铁壁铸成的城堡之外。城堡内火光逼人,维吉尔告诉但丁,这就是狄斯城(Dis)、魔王之城,地狱的第六、七、八、九层就在里面,罪孽更深重的灵魂都在里面受苦,撒旦的魔鬼也都在里面被锁着。维吉尔与但丁走入第六层地狱,这里是一片陷入烈焰中的墓

图 3-8 《神曲》插图 "三头怪兽啃啮贪食者"（1587 年）
〔佛兰德斯〕杨·范·德·斯特雷特

图 3-9 《神曲》插图 "贪婪者"（1587 年）
〔佛兰德斯〕杨·范·德·斯特雷特

穴，坟墓的盖子敞开着，里面传来阵阵哀嚎，灵魂在此遭受永无止境的火刑。这一层主要惩罚生前持各种异端邪说的亡灵。维吉尔告诉但丁，在此层地狱受火刑的，都是古希腊伊壁鸠鲁学派（快乐学派）的信徒，他们不信奉耶稣基督，认为人类死后没有灵魂，肉体与精神将一并逝去。在这一层，根据异端邪说的程度不同，罪犯遭受火刑痛苦程度不同，但丁还遇见了自己家乡的政要权贵、挚友的父亲等，并与他们进行了交谈。

第七层是暴力者。维吉尔带着但丁向第七层地狱走去，传来的一阵恶臭差点将但丁熏得晕过去。维吉尔对但丁解释了以下三层地狱的构造，地狱再往下，还有三层，越往下越狭窄，越往下罪孽也越深重。第七层内部还分三个环，每个环里囚禁着不同的暴力罪犯：第一环是对他人的身体和财产施暴者，罪行包括杀人、蓄意伤人、破坏与强盗。第二环是对自己的身体和财产施暴者,罪行包括自杀、赌博散尽家财。第三环是对上帝及其创造的自然施暴者,罪行包括诅咒上帝、鸡奸、放高利贷。

第八层是欺诈者。他们向前走,看到一个人头蛇身的怪物趴在悬崖边,它就是守护第八层地狱的怪物格吕翁(Geryon)。但丁趴在格吕翁背上,环顾四周,感受到下方传来的火光与哭声,苦刑尽收眼底。第八层地狱完全由铁铸造而成,叫作Malebolge(罪恶的口袋),通常被翻译成"恶囊"。第八层地狱共有十个恶囊,是从外到里十个同心圆槽沟,每一圈罪人行为不同,但均属于欺诈罪,罪行从外到里越来越重,第十圈中心是一口巨井,直接通向第九层地狱。《神曲》为何认为欺诈罪反而比暴力犯罪严重?基督教认为,暴力中的"蛮力"是人类与动物皆具备的,而"智慧"则是上帝给人类的一份有别于动物的馈赠,是上帝对人类的偏爱。人类本应当善意加以利用,而非用它来作恶,利欲熏心欺骗他人,这种

图3-10 《神曲》插图"愤怒者"(1587年)
〔佛兰德斯〕杨·范·德·斯特雷特

图3-11 《神曲》插图"狄斯城城门"(1587年)
〔佛兰德斯〕杨·范·德·斯特雷特

行为的本质是侮辱了上帝的慷慨馈赠,理应受到重罚。这些罪人包括拉皮条和诱奸者、阿谀奉承者、买卖圣职者、预言占卜者、贪官污吏、伪善者、盗贼、邪恶谋士、挑拨离间、造假者。

第一恶囊中罪人是淫媒和诱奸者,皆赤身露体,分成两队分别向相反的方向而行,不断地绕着第一恶囊兜圈子,长角的鬼卒拿着大鞭不断地抽打这些罪恶的灵魂。但丁似乎对博洛尼亚人抱有地域偏见,在这一恶囊中安排了若干因生前拉皮条死后受惩罚的博洛尼亚人。其实,博洛尼亚大学是西方最古老的大学,历史可以追溯到 11 世纪,享有"大学之母"的美誉。

第二恶囊中是阿谀奉承者,作品中将每个灵魂都泡在粪便池中,这些灵魂一边呻吟翻转,一边试图吹掉嘴边的粪便,既痛苦又污秽。

第三恶囊中是买卖圣职者,两侧和沟底的青灰色石头上有许多圆洞,每一个洞里头朝下栽种着一位罪人,只留双脚在洞外扑腾,火焰从洞中冒出,灼烧着他

图 3-12 《米诺斯审判罪人》(1825—1828 年)局部,"怪物格吕翁",〔奥〕约瑟夫·安东·科赫

们。但丁随意与身边一个洞里的罪人聊天,惊奇地发现他居然是曾经的教皇尼古拉三世,他在世时为教会争取到不少实权,例如神职人员犯罪只能被引渡回教会法庭处理,政府无权审判神职人员等。在为教会争取权利的过程中,尼古拉三世没少索要贿赂,其所在的奥西尼(Orsini)家族演变成意大利北部权倾一时的豪门,尼古拉三世本人也成为买卖圣职与任用亲族的典型人物。"倒栽葱"的尼古拉三世听到但丁与维吉尔走到身边,激动万分,以为是接替他受罚的新罪人教皇卜尼法斯八世来了,尼古拉三世告诉但丁,新的罪人来了就可以将他顶到洞里面,新罪人在洞口倒栽葱接受火刑,而代替尼古拉三世的新罪人卜尼法斯八世还有三年(1303年)才会来地狱接替其位置。

第四恶囊中是预言占卜者,均为历史上著名的预言家与巫师。这些在深谷中连绵不断行走的罪人,脖子都扭曲180度,脸完全朝着背后的方向,看不清将要去往何方。但丁看到这些人的惨相,悲哀地哭了。维吉尔告诉他,所谓未来的事情,世人是无权知道的,这些占卜、算命的人,自以为能获取天机、泄露天机,实属罪大恶极,所以让他们脸朝后向前走,只能看见过去,不能看见未来。

第五恶囊中是贪官污吏,新来的罪人被扔进一个巨大的沥青池里,池中沸腾的气泡不断冒上来,半黏稠的沥青鼓起落下,黏在堤岸的内壁。池中的罪人沉下又浮起,被沸腾的沥青烫得想要露出头喘口气,身上的皮与肉在沥青的作用下相互分离,惨不忍睹,转眼只剩下一具骷髅。

第六恶囊中是伪善者,这里的罪人衣着光彩夺目,金光灿灿的斗篷其实是刑具,斗篷完全是铅制的,重得让罪人们抬不起来头,他们在沟底摩肩接踵绕着圈子前进,边走边哭,看上去疲惫不堪。但丁在此处安放的罪人又大多是博洛尼亚人,包括教皇、修士等。

第七恶囊中是盗贼,壕沟里无数毒蛇在翻滚,赤身裸体的罪人在蛇群里惊呼、逃窜。其中一人恰好是但丁的同乡,也是大名鼎鼎的主教,因为偷窃了皮斯托亚城圣芝诺大教堂精美的圣器,却逍遥法外,陷害了另一个无辜的人代他受刑,所以被扔到这层地狱接受惩罚。

第八恶囊中是邪恶谋士，这一圈壕沟中，大朵的火焰飘来飘去，像萤火虫一样，甚至有些庄重圣洁的模样。维吉尔和但丁眼前飘来了一大朵火焰，顶端还分成两个叉，维吉尔说，火焰中大点的那个就是古希腊神话里最有名的尤利西斯，另外一个小一点的则是尤利西斯的好基友狄俄墨得斯，二者均是希腊神话中以足智多谋闻名的大英雄，此刻却被绑在一起遭受火刑。在《法学与文学公开课：来自原欲的呼唤》中已经给大家介绍过，尤利西斯最大的成就是贡献了木马计，一举攻克特洛伊城，结束了长达十年的特洛伊战争。

第九恶囊中是调拨离间、制造分裂者，受刑的约一百人，这一层实在是太过血腥，但丁站在石桥上望去即震惊之至。一个罪人朝但丁走来，他的模样惨极了，从屁股到下巴全被砍开，心肝脾肺胃全都露出来，肠子挂在两腿中间，他向但丁哭诉道，自己是穆罕默德，前面那个边走边哭的是其女婿阿里；穆罕默德被从屁股劈到下巴，阿里则是从头劈到下巴。此人就是伊斯兰教的先知穆罕默德，

图 3-13 《神曲》插图"买卖圣职者"（1857—1867 年，铜版画），〔法〕居斯塔夫·多雷

图 3-14 《神曲》插图"伪善者"（1587 年），〔佛兰德斯〕杨·范·德·斯特雷特

但丁居然直接将其与其女婿阿里（伊斯兰教什叶派创立人）都扔到基督教的地狱，这种思路着实令人惊骇。究其原因，在基督教世界中，对伊斯兰教的普遍认知是，穆罕默德原来是基督徒，后来背叛教会、另立新教，所以但丁将其放到第八层地狱中遭受酷刑。

第十恶囊中是造假者，分成四类——假炼金术者（中世纪炼金术是正规职业）、假冒他人身份者、伪造钱币者、发假誓骗人者，因为具体罪行不同而遭受着不同的惩罚。但丁看到另一种形状奇异的鬼魂，头部与四肢都非常瘦弱，唯有肚子鼓得不成比例，就像要爆炸，这些人生前都是铸造假币的人与发虚假誓言欺骗他人者。

第九层是背叛者。进入第九层地狱，但丁听到响亮的号声，同时影影绰绰看见前方高耸的城堡碉楼。维吉尔告诉但丁，这些不是城堡，而是巨人。走到堤岸前，但丁终于看清了巨人井中站着的诸多巨人，其中一人在吹号。这个巨人二十五六米高，就是传说中的宁录（Nimrod），通天的巴别塔就是他的歪主意，如果不是他，大家至今都是亲亲热热说着同一种语言，现在把他丢入地狱，吹着谁也听不懂的号，说着谁也听不懂的语言，永无休止。维吉尔与但丁来到地狱中心，也是宇宙的最底层。按当时通行的托勒密天文学的思想，这里是离上帝最远的地方，安放着背信弃义的灵魂。背叛是人类背负的最深重、最卑劣的罪孽，他们将永远被冰封于此。但丁慢慢看清前方黑暗里的巨大湖面——科奇土斯冰湖（Cocytus），严寒中的湖水完全冻成了冰。这里的寒冷来自魔王撒旦的翅膀扇起的阴风。按照地狱刑罚的尺度，既然这些背叛者毫无温情、心如坚冰，那就应当在冰里受苦，饱受最为彻骨的寒冷。

这些背信弃义的人根据所犯的罪行不同，分门别类地被冻在冰湖的从外到里的四个同心圆里。第一环（该隐环，Caina）囚禁的是谋杀血亲者，最外面这一大圈，冻的都是谋杀亲人的鬼魂，按照基督教里人类世界上第一个杀害兄弟的人——亚当和夏娃的长子该隐命名，所以叫作"该隐环"，但丁一边感慨着，一边小心翼翼地在冰面上前进，突然发现脚下冻着的罪人渐渐开始面朝湖面——他

图 3-15 《但丁和维吉尔在地狱》(1850 年),〔法〕威廉·阿道夫·布格罗

地狱中的造假者在相互追逐、撕咬

图3-16 《神曲》插图"巨人宁禄——巴别塔的建造者"（1857—1867年，铜版画）
〔法〕居斯塔夫·多雷

的眼前出现了千万张冻得发紫的脸，泪水慢慢溢出，却立刻结冰，冰层冻得更硬更厚。第二环（安特诺尔环，Antenora）囚禁的是卖国者，名字来源于希腊神话特洛伊战争中的一位特洛伊长老安特诺尔。在中世纪的欧洲，他被认为是勾结希腊出卖特洛伊城的人，用他来命名，意味着这一环冻着的都是出卖国家、团体和政党的罪人。第三环（托勒密环，Ptolomaea）囚禁的是出卖宾客者，名字来源于托勒密，是以色列耶利哥地区的总督。根据希伯来传说，他为了统治整个地区，假借设宴杀死了自己的岳父——古犹太大英雄西蒙·马加比（Simon Maccabeus）。所以这里冻着的，也都是摆鸿门宴、背信弃义杀害宾客的罪人。第四环（犹大环，Judecca）囚禁的是出卖恩人者，在基督徒眼中，没有比出卖耶稣更罪大恶极的行为——犹大用30枚银币就将恩人耶稣出卖给了犹太公会。所以，这一环冻着的都是恩将仇报出卖恩人的罪人，他们已不再是托勒密环中集体仰面向上的姿势，而是全身被冰壳包裹着动弹不得，只能在永恒的冰封与凝固中悔罪。

  突然，但丁看到一座庞然大物冉冉升起，他就是冻在冰湖最中心的路西法（Lucifer，本意为光明使者，也用来称启明星）——魔王撒旦。西方宗教中，撒旦本是最美丽的、上帝最宠爱的天使路西法。然而，当上帝新造了人类亚当、夏娃后，路西法变得嫉妒且失落起来，率领一批天使造反，要求与上帝平起平坐，上帝勃然大怒，将其从天庭抛下，经过九天九夜坠入地狱中心，成为魔王撒旦——"然而你必坠落阴间，到坑中极深之处。"（《圣经·以赛亚书》14:15）。但丁终于见到传说中的魔王，惊呆了，撒旦无比巨大，从胸部以下均被冻在冰湖，即便坐在那里也无比巨大。撒旦拥有三张面孔，红色、黄色与黑色，每张面孔之下还有两个像蝙蝠一样的翅膀，三对大翅膀一拍就有三阵寒风袭来。魔王撒旦没有理会但丁的到来，他一直在流泪，每张嘴里都嚼着一个鬼魂，血水、口水与眼泪混合着从口中流出，模样惊悚。魔王撒旦的三张大嘴里，除了犹大，还有古罗马的布鲁图斯（Brutus）和卡西乌斯（Cassius），他们都是背叛、杀害尤利乌斯·凯撒（凯撒大帝）的主谋。卡西乌斯秘密提出了"刺杀凯撒"的计划，布鲁图斯在百般纠结下加入了这个阵营，他的加入也带动了不少元老下决心刺杀凯

图 3-17　湿壁画《犹大之吻》(1305 年),〔意大利〕乔托·迪·邦多纳

图 3-18 《凯撒之死》(1804 年),[意] 文森佐·卡姆奇尼

撒。公元前44年3月15日，凯撒在罗马元老院被这些议员公开刺杀，身中23刀而死。史书记载，当凯撒发现他最宠爱的布鲁图斯竟然是刺杀他的首领时，长袍掩面悲痛而亡。莎士比亚的戏剧《凯撒大帝》中，则安排凯撒这一角色留下了著名的遗言："果真……还有你吗？布鲁图斯？！"在但丁看来，凯撒是罗马帝国的创建者，几乎可以与耶稣媲美，而背叛、杀害凯撒的人，自然也是堪比犹大的罪人。所以，布鲁图斯和卡西乌斯，被但丁赋予《神曲》中最卑劣、最可耻的角色，接受着最严厉、残酷的惩罚。

至此，但丁从1300年4月8日下午开始的地狱旅程，终于在24小时的游历之后，在4月9日的复活节前夜完成。维吉尔也很欣慰，带领但丁返回地面。他让但丁抱住自己的脖子，然后背着但丁爬上撒旦的身体，再抓着撒旦身上厚密的毛往下爬，最后将但丁放在一块岩石上。

二、炼狱（净界）

"炼狱"又被称作"净界"，坐落于地球的另一端，与"地狱"相伴而生。如果基督徒在临终之前突发忏悔之心，则可以落入炼狱（净界）之中。与前述地狱不同，灵魂若有幸降落此境界中，则具有接受惩罚后得以赎罪的机会，最终有可能升入天堂。炼狱也分为九层，分别是净界山、地上乐园以及七层在世时犯下以下罪行的人的忏悔修炼之地——傲慢（pride）、忌妒（envy）、愤怒（wrath）、懒惰（sloth）、贪婪（covetousness）、贪食（gluttony）、贪色（lust）。

维吉尔向但丁解释，整个地狱的深井都是当年上帝把撒旦扔下来时砸出来的深坑，被挤出来那些土堆在地狱背面形成一座高山，也就是炼狱山，炼狱中的亡魂是被上天所宽恕的，他们虽然也有罪，但接受惩罚后可以登入天堂，而不像地狱的罪人只能接受永恒的折磨。由于但丁是活人，炼狱守护者卡托要求维吉尔给但丁腰间系一根灯芯草。维吉尔从遍地的灯芯草中采摘一株，绑在但丁的腰部，带着但丁继续前行。

图 3-19 《七宗罪和最终四事》(约 1500—1525 年),〔荷〕希罗尼穆斯·博斯

炼狱外界。地狱外界有两类人,一类是被教会扫地出门者。维吉尔带着但丁准备爬山,山脚下遇到另一群鬼魂,于是迎上去打问,得知他们是未与教会妥协的鬼魂,紧贴着陡峭的山崖,鬼鬼祟祟相互紧靠在一起,似乎在查看路线,因为缺乏神的指示,他们也不知该往哪个方向走。其中一个鬼魂是曼弗雷德,因违抗教会的命令被发配到炼狱进行悔罪修炼,时间是在世时寿命的 30 倍,曼弗雷德的故事在《法学与文学公开课:来自原欲的呼唤》中已经详细介绍过。第二类是悔罪不及时者,这些人都是在世间被暴虐杀害,简单说都是死于非命,他们在生前最后一刻才悔过,开悟自己的罪行,悔恨过去、宽恕敌人,与上帝重归和睦之后才咽气。由于天使与恶魔都争抢他们的灵魂,最终达成约定,将他们的灵魂放到炼狱中进行洗涤,成功的升天堂,失败的下地狱。

图 3-20 《但丁凝视炼狱山》(1575—1599 年),〔意〕安格诺罗·布隆奇诺

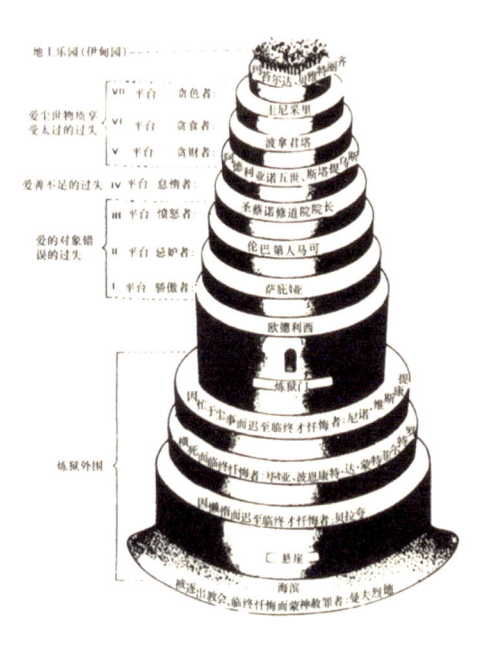

图 3-21 但丁《神曲》"炼狱"构造图

第一层是傲慢者。维吉尔与但丁来到炼狱门口。门下三级台阶，颜色不同，一位守门人手持一把已脱鞘的宝剑，沉默不语，用剑锋在但丁额头上刻了七个 P 字，代表着七大罪（傲慢、忌妒、愤怒、懒惰、贪婪、贪食、贪色），对他说，进去之后，要把这些污点洗干净。此后但丁游历炼狱，每层都有一个天使替他抹去一个 P 字。但丁开启第一扇大门，见到一片荒凉的沙漠，来了一群鬼魂，每个人身上都背着巨大岩石，压得他们几乎胸口要贴在膝盖上，哭嚎着向前缓慢而行。这一层都是生前犯了傲慢罪行的灵魂。但丁和维吉尔沿着刻有"傲慢者人物故事"的人行道走着，但丁发现自己越走脚步越沉重，直到最终无法迈步。这时谦卑天使飞来，唱着圣歌用翅膀拍了但丁一下，但丁发现如释重负，同时发现两边额角的 P 字只剩下了六个。

第二层是忌妒者。这一层的罪人都紧贴着石壁而坐，一条铁丝穿过所有灵魂的眼皮，然后死死地缝起来，他们的泪水不断从被缝上的眼睛中溢出，模样凄惨。这些灵魂卑微地挤在一起，哆哆嗦嗦、痛苦不堪，均是生前犯了忌妒之罪。在这里，这些罪人每忌妒一次，眼皮就被多缝一针，最终看不见任何光明。但丁正与他们交流，和善天使飞来，给但丁讲述分享财富与幸福的真谛，说完离去，但丁额角的 P 字还剩五个。

第三层是愤怒者。第三层炼狱燃烧着熊熊烈火，四周浓烟弥漫，空气辛辣浑浊，甚至难以看清两米开外的景物，但丁流着泪跟着维吉尔前行。突然他们听到一阵愤怒的谩骂，循声而去，影影绰绰看到一群人正在用石头砸一位少年。少年跌倒在地，仰望着天空，面露怜悯之色，恳求上帝赦免这些愤怒地杀害他的罪人。这位少年是圣斯蒂法诺（Santo Stefano），基督教最早的殉教者。但丁突然感觉眼前浓雾散去，看到和平天使降临在他的身边，为他擦去额角的记号，轻言道，使人们和睦的人有福了，因为他们没有恶劣的愤恨。在天使的带领下，但丁离开了这片因充满怒火导致无法看清前程的地方。

第四层是懒惰者。但丁到了这一层，立刻感觉到昏昏欲睡，不愿继续前行。睡意蒙眬中，他远远看见一群灵魂拼命地奔跑着，很快就到了自己身边。这些都

图 3-22 《炼狱》(1825—1828 年),〔奥〕约瑟夫·安东·科赫

图中正下方是背负沉重岩石的傲慢者,右下方是被铁丝缝合双眼的忌妒者,以及其他一些犯了不同罪过、在炼狱各层赎罪的灵魂

是在世时犯下拖沓与懒惰罪行的灵魂,他们缺乏热情与爱,在这里则被爱推动着绕圈奔跑,一刻不停。但丁实在忍不住睡意,匆匆入眠,梦见了贞女,但丁心生爱意,维吉尔却警告他,这是妖妇,是海上以音乐迷惑航海者的女妖塞壬(Seren),象征着肉欲的快乐。但丁不愿离开温暖淫溺的梦境,此时热爱天使飞来,以歌曲声叫醒了但丁,催促其继续前行。

第五层是贪婪者。但丁看到许多灵魂趴在地上,双脚双手都从背后被捆住,脸朝下深深地哭泣。这里聚集着贪婪者的灵魂,他们在世时爱财如命、贪婪成性,丝毫没有节制,死后被惩罚趴在卑微的泥土中终日忏悔,不得抬头。但丁感觉到剧烈的地震,伴随着隆隆雷声,大为惊骇。原来,在炼狱中,只要某个灵魂幡然悔悟、自觉罪孽赎清,便会地动山摇,如此,那个灵魂就可以向上一层攀登,直到升天。

第六层是贪食者。在这一层,但丁遇到了饥饿的灵魂,他们默默无言、神色虔诚,眼睛幽暗深陷,各个都是瘦骨嶙峋、皮包骨头。这些灵魂不停地哭泣着往前走着,后面纷纷落下清水与果蔬,他们却无法转过身取用。这些灵魂因为曾经过度贪食、酗酒,所以必须在这里忍饥挨饿,使得自己的灵魂重新变得圣洁。在天使的指引下,但丁见到了那颗诱惑亚当与夏娃堕落人间的著名的果树。

第七层是贪色者。这里的灵魂均是生前贪色者,他们生前像兽类一样对情欲唯命是从,使得自身蒙受羞辱。死后在狭窄的阶梯上一前一后走着,台阶上到处喷出火焰,被风吹

图3-23 《神曲》插图"贪婪者"(1857—1867年,铜版画)
[法]居斯塔夫·多雷

着，火舌向上，罪人们走在火丛中，接受着烈火的焚烧，恰似生前欲火焚身。但丁看到两队灵魂，从对面走来，匆匆聚拢，却并不停留，代表着传说中的索多玛与蛾摩拉——两座著名的淫邪之城，通奸、鸡奸、乱伦盛行，最终被上帝之火所毁灭。此刻，贞洁天使出现了，唱道"心灵纯洁的人有福了！"同时要求但丁穿过火墙，彻底涤荡心灵，即可步入天堂。但丁害怕极了，维吉尔却告诉但丁，他必须穿过这座火墙，必定会有痛苦，但是不至于被烧死。

炼狱顶端是地上乐园——伊甸园。但丁融入烈火之中，丧失了记忆，睡梦中，他梦见了雅各的两位妻子，拉结（Rachel）与利亚（Leah）两姐妹，分别象征着积极的爱与沉思信仰两种生活态度。维吉尔对他说，我们已经游历了所有的

图3-24 《神曲》插图"欲火焚天"（1857—1867年，铜版画）
〔法〕居斯塔夫·多雷

七宗罪的台阶,见识了暂时与永恒两种烈火,现在来到最高一阶,你已经拥有了自由、正直与健全的意志,让我为你加冕,带上桂冠。

洗去前额标记的但丁在美丽如画的伊甸园中漫步,终于看到了自己日思夜想的情人贝阿特丽齐,她的身上是红、白、绿三种颜色,代表着三种美德:白色是信仰、绿色是希望、红色为博爱。维吉尔因无资格进入天堂,贝阿特丽齐替代维吉尔继续做但丁的向导。

但丁的炼狱之旅结束了,他的经历充分阐明了这样一个道理,即在新旧交替的时代,个人和人类要凭借神的一步步指引,涤除"地狱"中的罪恶,远离"炼狱"中的错误,经历苦难和考验,在道德上得到净化。在此基础上,才能通过信仰的途径、神灵的启发,走出迷惘,认识最高真理,达到至善(天堂)的境地。

三、天堂

但丁层层游历,终于来到天堂。这里宏伟庄严,充满了仁爱与欢乐。基督站在一辆金子打造而成的车子上,四周围着四福音书的象征物——鹰、狮、牛、天使,还有赤身裸体的亚当与夏娃,两人身后的树上是那条引诱他们偷吃禁果的蛇。这里同样分为九层。但丁与主宰着文学艺术的阿波罗、缪斯女神在古希腊神话中的帕尔纳索斯山山底交流,阿波罗将佩奥尼斯枝叶编制而成的诗人桂冠戴在了但丁的头上(也就是说,但丁在作品中给自己封了"桂冠诗人"的名号)。

第一层空间是月球天(Moon),是那些无法守约的灵魂的安置之处,他们对于神祇始终保持恭敬、迫于压力才违背自己的誓言。但是基督教认为,压力不能成为屈服的借口,自由意志是造物主最为看重的,也是他赋予人类的赠品,违背自己的誓言,就是不重视自己与神定下的契约,希望世人不要把誓言当作儿戏,郑重对待自己的许诺。第二层空间是水星天(Mercury),是为行善事的灵魂准备的,他们正直但被抱负所驱使,因此并非完全无私,有时名利驱使着他们的行为,他们希望自己的成就与名誉被认可。第三层空间是金星天(Venus),是为多情的灵魂准备的,他们热爱上帝且非常仁慈，因而可以在天堂获得一席之地。第四层空间是太阳天（Sun），是为那些聪明智慧、追寻教育并改变心灵和头脑的人准备的，但丁在这一层与睿智的教会领袖进行了关于宇宙秩序、社会秩序、经学秩序的热烈的讨论，这些人包括托马斯·阿奎那等。第五层空间是火星天（Mars），被安置者主要是战士，他们的灵魂举着类似十字架的东西，他们战斗并且给予自己信念，其中很多是十字军中的英雄。第六层空间是木星天（Jupiter），是为世间公正的统治者准备的安置处，他们的灵魂组成了鹰的样子，秉承上帝的永久意志，这些灵魂告诫但丁完全公正的重要性。第七层空间是土星天（Saturn），这些人生前在祈祷、沉思和静修中度过一生，这些灵魂对当时的教会以及内部腐败感到愤怒，但丁在这一章节表达了对当时教会的不满。第八层空间是恒星天（Stella），处在双子星座中，这样就可以回头看到远处的地球，但丁在此层遇见许多伟大的圣人，包括圣母玛利亚和使徒们，圣彼得、圣雅各、圣约翰分别针对希望、仁爱与信仰三个问题考问但丁。第九层空间是原动天（Primum Mobile），这是但丁旅程的最后一站，可以看到上帝身边的九位大天使，全身散发着光芒和能量。贝阿特丽齐在这里讲述创世纪，以及上帝是如何创造万物的、九级天使的秩序，然后但丁在天使面前跪下，天使在三位一体之前跪下。最后一个境界超越物理存在，叫作最高天，也是神学美德天（the logical virtue，Empyrean），古宇宙论认为该处存有纯火。在基督教文献，特别是但丁的《神曲》中，此处是上帝以及被神祝福者的神圣居所，充满纯粹的光，是一切光的源头。在这里，但丁看到玫瑰的形状，但它代表的是所有神圣的爱，他感受过的天堂即出现在这朵花中，上帝用最美妙的言语讲授着神学美德。全篇作品在神圣、极乐的氛围中戛然而止。

通观全篇作品，但丁虽然采用了中世纪特有的幻游文学的形式进行表述，其映照现实、启迪人心的思想内涵却是异常明确的，我们可以从《神曲》中领略到诗人的矛盾心理。

图 3-25 但丁《神曲》插图"神圣的队伍"(1923 年),〔意〕阿莫斯·纳提尼

图 3-26 《天堂篇》(1819—1824 年),〔法〕菲利普·法伊特

  一方面,但丁描绘了当时的政治和社会现实,对垄断中世纪文化的宗教神学意图一统天下的野心,对教会粗暴干涉意大利内政、阻挠民族统一的罪恶,对宗教人士颠倒黑白、罪孽深重的败行劣迹表达了强烈不满。他猛烈抨击教皇以基督名义买卖圣职、荒淫奢靡、迫害基督徒的行为,谴责他们用上帝赋予百姓的面包攫取私利的贪婪心态,鞭挞僧侣引诱民众走上邪路、将人间圣境变为"污血的沟,垃圾的堆"。另一方面,基督教神学观念、中世纪思想的偏见等种种矛盾亦于作品中表现得淋漓尽致——但丁将象征着理性与哲学的维吉尔选作地狱与炼狱

的领路人，将代表着信仰与虔诚的贝阿特丽齐安排在天堂入口守候，说明诗人认为信仰与神学高踞理性和哲学之上。很明显，但丁反对的并非宗教神学，而是利用宗教实施专制的教皇与僧侣。当但丁看到保罗与弗兰切丝卡[1]这对苦命的恋人时，不禁凄恻难耐，哭得昏厥过去，醒来后却将他们打上贪色烙印，投入地狱接受永罚，这充分显示了但丁对禁欲主义摒弃与认同兼具的矛盾心理。

从刑法思想角度考察，但丁在作品中总结了基督教谕为人类打上的原罪烙印，再次强调人类与生俱来的弱点，包括傲慢、忌妒、愤怒、懒惰、贪婪、贪食、贪色在内的七宗原罪，表现了基督徒心目中的"罪"（sin）与世俗犯罪中"罪"（crime）之迥异内涵。事实上，七宗原罪并非世俗意义上刑法惩罚的对象，却能够导致世俗犯罪的产生，前者也可以说是激发后者产生的动机，或者实施后者希望达到的目的。但丁在《神曲》地狱篇所列举的七宗原罪，抽象出人类迷失本性三个原因（贪婪、强暴与淫欲），继而在天堂篇指明了人类获得救赎的三项依托（信念、希望与博爱），该种宗教观获得西方世界的普遍认同与赞美，成为日后文学作品与影视作品进行创作的原始脚本。

从刑罚角度考察，但丁亦未能跳出他所痛恨的基督教教义之窠臼，依然利用残酷的教会刑法对心目中的罪人施以最严厉的惩罚，《神曲》也堪称刑罚大全，刑罚种类令人眼花缭乱。此时的但丁极力推行并赞同中世纪处置政治犯的酷刑，且以其人之道还治其人之身。另外，但丁亦具有强烈的王权崇拜意识，其目的是通过王权制约神权，例如，他在天堂尚尚健在的亨利七世预留了一个荣耀的位置，希望他带领意大利脱离污淖，走向统一与繁荣。《神曲》始终萦绕于一个鲜明的主题之下，神权必须为王权所替代。关于这一点，但丁于篇章末尾作出了准确的预言——文艺复兴后期，为了追求理性与秩序，人文主义者将不得不谋求王权的支持与保护。作为新旧交替时期的伟大作品，从《神曲》所表现出的矛盾性，我们

---

1 弗兰切丝卡是但丁游历炼狱时首先遇见的灵魂，她是淫欲的代表。这是来自佛罗伦萨的一个真实悲剧：弗兰切丝卡由于政治原因嫁到贵族家族，因爱上自己的小叔子被丈夫所杀。该案在当时的佛罗伦萨影响很大。参见〔意大利〕但丁：《神曲》，田德望译，人民文学出版社 2002 年版，第 96 页。

可以体会到经院哲学对西方文明的钳制是如何根深蒂固,人文主义思想于中世纪末的萌芽又是怎样的艰涩可贵。

博尔赫斯这样评价《神曲》:"我认为文学及一切书籍的顶峰就是《神曲》。《神曲》是我们每个人都应该读的。不读这本书就是剥夺了我们享用文学所能给予我们的最高礼物的权利。"恩格斯在《共产党宣言》意大利版序言中这样评价《神曲》与但丁:"封建的中世纪的终结和现代资本主义纪元的开端,是以一位大人物为标志的。这位人物就是意大利人但丁,他是中世纪的最后一位诗人,同时又是新时代的最初一位诗人。"

图 3-27 《流放中的但丁》(1864 年),莱顿爵士

深度阅读

西方刑法思想通常刻意回避的一段历史是中世纪[1]，史书中通常以"漫长而黑暗"等文学化描述一笔带过。从刑事司法角度考察，该时期确实具有罪刑擅断、刑罚残酷、适用不平等等刑事司法特征，因而上述评价总体而言具有客观性；然而，该评价仅强调了由于封建教会与贵族对基督教教义的歪曲与滥用导致的司法恶果，却完全忽略了希伯来—基督教文化本身具有的进步性与合理性，因而又具有一定的局限性。任何一种文化的萌芽、发展与兴盛均具有历史必然性，教会刑法思想亦不例外。从5世纪至13世纪九百余年间，整个西方社会对宗教神学极为推崇，宗教教义事实上取代了法令律例之地位，履行着维持社会秩序之职责。文艺复兴时期与启蒙思想时期的学者之所以割断、回避中世纪文明对近现代刑法思想的贡献，目的是彻底否定其所依托的上层建筑存在的合理性，这种做法在当时是一种策略，也是人文主义者解放人性运动中对主流价值进行引导的必然结果。今天，时隔千年，我们应当尝试着对被理论构建所刻意回避的断裂点进行某种还原，以期最大程度地接近历史的本来面目。

---

1 "中世纪"（the Middle Ages）一词最早出现于文艺复兴时代，由15世纪意大利人文主义语言学家和历史学家比昂多等人首先提出。由于他们是古希罗文化的崇拜者，因而认为在西罗马帝国灭亡和自己所处的时代之间，即476年至15世纪之间，是一段文化衰落的"野蛮"时期，意即将古希腊罗马和文艺复兴（他们认为古希腊罗马文化在他们的时代得到复兴）之间的时段称为"中间的世纪"（medieval），即"中世纪"。

一、进步性

客观地讲，融"原罪""抑欲"与"群体理性"于一体的刑法思想，作为西方文明不可或缺的一部分，如果对人性只有扼杀、制约的一面而没有人文性，那是不可思议也是难以自圆其说的。应当看到，一方面，基督教文明走向异端，蜕变为人的异己力量，牵掣文明发展、扼杀人性，是对人性的反动；另一方面，在西方陷于四分五裂战争状态的漫长岁月中，正是基督教以强大的宗教力量将各个民族凝聚起来、形成空前的整齐划一的伟大文明（主要以罗马天主教会为核心，以拉丁语为书面语言，以封建采邑制为制度），维持并传承着信仰与价值体系的统一。基督教是一个以"原罪"与"赎罪"为核心的信仰体系，对罪之本质的理解以及由此形成的罚之观念，不仅影响了当时的世俗刑法观，而且为后来的启蒙思想家解读犯罪本质与刑罚正当性之根据，构建全新刑法体系提供了思想根源。颇为巧合的是，刑事古典学派的理论基石"社会契约论"以及倡导的"罪刑法定、罪刑均衡、人道主义"等核心原则，均可以在饱受诟病的中世纪文明中寻觅到踪迹。因而，教会刑法不仅使得欧洲刑法思想在近千年的岁月中保持着完整统一，而且对以后各个时期刑法思想的走向起着一定程度的引导作用。

第一，4世纪，基督教成为罗马帝国国教，《圣经》作为基督教之经典教义被欧洲社会上至贵族下至百姓广为传颂、严格恪守。当时对《圣经》经文与典故的引用，无论在宗教裁判所还是世俗法庭均具有无上的法律效力。例如，某一个平民罪者，如果他在法庭上能够念出一段《圣经》经文，其刑罚将会被减轻或者免除。世俗法庭中，以《圣经》经文作为毋庸置疑的裁判依据的事例更是司空见惯。[1]虽然以教谕替代律法必然造成刑法的愚昧性与刑罚的残酷性，但亦在客观上有力地促进了整个欧洲法律体系由习惯法向成文法的演变。

第二，关于罪之本质的探讨。根据《圣经》所述，人具有原罪，因而作恶倾向无时不在；人又拥有自由意志，所以也就有了违背人神契约、弃善从恶的自由选择。在基督教教义中，犯罪的本质是基于自由意志对契约的违背。刑事古典学派以"社会契约论"作为理论的逻辑原点，并非出自启蒙思想家的天才设想，其基因恰隐藏于《旧约》传说（摩西代表人类与耶和华订立契约）与《新约》故事（耶稣与上帝达成协议，代替人类殉难）中。宗教文学中，人类与上帝签订了"摩西十诫"与"登山宝训"，将自己的权利完全交给上帝保存，作为回报，上帝将眷顾护佑他的子民。世俗人类，凡是违背约定的契约者必将承受来自上帝的惩罚，这种刑罚的确定性是毋庸置疑的；而"伸冤在我，我必报应"的训诫则禁止了人类之间的私力复仇，将刑罚权收归上帝一人执掌。如此，上帝自然保管了人类自愿出让的"一份份自由权"，而这些自由权的总和就构成了刑罚权。不难发现，文艺复兴时期、启蒙时代的刑法思想家所拟制的"社会契约"理论，与

---

1 参见〔英〕凯伦·法林顿：《刑罚的历史》，陈丽红译，希望出版社2003年版，第二章。

上述《圣经》故事内容如出一辙，两种结论所包含的理论意蕴一脉相承，不过是后者实现了由"人神之约"到"人人之约"的转换。客观地评价，如果没有基督教思想的引导，如果没有臻于完美的宗教文化的启迪，古典学派的刑法学家也许在获取契约概念，继而构建自己的犯罪观的道路上还要摸索更长时间。

第三，基督教文化中蕴含着古典法学派"自由意志论"的萌芽，在基督教文学的熏陶与渗透下，"没有意志自由就没有责任"的刑事处罚原则逐渐确立。例如，对宗教哲学产生了巨大影响的教父圣·奥古斯丁认为，"若有人有罪，他必然是曾经自由的"[1]。《圣经》中明确记载，亚当和夏娃堕落前，曾被上帝赋予主宰意志的自由，但他们仍然选择了犯罪。因而，只要承认"原罪"，就必须承认罪人曾经享有的意志自由。换句话说，有罪者必须是在正确行为与错误行为之间可以自由选择的人，这应当是承担责任、接受惩罚的必要前提。

第四，希伯来—基督教文明为近现代刑法理论"罪刑法定、罪刑均衡、人道主义、适用平等"等原则的确立提供了明确指引，并萌发出教育刑思想。例如，《新约》明确指出："凡没有律法犯了罪的，也不必按律法灭亡；凡在律法以下犯了罪的，必按律法接受审判。"（《新约·罗马书》2:12）这与当代刑法思想"罪刑法定"原则之表述完全一致。再如，《旧约·出埃及记》中记录着以下训诫，"若有别害，就要以命偿命，以眼还眼，以牙

---

1 参见吕世伦主编：《西方法律思潮源流论》（第二版），中国人民大学出版社2008年，第51页。

还牙，以手还手，以脚还脚，以烙还烙，以伤还伤，以打还打"（《旧约·出埃及记》21:23—21:25），血腥的同态复仇观念彰显着"罪刑均衡"的原则，体现了人类追求等害交换的古朴的公正性情感。《新约·福音书》中还阐述了律法存在的必要性，认为即使天崩地裂，律法的效力亦应岿然不动，世人举念动静，皆必须以律法为准，而律法的制定首先应当尊奉"己所不欲，勿施于人"之原则。"所以，无论何事，你们愿意人怎样待你们，你们也要怎样待人，因为这就是律法和先知的道理。"（《新约·马太福音》7:12）

当今刑法思想中广为推崇的"人道主义"理念，在《圣经》故事集群中亦屡见不鲜，每一个宗教故事均承载着浓厚的宽恕、隐忍之价值旨归，通过对教谕指引下虔诚教徒的言辞行为进行评估，向世人传递着博爱精神与宽恕思想。例如，上帝本身就是宽恕隐忍思想的集成者，为了解救世人于苦难之中，他对人类的过错一再容忍，数次与后者签订契约，表现了对"原罪加身"的人类永不放弃的广博胸怀。应该指出的是，在上述价值观的体现方面，《新约》较《旧约》更为明显。《新约·马太福音》第5章至第7章中，耶稣对教徒的"登山宝训"即鲜明地体现了这一点，教义开始向隐忍与宽恕过渡，"天国八福"要求基督徒清心寡欲、严谨律己、宽恕他人。在审判权与刑罚权启动程序方面，认为除了天父，人类并无资格拥有审判权与刑罚权，因为人类原罪加身，其最大缺点即为"只见芒刺，不见梁木"，继而提出了"以善治恶""宽恕"之刑罚观——包括"有人打你的右脸、连左脸也转过来由他打"(《新约·马太福音》5:39)之隐忍观念,"只是我告诉你们:要爱你们的仇敌,为那逼迫你们的祷告"(《新约·马太福音》5:44)之博爱精神以及"你们饶恕人的过犯,你们的天父也必饶恕你们的过犯;你们不饶恕人的过犯,你们的天父也必不饶恕你们的过犯"(《新约·马太福音》6:14—6:15)之中肯谏言。

关于"适用平等",圣经文学由"人人负有原罪"的宗教思想引出了"刑罚面前人人平等"之命题。奥古斯丁在其宗教小说《上帝之国》中描述,人们因为偷食禁果,因而获取原罪,在上帝面前便获得了人人平等承受的义务——"忏悔"与"赎罪",以期换取来世的幸福。这可以说是"人人平等"刑罚观的最初描述。无论《旧约》还是《新约》,都承认从人的本性上看,人人都是上帝的造物、上帝的儿女,因而在上帝面前一律平等,"我们不拘是犹太人,是希腊人,是为奴的,是自主的,都从一位圣灵受洗,成了一个身体,饮于一位圣灵"(《新约·哥林多前书》12:13)。作为"上帝的子民、迷失的羔羊",人类生而平等的观念是根深蒂固的。同时,"登山宝训"重点强调了刑罚适用应当秉持的两个原则,其一是具有整体观念与体系观,《新约·马太福音》中,将律法刻至世人的心板,使之成为活动着的律法(《新约·马太福音》5:17—5:19)。其二是法度适用平等原则的提出,针对制定律法者、执行律法者作出训诫,要求其适用法度不得厚己薄彼，制造冤狱者与实施犯罪者罪行同等，诸如"将义人与恶人同杀，将义人与恶人一样看待，这断不是你所行的。审判全地的主，岂不行公义吗？"(《旧约·创世记》18:25)。"你们施行审判，不可行不义，不可偏护穷人，也不可重看有势力的人，只要按着公义审判你的邻舍。你们施行审判，不可行不义。在尺、秤、升、斗上也是如此。"(《旧约·利未记》19:15，19:35)"审判的时候，不可看人的外貌，听讼不可分贵贱，不可惧怕人，因为审判是属乎神的。若有难断的案件，可以呈到我这里，我就判断。"(《旧约·申命记》1:17)"你要在耶和华你神所赐的各城里，按着各支派，设立审判官和官长。他们必按公义的审判判断百姓。"(《旧约·申命记》16:18，《新约·马太福音》5:14-5:16)。

如此，杰斐逊才在美国《独立宣言》中认为"人人平等"的真理是"不言自明"的，这种"不言自明"正是取自圣经文化对欧洲人文素养的普遍熏陶意义。另外，对于刑事理论与司法制度而言，正如前文所述，包括"对故意与过失犯罪的区分""违法性与责任的阻却理由""判决前对嫌疑人、被告人的人权保障"以及由"报应刑"过渡到"教育刑"的观点，《圣经》中均有深刻描述。

第五，基督教的原罪思想阐发了人性本恶的论断。由于人性本恶，因此必须制定外在的监督机制，包括制度监督与民众监督。正是这种"性恶论"的逻辑预设深刻影响着西方文明的构建，继而在西方政治、法学思想中催化了权力制衡的观念与较为健全的民主制度。另外，贵族派代表，经院哲学的权威人士托马斯·阿奎那（Thomas Aquinas，1225—1274年）在解释《圣经》文本时曾经强调，律法的强制性必须通过人们对于刑罚的恐惧心理才能发挥实际作用，是为刑罚功能"心理强制说"之胚胎；同时，阿奎那还指出，君主是上帝选定的使者，虽然贵为一国之主，但是也难免原罪加身之宿命，因此亦必须遵守神的法律，律法应当对君主权力进行约束与限制，是为后期"三权分立、监督制衡"学说的萌芽。[1]

第六，教会刑法在一定程度上廓清了道德与法律的界线。教会刑法认为，世间罪恶包括两种，其一是同"正确"相反的罪行，这是人所共有的劣根性，也是广义的原罪（sin）；其二是人类有意识地自愿作恶，违背了世俗律令，这是狭义的犯罪。前者为道德上的"恶"，只能由上帝进行最后的审判与惩罚；后者为刑法禁止的"恶"（crime），由上帝派往人间的使者进行审判与刑罚。这一学说对近现代刑法中基于道德、风俗因素产生的行为逐渐淡化出犯罪圈的观念起着指引作用。

第七，教会刑法蕴含的哲学观为后世创立了崭新的法学方法论：中世纪哲学的争论主要围绕共相与个别的区别展开，亦即唯名论与实在论，二者争议的焦点是产生过程究竟孰先孰后，究竟

---

[1] 参见吕世伦主编：《西方法律思潮源流论》（第二版），中国人民大学出版社2008年，第57、61页。

是共相决定个别还是个别引导共相。唯名论强调个别感性事物存在在先，认为共相必须存在于个别事物之后，由所有的个别事物集结而成，否认共相的客观实在性。唯名论直接导致经验主义研究方法与西方判例法的产生。实在论认为，共相比个别更为实在，共相先于个别事物而独立存在，所有的个别建立在共同属性基础之上，只有确定共同属性，才有区别个体事物的必要，因此，理性分析而非经验列举才是判断自然世界的唯一客观标准。实在论直接促成理论教义研究方法与西方成文法的产生。[1]

第八，通过对中古时期西方各民族英雄史诗的考察，我们充分了解到英、法、德等主要西方民族嗜血残酷的原始罪罚观以及教会法出现之前混乱无序的司法状况。从罪罚观角度而言，弱肉强食是公认的生存法则，人们并非以是非善恶等价值判断作为行为导向，而是普遍倾向于出自本能的生物竞争模式。血亲复仇在基督教刑法统治西方世界前完全是一种合法、普遍的救济途径，复仇手段的残忍、复仇规模的扩大、复仇烈度的升级往往将整个家族卷入复仇链条，甚至引起城邦与国家的覆灭。在这个并不以掠夺与屠杀为罪恶的世界里，英雄们以自己的生命践行着野蛮的"丛林法则"——没有怜悯、没有宽容、无所敬畏、无所顾忌，有的只是对强力占有与蛮力征服的热烈赞美，对财富积累与疆域扩张的无尽追逐。从《罗兰之歌》到《熙德之歌》，再到《尼亚尔萨迦》，镜头中充斥着暴虐与血腥，而每一个恐怖屠城、恣意

---

[1] 参见童德华：《外国刑法原论》，北京大学出版社2005年版，第55—57页。

掠夺等场面亦给读者留下深刻印象。不得不提的是，这些故事的结局，往往因基督教因素的介入而产生了颠覆性变更，预示着西方人开始尝试着以宽恕、隐忍、救赎的心态来取代动辄提剑索命、追杀仇敌的荒蛮习俗；人们逐渐意识到，冤冤相报并非对抗仇恨的唯一方式，深沉平静的宽恕与博爱才能容纳、消弭世代难以平息的怨恨与怒火；人们日益体会到，只有将对罪犯的惩罚纳入国家刑罚制度中，公民个体才能从原始低级的复仇链条中跳出，以健康的心态与完备的肢体来履行上帝赋予的神圣使命。从中世纪西方史诗中，可以看出教会刑法的萌芽与发展，乃至西方价值观、刑罚观大一统局面的产生并非出于偶然；它是西方社会发展的必然结果，在西方人文主义进化史中具有显著意义。对宗教长期形成的信赖与信仰的文化传统，对西方民众的法治神圣感起到了潜移默化的作用。可以设想，如果没有中世纪基督教对宽恕、平等、博爱思想的传播与渗透，西方人就不可能激发出在文艺复兴时期对自然权利的热烈向往，更无法领悟启蒙思想时期所提倡的自由、平等精神的内涵。

综上，希伯来—基督教文明为古典学派的刑法理论设立了逻辑原点，并蕴含着现代刑法思想的基本原则；而古希腊—古罗马文明则为刑法思想注入"生命意识、人本意识、自由意识"等人文蕴含；西方刑法思想在上述二元价值的冲撞、融合、互补与转化的过程中渐趋成熟。很明显，正是对古希腊—古罗马文明与希伯来—基督教文明蕴含元素的不同组合图式，奠定了当今刑法理论不同派别的理论根基，西方刑法思想与刑事政策始终于"人权保障与社会防卫""个体权利与公民义务"构成的坐标系间波动，一定时期侧重于对犯罪者人权的保障、一定时期侧重于对社会群体秩序的保护；一定时期强调对个体权利的尊重，一定时期提倡对公民义务的履行。

在不同社会背景下选择相应的刑事政策，各国刑法思想之理论依据无非是对"人之原欲与理性控制"之间关系的分析与权衡，而该理论支撑究其根源形成于西方文明的二重性：其一是古希腊—古罗马文明，肯定人之原欲的合理性、强调人的主体性与意志自由，是一种彰显个体生命价值、追求现世幸福的世俗人本价值观；其二是希伯来—基督教文明，强调人对规则与秩序的绝对服从，用理性抑制人的肉体欲望，虚化人的主体性与意志被决定，是一种重视群体责任、追求来世幸福的宗教人本价值观。也就是说，近现代刑法理论框架于中世纪末已基本形成，其后无论文艺复兴时期、理性主义时期、启蒙思想时期，乃至19世纪、20世纪产生的各种学说均难以超越上述视野；不同国家根据不同的文化习惯与公共政策对两种文明的价值取向进行干预、调整与适用，同时亦对上述理论进行形而上层面的探求，使之更为精致化、系统化与完美化。

二、局限性

启蒙思想时期刑法学家之贡献，是对被中世纪封建皇权与教权所歪曲、篡改的宗教教义进行谴责与反拨。需要指出的是，他们所反对的重心并非基督教本身，而是隐藏于基督教身后的教皇、神职人员、封建主与封建贵族，正是这些人掌控操纵着教会刑法的解释权与执行权，奉行蒙昧主义，以宗教之名扼杀人性，将上帝异化为人类的对立面。客观上分析，希伯来—基督教历经古希腊时期人本主义价值观的洗礼，希腊化时期斯多葛学派与伊壁鸠鲁学派的理论引导，以及奥古斯丁与阿奎那等经院哲学家的精心构建后，已不单单是一种宗教信仰，而是发展为庞大、严密的神学体系，其间投射出人类社会对自然规律的不断探索与思考，也包蕴着人类不断征服自然与被征服的艰辛历程。这种根深蒂固的宗教人本主义价值观通过千余年的积淀，已经渗入包括刑法思想在内的整个欧洲文化的呼吸与血液，包括对基督教文化反抗最为激烈的启蒙思想家，其本身也难逃宗教文化的浸润——孟德斯鸠、伏尔泰、狄德罗、卢梭等启蒙学者的文学作品所特具的矛盾气质即为有力证明。

本质上讲，希伯来—基督教文化是一种重来世、重精神、群体本位的理性型文化，但并不意味着它全盘地反人性、反人文关怀；从古罗马灭亡后基督教在整个欧洲的迅速传播来看，它的出现对泛滥为"恶"的人之原欲的抑制作用，对西方新价值生成的引导作用是极其显著的。这种理性与制约积极鼓励西方人存善去恶、追求灵魂与精神的充实，引导西方人调和本能欲求与群体秩序的矛盾，化解个性张扬与道德约束的异质、融合肉体快乐与灵魂安宁的冲突——这一切对于西方社会的生存与发展均有不可否认的进步意义。对于西方独特的刑法文化传统而言,宗教信仰的地位是突出而重要的,它在刑法思想史的过去、现在与未来中永远是不可或缺的价值参与。正如《荒原》作者、著名英国作家T. S. 艾略特所言,"一个欧洲人可以不相信基督教信念的真实性,但他的言谈举止却逃不出基督教文化的传统,并且依赖于该种文化才有意义。如果基督教消失了,我们的整个文化也将消失。接着你便不得不痛苦地重新开始,并且你也不可能提得出来一套现成的新文化来。你必须等到青草长了,羊儿吃了,长出毛来,你才能用羊毛做出一件新大衣。在此期间,你必须经过若干个世纪的野蛮状态"。艾略特一语道明基督教文化在西方文明发展历程中的奠基性地位,西方人可以质疑基督教信念的真实性,却难以摆脱整个基督教文化传统对其言谈举止的规训与控制,并且一切个人价值只有倚借这种文化氛围才具有意义,基督教的消失必将导致整个西方文化的隐退。[1]

另外,我们亦不得不承认,希伯来—基督教教谕笼罩与灌溉之下的刑事司法领域中,确实存在着对人性的悖逆与钳制。其中最为典型的规定是依据思想定罪,将奸淫戒律之内涵扩充至思想领域,起心动念皆为禁止,定罪标准由行为主义转变为主观主义。如果将上述规定作为教谕来要求教徒遵守,本身无可厚非,但是如果将其列为刑事法律,侵入世俗司法领域,就太过匪夷所

---

[1] 〔英〕T. S. 艾略特:《基督教与文化》,杨民生、陈常锦译,四川人民出版社1989年版,第205页。

思了。当世俗教会歪曲教义原旨，将基督教精神推向极端之后，上帝更是成为人的异己力量，人的主体性迅速萎缩凋落，"原罪加身"——这一沉重的十字架使得人类个体与自我本质完全割裂，其生命冲动与肉体本能等合理需求受到变态抑制。此状况下，基督教的人本意识就蜕变为真正的神本意识，教会刑法也从对人之理性智识的运用走向了对人性的摧残与扼杀。但是，如果深入考察西方宗教发展史，可以发现，宗教对人性的悖逆与戕害很大程度上是由神与人之间的中介——教会与神职人员造成的。教皇、主教也是活生生的感性动物，他们具有人性的一切弱点。一旦教会的权势日益膨胀，教职人员获得了出入人罪的权力，他们也就同时拥有了堕落的条件，转瞬间抛弃上帝、追随撒旦。表面看这是宗教文明的悲剧，本质上却是人性的悲剧；也正是由于这种人性的悖谬与复杂，刑法文化中的宗教信仰因素才具有其存在的必然性。当教会的黑暗统治及其倡导的禁欲主义对人的生命冲动抑制太甚，当单一的文化模式对人类思想意识禁锢太深，当盲目的宗教狂热与对外侵略的野心结合（十字军东征），当宗教裁判所不仅违背正统的宗教学说并且扼杀真理、借法律戕害生灵，人们对它的反叛也就在所难免，对新文化的追寻成为历史发展的必然。

艰难的回赎
——向规则与秩序俯首

  撒旦深知,人类追求的欲望,深不见底,永无穷尽;他也明了,打着自由的旗号获取权利,没有什么比这个更能满足欲望。他最有力的武器就是欲望,当他将欲望与自由联系在一起的时候,几乎无往不胜。撒旦满意地发现,获取权利后的人类无一例外地渴望着扼杀别人的自由,他永远乐于看见人类的自我残杀。

——〔英〕弥尔顿《复乐园》

  这个大厅就是一个人的心脏……那灰尘就是使他整个人腐败的原罪以及堕落。那个开始打扫的人,就是律法;而那个提水来并喷洒的少女,就是福音。第一次打扫刚刚开始,满屋就尘土飞扬,无法清扫,而你几乎被窒息……律法不但不能使内心远离罪,反而会使罪性死灰复燃,甚至为罪注入活力,使其在灵魂中膨胀;尽管律法也能够发现并禁止罪恶,但是并不能提供战胜罪恶的力量。而当福音影响你内心的时候,正如那位少女用水喷洒地面使尘埃落地,罪就被征服,被战胜了,灵魂通过信念而得到净化,因此才配得上成为荣耀之神的居所。

——〔英〕班扬《天路历程》

时代背景

历经文艺复兴的洗礼，被压抑已久的西方人终于冲破基督教之桎梏，从肉体到精神均浸润于古希腊—古罗马文明之个性自由、心智自主的模式中；文艺复兴末期，西方人已经成功地将彼岸世界的上帝驱逐出现世生活，同时他们亦惊恐地发现，社会群体心理再次萌发出向纵欲型文化模式涌动的迹象。旧伤未愈、心悸犹存的西方人于慌乱之中寻找世俗社会中的"上帝"，企图以皇权代替神权来抑制原欲中蠢蠢欲动的撒旦。对理性与秩序的渴望使得国家利益与集体利益被提高到无上地位，对政治理性的追逐亦上升到前所未有的高度。此时，西方主要国家次第进入稳固、强大的封建社会，资产阶级不断发展，与封建贵族形成对峙；王权则凌驾于两者之上，获取了资产阶级与封建贵族之间的居中调停者地位。脱离了教权控制的西方社会进入繁荣阶段，这也使得王权拥有了神圣性，国王成为人间"上帝"，欧洲历史上"王权崇拜"正出现在此时期。体现在刑法思想上，开始强调以皇权代替教权，以群体理性代替个体纵欲，以成文法代替习惯法，西方刑法由宗教领域走向世俗社会。

第四讲
重返伊甸园：英清教徒文学作品中的原罪与救赎

讨论文本

- 《失乐园》
- 《复乐园》
- 《天路历程》

导言

经过文艺复兴的洗礼，传统宗教价值体系面临着彻底的质疑与挑战，而新的信仰体系尚未形成。此时，体现清教徒思想的文学作品登上历史舞台。这是英国资产阶级革命的产物，新兴资产阶级主张纯洁教会，清除国教中天主教的影响，因而有"清教徒"之称。清教的基本组成者是中小工商业者、商贩、手工业匠人和市民阶层。清教徒一方面宣传努力工作、诚实守信的生活态度；一方面谴责一切世间物质享受，强调所谓洁身自好的精神境界，尤其反对国教铺张豪华的宗教仪式和贵族奢侈淫靡的生活方式，提倡勤俭节约，以利资本积累；他们奉《圣经》为圭臬，弘扬清教徒精神，提倡一种具有强烈宗教情感和革命叛逆精神的清教徒生活。本讲向大家介绍三部具有浓郁清教徒文学气息的作品——约翰·弥尔顿的口述两部曲《失乐园》《复乐园》以及由约翰·班扬创作、素有"民间圣经"之称的《天路历程》。该类文学作品常常取材于《圣经》，师法中世纪宗教文学梦幻、寓意、象征的表现手法，以诗意浓郁的笔墨、偏执极端的情绪，表现对信仰、理想的执着追求，也重墨描述了清教徒心目中对于堕落、原罪与救赎的隽永、经典解读。

约翰·弥尔顿文学作品

17世纪欧洲文学的主要成就是英国资产阶级革命文学（又称清教徒文学）和法国古典主义文学。英国杰出诗人约翰·弥尔顿（John Milton，1608—1674年）的文学创作代表着此时期西方人于政治理性和宗教感性间徘徊往复的矛盾心理状态。

> **知识链接**
>
> 约翰·弥尔顿，英国诗人、政论家，清教徒文学家之代表，出生于伦敦富裕的清教徒家庭，在剑桥大学求学时专修法学，深受人文主义思想熏陶，毕生为资产阶级民主而奋斗。1641年，弥尔顿发表《论出版自由》，大胆攻击当时英国新闻审查制度，引起当局的注意；1649年发表《偶像的破坏者》，主张处死查理一世；1650年发表《为英国人民辩护》，迎接共和革命的到来。1660年斯图亚特王朝复辟，下令逮捕弥尔顿，并将他判处绞刑。弥尔顿因众多朋友的帮助，免于走上绞刑架，却被囚禁于监狱，财产被没收，作品被焚毁。出狱后，弥尔顿承诺撰写政治著作，却调转笔锋，创作了著名的宗教文学三部曲《失乐园》《复乐园》与《力士参孙》。
>
> 图4-1 约翰·弥尔顿

撒旦的箴言：《失乐园》

长诗《失乐园》（1667年）取材于《旧约·创世记》，作品以史诗般的磅礴气势揭示了人之原罪与堕落的过程。

作品开篇描述了上帝与撒旦之间的战争。撒旦原本是一个天使，却崇尚自由、质疑上帝的权威。在撒旦的鼓动下，天使们群起反对上帝，最终被镇压。撒

图 4-2 《失乐园》,〔佛兰德斯〕彼得·保罗·鲁本斯

旦因此被逐出天国、坠入地狱。在火焰与毒气弥漫的地狱里，撒旦斗志高昂、豪不屈服。他以超人的毅力忍受着酷刑，静候挣脱束缚的时机。经过深思熟虑，撒旦将决战地点选在伊甸园，这里是人类始祖亚当和夏娃的栖息地，他们安逸舒适却蒙昧无知地生活着。撒旦决心唤醒他们的智慧，激发他们的理性，让他们摆脱上帝的影响，成为他反抗上帝权威的斗争工具。上帝觉察了撒旦的企图，派天使拉斐尔提醒亚当和夏娃，告诫他们遵奉誓言，并讲述了上帝开天辟地、创造所有生命的光辉业绩。当亚当与夏娃追问天体运转的奥秘时，拉斐尔拒绝回答、转身离去。撒旦看见机会来了，化作一条毒蛇出现在夏娃面前，承诺赐夏娃以智慧。夏娃在其指引下与亚当一起吞下禁果。上帝看着自己精心培育的人类被撒旦毁灭，悲哀之余剥夺了亚当和夏娃永生的权利，并将他们逐出伊甸园。天使米歇尔向两位罪人宣布上帝的旨意，并为他们勾勒出人类社会的未来图景——战争、灾难、劳作、生老病死及悲欢离合。虽然前途暗淡，但是获得了智慧与勇气的亚当与夏娃停止哭泣，手挽手离开了伊甸园，勇敢地面对充满活力与挑战的现实生活。[1]

这部作品中，弥尔顿重墨塑造了一个令传统基督徒避之不及的邪恶角色，他就是斗志昂扬、坚强不屈、反抗权威的资产阶级清教徒——魔鬼撒旦。这个人物在《神曲》中有所介绍，地狱的最幽深之处就是因禁着这位魔王，遭受千万年酷刑，永无出头之日。可以看出，弥尔顿对撒旦抱以深切的同情，赞扬撒旦敢于反叛权威、争取自由的勇气，透过对该种性格的刻画，观照出当时西方社会普遍存在的对宗教的反叛心理。但是这种叛逆并非针对万能的上帝，而是针对上帝的使者——教皇与教会，其中浸润着宗教改革的激情。

弥尔顿认为，撒旦是人类的启蒙导师，正是撒旦为处于蒙昧状态的亚当与夏娃开启了智慧之门（诱惑夏娃尝试禁果），使其具有知晓羞耻是非、辨别正义邪恶的能力。另外，该部作品中，弥尔顿解释了人类不幸之根源——正是由于意志薄弱，经不起外界引诱，人类才丧失了幸福、安详的乐园。夏娃的堕落是由于对

---

[1] 梗概及本节所有引文来源于〔英〕约翰·弥尔顿：《失乐园》，朱维之译，上海译文出版社1984年版。

知识与智慧的贪婪，她妄想成为上帝般全知全能的神；亚当的堕落则是因为溺爱妻子，听信妇人之言，沦为肉欲的俘虏。从中我们可以看出，弥尔顿对 17 世纪自然科学的成就与 16 世纪人文主义理想均持肯定态度，同时亦有所保留。他肯定人类自然原欲的合理性，但又提醒人们必须有所节制；他赞美人类从上帝手中赎回人智，却又谴责由此膨胀而生的野心与骄傲；他崇尚自然科学的进步与物质生活的发展，却认为人类的幸福根植于精神与信仰之中。上述思想正是资产阶级清教徒思想的典型体现，而撒旦被上帝压制、迫害的情景与当时新兴资产阶级饱受封建贵族压迫的处境极为相似。

从另一层面考察，弥尔顿公然违背传统教谕，重墨渲染了撒旦由天使坠入地狱的缘由，是因为不满意上帝独裁专制的行径，其中撒旦的隐忍与上帝的骄横形成鲜明对比，生动揭示了撒旦是如何一步步被上帝逼迫，继而奋起反叛，最终沦为阶下囚的过程。即便成为囚徒，撒旦仍然不忘自己肩负的使命，宁愿以生命为代价向人类传授智慧，助其脱离蒙昧混沌的生活状态。从中我们可以考察到对其犯罪本质的另类解读，预示着与社会环境密切关联的犯罪学思想的萌生。

镌刻于灵魂的印记：《复乐园》

弥尔顿的另一篇长诗《复乐园》（1671 年）取材于《新约·路加福音》，是《失乐园》的姊妹篇。作为弥尔顿失明以后的口述作品，它的气概远没有《失乐园》的瑰丽与磅礴，却以平实洗练的文笔阐述了更为深邃隽永的法学思想。

上帝将亚当、夏娃逐出伊甸园后，感到万分后悔——获得人身自由的人类，意志坚决地奋勇前行，他们永远不会设定人生的目的地，也无暇回顾自己的历史，无穷的欲望彻底俘获了他们的肉体、蒙蔽了他们的智慧。在得到自由的同时，人类几乎立刻就抛弃了它，因为自由远远没有欲望那么诱人。目睹人类的贪婪与邪恶，上帝决定拯救自己的孩子。撒旦在这部作品中扮演着彻头彻尾的魔鬼角色，为了与撒旦抗衡，耶稣诞生了。面对撒旦遍洒人间的"欲望"与"权利",耶稣将自由镌刻在自己的灵魂上,为人类指明了一条救赎之路。[1]

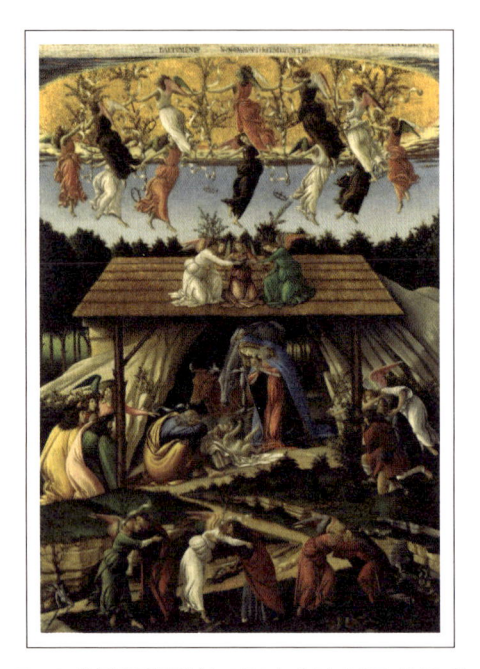

图 4-3 《神秘的耶稣诞生》(1500 年),〔意〕桑德罗·波提切利

在这部作品中,弥尔顿的思想触须已经深深探入西方文明的根基——探讨着人类终极自由的命题。他一针见血地指出,被捆缚于"欲望"与"权利"之上的自由,已经丧失了自由的本意,沦为撒旦为了毁灭人类所奏响的号角。撒旦打着"自由"的旗号诱惑人类,却竭力推动着原始欲望在人类心灵中恣意蔓延。撒旦深知,人类追求的欲望深不见底,永无穷尽;他也明了打着自由的旗号获取权利,没有什么比这个更能满足欲望;他最有力的武器就是欲望,当他将欲望与自由联系在一起的时候,几乎无往不胜;获取权利后的人类,无一例外地渴望扼杀别人

---

[1] 梗概及本节所有引文来源于〔英〕约翰·弥尔顿:《复乐园·斗士参孙》,朱维之译,上海译文出版社 1981 年版。

的自由，他永远乐于看见人类的自我残杀。

与撒旦对人类的控制与戕害不同，耶稣始终认为，自由是把双刃剑，滥用的结果是杀死人类自己。只有将自由烙在人类灵魂之上才是自由的终极目标，自由捎带上哪怕是一丝的欲望，都会从天空落入泥潭；当自由被权利所美化的时候，它已经枯萎与僵硬，散发着如撒旦般的恶臭。真正的自由不应是工具，不应是武器，而只能是目的，是镌刻于灵魂之上的印记；刑律作为约束人类自由的最严酷的法令，是人类与上帝自愿订立的契约，其终极目的也应该是自由，而非打着自由的旗号去获取权利，继而借助权利扼杀他人的自由。撒旦永远统治不了世界，是因为他的邪恶永远那么明确；那些打着自由的旗号获取权利的人类，才是彻底扼杀自由的魔鬼。于是，耶稣殉难了，耶稣复活了——复活的耶稣鄙视充满欲望的自由，拒绝向往权利的自由，历经涅槃后的终极自由散发着圣洁的光彩。这种自由是不能够被欲望与权利剥夺的，这种永远没有欲望与权利缀饰的自由，才是人类应当追寻的终极目标。

值得我们注意的是，德国古典哲学的奠基者康德在阐述其"报应刑"思想时，亦明确提出"人永远是目的，而非手段"的论断，驳斥当时颇为流行的威吓功利论。康德将人作为刑罚终极目的之思想与弥尔顿将自由作为人类终极目标的理论之间存在着密切关联，身处不同国家、相隔半个世纪之久的两位思想家，拥有着如此默契的思想交集，巧合的背后共同揭示着他们对人类本体的充分尊重，彰显着他们浓烈的人文主义情怀。

阅读这部哲理巨著，我们不得不感慨，早在三百年前，双目失明的诗人弥尔顿就提出了"自由"与"权利"这一沉重而又隽永的话题。这道思想者的盛宴于20世纪80年代再次呈现于西方法学的殿堂——法学家们所热烈探讨的关于"权利""平等"与"自由"的命题正是《复乐园》所述故事的沿脉与承袭。美国自然法学家罗纳德·德沃金所主张的"平等论"，矛头直指19世纪边沁的"功利主义"，同时与当代波斯纳的"法经济学"针锋相对。德沃金平等论的思想核心是以"平等的自由"取代"绝对的自由"，主要包括以下论点：第一，自由是手段，平等是目的，单纯的自由没有任何意义，平等才是根本的价值追求，是自由主义的原动力，捍卫自由是为了达到平等。第二，自由是有界限的，人们享有的自由仅是法律上的自由，而非普遍的自由。第三，政府不能以"某些人更值得关心而有权利获得更多"的理由来分配各种利益与机会，也不能以"某些人关于美好生活的概念比他人更高贵"而限制他人的自由。[1] 德沃金的平等论体系既反对个人中心权利论，也反对所谓社会福利至上论，其理论内核是弥尔顿在《复乐园》中表述的自由思想的进化与延伸。

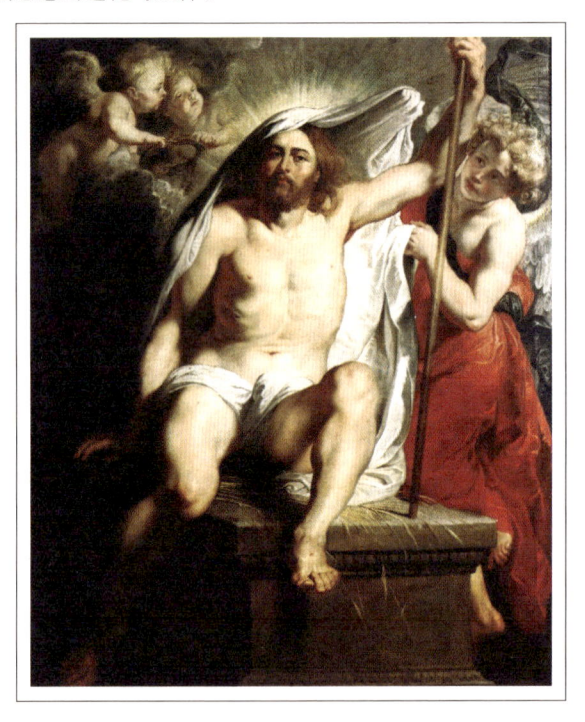

图 4-4 《复活的基督》(1616 年)，〔佛兰德斯〕彼得·保罗·鲁本斯

---

[1] 参见〔美〕罗纳德·德沃金：《认真对待权利》，信春鹰、吴玉章译，中国大百科全书出版社 2022 年版，第 6 章、第 10 章。

平民"圣经":约翰·班扬与《天路历程》

与弥尔顿的身份相似,17世纪英国作家约翰·班扬(John Bunyan,1628—1688年),亦是一名带有民主主义倾向的清教徒作家。寓言小说《天路历程》(1678—1684年)是一部写给非学院派人士阅读的讽喻体小说,它以平民化的笔触回答了令人生畏的问题,"如何才能得到救赎"?主人公"基督徒"在"传道者"的启发与引导下,离开家乡"毁灭城",走向天国"锡安山",其叙事框架即"基督原罪—信主—赎罪—得救—沐浴主恩"。这一作品从整体文化上看与奥古斯丁、但丁的风格相去甚远,它只信奉非黑即白的道德,呼吁纯粹的虔诚;同时也指出,这种虔诚只能在人类知识未能触及的蛮荒地带才可存在。

知识链接

约翰·班扬,英国著名作家、宗教改革家,出生于英格兰东部贝德福德郡的贝德福德,其父是补锅匠人。青年时期约翰·班扬曾被征入革命议会军,后在故乡从事传教活动。1660年斯图亚特王朝复辟,当局借口未经许可而传教,将他逮捕入狱两次,分别监禁12年、6个月。狱中,约翰·班扬创作《天路历程》,语言简洁平易,被誉为"英国文学中最著名的寓言",它突破了民族、种族、宗教与文化的界限,风靡全球。迄今为止,这部作品在世界各地已有多达二百余种译本,是除《圣经》以外流传最广、翻译文字最多的书籍。

图4-5 约翰·班扬

作品分为两部分。第一部分于1678年出版,讲述了一位虔诚的男基督徒历经艰险、寻找救赎之路的故事。一位居住在"毁灭城"的名叫"粗俗"的男子看到异象,得知自己居住的城市将遭天火焚毁,惊恐不已。这时,一名叫"传道者"

的人指点他必须改做基督徒、逃离自己的故乡，才能前往天国、获得永生。基督徒背负着拯救世界的重担，从此踏上艰辛历程，为自己也为他人寻找救赎之道。从毁灭城出发，历经各种诱惑与凶险，基督徒学会了如何抵制诱惑、战胜困难，最终看到天堂的大门向他敞开。

第二部分于1684年出版。这次讲述的是基督徒的妻子与孩子踏上漫长的寻夫之旅，在一个叫"无畏"的人的指引下，最终也抵达天国圣境的故事。同基督徒的历程一样，他们也从毁灭城出发，在到达天国大门之前，遇到了同样的艰难险阻，例如"绝望潭""浮华集市""怀疑城堡"等。然而这两次旅程却又不尽相同。基督徒独自一人行进在通往的天国漫漫长路上；女基督徒却与他人结伴而行，暗示着队伍的不断壮大，虔诚的教徒们相互帮助、相互支持。[1]

《天路历程》中，班扬把人之内心比喻成一个大厅，由于从未受过福音恩典的洗礼，大厅里布满的灰尘乃是他的原罪和内心的腐败，把整个人都污染了。第一次来打扫的是律法，而这第一次的打扫，尘埃飞扬，表明律法不但不能洗净人心，而却把恶激活了，罪在灵魂深处愈来愈多。后来一次的打扫是福音，根据福音，人对人的审判与惩罚是虚妄、是无知，福音带来的是人与人之间的深刻理解和爱。

这个故事有很大部分取材于班扬自己的生平以及其生命中不同时期忏悔赎罪的历程。由于班扬目睹了许多人所走过的不同心路历程，因而在小说中安排上帝使用不同方法引领公众，使得人类探索精神向不同的广度与深度扩展。例如，故事中有一位"胆怯"先生，与"勇敢"先生选择的是同一条道路，也遇到了相同的关键时刻，应对方式却大相径庭，最终二人都到达美好的天国，充分说明神对人心的指引于形式方面是不拘一格的。由此可见，《天路历程》集中代表了英国宗教改革时期清教徒的神学思想，借助寓言的形式承载了超越各种教派狭隘视野的、具有极大包容性的思想，在人类历史上首次提出了多元化的宗教理想，对人

---

[1] 梗概及本节所有引文来源于〔英〕约翰·班扬：《天路历程》，赵沛林、陈亚珂译，陕西师范大学出版社2003年版。

性弱点的观照尖锐而深刻。班扬所宣扬的"因信生义"理念代表着对中世纪教会所把持的宗教教义的突破与抛弃,因而超越了民族、种族、宗教、时空的局限,逐渐融入西方世俗宗教的精神之中,受到广大民众的深深喜爱,西方人对它的熟悉程度仅次于《圣经》。

另外,《天路历程》对当时现实社会的抨击亦是十分尖锐深刻的,作品影射了道德失范情境中的人们痛苦挣扎的内心世界。作为一个对自己所背负的罪恶深恶痛绝的基督徒,在漫漫征途上所遭遇的一系列痛苦、磨难与考验,均折射出真实社会的丑陋。例如在"名利场"的描写中,班扬将世俗社会的罪恶浓缩到一个小小集市中,向我们展示了复辟时期伦敦的景象。这是一个物欲至上,社会的价值与秩序都通过交易、买卖来衡量与维持的人间地狱。荣誉、地位、快乐均可通过金子换取,谋杀、通奸、欺骗、背叛的行为者却逍遥法外。基督徒的生存境况非常恶劣、窘迫,甚至动辄会被送上火刑堆与绞刑架;而其所奉行的坚忍、朴素、虔诚的精神对于社会沉疴的拔除而言又是非常必要的。

睿智常常携带着沉重,班扬因为对基督教教义的大胆诠释屡次入狱,狱中所遭受的肉体折磨、人格侮辱、精神冲击与灵魂震撼促使他重新思考人生与灵魂的归宿。他的人生历程的每一步均面临着继续还是放弃的抉择,《天路历程》正是其身陷囹圄十二载所结出的智慧之花。在宽恕、仁慈的上帝面前,班扬对罪与罚的看法超越了"原罪"的桎梏,将目光转向多元的社会现实、政治根源;继而对"罪者"的态度亦由宗教意义上的厌恶排斥,回落到世俗情感中的宽恕与仁爱,孜孜不倦地寻求多种方式、多元渠道改造"罪者",共同前往荣耀的上帝之城。

第五讲
向规则与秩序俯首：古典主义文学的"三一律"与秩序观

讨论文本

·《熙德》　　　　　　　　·《昂朵马格》

导言

经过文艺复兴的洗礼，传统宗教价值体系面临着彻底的质疑与挑战，崇高与卑微、理智与情欲、文明与野蛮、天堂与地狱、善与恶、罪与罚纵横交错、同生共存。在这样一个躁动而又混乱、充满活力而又人欲横流的时代，人之蓬勃生命力难免以享受现世欢乐、无所节制的贪欲等极端利己主义的方式表达出来。对于个性自由的片面追求，导致西方普遍道德水准的下降与价值观的混乱。布克哈特曾生动地描述当时社会的情境："当看到别人通过利己主义实现了目的，他为了恢复自己内心的平衡，就不得不也采用同种手段与价值评判标准。简单地说，他的妻子被别人占有，他会立即采取措施，转向另一个也同样自由的个性，也就是说他的邻居的妻子。在道德、伦理、宗教、法律的约束面前，他完全拥有自主决定选择哪一个权利，而他的决定建立在对利益、荣誉进行精确算计的基础之上。"[1]此时的西方，人之个性经过长期、多向度的发展之后，对秩序与稳定的期盼成为一种普遍的社会心理，而该种期盼的实质是对理性的呼唤，人们内心中渴望着一种新的理性与普遍正义。

---

[1]〔瑞士〕雅各布·布克哈特：《意大利文艺复兴时期的文化》，何新译，商务印书馆2017年版，第445页。

哲学领域中，勒奈·笛卡尔（René Descartes，1596—1650年）[1]提出了著名的"唯理主义"与"怀疑一切"的口号，重视理智、规则、标准，赋予人的理性以至高无上地位。自然科学领域中，艾萨克·牛顿（Isaac Newton，1643—1727年）的万有引力定律与开普勒行星运动定律间的一致性，展示了地面物体与天体运动均遵循着相同的自然定律，进一步向人类启示宇宙是井然有序的。人们逐渐意识到，人类社会也必须具有自己的规则与秩序，个体人的自由必须合乎群体生活的需要，个人的内心法则必须服从社会群体规则的制约。上述文化情境下，西方人逐渐迈向理性与秩序：一方面，重视人的思维自主与智识能力，倡导人的主体意识与主动性，否定对上帝的被动屈从，进一步对宗教蒙昧主义进行否定；另一方面，注重理智对情感的制约，对绝对自由进行制约，对文艺复兴后期以原欲泛滥为基础的个人功利思想进行反拨。

知识链接

17世纪早期的法国，为神学服务的经院哲学敌视自然科学，以火刑与监狱对付先进的思想家和科学家。因而，批判经院哲学、建立新哲学并支持自然科学是先进思想家的共同任务。笛卡尔与培根一样，打出了新哲学的大旗，指出经院哲学是一派空谈，只能引导人们陷入根本性错误，不会带来真实可靠的知识；人类社会必须用新的正确方法，建立起新的哲学原理。从此，哲学研究开始重视科学的方法论与认识论。笛卡尔的名言是"我思故我在"，他认为感觉并不可靠，理性是一种先天的认识能力，是一切认识的根源。他还认为，万物之美在于真，真存在于条理、秩序、统一、均匀、平衡、对称、明晰、简洁中，人凭理性才能认识这种真。复杂的事情看不明白，应当把它尽可能分成简单的部分，直到理性可以辨明其真伪的程度。这就是笛卡尔的真理标准，这是在认识论上应用理性主义，即"唯理论"。笛卡尔同

---

1 笛卡尔，著名的法国哲学家、科学家和数学家。西方现代哲学思想的奠基人，近代唯物论的开拓者。提出"普遍怀疑"的主张，开拓了所谓"欧陆理性主义"哲学，其哲学思想深深影响了之后的几代欧洲人。

时指出，我们已有的观念和论断有很多是极其可疑的，我们处在真假难分的状态中。为了追求真理，必须对一切都尽可能地怀疑，甚至像"上帝存在"这样的教条也要怀疑。只有这样才能破旧立新——这就是笛卡尔式怀疑。这种怀疑不同于否定一切知识的不可知论，而是以怀疑为手段达到去伪存真的目的，所以被称为"方法论的怀疑"。他把怀疑看成积极的理性活动，要拿理性当作公正的检查标准。他相信理性的权威，要把一切放到理性的尺度上校正，认为理性是世间分配得最均匀的东西，权威不再在上帝、教会那里，而是到了每个人的心里。笛卡尔的理论对经院哲学是沉重的打击。

在对秩序与理性精神的渴望之中，在英国，清教徒文学以宗教领域的思想解放为圭臬，创作出典型的清教徒文学；而在法国，古典主义文学[1]迅速崛起，成为这一时期最为耀眼的星辰。

本讲向大家介绍两部符合"三一律"的经典文学作品，皮埃尔·高乃依的《熙德》与让·拉辛《昂朵马格》，均属于古典主义文学的典范。古典主义最早萌生于法国，并迅速扩展到整个欧洲，代表了17世纪西方文学的最高成就。它具有鲜明的特征：第一，在政治思想上主张国家统一，反对封建割据，表现出拥护中央王权的强烈政治倾向性。第二，宣扬理性、要求克制个人情欲，鼓励以理性去处理个人与国家利益、家庭义务与荣誉观念之间的矛盾。文学作品以个人情感、家族责任、国家义务的冲突为主线，在矛盾解决的过程中进行个人服从群体、责任抑制情感的道德宣教。第三，摆脱了古希腊悲剧的灵魂——宿命论，英雄们被塑造成自己命运的掌控者，不再屈服于超人的自然力量。第四，在"理性与秩序"的影响下，文学创作的技巧和形式也加以规范化，形成了一整套作家必须严

---

1 古典主义是指17世纪流行于欧洲的一种带有浓厚封建色彩的资产阶级文学思潮，因为它在文艺理论和创作实践上都以古希腊罗马文学为典范，并规定了诸多对行文的规则与限制，故被称为古典主义。

格遵循的艺术规范——三一律。[1]

情欲与责任的冲突：皮埃尔·高乃依与《熙德》

知识链接

皮埃尔·高乃依（Pierre Corneille，1606—1684年）是古典主义悲剧创始人，法国剧作家、诗人，出生于诺曼底港口城市鲁昂，祖父是诺曼底议会的掌玺参事，父亲在鲁昂子爵领地担任水泽森林特别管理，祖上几代家境殷实。教会中学毕业后，皮埃尔·高乃依开始攻读法律，后担任鲁昂王家水泽森林事务律师和法国海军部驻鲁昂律师二十余年。

图5-1 皮埃尔·高乃依

《熙德》（1636年）是古典主义第一部典范作品和奠基之作，生动描述了两个家族之间的复仇故事。

唐罗狄克与施曼娜相爱，这对情人的父亲却因国王选太子傅一事而争吵，话不投机时，身为武官的施曼娜父亲，打了身为文官的唐罗狄克父亲一记耳光。唐罗狄克之父向儿子说明所受侮辱。儿子顿时矛盾起来：父仇不可不报，要父亲还是要爱人？唐罗狄克深爱着施曼娜，但又肩负着恢复家族荣誉的重任，激烈的内心冲突演绎为一段经典的独白："要成全爱情，就得牺牲我的荣誉；要替父报仇，就得放弃我的爱人。一方面是高尚而严厉的责任，一方面是可爱而专横的爱情！复仇会引起她的愤怒，放弃会引起她的蔑视；复仇会使我失去最甜蜜的希望，放

---

[1] "三一律"规定戏剧的"情节、时间、地点"（plot，time，place）必须保持一致，即剧本的情节只能有一条线索，故事发生在同一地点，剧情在24小时之内完成。

弃又会使我不配爱她。"唐罗狄克对个人幸福的追求尽管强烈，最终还是向家族荣誉与复仇义务屈服。他找到施曼娜之父，并在决斗中杀死对方。自己的父亲竟被爱人所杀，施曼娜心中也万分矛盾。最后她掩埋私情，同样选择家族复仇，向国王请求处死唐罗狄克。关键时刻，唐罗狄克为国立功击退摩尔人的入侵。于是国王出面调解了两个家族的世仇，一对有情人结为伉俪。[1]

高乃依的《熙德》与莎士比亚的《罗密欧与朱丽叶》讲述着相同的爱情故事，结局却大为不同。面对不共戴天的家族世仇，罗密欧与朱丽叶最终以双双殉情为代价，换来了家族宿怨的冰释雪融；唐罗狄克与施曼娜却有情人终成眷属，落得皆大欢喜。在《罗密欧与朱丽叶》中，莎翁所哀叹的是处于家族风暴中心的个人力量的卑微渺小，罗密欧与朱丽叶在家族中的发言权与选择权完全被剥夺，一方是亲密爱人，一方是严厉家规，除了死亡，一对恋人别无选择；而在《熙德》中，高乃依强调的是，只要将个人幸福与家族荣誉、社会责任维系一处，只要拥有宝贵的理性、坚持崇高的责任，个人完全可以屹立于家族与社会交织而成的旋涡之中，主宰自己的命运。

作品中，男女主人公在情欲、荣誉与义务的冲突中痛苦挣扎、权衡利弊，最终均做出牺牲个人情欲的抉择，勇于承担家族责任、履行公民义务，最终反而修得正果，这就充分表现了当时社会所需彰显的理性战胜感情，家族利益高于个人利益，国家利益高于一切等思想，所赞美的忍耐、宽恕、忠贞、奉献的精神。同时，我们亦应看到，作品对国王充满智慧与理性的裁判亦倍加赞赏，认为明君的存在是公民维系家族荣誉、奉献国家利益后仍然得以获取个体幸福的关键。因此，这部作品的创作主旨完全符合当时社会心理所亟须的对理性与秩序的渴求，亦迎合了皇权在与教权争夺权力过程中的需要，故而上映后取得巨大成功，直到今天，由该作品改编而来的话剧仍活跃在各国戏剧舞台上。

---

[1] 梗概及本节所有引文来源于〔法〕高乃依、拉辛：《高乃依 拉辛戏剧选》，张秋红等译，人民文学出版社2001年版。

爱欲与理性的较量：让·拉辛与《昂朵马格》

知识链接

图5-2 让·拉辛

让·拉辛（Jean Racine，1639—1699年），杰出的法国剧作家、诗人，古典"三一律"代表人，与高乃依、莫里哀合称17世纪法国最伟大的剧作家。生于法国北部拉费泰米隆，三岁成为孤儿，由冉森教派的外祖母抚养，就读于冉森派教会学校，学习古希腊文学。1672年入选法兰西院士，1677年被路易十四封为史官。1678年、1683年和1687年，他三次随从路易十四出征，搜集战史资料，故而文学作品多与史实相关。

拉辛所创作的悲剧作品大多取材于古希腊罗马故事，刻画了宫廷间的情杀复仇，揭露了宫廷贵妇的秽乱生活。剧中人物往往受到情欲支配，丧失理性，遭到天神惩罚，走上自我毁灭之路，反映了对理性战胜情欲的呼唤。拉辛创作的系列古典主义悲剧，严格依照"三一律"，风格简明、剧情紧凑、扣人心弦。代表作《昂朵马格》（1667年）取自古希腊神话传说，描写了特洛伊英雄赫克托耳之妻沦为阿喀琉斯儿子之战俘的故事。

特洛伊王子赫克托耳战死疆场后，其妻昂朵玛格带着孩子沦为爱比尔国王卑吕斯的俘虏。卑吕斯希望占有昂朵玛格，同时取消了与希腊公主爱妙娜的婚约。希腊联邦特使奥赖斯特到达爱比尔，奉命杀死赫克托耳之子。卑吕斯拒绝了希腊人的请求，却又以此威胁昂朵马格，迫使她就范。为保全儿子的性命，昂朵马格假意答应卑吕斯的求婚。爱妙娜得知未婚夫另有新欢，嫉恨交加，唆使正在追求自己的希腊联邦特使奥赖斯特刺杀卑吕斯。奥赖斯特依其吩咐在婚宴上杀死了卑吕斯，昂朵马格携幼子趁乱逃离。爱妙娜看到情人的惨死后痛不欲生，以短剑自刎殉情。奥赖斯特成了弑君者,并失去了爱人爱妙娜,因遭受过度刺激而精神失常。整个悲剧在一片恐怖、混乱的喧杂声中收场。[1]

《昂朵马格》是一部典型的宫廷悲剧,色调阴暗、气氛沉郁,真实地反映了宫廷中尖锐、复杂的矛盾,谴责了封建贵族残酷自私、耽迷原欲、对民族利益与公民义务不屑一顾的人生态度。剧中人物无论是君主、公主还是联邦特使,均完全被情欲所支配,继而丧失理性,结果不仅毁掉了荣誉,而且断送了国家利益与身家性命。

图 5-3 《昂朵马格阻止赫克托耳出征》(1786年)〔法〕约瑟夫·维安

---

[1] 梗概及本节所有引文来源于〔法〕让·拉辛:《拉辛戏剧选》,齐放、张廷爵、华辰译,上海译文出版社1985年版。

曾用战争赢得无限荣耀的国王卑吕斯对昂朵马格一见倾心，为了这个女人不惜抛弃荣誉、国土与君王使命。希腊特使奥赖斯特才华横溢，却疯狂爱上爱妙娜公主，不惜为爱人犯下弑君之罪，崇高的骑士荣誉沦为情欲的祭牲。爱妙娜深情地恋着卑吕斯，当她意识到爱人背叛自己时，极度的嫉妒与怨恨导致了她疯狂的报复，听闻卑吕斯的死讯后，又毫不犹豫地追随爱人而去。剧中人物均被自己疯狂的爱欲折磨至癫狂状态，他们相互憎恨、相互伤害，最终难逃死亡之宿命。剧本中最大的赢家是赫克托耳的遗孀昂朵马格，由于她理性与感情的高度统一，对爱情与民族的高度忠贞，结果既保住了自己的名节，又保全了儿子的性命，体现了其对责任、义务与感情、私欲之间矛盾的妥善处理，塑造了一名深明大义、以国家利益与公民义务为重的优雅、智慧、高贵的妇人形象。

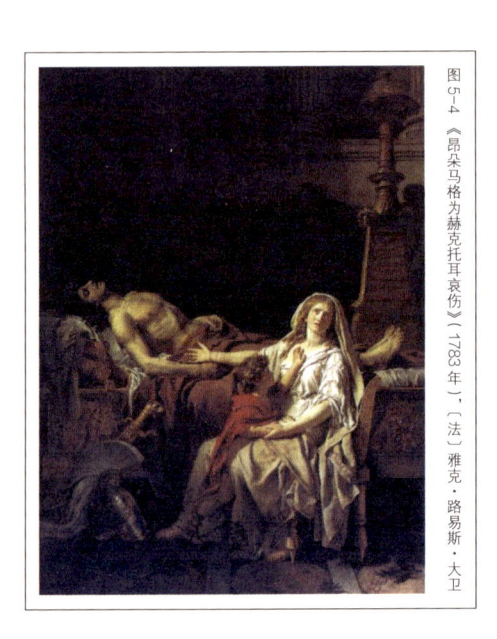

图5-4 《昂朵马格为赫克托耳哀伤》（1783年）[法] 雅克·路易斯·大卫

深度阅读

从《失乐园》到《复乐园》再到《天路历程》，从《熙德》到《昂朵马格》，在文艺复兴思想的浸润下，西方人的心智历经了长时期、多向度的自由发展。16世纪末，一种普遍的惶恐不安、焦躁郁闷的情绪弥漫于西方人的内心深处，人们迷惘地发现，在远离了上帝的监督与约束之后，自己内心的精神支柱也轰然崩塌，整个社会再次陷入古罗马后期道德失范、物欲至上、情欲横溢的危险状态。此时的西方人开始急切地寻找新的信仰，渴求新的秩序。面对驱逐了宗教信仰后贫瘠、苍白、冰冷的精神荒原，西方人环顾四周、茫然无措，最终仍然不得不一头扎入上帝的怀抱，希冀在一种庄严的束缚中找回昔日内心的平静、灵魂的安宁。

但是，历经文艺复兴精神洗礼的西方人，拒绝将自己的肉体与精神全部交还给上帝，他们只是希望借上帝之手来塑造一种新的理性。此背景下，基督教教义必须进行改良，才能迎合当时社会群体性需求。弥尔顿与班扬均是虔诚的新教教徒，弥尔顿在《复乐园》中描述的人类获得拯救的途径与加尔文教派[1]的教义完

---

1 加尔文（1509—1564年），曾在巴黎大学研究神学，后又修习律法。主张"先定论"，即人得救与否完全是神所预定的；但又不赞同"宿命论"，认为虔诚的信仰与完美的德行是想要得到救赎的基督徒的首要义务。

加尔文派宗教教义包括如下内容：（1）废除天主教的主教制，建立长老制，长老由有威信的平民信徒担任。（2）设立由长老会议和六名牧师组成的宗教法庭，在加尔文的指导下审理各种案件。（3）简化宗教仪式。（4）严禁一切浮华享乐行为。（5）鼓励经商致富，认为积攒财富与适当消费是完成上帝交付人类的使命，可以使上帝荣耀。

全一致，而班扬在《天路历程》中所提倡的"因信称义"之精神则是宗教改革家马丁·路德博士[1]新教教旨的文学化、生动化表述。清教徒文学成为处于普遍心理失落期的西方人的新福音书，人们从作品中发现了与旧时宗教不同的、崭新的"平等""自由"之理念。尤为重要的是，新教中关于"做官执政、蓄有私产、贷钱取利者，同担任教会职务者一样，均可视为受命于上帝"之教谕促成了日后资产阶级以坚韧、无畏的开拓精神来积聚财富的群体价值观念的形成。

另外，西方文明逐步摆脱原欲型的人文主义思想，向着规则与秩序大步迈进。哲学界笛卡尔的"唯理主义"与自然科学领域牛顿"万有引力定律与开普勒行星运动定律间具有一致性"的论断，为西方人揭开了一个令人惊叹的、充满井然规则与秩序的宇宙。人们逐渐意识到，人类社会也必须具有规则与秩序，个人的自由必须合乎群体生活的需要，个人的内心法则必须服从于社会群体规则的制约。对沉溺于"情欲"与"物欲"生活模式的批判，对"理性"的崇尚与"规则"的重视，使得整个西方的法律

---

[1] 马丁·路德（1483—1546年），1505年在艾尔弗特大学获法学硕士，1507年成为神父。1512年获威登堡大学神学院博士，随即教授《圣经》，是德国最早用德文对照《圣经》原文授课的教授。马丁·路德潜心苦修，却无法得到内心的平静，直到有一天研读《圣经》时，看到"义人必因信得生"（《新约·罗马书》1:17），顿时觉悟，意识到人获得救赎只是因其对上帝的信仰及上帝的恩赐，其他一切律法均不能保证使人得以"称义"。与此同时，马丁·路德目睹了人们购买"赎罪券"的情形，又耳闻教会主教买卖圣职的丑事，遂开始着手攻击教会愚弄百姓的劣行。1517年10月31日，他将所著《对赎罪券的九十五条论纲》张贴于威登堡大学教堂门口，点燃了德国民众反对罗马天主教会的烈焰。

思想由文艺复兴时期的"个人本位"向"公民义务"与"集体主义"持续倾斜。

应该看到,此时西方人所秉持之"理性"观念与18世纪、19世纪的自然理性并不相同,它更倾向于一种政治理性,是强烈的王权意识、国家观念与政治热情的综合产物。这种政治理性的萌发无疑有其经济、政治等多方面的因素。从某种意义上而言,"王权崇拜"是人类将视线从上帝身上收回、重视自我的开端。欧洲君主专制制度始于中世纪末期,这恰好是人们对上帝的信仰发生动摇之时。法国于11世纪至15世纪中叶发展为君主制国家,英国君主制发端于1066年的征服者威廉时代,但英、法两个典型封建国家的黄金时期均产生于文艺复兴后的17世纪。历经文艺复兴的狂欢,冷静下来的西方人开始思考上帝隐退后由谁来主宰人间秩序的问题。在这个"秩序与安全比自由更加重要的时代"[1],人们将目光转向了人间的上帝——君主。

君主专制制度在文艺复兴后的西方普遍得到民众的接受与拥护,是因为它适应了该时期政治与经济发展的需要。首先,作为民族精神的代言人,王权在宗教改革运动中为反对罗马教会控制、保护民族利益作出重要贡献;其次,王权的强化有助于结束国家四分五裂的状态,为工商业发展提供方便,得到了资产阶级的拥护;再次,王权的强化削弱了封建领主的行政权、立法权、

---

[1] 〔美〕爱德华·麦克诺尔·伯恩斯、菲利普·李·拉尔夫:《世界文明史》(第二卷),罗经国等译,商务印书馆1987年版,第291页。

司法权,因而饱受压迫的底层民众在一定程度上也予以拥护;最后,发现新大陆后,欧洲各国间的利益争夺日趋激烈,王权的强化有助于国家在殖民战争中立于不败之地。此种背景下,西方人抛弃了一个虚幻的上帝,却又塑造了一个肉体的上帝。

从总体趋向考察,17世纪是欧洲大陆不断资本化的时代,此时的欧洲刚刚摆脱了教权对皇权的控制,皇权凌驾于封建贵族与资产阶级对峙局面之上,将欧洲的封建专制推向了极盛时代。在英国,当15世纪末都铎王朝的第一个皇帝亨利七世建立了西方第一个真正的专制政府时,"许多公民欢迎建立专制君主制来代替无政府状态,中产阶级尤其希望得到一个统一政府的保护"[1]。17世纪的法国,在路易十三专制政权的统治下成为西方的主要强国。"太阳王"路易十四以"朕即国家"之姿态,凭借绝对的政治控制、雄厚的经济基础与稳定的社会环境开拓疆土,激起了法兰西民众极大的自豪感,这也为王权专制的存在赋予了合理性、神圣性。在上述政治因素、自然科学发展状况、民族心理动荡不安等多种因素的综合作用下,西方刑法思想也发生了的显著变化。

一、马基雅维利的刑法思想

同时期的哲学、政治、法律思想为西方"国家至上""王权崇拜"的政治理性注入了系统而有说服力的支撑。早在文艺复兴末期的意大利,就产生了集权君主论思想,代表人物是马基雅维

---

[1] 〔美〕爱德华·麦克诺尔·伯恩斯、菲利普·李·拉尔夫:《世界文明史》(第二卷),罗经国等译,商务印书馆1987年版,第259页。

利（Machiavelli，1469—1527年）。在其代表作《君主论》中，马基雅维利指出，国家的产生并非出于神意，更不是道德所致，而是源于"人性的邪恶"。人的本性即自私，原始状态的人们在追求财富与权力的欲望中自相残杀，永无止境。为了防止人类毁灭、维持大多数人的生存需要，人们自愿联合起来，选举最勇敢的人担任首领，并颁布法律与刑罚，国家因此产生。王权不但需要高度集中，国王还必须诉诸铁腕、狡黠相结合的治理手段，"兼具狮子与狐狸的秉性"。

马基雅维利

马基雅维利认为，人类斗争的手段无非两种，一是依照法律，二是诉诸武力。当第一种较为文明的方式难以奏效时，必须使用第二种本能性手段。因此，一个君主必须熟谙动物本能，为维护国家权力与安全而不择手段，包括残暴、狡诈、伪善、谎言与背信弃义等，只要有助于君主统治均为正当，亦即"行为在指控他，行为的结果却在宽恕他"——这是其"目的使手段合理化"思想的具体运用。[1] 在西方中世纪史诗中（《尼伯龙人之歌》《熙德之歌》等），我们可以清晰地看到马基雅维利上述理论的现实基础。

1　参见〔美〕爱德华·麦克诺尔·伯恩斯、菲利普·李·拉尔夫：《世界文明史》（第二卷），罗经国等译，商务印书馆1987年版，第142页。

马基雅维利很少直接论述法律,但作为近代资产阶级政治学说的奠基人之一,他的理论明显摆脱了神学与伦理学的束缚,为法学开辟了走向独立学科的道路;他主张国家利益至上,"将国家权力作为律法存在之基础,而法律与军队又是国家权力的保障"等思想对后世西方的法律理论产生了深远影响。

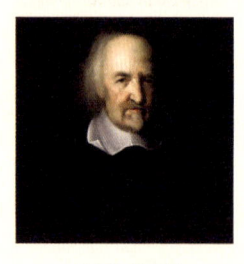

二、托马斯·霍布斯的刑法思想

英国人托马斯·霍布斯(Thomas Hobbes,1588—1679年)继承了马基雅维利的基本观点,将国家主权说发挥到极致状态。在其阐述国家理论的经典之作《利维坦》(1651年)中,霍布斯以"利维坦"(Leviathan)这一既保护人类又祸害人类的巨兽来喻指"国家",认为人民自愿订立契约、主张以"国家"这一巨兽来管束邪恶,维持秩序,当然也就默许了巨兽对人类所具有的潜在威胁。

利维坦是一种巨大的水生怪物。上帝造人后,人请求上帝再创造一个英雄来保护他们。上帝却拒绝道:"英雄在保护你们的同时,也会欺压你们。"人们不听上帝之言,为了抵御各种外来风险,自己创造了一个"利维坦",一个能让他们有归属感的庞然大物——政府。但政府这个利维坦具有双面性格,它由人组成,也由人来运作,因此也就具有了人性半神半兽的品质,它在保护人的同时又在吃人。所以,就有了人类社会的最高理想即"把利维坦关进笼子里"一说。[1]

《利维坦》

霍布斯同样以"人之本性邪恶"作为理论基石,认为自然法不是保护每个人基于本能的自然权利,而是限制这些权利。人生而平等、生而自由,但人与人之间无法避免因争执、猜忌与荣耀

---

[1] 梗概及本节所有引文来源于〔英〕霍布斯:《利维坦》,黎思复、黎廷弼译,商务印书馆 2017 年版。

导致的无休止的掠夺与厮杀。与文艺复兴时期所倡导的观点不同，霍布斯断然否认人类自然状态的理想化色彩，其提出的"人对人是狼"之命题导致了原始社会处于"普遍战争"的混乱状态，每一个个体生命的本质均是"孤独、卑鄙、粗野、短促"，为了防止个体对整体的战争状态，人们自愿组成了国家，并将自己的权利交给国家保存，"人民放弃一切，为的是谋求安全这一最大的福利"，"国王有权实行专制，这并非是上帝赐予他的权力，而是人民赋予他的权力"[1]。

在将国家主权论应用于刑法领域时，霍布斯认为刑法的性质是"由理性发现的律令或原则，用来禁止人们毁灭自身或者放弃保存生命的手段"。我们固然无法谴责人之本性，只能以刑律来规制其野性，借助某种恐怖暴力来强制人们履行约定。至于犯罪，则"不仅在于为法律之所禁为，言法律之所禁言，或不为法律之所令，而且也在于犯法的意图或企图"[2]。霍布斯的上述理论不仅注重行为者的客观动静，分辨言与行，考察为与不为，更是深究其犯罪意图，这就初步建立了英美法系主客观二重性犯罪构成的框架。

论及犯罪原因，霍布斯认为，一切罪行来源于理解上的缺陷

---

1 〔美〕爱德华·麦克诺尔·伯恩斯、菲利普·李·拉尔夫：《世界文明史》（第二卷），罗经国等译，商务印书馆1987年版，第291页。
2 参见〔英〕霍布斯：《利维坦》，黎思复、黎廷弼译，商务印书馆2017年版，第27章"论罪行、宽恕与减罪"。

（无知），推理上的错误（谬见），以及某种感情的爆发（仇恨、淫欲、野心、贪婪等激情）。[1]在进行罪质界定时，衡量罪行轻重的标准为犯罪人的"理性"参与行为的多寡："恃强斗富动机比畏罪潜逃的罪行更重，明知故犯比错误估计更严重，预谋犯比激情犯恶性更大，劫夺贪污公共财富比诈骗私人财物罪恶更大。"因而，刑罚的目的不是报复，只能是"改正犯过错者，或者指导他人不去犯相同过错"，如果以其他目的去惩罚他人，就是一种残忍。上述观点明确提出了教育刑与犯罪的一般预防论。[2]可以看出，霍布斯始终将"理性"与"公共利益"置于刑法思想之首位进行考虑。

三、约翰·洛克的刑法思想

约翰·洛克（John Locke，1632—1704年）出生于英国一个清教徒之家，其理论体系深受培根、笛卡尔理性主义的影响，并继承、发展了霍布斯的"契约论"。

洛克认为，"社会契约"的产生，来源于人类社会自然状态的三点弊端：

---

[1] 参见〔英〕霍布斯：《利维坦》，黎思复、黎廷弼译，商务印书馆2017年版，第27章"论罪行、宽恕与减罪"。
[2] 参见马克昌主编：《近代西方刑法学说史》，中国人民公安大学出版社2008年版，第13—17页。

其一，缺少一种事先确定的、众所周知的法律，亦即缺少判断、解决纠纷的准则——这为以后启蒙思想时期的"罪刑法定"思想奠定了基础；其二，缺少一个有权依照法律来裁判争执的公认的裁判，涉及独立司法权的存在；其三，缺少一种权力来支持正确的判决，使之得以执行，涉及执法权的确定。为了弥补自然状态的弊端，洛克第一次提出了三权论与分权论——这是西方世界三权分立制度的思想准备。洛克进一步指出，在这个秩序与安全比自由更为重要的"理性"时代，"如果无人拥有执行自然法的权利以保护无辜、约束罪犯，这种自然法就毫无用处。但是，由每个人来行使刑罚权，又势必造成混乱与失序。正是在违法与惩处两方面不能保证避免过度行为的情况下，人们意识到社会契约的必要性。人们约定，将权利交给一个强大的足以保护他的臣民免受暴力侵害的统治者，这是完全正当、合理的"。

以自然状态与社会契约论为基础，洛克引申出一系列刑法思想。关于犯罪，洛克认为是"违背社会契约、不符合理性规则、侵害他人的行为"。所以刑罚是为了保护"社会法益"，刑罚权的基础正是"社会契约"，谁下破契约约束、对他人进行侵害，就是对全体人类的侵害。因为人们让渡一部分权利给国家，国家享有刑罚权，对每一桩刑事案件的判决，其实就是公民自己的判决。应当指出，洛克是西方刑法史上第一个提出"罪刑法定""刑法适用平等"观点的法学家，他认为"刑罚权来源于全体公民让渡给国家的立法权，国家必须以正式公布和被接受的法律来进行统治，对权贵与平民一视同仁。每一个人都受制于那些他自己作为立法机关所制定的法律；反之，如果公民不知道这是犯罪行为，则不受刑罚处罚。罪犯的名位和党羽数量，除了加重罪行外，并不使罪行有任何差异"[1]。

刑罚层面，洛克反对酷刑与重刑，提倡"罪刑均衡"，强调刑罚的作用在于警戒、教育、改造犯罪者或不轨者，"理智地纠正与禁止"是一个人可以合法地伤害另一个人，即我们称之为刑罚的唯一理由。洛克明确支持死刑："这个罪犯既然已经灭绝理性——上帝赐给人类的共同规则——以他对另一个人所施加的不义暴力和残杀而向全人类宣战，因而可以被当作狮子或老虎加以毁灭，当作与人类不能共处和不能有安全保障的一种野兽加以毁灭。"[2] 作为自由思想的奠基人，洛克为人民主权与人民保留了"生命、自由、财产"三大不可让与的权利，如果国家与官员侵犯上述权利，公民有绝对的自卫与抵抗之权利；进一步，洛克最早举例论证了正当防卫的成立要件，具体提出正当防卫的两个要件："在自己生命受到威胁并且来不及诉诸法律的情况下，受害人可以杀死罪犯。"[3] 综述洛克诸项论题，无不与"规则、理性"与"国家至上"等集体主义观念存在显著交集。

---

1 参见〔英〕洛克：《政府论（下篇）》，叶启芳、瞿菊农译，商务印书馆1964年版，第12章"论国家的立法权、执行权与对外权"。
2 参见〔英〕洛克：《政府论（下篇）》，叶启芳、瞿菊农译，商务印书馆1964年版，第12章"论国家的立法权、执行权与对外权"。
3 参见马克昌主编：《近代西方刑法学说史》，中国人民公安大学出版社2008年版，第17—22页。

四、胡果·格劳秀斯的刑法思想

胡果·格劳秀斯

荷兰著名法学家胡果·格劳秀斯（Hugo Grotius,1583—1645年）认为，国家起源于理性契约，并突出强调了理性在自然法中的地位，认为自然法是正当的理性命令，任何与合乎本性的理性相一致的行为就是道义上的公道行为，反之，即道义上的罪恶行为。

另外，他还提出犯罪是对整个社会的侵犯，应当受到控诉，即以主权者的名义提出指控，将犯罪与社会防卫紧密联系，强调公民的群体观点。[1]

格劳秀斯坚持刑罚的本质在于报应，刑罚是邪恶行为招致的一种痛苦——"刑罚之苦等于行为之恶"。理性社会必须区别"复仇"与"报应"，"刑罚不是别的什么，而是一个作恶的罪犯自愿地启动了法律施加的惩罚"。但惩罚如果以"复仇"的心态实施则是不符合正义的，私力复仇异常危险，报应必须由国家来完成。

关于刑罚的目的，格劳秀斯认为，其不是为了恢复原状而是为了作用于将来，应当包括对罪犯的改造或矫治、对他人的警戒以及对被害人的补偿三部分，提出"教育性、预防性与恢复性司法"的观点。

关于刑罚的具体裁判与适用，格劳秀斯指出，必须综合主客

---

1 参见马克昌主编：《近代西方刑法学说史》，中国人民公安大学出版社2008年版，第6—11页。

观一切因素进行衡量。亦即"除了具体罪行造成的危害,罪犯的意图、目的、动机均应当加以权衡和考虑"。出于民主与人权思想的考虑,格劳秀斯认为不受刑罚处罚的情形包括四类:思想犯(未转化为外部动静)、激情犯(产生于人类本性难以克服的弱点)、伦理犯(行为结果并不影响他人)和美德犯(仅仅违背同情、宽大、感激等美德)。[1]

五、斯宾诺莎的刑法思想

犹太裔出生的荷兰法学家本尼迪克·德·斯宾诺莎(Benedictus de Spinoza, 1632—1677年)继承并发展了格劳秀斯的自然法与社会防卫概念。他提出,在自然状态下,并没有善恶标准。初民在自然法启迪下,被迫放弃部分天赋权利交给社会,虽然达成契约,但是"生存权"与"思考权"却永远掌握在个人手中,不可让渡。自然法是"一切事物据以成立的自然规律与法则,在人类中表现为人性与理性"。人定法与国家一起产生,目的在于节制人欲的无限扩张,保护整个社会利益。斯宾诺莎最早提出"刑罚是惩罚行为而非思想"的原则,提倡最大程度地拥有思想自由与言论自由,原因很简单——"社会契约"所转让的是自由行动之权而

本尼迪克·德·斯宾诺莎

---

[1] 参见马克昌主编:《近代西方刑法学说史》,中国人民公安大学出版社2008年版,第6—11页。

非理性思考之权。

总结理性时期的刑法学思想,无论是格劳秀斯、斯宾诺莎还是霍布斯与洛克,其理论体系的构建均包含以下三个要素:其一,公民之间自愿订立的"理性契约"是理论的逻辑原点;其二,契约中权力的保存者与保护人是国家(君主);其三,犯罪行为是对社会整体利益的破坏与侵犯。理性时期刑法契约论的生成与人之本性密切相关,也就是说,契约论的假设前提是由于"人性本恶"而导致的自然社会的无序状态。这种"性恶论"的假设我们似曾相识,最早可以追溯至圣经文学中的"原罪思想"。当西方人经过文艺复兴人文精神的沐浴,终于摆脱了上帝对他们的精神控制后,却又不自觉地在人间塑造了另一个至高至尊的"上帝";宗教的上帝被人间的君主所取代,西方人打碎了一副枷锁,又立即给自己套上了另一副枷锁。当然,这种现象的出现有其历史必然性。如前所述,17世纪西方人对秩序与规则的坚定追寻是在文艺复兴末期道德失范、价值标准低迷的背景下产生的。旧的信仰体系被打破,新的价值体系尚未建立,在这片道德、伦理、秩序与规则的真空中,国家利益与君主权力得到空前强化,以个人义务、群体责任及国家利益为核心的古典主义刑法思想在理性与规则的指引下逐渐萌芽。该种思想认为,公民个体通常处于理智与情感、个人欲望与国家、民族利益的矛盾纠葛之中,由于人性固有的原恶,人类若想获得平静、安定的生活秩序,就必须以理智战胜情感,以群体理性代替个体纵欲,以成文法代替习惯法，使个人利益服从于群体、民族利益。在这种政治理性的感召下，西方人向着规则与秩序社会大步迈进。

踟蹰与回首
——理性的迁徙

小人国法庭上竖立的"公理女神"像有六只眼睛,前面两只,后面两只,左右各一只,表示"公理女神"的谨慎周到。同时,她右手拿着一袋金子,袋口是开着的;左手里一把宝剑,剑却插在鞘里,表示她的性格喜欢奖赏而不喜欢责罚。

——〔英〕斯威夫特《格列佛游记》第1卷第6章

"……道德的束缚对于你们也许太严峻了,你们宁愿拜倒在君主脚下,服从他的法律,这比这严肃的风俗反而灵活些。你们将以不触犯刑法、不被刑罚惩罚为满足,至于美德,就根本不谈了!……啊,穴居人!我年寿已尽,不久就要和列祖列宗重新见面。为什么你们愿意使祖辈难过,非让我告诉他们,说我留在你们颈上的枷锁,不是美德,而是什么别的法律。"

——〔法〕孟德斯鸠《波斯人信札》第14封

"刑律,与其说是一种特别法,不如说是对其他一切法律的制裁;风尚、习惯尤其是舆论,这是铭刻人们心底的法律。它每天都从生活中获得新的力量,保持着民族的创新精神,而且可以不知不觉地以习惯的力量代替权威。"

——〔法〕卢梭《忏悔录》

时代背景

如前所述，17世纪，人们将目光从"彼岸上帝"转向"人间上帝"，在"王权崇拜"的狂热氛围中，"国家利益"与"公民义务"成为束缚个体自由的新枷锁，文艺复兴以来寻找到的个体自由得而复失。18世纪，当路易十四赤裸裸地宣布"朕即国家"、由民众的保护人蜕变为残酷的暴君时，曾经象征着理性与秩序的"人间上帝"变为人类社会进步的扼杀者，君主专制亦完成了其短暂的历史使命。另一方面，自然科学的成就与理性思潮的传播，彻底驱散了笼罩西方世界的"教权、君权"浓雾——启蒙运动的"狂飙"再一次涤荡着西方人的心灵，他们抛弃了禁锢肉体自由、钳制精神独立的宗教权威与世俗上帝，由"上帝崇拜""王权崇拜"逐渐走向了"自我崇拜"。

目前看来，西方历史上有两次前呼后应的大规模思潮运动，即文艺复兴与启蒙运动。文艺复兴是启蒙运动的前奏与序曲，启蒙运动是文艺复兴的承继与延续。发生于18世纪的启蒙运动规模更大、覆盖面更广、反叛性更强、理论也更深入人心；启蒙思想家也比人文主义者具有更为坚定、乐观、明朗的精神与态度。如果说文艺复兴时期发现的是感性意义的人，那么启蒙运动则催生出了理性意义的人；这种理性是真正意义的理性，是在17世纪政治理性基础上的显著进化。启蒙运动的产生与发展受以下诸因素的影响。

政治力量层面，从文艺复兴时期开始，资产阶级经过四百余年的苦心经营，至18世纪时，打破了与封建贵族阶级势均力敌的胶着、依附状态，二者价值观之间发生激烈冲撞。此时资产阶级已经走向成熟，不再需要依靠王权来抵制教权，亦进一步渴求独立、成熟的文化思想来宣传自己的主张。推翻封建专制的政治革命呼之欲出，成为时代的要求与历史发展的必然——在英国，1688年"光荣革命"推翻了复辟王朝，资产阶级以独立的力量开始活跃在政治舞台；18世纪中叶的工业革命进一步奠定了资本主义经济的基础，资本经济开始迅猛发展。在法国，路易十四执政（1643—1715年）后，社会等级分化严重，国内矛盾尖锐，政变一触即发。

自然科学层面，18世纪的科学家在数学、物理、化学、植物、动物、天文学等方面作出卓越的贡献，大自然的无限领域被科学征服，未给造物主留下一丝立足之地。正是从科学发现中，人类找到了精神依托，认为凭借自己的知性能够认识、改造自然，创造出类似天国的世界，而人类就是自己的上帝。这一切使得18世纪的哲学思想发展到前所未有的高度——自然科学与哲学联姻，诞生了唯物主义。人们不仅进一步否定了"彼岸上帝"对于人的权威，而且也否定了"人间上帝"——君主对于生命个体的意义。

哲学思想层面，英国科学家培根的经验主义哲学和法国哲学家笛卡尔的唯理主义哲学是启蒙运动的两大理论来源。如前所述，对"理性"主义的追求，开始于16、17世纪。弗朗西斯·培根的整个理论建立在科学实验基础之上，强调感性经验在人类知识积累过程中的重要性。培根重视感性经验与理性认识之辩证关系，提出将二者结合，以科学实验为手段、以客观分析为途径来克服人类认识论的模糊混乱，推动自然科学的进步。其"知识就是力量"的名言本身蕴含着"理性就是力量"的思想，宣示着人类可以凭借理性独立于上帝意志之外。勒内·笛卡尔更是将人的理性与主体性提高到至高无上的地位，认为良心与理智是自然赋予人类个体判断对错、鉴别真假的能力。[1]因而，16、17世纪的思想家已经向西方人宣示了人人具有"理性"的真谛，而18世纪的启蒙思想家则教会了西方人如何开启、运用这宝贵的"理性"。这一时期，理性主义成为启蒙思想文化的主流。启蒙学者将宗教、自然、政治制度、法律制度等一切放置于"理性"的法庭面前，衡量其合理与否；他们重视生命个体的尊严，对"人权""自由""平等"与"博爱"精神大力弘扬。他们一开始就高擎"理性"旗帜，认为自己已经破天荒地第一次发现了人类历史前进的真理——只要运用理性，以近代自然科学来启迪智慧、照亮心灵、改善人性，全人类就会妥善地安排自己的生活秩序，获得幸福，从而使社会进入自由、平等、博爱的理想境界。

启蒙文学作为启蒙运动的重要组成部分，在历史上扮演着资产阶级革命前夜舆论指针的角色。它从自然法的高度称颂理性精神，同时肯定人类自我情感的天然性与合理性，强调创造人与人

---

[1] "那种正确判断与辨别真假的能力，就是我们称之为良知或理性的东西，是人人天然、均等地拥有的天赋。"参见〔法〕笛卡尔：《谈谈方法》，王太庆译，商务印书馆2000年版，第39页。

之间平等、自由的社会法则。因此,启蒙文学的特点具有双重性,一是针对宗教精神的彻底否定,二是针对古典主义文学所倡导的抑制个人感情、要求个人服从集体之价值观的回拨。与文艺复兴时代的背景极为相似,欧洲大陆再次风起云涌,启蒙思想家身负历史重任,在哲学家、法学家、文学家等多面角色中穿梭,倾力于开启民众智慧、点亮民众心灵。

第六讲
从乌托邦到格列佛：英国启蒙思想时期文学作品

讨论文本

· 《鲁滨逊漂流记》　　　　　　　· 《摩尔·弗兰德斯》
· 《格列佛游记》

导言

  历经艰苦卓绝的资产阶级革命，18世纪的英国已经建立起君主立宪的资产阶级政权，因此，英国启蒙文学的主要任务并非为阶级革命作舆论准备，而是扫除封建残余、揭露现实社会的弊端、促进资本主义发展。该时期英国文学的主要成就是批判现实主义小说的萌芽与发展，其中以丹尼尔·笛福与乔纳森·斯威夫特的作品最为醒目。本节向大家介绍三部文学作品，笛福的《鲁滨逊漂流记》以动人心弦的场景模拟了一场人类由野蛮走向文明的进化史，其中包括国家的产生以及法律的自然形成过程与模式；笛福的《摩尔·弗兰德斯》则描述了一位著名"窃贼女皇"跌宕起伏、精彩绝伦的一生，其中包含浓郁的犯罪心理学、犯罪社会学思想。与笛福较为温和的启蒙思想不同，爱尔兰人斯威夫特是英国启蒙运动激进民主派之创始人，毕生致力于将"天赋人权""人生而自由平等"等自然法观念传递给爱尔兰人民，因此，他的不朽童话著作《格列佛游记》对当时英国上自议会、军队、法庭、教育，下至民众普遍认可的社会风尚进行了尺度颇大的讽刺与抨击，尤其是文中涉及诸项刑事司法制度与刑事政策，其天才般的预见力与洞察力，使得这部童话作品成为西方启蒙思想史上一座难以逾越的高峰。

丹尼尔·笛福文学作品

知识链接

图6-1 丹尼尔·笛福

丹尼尔·笛福（Daniel Defoe，1660—1731年），英国启蒙思想时期批判现实主义小说奠基人，具有"英国乃至欧洲小说之父"美誉，出生于商人家庭，属于中下层资产阶级。丹尼尔·笛福早年经营烟酒、羊毛织品，曾到欧洲各国经商。1702年，丹尼尔·笛福发表了政论文《消灭不同教派的捷径》，用反讽语气猛烈抨击当局迫害不同教派的行径，被当局判处入狱6个月，带枷游行3天。丹尼尔·笛福在狱中创作诗歌《枷刑颂》讽刺法律不公，这使得在他戴枷游行过程中，民众将其当英雄看待，向他投来的不是石块而是鲜花，并且为他的健康干杯。虽然丹尼尔·笛福秉持的启蒙思想较为温和，该时期创作的文学作品依然是对古典主义文学理论的重大反拨。

国王与臣民的模拟建制：《鲁滨逊漂流记》

笛福风靡世界的代表作《鲁滨逊漂流记》（1719年），塑造了一个勇于面对自然挑战的传奇人物——鲁滨逊·克鲁索，他具有强烈的进取意识与无穷的精力，是西方文学中第一位接受启蒙思想熏陶的新兴资产者形象。

鲁滨逊出身于一个体面的商人家庭。他瞒着父亲出海，经历无数险难，最终购买了一座巴西庄园。由于庄园缺少人力，鲁滨逊再次出海到非洲贩卖奴隶。途中遇到风暴，船舶触礁，鲁滨逊只身漂流到一个杳无人烟的孤岛，依靠船舶遗留的生活品以及自己的辛勤劳作在岛上独自生活了二十八年。后来，他从野人手中解救了一名土人，并将他成功驯化为自己的忠实仆人，取名星期五（Friday）。鲁滨逊与星期五再次营救了一位西班牙人和星期五父亲的性命,被救者亦成为鲁滨逊的忠实仆人,四人组成一个小型帝国。后来,一条英国船舶的水手发动哗变,停泊在这个孤岛附近。鲁滨逊与星期五帮助船长从船员手中夺回船只,并乘船离开荒岛,回到英国,完成了一个时代英雄人物的创业历程。[1]

图 6-2 鲁滨逊与"星期五"一起造船

图 6-3 笛福手迹

受同时期真实事例的启发,笛福创作了该部小说。1704 年 9 月,一名叫亚历山大·塞尔柯克的苏格兰水手在海上与船长发生争吵,被船长遗弃在南美洲大西洋安·菲南德岛上达四年四个月之久。当他被伍兹·罗杰斯船长解救带回英国时,已经成为比野山羊跑得还快的野人。[2] 在这部小说中,笛福以白描手法模拟

---

1 梗概及本节所有引文来源于〔英〕笛福:《鲁滨孙飘流记 摩尔·弗兰德斯》,徐霞村、梁遇春译,人民文学出版社1997年版。
2 〔英〕笛福:《鲁滨孙飘流记 摩尔·弗兰德斯》,徐霞村、梁遇春译,人民文学出版社 1997 年版,序言。

了一场人类由野蛮走向文明的进化史,其中包括自然人的生物性进化、社会的萌芽、国家的产生以及法律的形成。

与鲁滨逊的原型,那名叫作塞尔柯克的苏格兰水手不同,笛福笔下的主人公是一个体面的文明人,其文明基础就是那条触礁的船舶。船舶本身是人类文明的产物,而船舶残骸里的载货(《圣经》、淡水、食品、枪弹火药等)则代表着千万年来人类文明的结晶。当鲁滨逊发现自己是遇难后漂流到荒岛的唯一幸存者时,第一件事就是搜寻附近是否有人类文明的痕迹,他发现了那条满载生活必需品的船舶,欣喜若狂,先后十二次登船,将认为有用的东西统统用自制的木筏运到荒岛,运用自己的头脑与双手将荒岛改造成"自己的王国"。物质基础奠定之后,精神寄托便上升为主要需求,鲁滨逊很高兴能够从船舶残骸中找到一本《圣经》,在它的陪伴下度过漫长岁月。

关于国家的产生以及法律形成之模拟过程,笛福在作品中做了非常生动的描述,表现出强烈的资产阶级进取精神与启蒙意识,隐喻着资产阶级对财富与权力的热切渴望。面对空无一人的荒岛,鲁滨逊踌躇满志地说:"好吧!这一切都是我的!"这就是国际法中先占法律事实产生的典型环境。当他把土著人星期五从死神手中救出后,立即敏锐地意识到自己必须巩固对整个荒岛的统治权威——如今一个岛屿上存在着两个生物学意义完全平等的个体,必须建立某种权力与服从的稳定架构,于是,鲁滨逊严肃地与星期五谈话,最终在二者之间建立主仆关系,并且用文明社会的精神支柱"基督教"来说服星期五安于他的统治。在星期五眼中,鲁滨逊就是上帝,或者上帝派来人间的统治者。后来,依照该手法,鲁滨逊又与一个被解救的西班牙人和星期五的父亲建立了同样的主仆关系。当鲁滨逊拥有三个仆人后,他心满意足地说:"我觉得我已经有不少臣民了!……我的百姓完全服从我,我是他们的全权的统治者和立法者。"统治者即立法者,笛福此处明确指出法律的阶级性本质。

另外,在这部作品中,笛福刻画出殖民主义永无止境的攫取欲与占有欲,隐含着国际公法中"先占"权的雏形:当一只英国船只来到荒岛,船长向鲁滨逊求援时，鲁滨逊面对与他一样来自文明世界的船长，忧心忡忡，担心船长觊觎、侵占他的大片领地及三个臣民。于是，作品中，鲁滨逊与船长见面的第一句话就是——"你决不能侵犯我在这里的主权"。可以看到，通过对鲁滨逊在荒岛上建立起自己的政权、法令，拥有自己的臣民以及与"外邦"进行友好往来的过程的细致描述，笛福生动地诠释了国家与立法者的权力来源。

倘若能有明天：《摩尔·弗兰德斯》

除了《鲁滨逊漂流记》，人们很少谈及笛福的其他作品。事实上，针对刑法学研究而言，笛福其后的系列作品更具有社会学意义，甚至可以被称作是最早的犯罪学小说。在小说《摩尔·弗兰德斯》（1722年）中，笛福出色地讲述了一位"天生犯罪人"历经苦难、最终洗脱罪孽、获得新生的故事。

图 6-4 《摩尔·弗兰德斯》封面（1965年）

图 6-5 《摩尔·弗兰德斯》插图（1965年）
〔英〕奈杰尔·兰伯恩

主人公摩尔·弗兰德斯是一个出生在伦敦新门监狱的女盗窃犯的私生女。母亲因盗窃了三块荷兰布被判处流刑后,小摩尔被一贵妇收为女佣。幼年的摩尔善良、真诚,对生活充满了热爱,有着希望用诚实劳动实现独立生活的朴实理想。十五岁时,摩尔遭遇主人家大少爷诱奸。此后,她做了十二年妓女,先后五次嫁人,并不惜为了金钱与他人私通;人老珠黄后,她又做了十二年的贼,成了伦敦赫赫有名的"窃贼皇后"。最终,摩尔的同伙一个个上了绞刑架,她也被捕归案,并被重新投入新门监狱。被囚期间,摩尔终日为上绞刑架而担惊受怕,这是她生命里最黑暗的岁月。也正是这段经历促成了她精神的觉醒。被判流刑后,摩尔在殖民地种植园辛苦劳作,成为一名受人尊敬的妇人。临终前,摩尔真诚地忏悔自己的罪恶、终获灵魂的救赎。[1]

通过摩尔一生的经历,笛福指明了启蒙教育对人类发展的重要性。从出身背景看,摩尔乃惯犯之女,出生卑微,在狱中度过童年,因而"自年轻时就开始放荡,不仅如此,她简直就是放荡和罪恶的产物"。但是,笛福着重指出,摩尔并非真正的"天生犯罪人",她在被善良贫穷的老妇人收养后,受到了伦理教育,懂得了做人的道理,这段早期的教育经历成就了摩尔日后忏悔、悔罪赎罪的精神基石。另外,笛福笔下的摩尔并非冥顽不灵,而是形象活泼、性格多变,聪颖过人,她的思想具有常人难以比拟的深度与内涵。例如,摩尔对金钱与肉体间的交易关系了如指掌,这与她从小在风月场所摸爬滚打不无关系;与一般小偷不同,摩尔能够灵活自如地运用智慧去行窃、诈骗,甚至能够缓解受害者的对立情绪,对其表示出哀悯同情;站在法庭上,摩尔屡次以悲惨的身世博得法官的同情,并巧妙地利用"犯罪未遂"以及"已经获取受害人的谅解"等理由为自己开脱罪责。

对于伴随摩尔传奇一生的英国法律,笛福也作了细致介绍,开篇即以"摩尔的自述"奠定了整个作品的批判现实主义基调。"听说我们一个邻国……皇帝下过

---

[1] 梗概及本节所有引文来源于〔英〕笛福:《鲁滨孙飘流记 摩尔·弗兰德斯》,徐霞村、梁遇春译,人民文学出版社1997年版。

一道命令，当罪人判处死刑，或者罚做摇橹奴隶，或者流放远方时，他们的孩子都归国家管教……成人后，让他们去从事各种行业，可以靠自己的劳力谋生……而我在世界上却没有衣服穿，也无人肯来帮助我，当我还不明白自己的处境以及怎样去想法补救的时候，就已经被人们带得下流了。那种生活不仅可耻，而且很容易使我的灵魂与肉体同归于尽。"这段摩尔的独白与忏悔，点明了整个社会对犯罪现象的产生负有不容推卸的责任，这是对当时英国刑事司法外部环境的深刻反思。另外，对于摩尔长达十七年的行窃生涯，笛福亦作出极为细致的刻画，从某种程度而言，这部作品俨然是一部《行窃大全》。[1] 文中对英国刑罚的严厉性屡次进行强烈谴责——无论是盗窃还是制造伪钞，无论是行骗还是通奸，均难以摆脱"绑在火柱上被活活烧死"的命运。当然，我们也不应忽略这样一个细节：按照当时的刑律，摩尔和母亲均应被处以极刑，最终却被流放到美洲殖民地。究其原因，摩尔的母亲是由于怀孕而要求减刑，最后被法庭改判流刑；摩尔则因为具有立功表现，最终免除死刑得以流放。从法庭对摩尔及其母亲的裁判中，可以考察到当时英国刑事司法在对待女囚的处遇措施方面已经具有开明、人道主义的一面，并且在司法适用中对于立功行为有所认可与鼓励，这是颇值得肯定的。

笛福的其他作品，例如《杰克上校》（1722年）与《摩尔·弗兰德斯》情节相仿，主人公因贫困自幼沦为盗贼，长大后

图6-6 《杰克上校》（1967年，木刻版画）
〔英〕约翰·劳伦斯

---

[1] 著名英国文学研究者王佐良感叹道："除了笛福，谁还能写出摩尔在靠行窃谋生的时候所用的各种方法，使该小说的一部分甚至可以称为《行窃大全》呢？"参见王佐良：《英国文学论文集》，外国文学出版社1980年版，第177页。

为了生存参加雇佣军,却被倒手转卖到美国弗吉尼亚为奴。凭借着机智、勤劳与坚韧的精神,最后终于成为受人尊敬的种植园园主。《罗克萨娜》(1724年)的女主人公出生于法国一个虔诚的清教徒之家,随母亲流落伦敦后与一个酒商结为伉俪。后来丈夫另有新欢将她抛弃。她不得不沦为妓女,流转颠沛于英国、法国、波兰、德国、比利时等地。最后终于等来了爱她的荷兰商人,商人却因意外破产被投入监狱。她亦在孤独与愤恨中死去。

从上述作品考察,笛福的小说沿袭了一贯的风格,均被打上英国资本主义步入成熟期、开拓殖民主义时代的深刻烙印。主人公往往出身低微,当时社会不容许这种人享有人类的尊严,他们在"文明社会"并无立足之地,为了谋生,只好不择手段,做出一系列欺骗、盗窃以致出卖肉体的勾当,却难逃被残酷刑律惩罚的厄运。相反,在远离人烟的海岛上,在荒芜贫瘠的殖民地,他们与生俱来的智慧与理性被激发,重新获取了被"文明社会"埋没已久的温婉、善良、勤劳、坚韧等自然人的优秀品质。自然禀赋的回归,使得他们通过辛勤劳作获得成功,成为真正的人。因而,从一定意义上说,笛福的文学作品中蕴含着刑法思想"环境决定论"的萌芽,"肯定自然人的价值","建议返璞归真的生活",这种情怀和思想和法国启蒙思想家卢梭的理论体系具有极大的相似性,我们在随后对法国文学作品的介绍中将作出详细分析。

童话中的刑法哲学:乔纳森·斯威夫特与《格列佛游记》

知识链接

乔纳森·斯威夫特(Jonathan Swift,1667-1745年)出生于爱尔兰首都都柏林的一个贫困家庭,系遗腹子,由叔父抚养成人,早年就读于都柏林三一学院,获学士学位。斯威夫特是英国启蒙运动中激进民主派创始人,在世期间写了很多具有代表性的讽刺文章,被称为英国18世纪杰出的政论家和讽刺小说家。与笛福较为温和的启蒙思想不同，斯威夫特一生发表了大量政论文与讽刺文学，抨击英国殖民主义政策，唤醒爱尔兰人民争取自由与独立。

1720年，斯威夫特发表《普遍使用爱尔兰工业产品的建议》，鼓励爱尔兰人民发展自己的工业，拒绝使用英货，以抵制英国殖民者的残酷剥削。[1]

1723年，著名的"铸币事件"中，斯威夫特以极大的热情将"天赋人权""人生而自由平等"等自然法观念传递给爱尔兰人民。英王情妇肯德尔公爵夫人获得了在爱尔兰铸造半便士铜币的特许状，并转卖给英国商人威廉·伍德，赚了一万英镑。伍德只要用价值六万英镑的铜就可以铸造价值十万零八百英镑的半便士铜币，获暴利四万英镑，这对于贫困的爱尔兰人民是严重威胁。面对反抗，英国首相渥皮坡尔发誓要把半便士铜币"塞下爱尔兰人的咽喉"。斯威夫特化名"楚皮尔"发表公开信[2]，号召爱尔兰人坚持斗争，一致拒绝使用半便士铜币。公开信中写道："你们要知道，根据上帝的、自然的、各国的和你们本国的法律，你们是也应该是和你们的英国弟兄一样的自由人民"。爱尔兰人民在斯威夫特的领导和鼓舞下最终取得胜利，英国当局被迫收回成命。在这一事件后，斯威夫特受到广大人民的热烈爱戴，1726年，他最后一次访问英国归来，都柏林人民为他鸣钟举火，并组织仪仗队将他护送回寓所。

1729年，斯威夫特发表了满怀忧愤、惊世骇俗的讽刺作品——《一个使爱尔兰的穷孩子不致成为他们父母的负担的平凡的建议》，提出一个"没有一丝一毫为个人利益考虑，除了为国家的公共利益——推进贸易、供应幼儿、救助穷人、为富人提供享受"的建议。"为了使幼儿不再成为贫穷父母或社会的负担，也节约孩子们在成长过程中的吃喝消费，同时杜绝这些孩子将来变为盗贼、强盗、娼妓危害社会风气的危险，我提议，每年约十二万个一岁左右的平民幼童，应成为成千上万的上等人家的美味佳肴，被剥下的婴儿皮也可制成极好的女式手套和老爷们的夏季皮靴。"[3]这项字字含血、句句喷火的建议，向英国统治者对爱尔兰人民令人发指的压制与剥削发出愤怒的呐喊，斯威夫特因此成为爱尔兰人民心目中的民族英雄。

---

1 参见〔英〕乔纳生·斯威夫特：《格列佛游记》，张健译，人民文学出版社1979年版，序言。
2 参见〔英〕乔纳生·斯威夫特：《格列佛游记》，张健译，人民文学出版社1979年版，序言。
3 参见〔英〕乔纳生·斯威夫特：《格列佛游记》，张健译，人民文学出版社1979年版，序言。

图 6-7 乔纳森·斯威夫特

在上述作品发表大致相同时期，斯威夫特完成了不朽的童话著作《格列佛游记》（1726年）[1]。作品中塑造了一位外科医生格列佛的形象，通过他在四个不同文化背景国家的所见所闻[2]，对当时英国上自议会、军队、法庭、教育，下至民众普遍认可的社会风尚进行了无情的讽刺与抨击。全文笔调荒诞离奇，口吻刺怨入骨，处处闪烁着敏锐的智慧与深邃的思想。

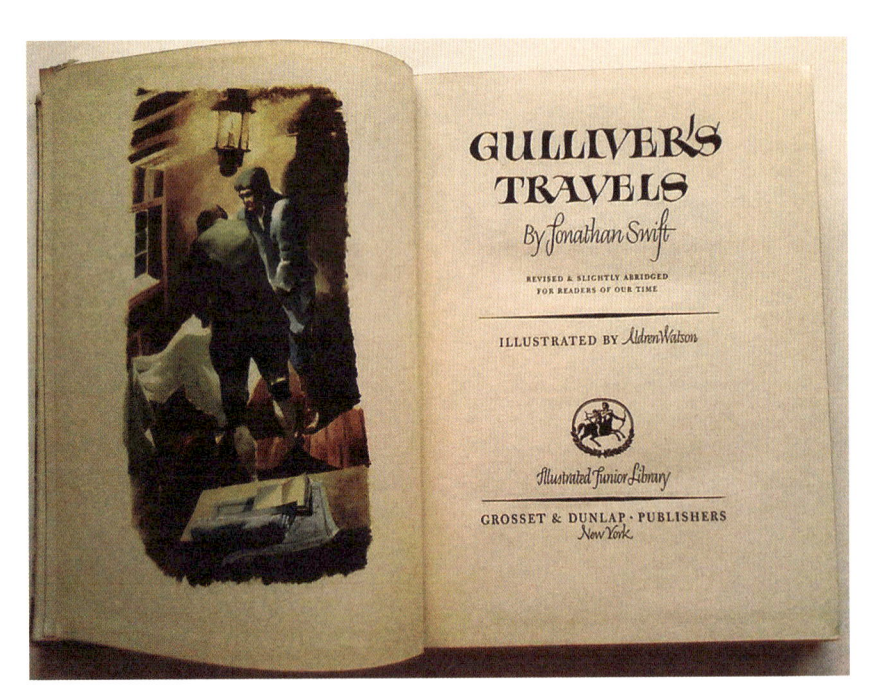

图 6-8 《格列佛游记》插图（1947年）

1　本节梗概及引用来源于〔英〕乔纳生·斯威夫特：《格列佛游记》，张健译，人民文学出版社 1979 年版。
2　四个国家分别是"大人国、小人国、飞岛和马国"。

法学与文学公开课：
来自原罪的规训

图 6-9 格列佛在小人国

第一卷"利立浦特(小人国)游记"通过对小人国政治与法律制度的剖析,鞭挞了英国腐朽、专制、黑暗的社会现状。第六章中,斯威夫特详述了小人国的刑事法制度,作为与英国刑法制度的比较。其一,"首先,他们肯定被告人辩护权的意义,这一权利在最严重的叛国罪中亦可得到充分保障。其次,他们具备完善的冤案补偿制度,资金全部来源于皇家金库。第三,他们将诚信看得比天还大,认为欺诈罪比偷窃罪严重,必须判处死刑;另外,忘恩负义亦应判死罪,理由是以怨报德之人,对待民众一定会比对待自己的恩人还要恶毒,这样的人是人类公敌。第四,赏与罚作为刑事政策的两个枢纽,小人国法庭上竖立的'公理女神像'有六只眼睛,前面两只,后面两只,左右各一只,表示'公理女神'谨慎周到;同时她右手里拿着一袋金子,袋口开着,左手里一把宝剑,剑却插在鞘里,表示她的性格喜欢奖赏而不喜欢责罚"。在这段描写中,斯威夫特提出了对被告人辩护权的切实保护制度,适用一律平等,即使是十恶不赦的叛国重罪之被告也不例外。其二,斯威夫特提出了完善的冤案补偿制度,关注受害人的精神补偿与物质补偿,而所有的经费均来源于国库,这就从一个侧面肯定了刑事司法的国家机器性质,当公权力对私权利造成侵害后,全体社会成员必须对损害结果承担连带责任。其三，斯威夫特对赏罚兼具的刑事政策颇为推崇，认为赏罚作为刑事政策的双向枢纽必须同时启用，相比而言，在维护社会秩序的过程中，奖赏比惩罚更为重要，这就形成了谦抑宽缓的刑罚原则之雏形。其四，斯威夫特着重提醒执政者，信用是一国立国之本、驭民之道，无论是私信还是公信，必须作为一个民族、一个国家的伦理共识进行推广。

第二卷是格列佛在"布罗卜丁奈格（大人国）"的游记。大人国实行的是理想化的君主制，国王形象酷似柏拉图笔下的"哲学王"——性情温良、博学宽厚，利用天理、常识、公正、仁慈来治理国家。他对英国的议会、法庭、教会等各方面的概况深感兴趣，极其谦卑地邀请格列佛加以介绍。经过五次谈话，国王在第六次召见格列佛时，向他提出了一系列问题。格列佛对英国制度的赞美与粉饰在国王的追问下破绽百出，从而揭穿了英国政治的黑暗和残暴。大人国国王的连续提问包括以下几个方面：审判与结案的时间与期限，底层百姓诉讼费用是否全免，判决不公允时百姓的救济方式，教派与党派是否会对案件审理施加压力，辩护律师是否具有衡平法常识，律师与法官是否能够随意解释法律，律师对案件的态度是否一以贯之，律师是否能够入选议会议员，等等。接着，大人国国王将目瞪口呆、无法自圆其谎的格列佛擎在手中，轻轻抚摸着他的头，温和地说道："我的小朋友，你为你的祖国作了一篇极其堂皇的颂词。它们已清楚地证明，在你的祖国，只有具有无知、懒惰、恶习等特性的立法者才能胜任自己的工作；只有那些有能力、有兴趣歪曲、混淆、逃避法律而从中获利的人才能最好地解释、说明和应用法律。""我想，你们原来的一些法律制度或许还说得过去，但其中大半已经被废除了，其余的也将被腐败政治所玷污。就你所言，似乎在你的国家取得法律职位的人都不需要具有道德。因此，人们以厚德笃行而得到正义报答的事就更少了。"斯威夫特用一系列犀利的反问击破了英国司法制度的民主光环，直指其本质；不得不承认，对于 21 世纪的现代文明国家的刑事司法制度而言，大人国国王的诘问依然具有令人闻之变色的威力。

第七章中，格列佛列举了大人国的立法以及司法特色：在大人国国王的理念中，治理国家并不需要很渊博的知识，只要根据常识与理智、公理与仁慈，从速判决民事、刑事案件即可。至于立法，这个国家的全部文字由22个字母组成，法律中也没有一个条文的词语数目超过22个，而且，这些法律均用简洁文字书写，民众不可能从条文中找出一种以上的解释（也许是他们太过笨拙），官员也不可以对任何法律条文妄加解释，否则会被判处死刑。涉及民事诉讼的判决或者刑事审判的程序，他们的判例也都非常少，也没有什么特殊的技巧可以夸耀。斯威夫特借大人国国王之口对于立法技术与原则作出了生动表述，同时对恣意进行司法

图6-10　格列佛在大人国

解释的司法实践进行了批判。另外，斯威夫特还揭示了统治者的权力来源于暴力的真相。当格列佛向国王介绍火药枪炮的威力后，还向国王献上制造绘图与原料表，却遭到国王的严词拒绝。国王对格列佛描述的火炮造成的后果深感惊骇，斥责格列佛："如此一个卑鄙无能的侏儒，竟敢存在如此不人道的想法，谈起来还随随便便，这是我不能容忍的。"格列佛对国王的行为深感遗憾，慨叹道："国王拒绝接受这个建议真令人难以置信，如果您不放过这个机会，定会成为属下人民的生命、自由和财产的绝对主宰。"

第四卷"慧骃国游记"介绍了格列佛在马国的历险。这个由马类掌控的国家，统治者是理性、公正、善良的马；而人则被称作"耶胡"，供马所驱使。"耶胡"本性贪婪、丑陋淫荡、多疑残酷、争勇斗狠。格列佛落入"耶胡"的手中，差点丧命，后来是智马解救了他。格列佛对人类抱有深刻的恐惧，以至于他最终回国后，一直拒绝人类的靠近，与马厮守终身。第五章中，格列佛通过向慧骃国国王描述耶胡发动战争的六种方式，进一步阐述了战争的本质，举例详尽，言语

诙谐幽默。"有时候，我们的邻国缺少我们有的东西，却有我们所没有的东西，结果两国就打起仗来，一直打到他们抢走我们的，我们也得到他们的；如果一个国家发生饥荒、疫病流行，或者国内党派发生内讧、局势紊乱，这时发动侵略战争就有了正当理由；如果我们最亲密的盟国有一个城市我们唾手可得，或者他们有一块领土我们夺来就可以使我们的疆域更为完整，那么我们就有理由和他们打一仗；如果一位君王派遣军队开进别国领土，当地民众又穷又傻，那他就可以合法地把一半民众处死，并使其余民众充当奴隶，采取这种措施是为了开化他们，使他们放弃野蛮的生活方式；如果一位君王请求另一位君王帮助他抵抗敌国侵略，这位帮助别人的君主把侵略者撵出去后，再把将他请来的君王杀死、监禁或者放逐，把他的领土据为己有，这样的行为不失为十分体面的君王之道；另外，血缘、婚姻关系也常常引起战争。血缘越近，发生争吵的可能就越大。"这里，斯威夫特总结了发动战争的六种类型：一是为掠夺财富发动战争，二是乘人之危发动战争，三是为扩充疆域发动战争，四是以解放人民、开化民众的名义进行侵略，五是以救世主的功勋进行侵略，六是因争夺王位发动战争。放眼当今硝烟弥漫的战争，无论属于何种规模，究其原因与借口，均难以超越上述范围。

  涉及对"律师"的职业分析，斯威夫特形象地描述道："我们那里有这样一帮人，他们从青年时代起就学习一门学问——如何搬弄文字来证明白即黑，或者黑即白。例如，一位邻居很喜欢我的母牛，他可以立即聘请律师来证明母牛是他的，而我也不得不花钱请律师来维护自己的利益——法律规定，任何人都不准替自己辩护。正因为我是母牛的合法所有者，所以反而不会赢得这场官司，因为律师们从摇篮开始就被训练为谎言辩护，面对我的地位的合法性，他反而很外行，甚至对我的委托抱有怨恨。所以我要保全我的母牛只有两种办法：一是加倍出钱去买通对方的律师，由他出卖他的当事人；二是让我的律师尽量把我有理说成无理，好像那头母牛理应属于对方，这种办法如果做得高明，就一定会得到法官的眷顾。"这段文字表述了两层涵义：其一，揭示了律师的本质，他们与讼棍无异，唯一的职业信仰就是罔顾事实、黑白颠倒。他们不遗余力地在淳朴民众之间煽风点火，挑起争端，然后跃跃然主动请缨，以赚取佣金。其二，关于法庭审理案件，并非依据事实作出裁决，而是偏向于理亏词穷一方，甚至已经形成职业习惯。这里斯威夫特用反讽的手法对种种失去公平与正义的法庭裁决进行了辛辣揭露，义愤填膺、竭尽挖苦，虽不免言过其词，却也体现了其对当时英国社会司法状况的深切忧虑与谴责。

接着，格列佛进一步阐述了何为"法官"职业、何谓"司法判例"。在他眼中，法官的职责即"判断一切纠纷与审判罪犯"，但是由于法官来源于律师，而且只有"最精明老练的律师"才可能入选法官一职，因此我们现在看到的法官均"年纪较大，一生都在跟真理公道作对"，必然袒护"欺诈、伪证、暴虐等行为"。为了与公理和正义作对，这些法官"宁愿拒绝接受公理一方的大宗贿赂，也不肯做违反天性和本分的事，因为他们怕伤害自己的同行"。格列佛也详细阐述了刑事判例制度的来源与发展状况。认为判例源自如下准则，"凡是有前例可援的事，再发生这样的事就算是合法"，因此，"他们特别注意把以前所有违反公理、背叛人类理性的判决记录下来，管这些判决叫作'判例'，时时引以为据来替不法行为辩护"。"辩护时，他们有意避而不谈案件的本质，只管高声叫喊、态度粗暴、啰啰嗦嗦地讲一些毫不相干的话。就以上面提到的那个案件为例，他们根本不问对方究竟有无理由和权利占有我的母牛，却一味地问那头母牛是红色还是黑色，角是长还是短，牧场是圆还是方，在家里挤奶还是在户外挤奶，它容易患什么病症等问题。然后他们就翻查'判例'，一再把这案件搁置，等过了十年、二十年甚至三十年以后才作结论。"上述文字应该是西方文学史上针对英美法系判例制度所作出的最辛辣的解构与讽刺。

谈及立法技术、法律言辞与普通公民理解间的距离，格列佛感到非常迷惑，认为这群人发展出一套自己的"行话"，晦涩深奥，老百姓是不可能了解的。而所有的法律均以行话谱就，彻底断绝了百姓参与其中的念头。不仅如此，法律人还特别注意法律的"修订"工作，目的是借助该种方法混淆是非。谈及司法过程中实体正义与程序正义之间的关系，格列佛对英国的司法制度不以为然，将其评价为处于本末倒置的状态。"他们审讯叛国罪的方法却要简单得多,这是值得称道的。法官首先探一探有权有势的人的意见,然后他就能轻而易举地决定把罪犯绞死还是赦免,在审讯过程中居然还可以严格遵守法律程序。"

作为刑法学研究脚本,《格列佛游记》对西方刑法思想的贡献尤为可贵。斯威夫特以童话形式对英国司法弊端逐一揭露,寓真于幻,涉及司法领域一系列敏感话题,思想深刻、笔锋锐利、评论老道,显现出颇深的法学造诣。盘点全文,斯威夫特的视野涉及刑法制度的各个层面。

法学理论层面,斯威夫特提出"诚信至上""知恩图报"的美德应当被奉为国民性的基石,这也是一国国君治理国家、立法断案的基本准则。斯威夫特断然否认了刑法作为一门学科的"科学性",着重强调它的自然理性,认为所谓的"科学性"不过是人们为了自己的私利对自然法的歪曲与谬解;同时,斯威夫特坚持认为,刑法的本质只能是正义而非功利,如果以功利为导向规制立法与司法,刑法在民众心目中的威信与庄严将不复存在。涉及国家统治权的合法性,斯威夫特明确指出,国家统治权来源于暴力,来源于血腥的火药枪炮等杀人机器,君主正是借此"成为属下人民的生命、自由和财产的绝对主宰"。

立法层面,斯威夫特提出科学的立法原则——一是简洁性,禁止繁复冗杂的语句出现在法律条文中;二是浅显性,每个老百姓都能读懂每一条法律的涵义;三是明确性,同一个法条禁止有两种以上解读的可能性,这是为了避免在适用法律时对其进行任意解释。总之,立法"贵在简洁明确",立法者需要提高立法技术,尽力缩小法律与公民理解力之间的距离。可以看到,斯威夫特所倡导的立法技术正是日后西方刑法学"罪刑法定"原则之"法定"的应有之义。

司法层面,斯威夫特对"刑事被告辩护权的充分享有""效率与正义的关系""民意对判决的影响""法律解释的本质"以及"判例的实质"等问题进行了深刻反思,文中亦涉及对"律师与法官的职业道德"的深刻思考、"程序正义与实体正义"关系的探讨。上述诸多话题,作为刑法学的基础理论,直到今天依然有着旺盛的生命力,发展为整个法哲学界、法理论界广泛深入思考的靶点。

在国家制度与刑事政策层面，斯威夫特提出了"冤案国家补偿制度"和"以赏罚为枢纽"的国家刑事政策的设想，并进一步详细总结了殖民国家发动战争的原因，强烈谴责了该种战争的非正义性与荒谬性，是民众犯罪的渊薮。

整部作品中，斯威夫特以反语的文学修辞手法对上述刑法思想进行了概括，其中不乏揶揄、讽刺、嘲弄之口吻，或者诟病现实社会的司法制度，或者赞美童话世界的理想制度。斯威夫特不随波逐流，敢于发出真实声音，在厌恨与悲观背后，深藏着不为人所理解的忧世情怀。我们能够从这些亦幻亦真的图景中捕捉到诸多西方近现代刑法思想的萌芽，从作者嬉笑怒骂的戏谑中触摸到一颗充满正义与激情的、怦然跳动的心。著作发表后不久，斯威夫特就带着对人类深沉的爱与激烈的恨去世了。辞世前，他已经为自己撰写好墓志铭："他去了，狂野的怒火再也不会灼伤他的心。"[1]

《格列佛游记》是启蒙思想史上一座难以跨越的高峰。作为激进民主派的创始人，斯威夫特对统治者的酷刑暴政怀有强烈的仇视甚至憎恶，对挣扎于社会底层的百姓则充满了温情与怜悯。对民族独立与解放的热情向往，使他突破了思想家耽于冥想的桎梏，积极投身到追求民主与自由的实践中，此时的文学创作便成为他向社会进攻的有力武器。他对西方特权阶层施以致命报复，首当其冲被评点与挖苦的，即是当时之英国，亦即世界上第一个正在成型的"现代文明社会"——政权更迭、司法腐败、工商繁荣、物欲张扬、殖民战争发动频仍，这一切构成了当时英国社会发展的主旋律。而斯威夫特则敏锐地发掘出帝国在特殊背景下的种种弊病，痛下针砭。

具体分析，书中主角格列佛具有与红极一时的鲁滨逊迥然不同的精神历程——他没有成长为合格的社会中坚力量，而是变成了主流社会的异化者与批判者，从而否定、摒弃了出自笛福之笔的鲁滨逊式的自我提升的人生计划。可以说，很大程度上，《格列佛游记》是对鲁滨逊们的强烈批判，斯威夫特故意营造出

---

[1]〔英〕乔纳生·斯威夫特：《格列佛游记》，张健译，人民文学出版社1979年版，序。

相似的背景，正是为了凸现二者精神上的决裂。我们不难从其所描述的似乎陌生而古怪的事物中辨认出现实社会中熟悉的事物，辨认出人类自身的局限，看到荒谬中的常情、常情中的悖理。在游记最后一部"慧骃国游记"中，斯威夫特将矛头直指罪孽深重、淫秽肮脏、愚蠢贪婪、毫无理性的人类，将对社会现状的批评转化为对人性的怀疑，激烈的言辞与前卫的思想令整个社会惊异不已。很多启蒙思想家甚至认为，"耶胡"的塑造是全盘丑化人类，斯威夫特具有"仇恨整个人类"的恶癖，将其视作疯人。事实上，斯威夫特谈及的"耶胡"的"天性"，所折射出的正是18世纪英国人的言行方式，展现了生产与生活方式长足发展之际的特定世态与心态。

尤为值得一提的是，斯威夫特是启蒙思想时期首先向"理性主义"提出挑战的先行者。当格列佛向马国国王介绍了英国统治者的种种腐化堕落以后，国王断言："虽然耶胡具有几分理性，却足以助长他们腐化堕落的程度与速度。"如此，斯威夫特逆启蒙学派之观点，将"理性"认作人类堕落的帮凶，将日益被"文明"掩盖的人类的肮脏生理、心理活动暴晒于光天化日之下，不能不说其具有天才般的预见力与洞悉力——半个世纪之后，法国思想家卢梭认为，人类文明是一切罪恶的渊薮，提倡人们"返回自然状态"，这种观点与斯威夫特不谋而合。

第七讲
浪漫的工具理性：法国启蒙思想时期文学作品

讨论文本

- 《波斯人信札》
- 《如此世界》
- 《修女》
- 《社会契约论》
- 《爱弥儿》
- 《忏悔录》
- 《查第格》
- 《天真汉》
- 《拉摩的侄儿》
- 《论人类不平等的起源和基础》
- 《新爱洛伊丝》

导言

17世纪，法兰西在君主集权的统治下展现出一派繁荣；进入18世纪，法兰西民族再次掀起了反封建、反教会的思潮，并发展为整个西方启蒙运动的中心，直接导致了1789年法国资产阶级革命，宣告了人类崭新政治制度的诞生。与英国不同，法国的启蒙运动直接负有教育群众摆脱愚昧、学会理性思考、引导其摆脱封建专制和宗教迷信的重任，因而具有极强的冲击力、压迫力。

法国启蒙运动的核心是理性。为了实现自由、平等、博爱等天赋人权的理想，文学作品成了启蒙思想家宣扬哲理、启发众智的有力工具；这个时期，亦涌现出一大批西方世界文学史、哲学史、法学史上的传世巨著，其中最为著名的启蒙思想家是孟德斯鸠、伏尔泰、狄德罗与卢梭。启蒙文学作为启蒙运动的重要组成部分，在历史上扮演着资产阶级革命前夜舆论指针的角色。本讲从启蒙思想家的著作中选取了十一篇经典文学，作为研究解读同时期罪刑观的脚本，这些作品的体裁多样、不拘一格，语言活泼生动、优美清新，寓意深刻隽永且包含极其丰富而严肃的思想，历经数百年依然熠熠生辉。透过对这些经典文学的解读，我们可以大略了解到在18世纪风起云涌的启蒙思想时期，启蒙思想家是如何教会西方人开启、运用宝贵"理性"的历程，他们引导民众将宗教、自然、政治制度、法律制度等一切均放置于"理性"的法庭面前，衡量其合理与否；从自然法的高度称颂理性精神，同时肯定人类自我感情的天然性与合理性，希望创造人与人之间平等、自由的社会法则。

"法意"之雏形：孟德斯鸠与《波斯人信札》

知识链接

查尔斯·路易·孟德斯鸠（Charles Louis Montesquieu，1689—1755年）是法兰西第一位真正意义上的启蒙思想家、法学家、文学家，出生于法国波尔多附近的拉布雷特庄园，自幼受到良好教育，对法学、史学、哲学和自然科学都有很深造诣。孟德斯鸠19岁获得法学学士学位、出任律师，1714年担任波尔多法院顾问，1716年继承波尔多法院院长职务，获封男爵。1726年，孟德斯鸠出卖了世袭的波尔多法院院长职务，迁居巴黎，专心于写作和研究，于1730年当选为英国皇家学会会员。

图7-1 查理·路易·孟德斯鸠

《论法的精神》（1748年）是孟德斯鸠穷毕生精力完成的一部巨著，包涵了其在哲学、社会、政治、经济和宗教等诸方面的思想总结；这也是一部人类法律的"自然史"，阐述了人类法律发展的前提，探讨了公民自由的条件及其保障。孟德斯鸠提出的著名的三权分立理论，奠定了近代西方政治与法律的基础，并直接为其后法国资产阶级革命做了广泛的舆论准备和理论铺垫。

今天，当法学学者谈到孟德斯鸠时，脑海中往往浮现《论法的精神》这部法学著作；却鲜有人知晓，在《论法的精神》发表前二十年，孟德斯鸠曾经撰写了一篇启蒙哲理小说[1]——《波斯人信札》（1721年），讲述了波斯贵族郁斯贝克和黎加游历欧洲特别是游历法国的故事。

波斯贵族郁斯贝克因不满宫廷黑暗与政治腐败，受到排斥打击，遂奏准国王，带了青年黎加，游历西方诸国，考察风俗民情、政治经济、政体法律、人文宗教，最后辗转到了巴黎。波斯的宗教与法律都许可一夫多妻制，郁斯贝克在伊斯法罕内宫留下一大群妻妾，由阉奴严加看管。郁斯贝克与妻妾频传书信，互诉离情别恨、相思盼归之情。然而，既是流亡，他有国难返，年复一年，归期渺茫。久而久之，内宫逐渐生变，妻妾多有越轨行为。郁斯贝克勃然大怒，命令阉奴残酷镇压，激起内宫女人们的仇恨和反抗。[2]

整个故事以郁斯贝克与妻妾、阉奴总管的信件为主线，穿插了郁斯贝克与朋友之间对政治、宗教、法律的随笔思想。小说出版后，宫闱秘事新鲜刺激，议论戏谑生动活泼，吸引了大批读者，孟德斯鸠喜出望外，记录道："《波斯人信札》一开头销路就如此惊人，我真是非常高兴，但是请读者注意，本书的全部风趣，在于杜撰情景与真实事物间永恒的对比。在《波斯人信札》中，最讨人喜欢的就是不知不觉地发现了一种小说。在通常的小说中，题外的话是不允许的，但是用

---

[1] 法国启蒙作家创立的一种新型小说。这种小说虽有人物、情节，但它不注重环境与人物的描写，而是以人物活动为主线，融叙事、议论、抒情、讽刺于一体，表现作家关于政治、法律、道德、文学方面的启蒙观点，富于哲理性。代表作如孟德斯鸠的《波斯人信札》、伏尔泰的《老实人》、卢梭的《爱弥儿》等。参见南帆、刘小新、练暑生：《文学理论》，北京大学出版社2008年版，第89页。
[2] 梗概及本节所有引文来源于〔法〕孟德斯鸠：《波斯人信札》，罗大冈译，人民文学出版社2000年版。

书信的形式，可以将哲学、政治、法律、道德都用同一条秘密的锁链贯穿起来。"[1]

图 7-2 波斯帝国盛宴情景

可以看到，《波斯人信札》的意义和价值，首先在于它丰富而严肃的思想，反映了法国社会变革前夕人们的思想状况及变化，为后来资产阶级大革命的爆发做了舆论准备，也为孟德斯鸠后来写作《论法的精神》打下了感性、初步的基础。它所提出的不同寻常的思想与见解，在《论法的精神》中得到进一步阐述、修正、发展与系统化。

众所周知，孟德斯鸠最重要的著作有三部，即《论法的精神》《波斯人信札》和《罗马兴衰原因考》（1734年），其中《罗马兴衰原因考》可以看作《论法的精神》提前发表的一章，因此，归结起来其代表作只有两部——《波斯人信札》与

---

[1] 〔法〕孟德斯鸠：《波斯人信札》，罗大冈译，人民文学出版社 2000 年版，第 285 页。

《论法的精神》。前者是文学作品,后者是关于法律制度的政治学著作。二者体例不同,精神内蕴却浑然一致。可以说,孟德斯鸠在《论法的精神》中提出的重要意见,在《波斯人信札》中几乎均已萌芽,只不过一些思想在《论法的精神》中得以更细致化、系统化的表述;反过来说,《波斯人信札》作为小说,却比《论法的精神》更富有生活气息、更富有说服力,因而也拥有更多平民读者,这可以从《波斯人信札》在孟德斯鸠生前就再版二十余次的事实中得以印证。从作者的角度看,孟德斯鸠从1709年至1720年花了大约十一年的时间酝酿作品,初版由一百四十余封信组成。其后三十年间,包括《论法的精神》发表后,孟德斯鸠对《波斯人信札》不断增补,修订达二十余次。至1754年,孟德斯鸠逝世前几个月,他还在对《波斯人信札》进行修改与润饰,最终定本为一百六十余封书信,足见孟德斯鸠对该部小说的喜爱与重视。以下将以信件撰写顺序为线索,探讨这部小说中蕴含的刑法思想。

在第11封信至第14封信中,郁斯贝克讲述了"穴居人的故事"。"阿拉伯有一个原始民族,叫穴居人。他们个性残暴,彼此间没有丝毫公平与正义原则。国王对待他们十分严厉,于是他们发动叛乱、杀死国王、灭绝王室。事变之后,他们会合在一起推举共和政府。经过无数次争执,设立了一些官职。但是,官员刚刚选定,大家立刻觉得官员约束大家的自由,又把他们统统杀死。人们彻底摆脱了束缚,一味按照他们的野蛮本性行事,认为再也不必服从任何人,各人只关心自身利益。"故事集中反映了孟德斯鸠秉持的国家观与法律观。这段描写即预设在国家与法律产生之前,原始人的"自然生存状态"——野蛮残暴、混乱无序,宛若战场。在推翻封建国王的暴力统治之后,国家进入共和国状态,而此刻国家法律尚未制定,公众的政治素养亦远未达到共和政体所需程度,悲剧必将上演。这群未受教化、本性野蛮的民众一旦品尝到绝对自由的甜头,就一发不可收拾,联合起来杀死一个又一个自己推选出来的执政者,人与人之间再无信任与合作可言,每个人为了自己的利益可以为所欲为,整个社会堕入可怕的无政府状态。杀死了封建国王、又推翻了若干共和政府后的穴居人社会继续向前推进,其后接连发生了五个有趣的故事，每个故事均蕴含着深刻的法哲学思想。

故事一：穴居人土地质量并不一致。一些地区多山，一些地区低洼。天气旱时，高地寡收、洼地丰收；雨水多时，高地丰饶、低地淹涝。由于人们冷酷无情、只顾自己，国土中总有一半人遭受饥荒。

故事二：有一个人的妻子异常美丽，邻人将她抢走。丈夫与邻人大骂大打之后，均同意找另一个穴居人决断，那人在共和国存续期间曾颇有威信。但那人却说："这女子属于你或属于他，跟我有什么关系？我有我的地要耕，我不能浪费自己的时间替你们排难解纷。"说完便转头去种自己的地。两人之中掠夺人妻的邻人比较强壮，宁死不肯交还妇人；丈夫眼看邻人如此卑鄙，仲裁者如此冷酷，满怀懊丧地走向归途。路上，他发现一个妇人年轻貌美，并听说她就是那位对他的不幸无动于衷的仲裁者的妻子，就把那女子抢走，当作自己的妻子。

故事三：穴居国中，两个邻人勾结，强占了另一人极肥沃的田地。两人之间缔结联盟，相约谁要来抢夺那块地，就一同抵御。于是他们彼此支援，继续数月之久。一天，两人中一人觉得一切本可独占，老是与人均分实在不胜其烦，遂杀死另一人，成了田地的唯一主人。而这样的局面并不久长——另有两个穴居人欺他势孤力弱、不能抵御，前来袭击，将他杀死，占有了肥沃田地。

故事四：一个穴居人身上一丝不挂，见有羊毛待售，打听价钱。卖羊毛人心中盘算："我的羊毛也就只希望卖到两斗麦子的钱，可是我要抬价四倍，借此获得八斗麦子。"购者无奈，只好照价付钱。"我很高兴，"卖羊毛者说，"现在我终于可以买到麦子了。""你说什么？"购羊毛者问道，"你需要麦子吗？现在只有我有麦子出售，就怕价钱会使你吃惊。因为你明白，现下到处饥荒，麦子贵到极点……还我买羊毛的钱来，我给你一斗麦子，否则哪怕你饿死我也不会脱手。"

故事五：一种凶恶疾病在穴居国肆虐。邻国来了一位医生，心地善良，本领很好，病人一经他手无不霍然而愈。但他到病人家中索取酬金时，却到处碰钉子，无奈回国。不久，他听说同样的疾病又变本加厉地危害那忘恩负义的国民。穴居国国民跑来求他治病。医生说："滚吧，不义的人们！你们的灵魂中有一种毒素,比你们想治疗的病毒更能致命;你们不配在大地上占一位置,因为你们不知道什么是公道与规则。神祇责罚你们,如果我治愈你们,就是违背了神的旨意。"

通过上述五个故事,孟德斯鸠列举出人类社会生存需要的四个基本条件:满足基本生存需要的物质条件、基本生活秩序的建立(财产所有秩序、婚姻家庭秩序、价值交换秩序)、恢复秩序的中立裁断者的产生以及诚实守信的国民性的养成。第一个故事阐述了国家政权在高效救济国民生存困境、合理调配国民生存资料方面的功能。区域性农业、政治、经济基础之上,应当存在一个更高的权威机构,能够灵敏、迅速地对区域间发展失衡的状态作出统一应对与调配,弥补地域间由于自然原因导致的基础性差异与衍生性失衡。民众的基本生物性需求是一项最重要的人权,目前看来,只有国家才能够对该种需求提供保障,这也是国家存在的基本原因之一。第二个故事描述了法律缺失语境下民众遭遇纠纷时的情境。由于与双方纠纷者没有利害关系的中立裁判者的缺位,由于公权力司法执行机构的缺失,导致民间私力复仇盛行,你抢我的妻,我夺他的爱,倚强凌弱、弱肉强食成为社会常态。第三个故事同样描述了法律缺席情境下的民众生存状态。这个故事涉及生产资料的分配。虽然穴居人形成原始的部落联盟,但是由于没有法律制度的存在,没有中立裁判者的存在,没有恢复社会秩序的公权力的存在,穴居人依旧信奉以大欺小之准则,在丛林法则中踯躅徘徊,私力复仇之循环往复逐渐将人类引向毁灭之路。第四个故事从生活资料的占有与交换之角度阐述国家与法律存在的必要性,如果没有法律对民间交换进行必要规制,没有具有强制力的机构对这种交换进行确认与保障,基于人之本性,每个居民个体将追求自身利益的最大化,忽略和压制他人利益的合理存在,博弈结果将是两败俱伤,连基本的温饱生存均难以保障,谈何进化与发展?因此,个人利益永远包含在公共利益之中,与公共利益强行剥离,不啻自取灭亡。第五个故事从国民性角度考察某一邦族部落的兴衰更替。公道意识与规则意识是每一个社会赖以生存与发展的基础,当一个民族的道德伦理基石轰然坍塌时,这个民族将丧失在自然中生存与发展的权利,等待这个民族的只能是灭亡。医生仗义行善,却屡遭穴居人欺骗戏弄,最后愤然离去。这个故事从另一个侧面说明了法律规则与伦理道义在构建健康国民性的过程中的重要地位。

上述故事从反面生动地阐述了穴居人如何由于自己的劣根性遭受灭亡的过程，他们成了自私贪婪、残暴血腥、背信弃义行为的牺牲品。这正是国家与法律产生之前，原始初民漫无秩序、朝不保夕的极端危险的生存图景。诚如霍布斯所言，这是一个"狼与狼"的社会，充满了"一切人对一切人的战争"。

随后，孟德斯鸠笔锋一转，给将要遭受灭族之灾的穴居国注入了一抹生机。"那许多家庭之中，只有两家没有遭受民族灾难。原来在那地方有两个很奇特的人。他们坚持正义、崇尚道德，却被不配与他们为伍的同胞深深排斥，在国内最偏僻的角落过着平静的生活。他们用德行教养子女，不断地给他们指出本国同胞遭受重重苦难的缘由，使孩子们正视这一可悲的覆辙；尤其使孩子们感受到个人利益永远包含在公共利益之中，要想和公共利益分离，等于自取灭亡。年轻一代幸福地繁衍起来，人数不断增加，团结却是照旧；由于更多的范例与称赞，所有人均加强了德行。"孟德斯鸠赞叹两位特立独行的穴居人之良好品格，坚持正义，崇尚天道，虽然被其他胞民所排斥，却依然坚守底线、从容应对。孟德斯鸠认为，与绝大多数穴居人逐渐衰亡的历史对比，这两名穴居人的家族开枝散叶、繁荣发展的事实恰恰解释了个人利益与群体利益的紧密依存关系，并且从另一个角度阐述了社会环境对国民性养成的重要影响，人类是天生的群居动物，离开群体社会人类必将难以繁衍生息，个人利益包含于集体利益之中，如果非要强行剥离，必然会造成两败俱伤。

接着，孟德斯鸠将目光转向人类社会发展的痼疾——战争。他认为，战争固然是人类社会之普遍存在，但是客观而言，所有战争大致可以分为两种类型：正义之战与不义侵略，二者归途迥异。正义之战占据天时地利人和，得道多助；不义侵略的发动者内心怯懦，动机卑劣，必然失道寡助。"这支穴居族那么繁荣，不能不引起别人眼红。邻近民族啸聚成群，决定掠夺穴居族的牛羊。穴居人得知这个消息，派遣使者对他们说：'穴居族并没有偷你们的牛羊、妇女、田地。你们需要什么，我们会帮助你们；但你们若怀着敌意进入我们的国土，那么我们就指天为誓，必用对付野兽的手段对付你们。'外族人拒绝了讲和，全副武装侵入穴居族地域。穴居人将妇女和儿童围护在中间。那些卑怯的族类，所求的无非赃物，并不以逃亡为可耻；面对穴居人的勇敢，他们大败而去。"

此时的穴居国经济繁荣、人口众多、攘除外患、政治安定，立法时机已然成熟，人们开始推选国君、酝酿立法，一致认为必须将王冠戴在最公正的人头上。最终，大家的目光聚集在一位睿智非凡、年高德勋的老者身上。但是这位老者却拒绝参加集会，寝食难安。当他得知当选为国王后，竟然仰天长叹："穴居族犯此过错，必定拂逆天意！"面对民众不解的目光，这位智者将缘由娓娓道来。"当我来到世上，看见穴居人都是自由的，今日却眼看他们作了我的顺民。"说到这里，他泪如泉涌。接着，他用严厉的声音喊道："我明白是怎么回事了，啊，穴居人！你们的德行已经开始成为沉重包袱！道德的束缚对于你们也许太严峻了，你们宁愿拜倒在君主脚下，服从他的法律，这比严肃的风俗反而灵活些。你们将以不触犯刑法、不被刑罚惩罚为满足，至于美德，就根本不谈了！"老人停顿了一下，眼泪流得更加汹涌："唉，你们打算叫我干什么？我怎么能命令一个穴居人去做一件什么事？难道你们愿意他因为我的命令而去完成一桩道德高尚的举动？虽然即使没有我，单凭他自然的倾向，他本来也能这样做。啊，穴居人！我年寿已尽，不久就要和列祖列宗重新见面。为什么你们愿意我使祖辈难过，非让我告诉他们，说我留在你们颈上的枷锁，不是美德，而是什么别的法律。"这个故事中，孟德斯鸠涉及对"人类自由与君主专制"之间的关系的探讨，矛头直指封建政体。与高尚的、天赋的、自然的人之理性相比，关于制定法在群体社会中的作用，孟德斯鸠似乎并不以为然，并提出了"刑法不过是人们借以摆脱道德拘束之工具"的论断。孟德斯鸠认为，17世纪"王权崇拜"思想的萌发，来源于人类的劣根性——美德的束缚过于严峻，所以大家"宁愿拜倒在君主脚下，服从他的法律"，只有如此，人们才能纵情于享乐奢靡中，以不触犯刑法、不被施以惩罚为满足。穴居国智者的独白一针见血地点明了人类为自己套上枷锁的历程以及制定法律与自然理性之间的关系,其中蕴含的深刻哲理令人不得不掩卷深思、感慨良久。

第 29 封信中,孟德斯鸠猛烈抨击了当时刑罚的残酷性以及罪刑擅断、奉行"有罪推定"的悖逆人性的司法惯例,对宗教思想参与刑事审判的司法制度予以全面否定。"他发誓,说他是个正统派……仍将他作为异端,活活烧死。毫无分辩的余地——等人们想起听他分辩,他早已成了灰烬。别的裁判者,推测被告可能无罪;上述裁判者,总推测被告有罪。如遇疑难,他们裁判的准则就是从严处理。显然因为他们认为人都是恶劣的。"有罪推定、严刑酷法、剥夺被告人辩解之权利,动辄被架上火刑台,这就是教会刑法时期的司法状态,人类文明与良知在这一幕幕惨剧面前畏而却步。孟德斯鸠着重强调,事关宗教信仰的裁判应当避免适用刑罚,因为"宗教与刑罚都是使人畏惧的力量,以一种畏惧来代替另一种畏惧,容易使人的心灵变得残酷起来";不仅如此,"一些在其他事情上公正不阿的法官,一旦涉及神学的幻影就不再公正,他们浸浴在血泊中还以为是符合神明的意志"。

第 76 封信中,针对西方当时普遍将"自杀行为"入罪的刑律,孟德斯鸠一连使用数个反诘句,怒斥该规定的荒谬性与残忍性。即使在二百余年后的今天,这些质疑依旧铿锵有力,令人深思。"在欧洲,对于自杀的人,刑律制裁非常严厉,可以说是再一次将他们处死。人们毫不顾全自杀者的体面,将他们在街上拖来拖去、羞辱他们、把他们的财产充公……"孟德斯鸠无法忍受这种法律规定,理由在于该种法律丧失了基本的公道性与合理性。当一位公民经受贫困、痛苦之时,自杀行为即手中唯一握有的解药;当一位公民不愿参与社会群体生活时,也就不必再要求其履行职责。同时,孟德斯鸠质疑契约论中公约的合法性,并非每一个社会个体均参与其签订过程,为何能够命名为"公约"?既然社会是建立在互利基础之上,当某一社会对于公民个体而言已经成为负担,又有什么理由阻止后者离弃社会?另外,如果某一庶民丝毫不能从这种结社中获取利益,为何仍然逼迫其臣服于君主?特别值得我们注意的是,孟德斯鸠借题发挥,阐述了公民与既定法律间的"契约关系",明确指出,当契约的成立未得到受其约束者的同意,或者契约的履行未能带给参加者任何恩惠时,参加者完全有权以各种暴力与非暴力方式否认契约的效力。

第 80 封信中,孟德斯鸠提及刑法学理论中的量刑理论,提出"刑罚宽和""罪刑相适""刑罚的威吓作用"等思想。首先,孟德斯鸠认为刑罚比例必须适当,针对不同性质的犯罪,应当适用不同严厉程度的刑罚,"无论政府温和或酷虐,惩罚总应有程度之分;按罪行大小定惩罚轻重"。其次,刑法应当具有宽和性。"最完善的政府,是能以较小代价达到统治目的的政府。""一个法国人受了某种惩罚,声名扫地,懊丧欲绝;同样的惩罚施之于土耳其人,恐怕连一刻钟的睡眠都不会使他失去。我并未看见在土耳其等国犯罪较少,也未看见那地方的人被严刑重罚所慑服因而比别处更遵守法律。我发现那里的君主,虽然本身就是法律,却比任何别处更不能主宰一切。"此处,孟德斯鸠借用实证主义研究方法,提出如下观点:理性政府的衡量条件之一,即是否能够以较小代价达到统治目的,刑典的轻重并非绝对,不同国家与政体培育了不同的国民性与刑罚环境,这些因素对于刑罚的轻重缓驰均会施加影响。一般而言,刑罚具有威吓作用,但是任何一个国家的社会秩序不应单纯依靠这种威吓来维持。政府手段的温和或者酷虐与民众素养密切相关,正如"八天监禁或轻微罚款对于一个生长在温和国家的欧洲人,其刺激的程度不下于割去一条手臂对于一个亚洲人的威吓"。如果一再奉行"乱世用重典"之精神,那么这个国家的政权就岌岌可危了,因为"在这些国内发生的并非小小的叛乱,从怨言偶语到揭竿而起,两者之间决无距离"。当然,我们也应当注意到,该作品的研究结论明显夸张与偏激,从中我们能够读到孟德斯鸠浓厚的"唯西方中心主义"情结以及面对东方民族显而易见的傲慢、侮辱与歧视。

第 94 封信中,孟德斯鸠以"人生来具有结群而居之本能"为理论基础,生动解释了人类社会的成因。该思想与苏格拉底、亚里士多德关于社会、国家的成因理论基本一致。以此为基础,孟德斯鸠谴责西方世界"公法原则"已经丧失殆尽的现状,而以刑法为主要组成部分的"公法"本应秉承正义与理性之职责。"人谈公法无不先仔细寻求社会来源,我颇觉可笑。人若相互逃避、憎恶结群,才是怪事。乳儿恋母偎父,天性使然,此乃社会成因。公法在欧洲比在亚洲更为人所熟知,然而,可以说君主的嗜好、人民的隐忍、作家的恭维却腐蚀了公法原则。这法权,按今天状况是一种科学,它教给国君们可以把正义破坏到什么程度而不影响自己的利益。为了硬化他们的良心,企图将不公正的行为列成制度、订出规条、形成原则、作出结论,这是什么居心!"与斯威夫特在《格列佛游记》中所持观点一致,孟德斯鸠亦尽情嘲笑法律被当作一门"科学"的荒谬性,认为公法的社会来源无需探讨,它源自人类结群而居之天性,恰如乳儿恋母偎父之情。但是在欧洲,公法已然沦落为"君主的嗜好、人民的隐忍、作家的恭维"之产物,被君主当作工具理性来为自己的专制与独裁进行辩护,这不能不说是对造物主的蔑视与对人性的背叛。同时,孟德斯鸠对于刑事立法亦颇有微词,认为其唯一作用即担当国君的保护伞,假法律之名行龌龊之事,因此,孟德斯鸠认为成文法典的唯一作用就是为了"硬化他们的良心",如此才能将法律列成制度、订出规条、形成原则、作出结论。

第95封信中,孟德斯鸠对战争的性质作了划分,以国家之战争与刑罚之适用作对比,强调了刑罚权的正当性以及罪刑均衡原则的合理性,并且得出饶有趣味的结论。孟德斯鸠认为,世界上有两类战争具有正义性,一类是为了抗拒敌人侵袭而发起的防卫性战争,另一类是对陷入困境的同盟者施以援手。如果说战争发起国为刑事司法过程中的裁判者,那么交战对方则是被宣布为死刑的犯罪人,由于宣战必须是合乎公道、正义的行动,因此刑罚必须与其过错相称,必须考虑宣战的对方是否该当处死,因为在战争法中,"对谁宣战,就是想用死刑惩罚他";在公法中,最严厉的正义行动就是战争,它可能造成摧毁整个社会的效果。除了上述两种战争可以被冠以正义称号,采取报复手段是次一等的正义行动,这种情况下要以对方事实行为的罪恶程度来衡量刑罚。第三等级的正义行动涉及被占领国君主能从我方获得某些优厚条件的情况,当然仍须惩罚与被罚者的妄行相称适。第四等级的正义行动应当是最常见的，亦即废除与令人不满的人民之间的盟约，这种惩罚相当于法庭宣判驱逐出境，使罪人与社会隔离。

第 104 封信总结了英国的国民性格，并对比分析了与其性质相符合的政治、法律体系之特征。从整个欧洲而言，服从本国君主的程度各有差异，"例如英吉利人脾气急躁，不让英王有足够的时间加重他的权威"，因此"屈服与顺从是英国人最不自鸣得意的品德"。英国人仅认可一条可以维系人心的纽带，那就是感激之情。事实上，在家庭内部存在的夫妻、父子之情，即维系人间秩序最为普遍也是最为稳固的纽带；感恩之情，虽然动机不一，这种关系却是所有国家与社会的起源。君主与臣民之间的关系亦如此。当君主的统治非但无法赐予人民幸福，反而对人民的精神与肉体横加摧残时，人民服从君主的基础即不复存在，人民有权利恢复原始的自由状态。英国人认为，任何无限制的权力不可能是合法的，原因在于权力之根源非法。总而言之，孟德斯鸠讲述了三个层面的意思：其一，"感恩之情"是所有社会与国家的起源，而非暴力与强制、屈服与顺从之对立关系。其二，如果君主对国民精神与肉体加以蹂躏摧残，国民有权而且也应当恢复本来的自由状态。其三，任何无限制的权力即为非法。

对英吉利国民性进行剖析后，在第 78 封信、第 102 封信至第 122 封信中，孟德斯鸠详尽论述了欧洲、亚洲、野蛮人、殖民地等诸多国家与地区关于物产增殖、人口增长的话题，从地理、历史、气候等多方面分析了影响一国国民性养成的诸多因素，俨然是其《论法的精神》中地理风俗决定论的牛刀初试。孟德斯鸠认为，刑法宽缓的政体中，对国家的热爱、对羞耻的知晓、对道德谴责的畏惧，均可以作为有效的社会约束，防止成员犯罪；而一名合格、智慧的立法者，不应仅仅将目光聚集于对犯罪者的惩罚、对刑罚的适用，更应关注于优良社会风俗的养成以及对犯罪的有效预防，这就涉及犯罪预防的刑事政策。此处，孟德斯鸠将犯罪分为四种，配置不同的刑事处罚：其一是危害宗教的行为，对于这种犯罪者，可以隔离、剥夺其部分权利，但是不得以"为上帝复仇"之思想指导司法，否则容易造成刑罚冤滥。其二是违反风俗的行为，这种犯罪者存心作恶者较少，主要是违反了公序良俗所提倡的男女道德禁例,这些人之所以犯罪,多数是出于情欲与肉体方面的忘乎所以、对私人生活采取不自重的态度,因此应当对其施以罚金刑、羞辱刑、剥夺公权甚至宣布其为不受法律保护的人,不应判处死刑。其三是危害公民安宁的行为,也就是我们今天所说的违警轻罪或者违反了治安管理条例的行为,对这些犯罪者可以处以监禁、放逐以及矫正的刑罚处罚,处刑不应过重,刑罚设置应当主要针对危害行为的矫治与预防。其四是对公民安全进行侵害的犯罪,只有此种行为才是真正犯罪,因此刑罚应当体现出浓烈的报复色彩,因为"对于一个企图破坏社会整体安全的人,社会亦拒绝给予其保障与安全",此乃理所当然。

第 129 封信中,孟德斯鸠以戏谑、嘲讽的口吻对立法者猥琐、虚浮之形象大加鞭笞,并对"成熟性、整体性、通俗性、自然公正以及稳定性"等立法原则与技术进行剖析。"大半立法者均系见解狭窄之人,由于偶然原因位居众人之上。他们所参考的只是他们的成见与幻想,订立稚气的法律以为娱乐,在实际上与卑小精神符合。""他们投身于琐碎无用的细节中,钻在一些极其特殊的情况里——这说明他们才具窄小,只见局部,而不能用全面的眼光概括任何事物;他们往往只追随逻辑意念,而忽略自然公正。他们中若干人矫揉造作、不用通俗语言——荒谬至极!如果法律使大家不懂,如何能令人遵守呢?""他们常常毫无必要地废除已经存在的法律,将人民掷入必然被这些变换引起的混乱中。当人们发现法律太过严峻,由于某种公正感,认为有责任避免这种法律。可是这一种挽救方法是新的弊病。无论法律如何,必须永远遵守,并应当视为公众的良心,个别的良心必须永远与此符合。"可以看出,孟德斯鸠以反面事例总结了当时刑事立法的诸多弊端:第一,立法者自身素质低下,缺乏客观性思维与庄严的使命感;第二,视野狭窄,思路偏执,一叶障目不见森林,陷入个案特案,缺乏全面、宏观的视野与法哲学思维方式;第三,立法语言技术的残缺性,往往以深奥晦涩的语言编撰法典,民众难以理解,因此才会产生对法律文字的解释与涵义的歪曲;第四,未能保持既定法典的稳定性与延续性,立法者过于追求形而上学的意念,把玩逻辑、法典朝令夕改，忽略自然公正，引起司法适用与民众法治观念的混乱；第五，孟德斯鸠指出，必须强调法律的效力，即使是一部"恶法"，只要它没有被废除，人们就必须遵守，社会个体与法律的关系正如个别良心对公众良心的追随。

最后一封信，第 160 封信，是男主角郁斯贝克的宠妾罗克莎娜的绝笔信，也是《波斯人信札》中唯一涉及男女情感的信笺。罗克莎娜被发现与人通奸后，郁斯贝克勃然大怒，下令将她囚禁，待他回去审判，却未料到罗克莎娜会饮恨自戕。在这封绝笔信中，罗克莎娜坦然承认自己的不忠与越轨行为，"是的，我欺骗了你，我引诱了你的阉奴，我激起了你的忌妒心，把你这可憎可怕的后宫改造成行欢作乐的场所"，同时又质疑郁斯贝克剥夺他人幸福与自由的行为，认为正是这种霸权与不平等的夫妻关系导致了最终的悲剧。"你如何会这样轻信，以为我活在世上仅仅为了尊敬你的苛求？以为你自己可以放任恣肆，却有权利戕贼我的欲望？你在我身上丝毫没有找到爱情的极乐，因此曾经感到诧异。如果你曾经很好地认识我，就会在我身上发现强烈的憎恨。"事已至此，罗克莎娜悲愤交加却无力回天，她知道等待自己的将是无穷尽的羞辱与折磨。离世之前，罗克莎娜淡然坚定地向自己的主宰者宣示，"虽然生活在压迫中，虽然你禁锢我如奴隶，但我的心是自由的。我将你的律法按照自然规律加以改造，我的精神始终保持独立！"这封信与第 38 封信具有首尾呼应之意，在第 38 封信中，孟德斯鸠对女性附庸于男性的看法进行了批驳："关于自然法则是否要求女子顺从男子？不！自然从未规定这样一条法则。我们加于妇女头上的淫威是真正的暴虐。妇女任我们肆行暴虐，无非因为她们比男子温和，由此之故比男子更富于人道与理性。如果男子通理性的话，本应使妇女得到优越的地位。"罗克莎娜的血腥报复正是基于如此思想的笃行。很显然，孟德斯鸠以罗克莎娜的绝笔信作为全书的终结，是经过深思熟虑的。罗克莎娜认为自己也是人，她不愿做郁斯贝克的玩物，她渴望获取选择爱情、决定命运的自由权。她与郁斯贝克早已貌合神离，她早已决定瞒着郁斯贝克将囚笼般的后宫变为她接待情人、求欢行乐的密室。但是，她的秘密被阉奴们撞破了，她的情人被私刑处决了，她本人亦在等待着主人的冷酷裁决。此时的罗克莎娜已不是郁斯贝克想象中驯顺美丽的玩偶,而是化身为暴怒的母狮,自杀之前,甚至设计毒死了那群代表郁斯贝克专制暴力的阉奴。可以看到,《波斯人信札》中的后宫悲剧不是以郁斯贝克的胜利为结局,罗克莎娜是战争的战胜者。西方文学中,女性向来是感性主义的代表,灵魂中也保留着比男性更多的自然法则的痕迹,好一句"虽然生活在奴役与压迫中,我的精神却始终保持独立!"这句代表着"自然理性"的女性主义宣言,我们在安堤戈涅、美狄亚以及贝特丽采的口中都曾听到。借罗克莎娜之口,孟德斯鸠宣示了这样一个亘古不灭的规律——妄图主宰他人自由的人,始终处于嫉妒、猜疑的疯狂之中,绝不会感到幸福;压迫他人的人,将绳索套在自己颈上,并不断地收紧,最终也绝不会得到自由。这种思想与全书反对君主专制、反对侵略与压迫、尊重人权、主张公民自由等精神是契合无隙的。

最后,刑法学者尤为不可忽视的事实是,"近代刑法学之父"贝卡里亚于1764年发表了震撼欧洲的《论犯罪与刑罚》,这是人类历史上第一部对犯罪与刑罚原则进行系统阐述的著作,全书洋溢着伟大的人道主义气息,被誉为刑法领域最重要的经典著作之一。有趣的是,贝卡里亚在1766年写给他著作的法文译者莫雷莱的信中,谦虚地承认自己是《波斯人信札》的忠实信徒,并将自己的成就归功于"法国人写的书",正是这些书孕育了他的哲学思想,激发了他的人道主义情怀。"我把一切都归功于法国人所写的书。这些书唤起了我心中八年来一直遭受溺信教育扼制的人道情感。仅仅五年,我就完全转而相信这些哲理,并且成为孟德斯鸠《波斯人信札》的忠实信徒……"[1]由此可见,该书对贝卡里亚刑事思想形成的深厚影响。透过该部文学作品,我们期待着可以从另一个角度考察贝卡里亚罪罚思想与精神的人文源泉。

---

1 〔意〕贝卡里亚:《论犯罪与刑罚》,黄风译,北京大学出版社2008年版,第130页。

伏尔泰文学作品

知识链接

被誉为"法兰西思想之王"的伏尔泰（Voltaire，1694-1778 年），法国启蒙思想家、文学家、哲学家，本名弗朗索瓦·马利·阿鲁埃（法文：François-Marie Arouet），出生于巴黎一个富裕中产阶级家庭，其父是法律公证人，希望他将来做法官，但他对文学发生兴趣，后来成为文人。作为法兰西三个王朝[1]的见证者，其目睹了封建专制由盛及衰的过程，并预见变革风暴即将到来。

图7-3 伏尔泰

伏尔泰是启蒙时代第一阶段的代表，登上历史舞台的时间早于以狄德罗为首的百科全书派与激进民主主义思想家卢梭，倡导文学为社会改良和宣传启蒙思想服务，不懈地为争取生活与精神自由而奋斗，为正义与法律而呐喊。伏尔泰还是反暴政、反偏执、反酷虐的斗士，"他赞成什么，反对什么，整个欧洲都会倾听"。他曾因辛辣讽刺封建专制主义而两度被投入巴士底狱，作品被列为禁书，多次被逐出国门。[2] 伏尔泰不仅在哲学上有卓越成就，也以捍卫公民自由特别是信仰自由与司法公正而闻名，被誉为"法兰西思想之王""法兰西最优秀的诗人""欧洲的良心"。在伏尔泰传奇一生中，曾数次与刑事司法近距离接触——不仅因为作品言辞犀利两次被投入巴士底狱、继而被逐出国门；而且在流亡途中卷入"卡拉斯"案件，引起整个欧洲的关注。

卡拉斯是法国朗葛多克地区的图鲁兹的一位颇富声誉的商人，是个虔诚的新教徒，六个子女中有个儿子叫安东尼，原来信奉新教，后为了顺利进入大学学习法科，打算改信天主教。1761 年 10 月 13 日晚，安东尼吊死在门框上。该案落在一个狂热的天主教法官大卫手里，在天主教士们的煽动下，信奉天主教的民众群情激奋，

---

[1] 路易十四、路易十五、路易十六三个王朝。
[2] 参见〔法〕勒内·波莫：《伏尔泰》，孙桂荣、逸风译，上海人民出版社 2010 年版，"伏尔泰评价"。

纷纷指控卡拉斯一家为了阻止安东尼改信天主教而谋杀了他。卡拉斯全家身陷囹圄，卡拉斯受尽严刑，但未因此而认罪。尽管没有确凿证据可以证明卡拉斯一家人谋杀了安东尼，但最后仍以 8∶5 的投票结果判处卡拉斯车裂刑。1762 年，卡拉斯被执行死刑。惨案发生后，一位朋友将此事告诉伏尔泰，伏尔泰极度震惊。了解事情真相后，伏尔泰立刻着手为卡拉斯的平反而努力。他用了四年时间发动他周围的朋友、法国上流社会的贵族，甚至惊动了普鲁士国王弗里德里希二世和俄国新即位的叶卡捷琳娜二世向法国当局施加压力，使得卡拉斯案轰动欧洲。伏尔泰的申诉最后终于获得成功，1766 年，即卡拉斯遭受酷刑死去的第四年，巴黎法院撤销原判，法王赐予卡拉斯夫人 3.6 万金币作为抚恤金。[1]

另外，与"卡拉斯"案性质相同，教会操纵的法庭还对一位十九岁的骑士拉巴尔和一位年过半百的风水先生进行了残酷迫害，伏尔泰毫不犹豫、坚决果断地再次投入战斗，为二人奔走呼号，终于也使得两桩冤案得以平反。[2] 流亡期间，伏尔泰一直与外界保持着频繁通信，通信者国籍遍布欧洲，身份涵盖社会各个层次，成功地通过信件宣传了自己的启蒙思想。[3]

伏尔泰生前以史诗诗人和悲剧诗人著称，他本人亦将史诗与悲剧的创作视为主要工作，将中短篇哲理小说当作"儿戏之作"，认为不值得出版。然而，从 19 世纪上半叶开始，直到今天，伏尔泰的悲剧和史诗的读者日趋稀少，哲理小说却经受住了时间的考验，特别是《查第格》《如此世界》《天真汉》等作品已经成为 18 世纪启蒙文学最重要的代表作，被列入世界文学宝库，成为全人类的精神遗产。在西方思想史上，伏尔泰为人类争取自由与民主所作的不倦斗争为其赢得了巨大声誉，他的名字响彻整个欧洲，西方人至今仍然亲切地称他为"欧洲的良心"。

---

1 参见〔法〕勒内·波莫：《伏尔泰》，孙桂荣、逸风译，上海人民出版社 2010 年版，"伏尔泰评价"。
2 〔法〕雨果：《纪念伏尔泰逝世一百周年的演说》，程曾厚等译，载《雨果文集》（第十一卷），人民文学出版社 2002 年版。
3 据统计，仅保存下来的信件就有一万多封，与他通信的人数累计七百人之多。

启蒙精神的化身：《查第格》

《查第格》（1747年）以古代东方为背景，通过主人公曲折非凡的境遇，将许多新鲜风趣的故事连缀起来，给读者展现出一个似真亦假、虚实交融的奇异世界。伏尔泰笔下，查第格是一个善良正直的人，亦是启蒙精神的化身，他清心寡欲、明哲保身、富有渊博的知识，遇事具有非凡卓绝的判断能力。

查第格的政见中，包含伏尔泰所提倡的重要刑法思想。第一，涉及"法治与人治"观念的博弈，查第格被任命为宰相时，判案理政无不唯法度是瞻，断案清明、理政高效，因此深受民众爱戴，最为重要的是，在这种公正平等的社会氛围中，每个人均感受到法律的神圣而并不慑于其爵位的压力。第二，查第格严守三权分立之原则，广泛实施民主决议，决不干涉枢密会议的舆论，所有大臣均可发表意见。第三，涉及法官刑罚裁量权的合理适用。法官一定要主动作为行使量刑权，当法律太过严苛时，查第格依照案件情节与当事人的社会人格特征加以减轻。如果确实没有法律可引，他将会以该案为内容提起议案，要求议会讨论另立新法，务必保证每一个案例的判决公平合理。第四，查第格奉行宽和谦抑的刑罚观，"罚一无辜，不如赦一有罪"，这句流传各国的伟大格言便出自查第格之口。第五，查第格还非常重视立法的作用，深信"为民援助"与"使民戒惧"有同样重要的作用，只有当人民成为立法的参与者，才能更加衷心地去遵守它、保卫它。[1]可以看到，查第格的政见中包含着伏尔泰"法治而非人治""言论自由""刑罚宽缓""立法及时""恤刑为义""民众参与立法"等重要刑法精神。

邪恶与美德同在：《如此世界》

在《如此世界》（1736年）中，一位叫巴蒲克的男人接到神谕，因为柏塞波里斯城中波斯人太过混乱与放荡，所以伊多里埃希望巴蒲克去波斯了解一下那里

---

[1] 本节所有引文来源于〔法〕伏尔泰：《伏尔泰小说选——〈查第格〉》，傅雷译，人民文学出版社1980年版。

的人性究竟坏到何种程度,然后根据他的报告,决定到底是惩戒还是毁灭那座城市。

图 7-4 《查第格》插图,〔法〕西尔万·索瓦热

巴蒲克目睹了城中许多罪恶,人们如野兽般残忍地、毫无缘由地互相残杀,把人间弄得满目疮痍,惨不忍睹;到处是罪恶、污秽和痛苦;各行各业的人鬻官卖爵、贪婪腐败,坏事干尽;男男女女骄横不贞,放荡纵欲,不思悔改。巴蒲克认为:"伊多里埃有心毁灭一座灾祸连绵的城市,的确是件好事。"但是,随后他又发现许多慷慨豪爽、仁爱侠义的行为,以及情人之间的忠贞热爱,甚至那些通过腐败途径得到权力的人们当中,也有奉公守职之辈。巴蒲克心里又在祈祷:"这样一所可爱的城,伊多里埃想要把它毁灭,简直是跟大家说笑了。"深思熟虑之后,巴蒲克想出一个办法。他委托城中最高明的铸匠用各种金属、泥土、石子混合起来,造了一座小小的人像,拿去给伊多里埃,说道:"你是否因为这美丽的人像不是纯金打的或钻石雕的,就要把它砸掉、毁掉?"伊多里埃听了巴蒲克的详细报告后,抛开了惩罚柏塞波里斯城的念头,决定就让世界"如此这般"下去,

他感慨道:"即使不是一切皆善,一切都还过得去。"[1]

从法哲学角度考虑,伏尔泰在这篇小说中巧妙利用了辩证主义观点,透射出"犯罪是一种社会常态"之理念,认为只要是人类社会,就必定有犯罪现象存在。柏塞波里斯城中,人们如野兽般自相残杀、混乱无序,官场卖官鬻爵之风横行,贪污腐败已为常态,男女放荡纵欲、不思悔改,整个城市污秽不堪。但是,处于一片混沌的柏塞波里斯城中依然孕育着美好与希望,巴蒲克认为这座城市不应当是上帝所遗弃的荒蛮之地。他目睹了种种慷慨豪爽、仁爱侠义的善行,也曾被情人间的忠贞热烈感动得涕泪交加,甚至在那些通过腐败途径得到权力的人们当中,巴蒲克也发现了为数不少的"公正的法官、勇敢的军人与能干的政治家"。人类社会的良莠不齐令巴蒲克身心饱受煎熬,惊叹之下发出质疑:"不可思议的人类,这许多卑鄙和高尚的性格,这许多罪恶和德行,你们怎能兼而有之?"同时,伏尔泰摒弃了之前西方思想家普遍认可的"人性本恶"之观点,赋予社会个体以客观的综合性评价,认为卑鄙与高尚、罪恶与美德是自然人与生俱来的本性。因而人们不必谈虎色变,而是应该将其向正确方向引导,摒弃对犯罪人的歧视,注重对其的改造与教育。这与我们当今刑事政策中认为犯罪与社会之间存在辩证关系的观点非常相近。

另外,我们还可以看到,伏尔泰的此部作品显然是受到《旧约·创世记》中罪恶之城"索多玛城的毁灭"的启发而作,但观点与后者显然不同。同为被上帝即将遗弃之城,奉命调查的天使在索多玛受到了令人发指的欺凌与残害,民众表现出一种病入膏肓、死不悔改的整体恶劣道德观,天使因无法找出十个义人而在与上帝的赌局中认输,整个城市毁灭在熊熊烈火之中。而在柏塞波里斯城,巴蒲克看到的却是罪恶与美德共存的情景,因此向上帝的请求也被欣然允许,柏塞波里斯城继续在荣耀与耻辱中铿锵前行。我们可以从迥异的结局中观察到故事本身孕育的不同内涵。启蒙思想时期,启蒙者高举人性与人智之旗,将人之本性与

---

[1] 梗概及本节所有引文来源于〔法〕伏尔泰:《伏尔泰小说选》,傅雷译,人民文学出版社 1980 年版。

"原罪"成功剥离，强调人所具有的善恶二重性、情感多面性，因此不能仅从单一角度对立体存在的人类作出评价，既要尊重人类本身的善良共性，又要正视个体的差异性，这种辩证主义思维方式与宗教刑法时期基于"性恶说"而产生的论断是截然不同的。

蒙昧者的归化与变异：《天真汉》

《天真汉》（1767年）中所包蕴的对人类文明的讽刺意味比其他哲理小说更为直接。它巧妙地通过一个在加拿大未开化的"休隆人"部族中长大的法国青年的天真性格与法国社会现实的矛盾，以"自然人"与"文明人"之间的冲突表现了这个高度文明国度的文化矛盾，对自然法、自然理性赋予了崇高意义。天真汉"想说什么说什么，想做什么做什么"的纯朴习性受到社会习俗、法律、宗教的压制，荒诞与非理性达到了令人难以置信的程度；而当他努力按照这个社会的要求，以《圣经》作为自己的行为准则时，也同样引起惊世骇俗的后果，这就更有力地暴露了文明社会实际上并不存在唯一道德标准与是非标准的真相，暴露出文明社会是非颠倒、表里不一的特点，体现了伏尔泰对"自然理性"的尊崇与向往。

这篇小说里，伏尔泰以赞赏的笔调描写了天真汉"纯朴的德性"与"自然的人情"，首次提出"法律是自然的女儿"之论断。伏尔泰着重强调，自然法应当单纯源于人之本质，是"每一个精神健全的人心目中都有自然法的概念"，其他法律都是人为法，是基于战争或强权状态的产物，是自然法面对社会现实作出的一种妥协，只有自然法调整的社会才是理想社会。但是，伏尔泰并不认可卢梭提倡"回归自然"的思想，而是认为纯朴的人应该更"文明化"。在该种思想的影响下，伏尔泰将某些反封建的、启蒙的思想赋予天真汉，塑造了一个理性主义者的标本，安排"天真汉在监狱里学习各种知识，发展为一个具有高度文化修养的人"。小说的结局具有鲜明的反讽性，天真汉终于成为贵族上流社会的一员，而这个社会本来是与他纯朴的性格完全对立的。贵族资产阶级的"文明社会"同

化了主人公的天真，天真汉面对现实社会不得不低头妥协，这种结局虽然反映了伏尔泰思想难以突破的瓶颈——与后文所述的狄德罗有异曲同工之处，却也正说明伏尔泰作为一位成熟的思想家，他已经抛去了更多理想化甚至幻想化理论，对现实社会的痼疾有着清醒而深刻的认识。

伏尔泰的小说三部曲彰显了其卓尔不群的启蒙思想体系，其中饱含对人类、对社会、对政治法律的辩证主义分析，这位平易近人的思想者点燃了西方人对真理、秩序、民主的渴望之情与不倦追求。灵魂有生有灭，但是经灵魂塑造的时代精神永恒不朽。巴黎法国国家图书馆中，至今保存着伏尔泰的心脏，展柜前镌刻这位伟人的遗言："这里保存着我的心脏，然而，到处流动着我的精神"。[1]

图 7-5 《天真汉》插图（1977 年），〔法〕西尔万·索瓦热

---

[1]〔法〕勒内·波莫：《伏尔泰》，孙桂荣、逸风译，上海人民出版社 2010 年版，"伏尔泰评价"。

狄德罗文学作品中的刑法思想

知识链接

丹尼斯·狄德罗（Denis Diderot，1713—1784年），18世纪法国杰出的启蒙思想家、唯物主义哲学家、文学家，出生于法国兰格尔一个富裕的手工业者家庭，青年时代先后在兰格尔和巴黎天主教专科学校学习法律。狄德罗始终战斗在启蒙运动的最前沿，是第一部《百科全书》的主编，也是启蒙思想时期"百科全书派"[1]的领袖人物。狄德罗虽是法律科班出身，但厌恶专制王朝的法律，希望对其加以颠覆。

图7-6 丹尼斯·狄德罗

1749年，狄德罗因《论盲人书简》被扣上"思想危险"的罪名，被关进巴黎的文桑监狱（据说那时的巴士底狱已经关满了犯人），三个月后获释。《百科全书》第一、二卷出版后，书中承载的思想被教会派指责为"异端"，一位高等法院的大法官更是指着《百科全书》叫嚣："哲学家的书烧够了！现在该是烧哲学家本人的时候了！"[2] 如此险恶的状态下，多数《百科全书》作者陆续退出工作，只有狄德罗一人苦撑局面。恩格斯对此评价道："如果说有谁为了'对真理和正义的热诚'而献出了整个生命，那么，狄德罗就是这样的人。"[3]

狄德罗创作的小说并不多，长篇小说《修女》（1760年）因为主题涉及敏感话题，旗帜鲜明地反对教会制度，所以在其生前并未发表，三十多年后（1796年）才与民众见面。他的另一部小说《拉摩的侄儿》（创作于1762年）也是在其去世

1　18世纪中叶以后，法国启蒙思想家逐渐将力量汇集到《百科全书》的编写工作中。这部巨著总结了人类在自然科学、人文科学诸方面的建树，宣传唯物主义思想，打击封建教廷思想体系，为资产阶级世界观打下坚实基础。当时，几乎所有法国启蒙思想家均参与了这部《百科全书》的编撰工作，因而他们被称作"百科全书派"。
2　〔法〕安德烈·比利：《狄德罗传》，张本译，商务印书馆1995年版，第三部分"文桑的囚徒"。
3　〔德〕恩格斯：《路德维希·费尔巴哈》，载《马克思恩格斯选集》（第四卷），人民出版社1972年版，第228页。

以后（1799年）才得以重见天日，此时的法国已经接受了1789年大革命的洗礼。客观而言，正是这两部小说奠定了狄德罗文学声誉的基础——其反封建、主张民权的激烈思想不仅反映在《百科全书》以及哲理论文、政治论文中，更是渗透其文学作品中。《修女》与《拉摩的侄儿》之问世，带给西方人极大的惊喜——在文学世界里，狄德罗彻底扯去了以往温文尔雅、欲言又止的面纱，摒弃了一切学究气、说理性的行文桎梏，挥洒自如地刻画出一个与世人印象大相迥异的真实自我，并坦言自己对现有秩序的迷惘与愤懑；其卓越的胆识、不羁的口吻、深邃的洞识令所有阅读者惊骇与折服。

祭坛上的刺怨：《修女》

《修女》在法国乃至世界文学史上均占有重要的地位，当代著名小说家皮埃尔·戴赞誉它是"一部最激烈与最勇敢的书"。作品以大胆的思想、缜密的逻辑、流畅的文笔控诉了宗教对人性的戕害，揭露了发生在修道院内的种种鲜为人知的罪恶。这是一个虚构的故事，其创作素材却异常真实：素材来源一，发生在1758年轰动整个巴黎的"玛格丽特·德拉马尔"案件。巴黎龙桑修道院一名45岁的修女，名叫玛格丽特·德拉马尔，渴望借助法律手段恢复自由，向法院提出申诉，声称被父母强迫出家，要求推翻她的出家誓愿，准予还俗。最终，玛格丽特上诉失败，法院判决她终身幽禁于修道院，不得还俗，她只得在痛苦中度过余生。[1] 素材来源二，狄德罗于1741年爱上一位比自己大三岁的女子，其父极力反对，并强制将狄德罗关进离特鲁瓦三十余里的修道院，狄德罗在那里度过了一段生不如死的艰难岁月。[2] 素材来源三，狄德罗的姐姐曾经进入修道院修习，由于存在某种无法公开的原因，最后疯癫而亡。[3] 素材来源四，18世纪中叶的法国，私生

---

[1] 参见〔法〕狄德罗：《修女 拉摩的侄儿》，陆元昶译，译林出版社2006年版，作者序。
[2] 转引自刘扳盛：《法国文学名家》，黑龙江人民出版社1983年版，第87页。
[3] 转引自刘扳盛：《法国文学名家》，黑龙江人民出版社1983年版，第85页。

子占初生婴儿总数的三分之一。人们尽情纵欲，却将这些私生子当作欢愉过后的罪恶产物——他们被社会歧视的命运早已注定，尤其是女孩，往往一落地就被送往修道院幽禁终身，无法接触外面世界的阳光与欢乐；她们必须为父母的一时欢愉而终生赎罪，受尽折磨后悲惨地死去。上述社会现实与生活经历，均为狄德罗的作品提供了可靠而丰富的素材。

《修女》主人公苏珊·西蒙南，家境富裕，却从小得不到父母的疼爱。后来她才知晓自己是母亲的私生女。当父亲的宽厚与忍耐突破极限后，苏珊被送入修道院，为其母亲的邪淫赎罪。苏珊始终认为修道院比监狱还要可怕千百倍，她顽强不屈地一次次尝试摆脱桎梏，回归自由，也因此受到比其他修女更为残酷的虐待。最后，苏珊终于逃出了这座人间地狱，只身前往巴黎，但她此时的身份十分尴尬——变成了一个不受法律承认和保护的人。为了生存下去，她只得隐姓埋名、落魄度日。[1]

狄德罗的文学思想与他的法学思想一致，作品深刻揭露了禁欲主义对人之本性的悖逆与戕残，热烈宣扬了自然法则之天赋人权。小说对教会的野蛮暴行作了生动描述，对修女的悲惨遭遇给予真挚的同情——修道院即监狱，二者具有禁锢自由、扼杀自然欲求、摧残人性的同质性；修女即囚犯，被剥夺了人的一切自然情感与生理需求，与世隔绝、凄惶度日，稍有违逆，院长就会滥施残酷的裁判权。一旦迈入修道院大门，长达数十年的绝望与痛苦生活已经为她们预备好。修女们寿命极其短暂，通常四十岁左右去世，但更多人等不到这个时间已经被折磨得疯癫、痴呆。苏珊因为对新院长卑劣行为的反抗，被施以最卑鄙、残忍的刑罚。"她被剥去衣物，口中与下体被灌满滚烫的盐水以示涤荡罪愆，然后裹上粗糙的麻布被投入地牢的最深一层；牢中见不到一丝光亮，手指所及之处布满骷髅骨架，捆缚她的绳子深陷肉里；此外，还有一群修女彻夜在她耳边制造恐怖声响，使她的精神濒临崩溃。"最后，苏珊虽然逃离修道院，但这座牢狱给她带来的肉

---

[1] 梗概及本节所有引文来源于〔法〕狄德罗：《修女 拉摩的侄儿》，陆元昶译，译林出版社2006年版。

体与精神上的伤害却永难痊愈。

图 7-7 《主教与修女》(1912 年),〔奥〕埃贡·席勒

小说中修道院院长"擅自审判、擅自定罪、擅自处决"的行径与当时的刑事司法制度如出一辙;而宗教牢狱与世俗监狱带给被监禁者的,也同样是无可愈合的肉体与精神上的创伤。除了苏珊,狄德罗笔下的其他宗教人士亦由于悖逆人性而显现出扭曲、变态的心理。阿巴松修道院院长性格怪僻,是一个邪淫放荡的色情狂。纯洁的雅加索、德利丝等修女沦为她手中恣意发泄情欲的工具。后来,这些修女们不是变本加厉地学着她的模样欺侮他人,就是精神崩溃一死了之。道貌岸然的教士唐·摩累尔是苏珊在修道院的精神支柱,正是他一手策划将苏珊从修

道院成功解救出来。但一踏上开往巴黎的马车,摩累尔就迫不及待地企图占有苏珊,并开导苏珊说,"一个人逆性而行,或早或晚总是要变成疯子。这种压制把人引入不正当的情欲里,而这种情欲的出发点越是不正当,它的发泄力就越是猛烈,这就是一种疯狂"。逆性而行终将导致人的精神分裂,粗暴的压制会将人引入不正当情欲之中,这种情欲一旦爆发,没有力量可以抵挡与遏制。小说通过对阿巴松修道院院长的性变态行为与唐·摩累尔的无耻行径的描写,以及对充斥于修女间秘而不宣的同性恋行为的客观揭示,充分暴露出人的自然感情、自然欲望在被钳制后的变异与毁灭。

事实上,狄德罗借《修女》进一步阐明了他在学理性论文中难以启齿的观念:人既是道德实体又是肉体实体,是理性与非理性、正义与非正义、善与恶、社会性与反社会性的统一体。他认为,"较好的立法应当更加简单且合乎自然,不反对人们的情欲,相反,它鼓励人们运用情欲于公共利益和个人利益上"[1]。摆脱修道院的禁锢是苏珊叛逆、勇敢形象的升华,也是狄德罗赋予苏珊的厚望,其中寄托着狄德罗对所有被压抑人性最终得以释放的坚定支持与热烈向往。然而,与理想之华丽形成强烈对比的是,修女玛格丽特在上诉失败后,再次被幽禁于修道院,直到1790年法国大革命取得了阶段性胜利,年过半百的她依然在一份声明书上漠然签字,承诺"情愿继续活或死在修道院里"。[2]

工具理性孕育出的毒果:《拉摩的侄儿》

与《修女》批判禁锢人性、倡导回归自然理性的旨趣相反,《拉摩的侄儿》从另一个角度刻画出狄德罗与其在启蒙思想著述中所持政治、法律观点相矛盾的内心世界。这亦是一部惊世骇俗的作品,借助一个放荡无耻的角色——"拉摩的侄儿"之口,狄德罗就伦理、法律、艺术等问题提出了独到、深邃的见解。马克思

---

[1] 马克昌主编:《近代西方刑法学说史》,中国人民公安大学出版社2008年版,第33—34页。
[2] 参见〔法〕狄德罗:《修女 拉摩的侄儿》,陆元昶译,译林出版社2006年版,作者序。

称这部小说为"无与伦比的作品",恩格斯更是将其称作"辩证法的完美杰作"。[1]

拉摩的侄儿是个流浪汉,恶习满身,死不悔改;但他又坦率耿直,坦言唾骂、鄙视醉生梦死的上层社会。在他身上,才智与愚蠢、高雅与庸俗、疯狂与沉静、传统伦理与激进思想、卑鄙低劣与光明磊落奇怪地融为一体。"我"所代表的是启蒙思想传播之前的传统伦理观,尽管不无虚伪、呆板之倾向,却仍然拥有一丝对道德的敬畏之感。而拉摩的侄儿则是经受启蒙思想洗礼后自私、纵欲的个体代表。他追求官能享受,全无伦理概念,所思所行皆以功利为唯一目的。两种伦理观念的冲突不可避免,拥有道德优越感的"我"不但未能说服拉摩的侄儿,反而在他极其现实的犀言利语中逐渐变得平庸、虚化,直至对他的看法不得不表示认可。[2]

图 7-8　1875 年版《拉摩的侄儿》插图　　　　图 7-9　1821 年版《拉摩的侄儿》插图

---

1 〔法〕狄德罗:《拉摩的侄儿》,载《狄德罗哲学选集》,江天骥、陈修斋、王太庆译,商务印书馆 1959 年版。
2 梗概及本节所有引文来源于〔法〕狄德罗:《拉摩的侄儿》,载《狄德罗哲学选集》,江天骥、陈修斋、王太庆译,商务印书馆 1959 年版。

难道这就是启蒙成果吗？到底什么是启蒙？康德在《答复这个问题：什么是启蒙运动》一文中指出："启蒙运动就是人类脱离自己所加之于自己的不成熟状态。而所谓的不成熟状态，就是不经别人的引导，就对运用自己的理智无能为力。"[1] 18世纪的思想家亦认为：理性与道德的进化互为因果，保持同步，二者共同促进文明的全面进步。[2] 这种看法可以追溯至苏格拉底，他说："知识就是德行"，"人们犯罪是因为愚昧无知，从未有人会明知故犯，所以德行完美的唯一途径是获取知识。"[3] 亦即人有了充分的智识能力就会远离罪恶。矛盾的是，狄德罗笔下"拉摩的侄儿"并不缺乏主体意志的觉醒与智识能力，他对自我与社会均有清醒的认识与评价——正是他教导我们"知识只能保证实现目的，并不与目的的价值取向必然相关；知识并不是必然能够带来德性，两者也并非一定能和谐共处"。可见，"拉摩的侄儿"的价值观，代表着启蒙思想的宣传与渗透对西方传统伦理观的颠覆。在基督教文化被彻底驱逐出人类世界、西方社会信仰呈现真空状态的大环境下，启蒙思想所倡导的工具理性成为一把双刃剑，它一旦与个人欲望畸形结合，就释放出无穷的欲望，无论是人性还是理性，均难以逃避被啃噬毁灭的命运。在这种氛围下，又何谈个人与社会的和谐发展？在"拉摩的侄儿"身上，集结着一个令狄德罗困惑不解却又不得不正视的矛盾，即"当人类借理性可以清醒地认识自我个体与社会群体时，为何非但未能实现个体与社会的和谐，反而使得二者无穷对立、渐行渐远？"当社会成为自我欲望实现的场所，他人则成为自我意识不断深化、自我欲望无限膨胀的工具，社会伦理价值体系必将濒临崩溃。

狄德罗这种对"启蒙思想"之意义的疑惑与反思，在二百年后法国哲学家萨特的思想中得以继承、发展——"他人即地狱"的论断与狄德罗时代的社会状况颇

---

1 〔德〕康德：《历史理性批判文集》，何兆武译，商务印书馆1990年版，第22页。
2 "理智进步势必导致道德进步，从而会促进文明全面进步。"〔美〕卡尔·贝克尔：《启蒙时代哲学家的天城》，何兆武译，江苏教育出版社2005年版。
3 〔英〕罗素：《西方哲学史》（上卷），何兆武、李约瑟译，商务印书馆2001年版，第128页。

为符合。更令人恐惧的是，这一切正在逐渐被大多数社会个体所认同、追逐直至被合法化。正如席勒在分析西方物欲横流的状态时所言，"启蒙思想似乎对人的精神并未产生多少净化的功用，反而通过理性与规则将堕落与罪恶固定下来"[1]。狄德罗所面对的困境是，他是一个坚定的无神论者，主张对一切客观存在均要付诸实践的检验，他曾借文学作品中盲人数学家之口表述自己的观点："如果您希望我相信上帝的存在，请您引导我去摸一摸他的脸。"（《论盲人书简》）因而，当启蒙运动彻底将上帝驱逐出世俗社会，排除了宗教信仰作为人类道德伦理基础的可能性后，启蒙思想家企图以"人性"构建一个自由和谐的社会，以"理性"颁布律法规制世俗秩序。但这种在道德真空下的"人性"与"理性"逐渐走向片面与极端，演变为一种以个体为出发点、功利目的为中心的工具理性。作为启蒙运动最坚定的维护者、宗教信仰最强烈的批判者，狄德罗此时是痛苦的——对于这种由于信仰真空导致的伦理困境，他不可能无动于衷。可以说，《拉摩的侄儿》刻画出一个狄德罗已经深刻地预见、却又不愿承认、难以回避的启蒙"理性"孕育出的畸形人——"个人主义社会中典型个人的代表"。狄德罗深信人类具有天赋道德，不应是仅沉溺于官能刺激与享乐的动物，肉体的满足并非人所追寻的最高价值，但他又无法明确指出这种价值的基础究竟何在；他敏感地意识到问题的纠结之处——他已经将宗教信仰贬斥为"迷信"，他所能依赖的只有"理性"，而这种"理性"是建立于实验结果与经验总结之上的概念，它虽然能够清晰地描述出人类个体与社会"当前"的客观实在，却无法指明它们"应当"如何、"将会"怎样，亦即这种理性缺乏批判能力与预示能力。在带有致命缺陷的"理性"基础上，"拉摩的侄儿"们以经验主义为依据的功利主义原则自然会大行其道，成为人们自甘堕落的"理性"借口。

面对这个逐渐滑向信仰缺失、价值理性低迷状态的危险世界，狄德罗注定焦虑而无奈——他不得不承认，"拉摩的侄儿"逐渐取代了"我"，成为这个时代伦理原

---

1 〔德〕弗里德里希·席勒：《审美教育书简》，冯至等译，上海人民出版社2003年版，第40页。

则的典型代表。既然不能依靠先验的道德约束世界,唯一能够对此状态有所修正的便是"理性"的法律,狄德罗开创了自己颇有新意的立法观与罪罚观——他认为刑法是人间的法律,幸福的首要条件是肉体幸福;肉体幸福,人们才愿意接受法律的规范、涤荡邪恶的灵魂、避免犯罪的产生。而制定良好的刑法,就要求立法者关怀人民的肉体幸福,因为"立法者对肉体的关怀将造就出一批健康、强壮、体魄健全的公民,他们自然乐于接受人们企图给予他灵魂的那些有益的指点。肉体痛苦,灵魂永远是邪恶的,邪恶的灵魂永远是犯罪产生的温床。"[1]

卢梭文学作品

知识链接

图7-10 让·雅克·卢梭

让·雅克·卢梭(Jean-Jacques Rousseau,1712—1778年),是18世纪法国最杰出的思想家和文学家之一,启蒙运动激进民主派代表。卢梭出生于瑞士日内瓦一个钟表匠家庭(祖辈是从法国流亡到瑞士的新教徒),曾参与《百科全书》的编撰。其作品《社会契约论》《论人类社会不平等的起源和基础》《爱弥儿》《新爱洛伊丝》以及《忏悔录》,分别从政治、教育、人性三个方面阐述了其激进的民主主义思想,奠定了其启蒙大师的地位,每一部作品均对整个西方文明产生了巨大影响。卢梭与"百科全书派"的思想家大多相识,却无一例外地因为立场与观点的分歧最终分道扬镳,这些人中包括法国的伏尔泰、狄德罗,英国的大卫·休谟等。因《爱弥儿》一书,巴黎高等法院向其签发逮捕令后,卢梭被迫离开法国,流亡日内瓦、普鲁士、英国。

---

[1] 马克昌主编:《近代西方刑法学说史》,中国人民公安大学出版社2008年版,第33—34页。

西方宪政制度的基石:《社会契约论》

1762年,《社会契约论》发表。在该部著作中,卢梭深入探讨了自由与政府之内涵与关系——"人生而自由,却又无时不处于枷锁之中",这是《社会契约论》开篇即发出的醒世之言。卢梭将其理论框架完全建立在人生而自由的基础上(这种自由是"意志的自由"),继而构造出现代公民社会的基本原则——公民失去了作为自然人而具有的无所不为的自由,却得到了政治权利与政治自由。在卢梭看来,自由与人性是统一不可剥离的,放弃权利与义务,则意味着丧失了人性。人的意志不再自由时,其行为必然以失范状态显现,毫无道德章程可循。关涉任何一个政府,"如果是合法的,每一代人就必须能够自由地选择接受或拒绝它;可如此一来,政府也就不能是任意的了。"现在看来,《社会契约论》所要解决的是人权与法律的有机结合。简要述之,人权属于个体,法律属于国家,个体约定而成的国家的合理性,是政府与法律有效性的终极判断——政府与法律存在的合法性只能来自人民。据此,卢梭作出论断,"自由不是来自法律对个人的保护,而是来自个体对立法的彻底参与,这是切实保障个体自由的先决条件;而公民个体对立法的参与存在于社会契约的订立过程中"。

其次,卢梭指出社会契约的订立必须遵循的原则,并阐述了公民意志与一般意志的关系:第一,参约者的"全部"权利转让给集体,目的是排斥特权的存在空间,建立真正的平等。第二,参约者是将自己的权利交给集体而非个人,以防独裁者攫取公众权力为私人利益服务。第三,通过社会契约组成国家以后,如果自然法缺乏制裁措施,则正义法在人间就是虚幻的,故而必须由社会契约赋予政治自由以生存和生命,立法赋予政治权力以行动与意志。在这一过程中,个体利益的"交集"而非"并集"形成了公民意志,反映于主权者的意志之上,构成了一般意志;而这种主权者因为个体的不断参与,其内容是常新的,其利益与个体利益是共容的。一旦群众结为一体,对其成员的任何侵犯也必然构成对整体的侵犯。总之,社会契约中人失去的是天赋自由和对一切的占有权,获得的是公民自

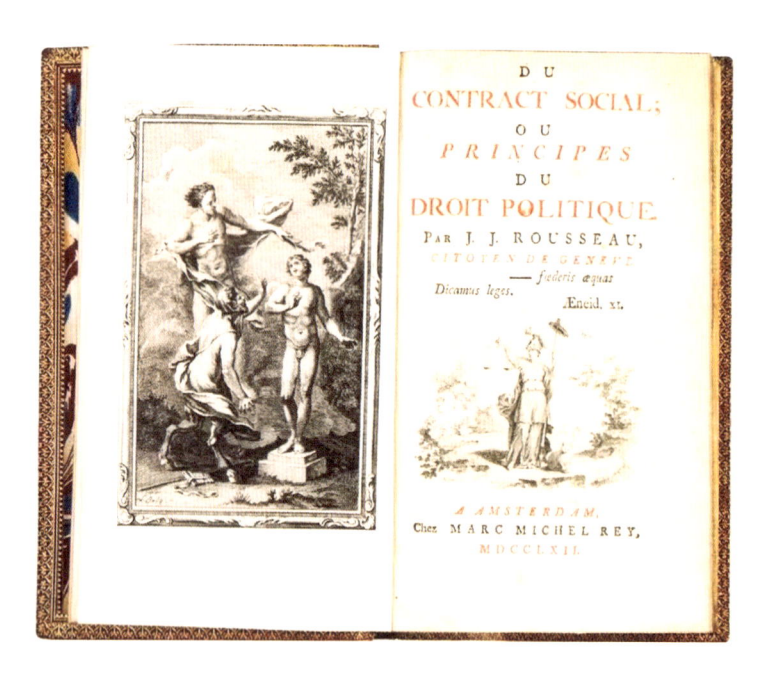

图7-11 《社会契约论》早期版本

由和对私有财产的所有权。天赋自由与公民自由的区别是,前者仅仅受限于个人的体力,后者受限于一般意志;占有权和所有权的区别是,前者只是暴力的结果,后者则是法律的认可。

进一步,卢梭论证了犯罪的本质与死刑的必要性,以及刑法宽缓与教育刑的刑法思想。卢梭指出,"犯罪是攻击社会权利、破坏国家法律的行为"。在卢梭的观点中,犯罪者不再具有国家公民资格,此刻国家的生存与犯罪者的生存产生龃龉,"两者必去其一"。因此,犯罪者面临的处遇包括两种,其一是将其当作公约破坏者流放出境,其二是将其当作"公共敌人"处以死刑。卢梭根据"社会契约"的本质与功能肯定了死刑存在的必要性。由于犯罪人是公共敌人,并非社会

图7-12 《自由引导人民》(1830年),[法]德拉克罗瓦。画作取材于1830年七月革命事件

人，仅为生物人，为了避免其他遵守契约者成为犯罪人的牺牲品，人们同意对罪犯处以死刑，"任何人一旦做了凶手，都得死，这是社会契约缔结的结果"。卢梭的此种观点一出，立刻受到其他启蒙思想家的强烈反对，针对以"人类订立契约时，并未将自己的生命权交出来"为由对死刑合理性的质疑，卢梭解释道："社会契约的目的是保障契约各方的生存。为了不成为谋杀的受害者，每个人就必须同意，一旦他自己成了谋杀犯，他就得偿命。签订这项契约并非放弃自己的生命权，而是他认为这是使生命更安全的方法。"在坚持死刑正当性的前提下，卢梭并不推崇严刑酷法，反而认为频繁、残酷的刑罚是政府软弱或懒惰的表现，因为每个过错者或者过失者均可能具有其他方面的价值，如果对其宽恕并不意味着施以其他民众更多的危险，那么这个犯罪者就不应当被处死，即使可以产生杀一儆百的威慑效应。这就体现了卢梭主张的刑罚宽缓以及教育刑思想。

谈到立法与行政，卢梭认为前者属于社会契约的范畴，而后者并非契约内容，因而也就是可以推翻的。这个理念对后来民主政治的发展有着不可磨灭的贡献。卢梭之前，孟德斯鸠在《论法的精神》中对三权分立已经有了很好的解释，唯缺卢梭"主权在民"理论的决定力与推动力。

知识链接 | 法国 1789 年《人权宣言》

1789 年人权和公民权宣言
（1789 年 8 月 26 日制宪国民会议颁布）

序言

  组成国民会议的法兰西人民的代表们，相信对于人权的无知、忽视与轻蔑乃是公共灾祸与政府腐化的唯一原因，乃决定在一个庄严的宣言里，呈现人类自然的、不可让渡的与神圣的权利，以便这个永远呈现于社会所有成员之前的宣言，能不断地向他们提醒他们的权利与义务；以便立法权与行政权的行动，因能随时与所有政治制度的目标两相比较，从而更受尊重；以便公民们今后根据简单而无可争辩的原则所提出的各种要求，总能导向宪法的维护和导向全体的幸福。

因此，国民会议在上帝面前及其庇护之下，承认并且宣布如下的人权和公民权。

正文

第一条　人生来就是而且始终是自由的，在权利方面一律平等。社会差别只能建立在公益基础之上。

第二条　一切政治结合均旨在维护人类自然的和不受时效约束的权利。这些权利是自由、财产、安全与反抗压迫。

第三条　整个主权的本原根本上乃存在于国民（La Nation）。任何团体或任何个人皆不得行使国民所未明白授予的权力。

第四条　自由是指能从事一切无害于他人的行为；因此，每一个人行使其自然权利，只以保证社会上其他成员能享有相同的权利为限制。此等限制只能以法律决定之。

第五条　法律仅有权禁止有害于社会的行为。凡未经法律禁止的行为即不得受到妨碍，而且任何人都不得被强制去从事法律所未要求的行为。

第六条　法律是公意的表达。每一个公民皆有权亲自或由其代表去参与法律的制订。法律对于所有的人，无论是施行保护或是惩罚都是一样的。在法律的眼里一律平等的所有公民皆能按照他们的能力平等地担任一切公共官职、职位与职务，除他们的德行和才能以外不受任何其他差别。

第七条　除非在法律所确定情况下并按照法律所规定的程序，任何人均不受控告、逮捕与拘留。凡请求发布、传送、执行或使人执行任何专断的命令者，皆应受到惩罚；但任何根据法律而被传唤或逮捕的公民则应当立即服从，抗拒即属犯罪。

第八条　法律只应设立确实必要和明显必要的刑罚，而且除非根据在犯法前已经通过并且公布的法律而合法地受到惩处，否则任何人均不应遭受刑罚。

第九条　所有人直到被宣告有罪之前，均应被推定为无罪，而即使判定逮捕系属必要者，一切为羁押人犯身体而不必要的严酷手段，都应当受到法律的严厉制裁。

第十条　任何人不应为其意见甚至其宗教观点而遭到干涉，只要它们的表达没有扰乱法律所建立的公共秩序。

第十一条　自由交流思想与意见乃是人类最为宝贵的权利之一。因此，每一个公民都可以自由地言论、著作与出版，但应在法律规定的情况下对此项自由的滥用承担责任。

第十二条　人权和公民权的保障需要公共的武装力量。这一力量因此是为了全体的福祉而不是为了此种力量的受任人的个人利益而设立的。

第十三条　为了公共武装力量的维持和行政的开支，公共赋税是不可或缺的。赋税应在全体公民之间按其能力平等地分摊。

第十四条　所有公民都有权亲身或由其代表决定公共赋税的必要性，自由地加以批准，知悉其用途，并决定税率、税基、征收方式和期限。

第十五条　社会有权要求一切公务人员报告其行政工作。

第十六条　一切社会，凡权利无保障或分权未确立，均无丝毫宪法之可言。

第十七条　财产是不可侵犯与神圣的权利，除非合法认定的公共需要对它明白地提出要求，同时基于公正和预先补偿的条件，任何人的财产皆不可受到剥夺。

进化与归零：《论人类不平等的起源和基础》

在《论人类不平等的起源和基础》（1755年）中，卢梭主要阐述的思想是"在什么时候，强权取代了真理，法律支配了自然、强者奴役了弱者，人民以实际受奴役状态换取了想象的安宁"。

卢梭认为，自然状态下的野蛮人，智识未开，生活中并无法律约束，亦无行善与作恶的准则，依靠本能之怜悯心与相爱心压抑着私利心的萌发，"只需履行自然法、风俗、道德的职责，没有人愿意违抗它温柔的呼声"[1]，此时是人类的"黄金

1　吕世伦主编：《西方法律思潮源流论》（第二版），中国人民大学出版社2008年版，第85页。

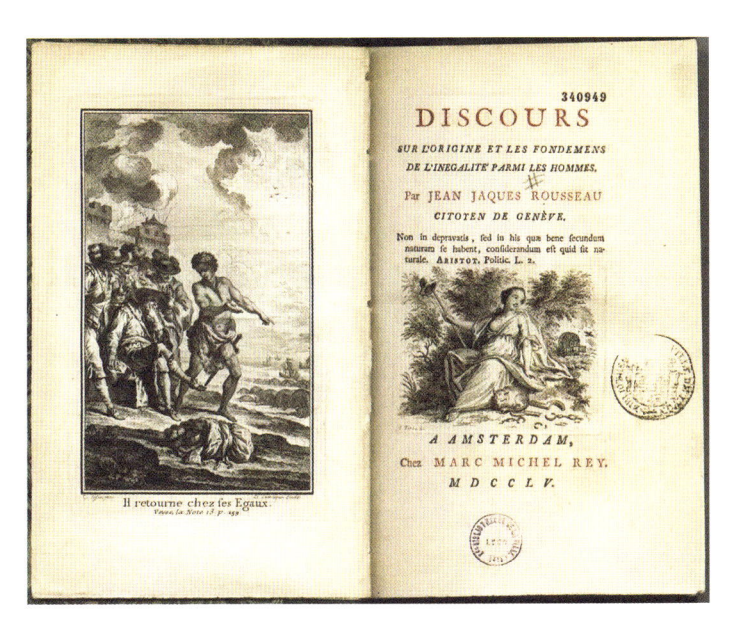

图 7-13 《论人类社会不平等的起源和基础》早期版本

时代"。由自然状态进入不平等社会的关键性步骤是私有制的产生与确定。"谁第一个将土地圈起来宣布享有所有权,并找到头脑简单的人相信了他的话,谁就是文明社会的真正奠基者。"并且,"当一个人发现占有足够两个人吃的粮食的好处时,人与人之间的平等便消失了"[1]。逻辑原点建构后,卢梭开始分析人类社会不平等的发展阶段:首先,所有权的确立导致贫富差异,贫富差异合法化导致国家的建立,贫富阶级的合法化引起暴君的出现。其次,所有公民的权利与自由在国家暴力机器的压迫下均告湮灭,当这种状态发展为极限时,人民将重新夺取失去的一切权利。最后,新的"自然状态"出现,周而复始。在比较了自然人与文明人之间的区别后,卢梭得出如下结论——文明每向前一步,不平等也就向前推进一

---

1 〔法〕卢梭:《论人类不平等的起源和基础》,李常山译,商务印书馆 1982 年版,第 77 页。

步。当各种不平等达到极端状态时，又均会向自己的对立面转变，成为二次平等的内因，最终会产生如下结果——在专制暴君之前，大家都是平等的，大家的权利都等于零。这里是不平等的顶点，也是该封闭圆圈的终点，与我们由之出发的起点相重合。但这种平等并非原始人的古老的自然的平等，而是转变为更高级的社会公约的平等。压迫者被压迫，暴力者被暴力推翻，这是否定的否定。卢梭的作品中，我们不但已经可以看到与马克思在《资本论》中如出一辙的议论，而且还可以看到卢梭详细叙述的一系列辩证法：本质上对抗的、包含着矛盾的过程，在每个极端均朝它的对立面转化。因此，卢梭在黑格尔诞生前二十余年就已经深刻地预示到黑格尔的辩证法与逻各斯学说，这足以证明卢梭的思想是比他同时代的思想家更为深刻的。当其他"百科学派"思想家将社会进步设想为一个连续不断的链条、一种有规则的上升状态时，卢梭已经发现了进步事物本身所包蕴的否定性与对抗性。

我们可以观察到，《社会契约论》之前提与基础是一个"假想的自给自足的自然人国度"，然后才有社会契约和公民社会的形成。在《论人类不平等的起源和基础》中，卢梭亦花费大量篇幅来阐述自然状态——"这是一个世外桃源，人们之间只有年龄、健康、体力的差别，不存在政治上或道德上的不平等，他们理性尚未发展，野心、贪婪、嫉妒、虚荣心并不存在"。这里需要澄清一个问题——卢梭整个理论的基石——关于"原始人的生存状态"的假设，到底是纯粹的浪漫幻想，还是确有实证结果支撑？应该说，卢梭对自然人"黄金时代"的描述并不是完全出于他的浪漫幻想，在各种文学与传记中均可寻找到它的雏形。首先，奴隶制度下的许多希腊和罗马诗人曾以黄金时代为题材，歌颂过当时幸福而和平的生活。在这些诗人里，应该特别提到古罗马诗人卢克莱修，他在长篇哲理诗《物性论》中，以极生动的笔调描绘了野蛮状态中的人的生存状态。其次，在近代，无数的水手、商人、传教士从野蛮民族旅行回来，都极力赞扬这些民族的道德品质，鄙弃文明民族的道德品质。旅行家们的记述以真实事实为依据：他们描写了在原始社会人们生活的情况，他们在那些人身上发现了在文明社会已经失去的美

图 7-14　1776 年 6 月，约翰·亚当斯、本杰明·富兰克林、托马斯·杰斐逊、罗伯特·李文斯顿、罗杰·谢尔曼向大会提交《独立宣言》草案

德。他们的论断给了卢梭这篇论文以某种程度的事实验证。在这些旅行家当中，提供最有趣报道的往往都是传教士，他们是当时最有文化修养的人，本没有颂扬排斥基督教的野蛮人的必要，因此记述更加真实可靠。在卢梭看过的诸多旅行家的记述中，有一位旅行家叫作拉·洪坦男爵，他原本是一位爱冒险的军人，因厌倦了欧洲的生活，因而去和北美印第安人住在一起。拉·洪坦男爵所著《北美回忆录》（1703 年）与卢梭《论人类不平等的起源和基础》的论调基本吻合："是什么原因使欧洲人腐化堕落？那是因为他们有了'你的'和'我的'之分，有了法律、审判官和教士……另外，财产私有制……是欧洲人社会混乱不安的唯一根源。"（《北美回忆录》第 3 卷）此外，卢梭也看过神父狄戴尔特所著《法兰西人居住的安德列斯群岛纪事》一书（共 2 册，1667 年）、法国大主教菲内龙的《德勒马克》（1733 年）、拉·宫达明的《南美旅行谈》（1745 年）、《奉王命至厄瓜多

尔旅行日志》（1751年）等，这些游记文学均给卢梭的理论假设提供了客观、真实的依据。

通过《论人类不平等的起源和基础》，卢梭以辩证的方法向我们描绘了社会历史前进的轮廓，指出正是由于原始契约中的不平等存在，导致了当今政府保护少数人的财富与权利、忽视每一个公民的权利与平等的恶性循环状态，使得不平等成为人类社会发展中的一个永恒特点。如果政府的存在不是为了对每一个公民的权利、自由进行保障，那么它的价值就不复存在。这种思想是法国大革命和美国独立战争的根本理论基础，二者恰恰是卢梭抽象理论的社会实践——罗伯斯庇尔被称为"行走中的卢梭"；而美国宪政的成功亦离不开来自欧洲的理论孕育，尤其离不开卢梭之"主权在民"观念的支持。

"新人"的风采：《爱弥儿》与《新爱洛伊丝》

剥去思想家耀眼炫目的光环、褪去政论文犀利激昂的语调，作为文学家的卢梭崇尚自然、呼唤人类回归自然。他将人类社会的沉疴归咎于现有社会制度与文明的观点，并不等于主张人类应当回归原始状态。遗憾的是，当卢梭的哲学思想巨著《论人类不平等的起源和基础》发表后，伏尔泰《致谢卢梭赠书信》也随之发表，文中对卢梭回归自然的论点针锋相对、百般嘲讽——"从没有人用过这么大的智慧企图把我们变成畜生。读了你的书，真令人渴慕用四只脚走路了"[1]。卢梭回信对伏尔泰之质疑予以辩驳，认为既然现有文明不适合自然人的成长，应当顺乎人性去培养"新人"，这种"新人"并非处于蒙昧状态的野蛮人，而是身心得以健康发展的、适应于新的文明社会的人——也就是说，是一种生活在社会契约状态下的人。

我们可以通过《爱弥儿》（1762年）来揣摩卢梭寄予厚望的"新人"之模样。卢梭开篇以一句话概括了全文的主题，"出自造物主之手的东西，都是好

---

[1] 〔法〕卢梭：《爱弥儿》，李平沤译，商务印书馆1978年版，序言。

的;而一到了人的手里,就全变坏了"[1]。该文主旨充分体现了卢梭所秉持的"性善论",认为人的自然本性善良、纯洁,人天生具有爱心与怜悯感,一切错误和罪恶都是所谓的"文明社会"影响与改造的结果。接着,卢梭从其激进的社会政治观出发,认为在现存的专制主义国家,人民的主权被剥夺,人民的天赋被践踏、不平等不公正达到了巅峰状态,在如此类型的国家,并没有公民存在的空间,只存在专制君主与臣民之统治与臣服的关系。为了改变这种根深蒂固的传统社会类型,社会教育的目的只能是孕育"自然人",继而培养出与臣民完全不同的"崭新人类"——"我想把他培养成为一个自然人,但并不意味着使他成为一个野蛮人,把他赶到原始森林。他不被种种欲念与偏见拖入漩涡中;他能够用自己的眼睛去看,用自己的心去想,而且除了他自己的理智,不为其他任何权威所控制"。在这种思想的指导下,《爱弥儿》全书宣扬自然主义教育模式,充分阐述性善论,认为人具有天赋的自由、理性与良心,只要顺应天性发展就可孕育出善良、智慧、忠诚之国民,他们"身心协调、体魄健康、感觉灵敏、思维清晰、良心通畅"。全书分为若干层次,对体魄教育、感观教育、知识教育、道德教育、宗教教育、女子教育等各方面均提出了改革意见与主张,并细化了目标与手段。

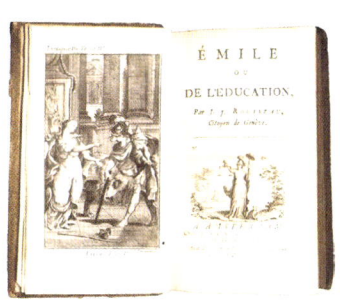

图 7-15 《爱弥儿》插图　　　　　图 7-16 《爱弥儿》早期版本

---

1 〔法〕卢梭:《爱弥儿》,李平沤译,商务印书馆 1978 年版,第 1 页。

在《新爱洛伊丝》[1]中，卢梭同样发出了对"新人"自然原欲本能与理性克制精神的双重崇赞。贵族小姐朱莉与家庭教师圣普乐冲破门第观念，热烈相爱，在清新、自然、美丽的阿尔卑斯山麓中，绮丽的田园风光印证着男女主人公感情与肉体结合的自然天成。文中通过对大胆而又浪漫的自然图景的描述，肯定了人类纯真而又美好的天然情欲。在浑然天成的伊甸园中，男女主人公的结合亦为天合之作。然而，囿于对父亲的热爱与责任，朱莉挣扎于爱情与孝心之间。朱莉认为，血缘之情与两性之情一样拥有"自然道德"的根据，血缘之爱与两性之爱同样以人性为根基；遵从父命并遏制爱的激情，是恪守一种"美德"。而圣普乐也具有非常高贵的美德，经过无数次的挣扎，他的激情被理性所抑制，欲念被道德感所消解。透过这种"美德"，我们可以清晰地看到卢梭认可的带有浓郁人性意味的人伦道德观——朱莉与圣普乐均未沦落成情欲的奴隶，爱的船舶经过急流险滩之后，终于驰入宁静的港湾。

灵与肉的纠葛中，理性终于抑制了原欲，继而上升为美德，在肯定情欲合理的基础上，倡导理智对情感的引导，但又不悖逆人性——这就是卢梭给我们塑造的"新人"的思想。无论是《爱弥儿》还是《新爱洛伊丝》，卢梭均是从"自然法则"出发，塑造了理想中的新人形象，勾勒出理想社会的图景，并与当时的文明社会作对比，继而否定现实社会的政治、法律制度。不得不说，这两部小说是《论人类不平等的起源和基础》和《社会契约论》等政论文的诗意表述。

另外，通过对卢梭与狄德罗的文学作品的考察，我们可以发现，从某种程度而言，卢梭在《新爱洛伊丝》中揭示的观点与狄德罗企图通过《拉摩的侄儿》表述的对启蒙运动的反思不谋而合——他们都意识到了启蒙思想所倡导的理性逐渐走向片面，演变为一种以个体为出发点、以功利目的为中心的工具理性，人们借理性的名义沉溺于自私、狭隘的欲壑中，将他人视作实现自我欲求的工具。面对逐渐滑向信仰缺失的危险世界，狄德罗焦虑而踌躇，卢梭却大胆地"走回头

---

[1] 梗概及本节所有引文来源于〔法〕让·雅克·卢梭：《新爱洛伊丝》，李平沤、何三雅译，译林出版社1993年版。

路",向宗教寻求力量,提出了对宗教意义之"美德"的追求。正是这个原因,使得这两位伟大的思想家的启蒙理想发生了难以调和的龃龉,最终导致分道扬镳。

"就让上帝来审判我吧":《忏悔录》

《爱弥儿》出版后,巴黎高等法院下令收缴该作品并付之一炬,同时发出逮捕作者的执行令。霎时间,卢梭被污蔑为"野蛮人""精神病",遭受各方势力迫害,从此踏上了漫长的逃亡之路。他逃到瑞士,瑞士当局下令烧毁他的书;他逃到普鲁士属地莫蒂亚,教会发表文告宣布他是上帝的敌人;最终,他又流亡到圣彼得岛。官方与教会的通缉与迫害已经使卢梭痛苦难耐,更残酷的一击又接踵而来——因思想上的分歧,卢梭与其他"百科学派"的学者产生了激烈冲突。1765年,一本名为《公民们的感情》的作品在欧洲各国广为流传,该书着重对卢梭的私生活与个人德性予以谴责。令卢梭痛心的是,该文作者显然是昔日同一阵营的战友。流亡至莫蒂亚的卢梭再无勇气继续跋涉,他驻足回首、眼含热泪,提笔书写了《忏悔录》[1]。在书中,他剥去一切伪饰、向公众坦露胸怀,记录了一个在现实生活中真实的自我——既有爱弥儿、朱莉、圣普乐等"新人"般的美好品格,又具有来自生活本身的真实缺陷。

在四面楚歌、漫骂有加、无处容身的境况下,卢梭在公众面前作出如此惊骇人心的"真实裸露",不得不令人屏息注目、肃然起敬。现在看来,卢梭的昔日好友、后来却反目成仇的英国思想家休谟对该部《忏悔录》之评价十分中肯——"……(他)不仅剥掉了衣服,甚至剥掉了皮肤,在这种情况下,却被赶出去与狂风暴雨进行搏斗"[2]。

---

[1] 梗概及本节所有引文来源于〔法〕卢梭:《忏悔录》(上下册),李平沤译,商务印书馆2010年版。
[2] 转引自〔英〕罗素:《西方哲学史》(下卷),何兆武、李约瑟译,商务印书馆1963年版,第232页。

图 7-17 巴黎高等法院 1762 年 6 月 9 日下达的逮捕令，缉拿《爱弥儿》的作者卢梭

图 7-18 华伦夫人

作品中，卢梭坦陈自己幼年时养成了"盗窃"的习惯，其至演出过一幕栽赃他人的丑剧，令他终生背负罪恶、难以释怀。他忏悔自己在关键时刻抛弃了儿时的好友麦特尔，他忏悔自己为了混口饭吃而改奉天主教。他承认与华伦夫人保持了长达十四年的情人、母子、供养人与被供养人的复杂迷乱关系，这份感情令他迷惘羞愤却又欲罢不能。他坦诚多次为欲望所捕获，与数名女子发生关系，意图填补华伦夫人不在身边时的空虚与恐惧；他大胆探讨了在与女友采摘樱桃时近乎意淫的内心隐秘；他承

认自己具有自慰的嗜好,并称正是这种罪恶的习惯解救了自己,使得像自己这样性格的人免于沉溺于淫逸放荡的生活;他甚至将自己"可耻而可笑"的裸露癖也展现于读者眼前,坦陈自己幼年时已经形成的变态心理……

《忏悔录》是文学史上的一部奇书。卢梭的坦率与真挚达到了令人不忍卒读的地步,他对自我形象的塑造剥离了一切朦胧与暧昧,呈现残酷的真实。在卢梭身上,既有纯洁崇高,也有龌龊卑劣;既有勇气坚韧,又有胆怯脆弱;既有朴实率真,又有狡黠伪善;既散发出圣徒般的美丽,又笼罩着市井之徒的戾气——这绝不是一尊为了享受历史的荣耀与世人的赞美而被绚丽油彩层层涂抹的雕塑,而是一个真真实实、干干净净、活泼泼、笑吟吟的大写的人。卢梭所忏悔的一切隐秘情感,都是当时"正人君子们"所避之不及、讳莫如深的,而卢梭的伟大之处正在于此,他首先高傲地宣称自己天性善良、生来无罪,同时又因为自己拥有如此多的罪恶,尽管他认为不是本人之罪,而始终伴随着深切罪感与救赎之念。卢梭将自己的缺陷与恶癖完全暴露于光天化日之下,最直接的意图是向人们证明他那著名的哲理——"人性本善",是环境的污浊败坏了人类善良的天性,吞噬了人类与生俱来的高尚与圣洁。卢梭尤其指出社会不公平对青年一代的戕害,毁灭了他们的美好理想,逐渐歪曲了他们的人性、摧残着他们的心灵。他自己是如何从完美的理想主义者堕落为市井无赖,缘由正在于他所受到的不公平与不平等的待遇,在于居无所、食无足的恶劣环境的逼迫,正是强者的暴虐与专横使得他沾染上了自己所痛恨的撒谎、懒惰、盗窃等恶习。卢梭进一步质问整个社会,如果人人处于一种平等的、不需为衣食担忧的社会之中,偷窃、抢劫行为怎能发生?既然整个社会均是强者逍遥法外,弱者受虐遭殃,又怎么可以对一个窃贼动辄判处死刑?对弱者的镇压只能激起更强烈的反抗。卢梭以自己的亲身经历证明,当他的偷盗习惯养成后,逐渐对一次比一次严厉的惩罚不再害怕,甚至认为这是抵消罪愆的有效方式。从这些叙述中,我们可以读出社会环境与人性善恶之间的辩证转换关系。

卢梭以亲身经历为底色,勾勒出理想社会的刑罚制度;他反对频繁使用刑罚，更反对严厉的刑罚，主张对公民进行教育，因为"频繁使用刑罚是一个政府衰弱或无能的标志，绝不会有任何一个恶人，在任何事情上是都无法使之为善的。"而且，"严厉的惩罚只是气量狭小的人发明的，旨在用恐怖来代替他们所无法得到的对法律的尊重"。卢梭也表述了对道德与刑法之间的关系的看法——"刑律，与其说是一种特别法，不如说是对其他一切法律的制裁"，而"风尚、习惯尤其是舆论，这是铭刻人们心底的法律。它每天都从生活中获得新的力量，保持民族创新精神。而且可以不知不觉地以习惯的力量代替权威的力量"。上述论点充分认识到了刑法的谦抑性，具有极强的辩证法色彩，又因为结合卢梭的亲身体验，所以其批判性亦更为深刻。

《忏悔录》为我们勾勒出一个纯朴真挚、朝气蓬勃的平民形象，他的思想所诠释的价值观与伦理观，他的形象所代表的民族气质，构成了18世纪法国启蒙运动发展的重要注脚。《忏悔录》不仅是法国也是整个西方思想史、文明史上无可取代的一部文学巨著，它使我们得以窥视一位功勋卓越的思想家复杂丰富的内心世界，使我们得以真切地感受到他剧烈起伏的呼吸，听到他浑厚悲怆的呐喊。这是一位屹立于时代潮头之上引导民众摆脱束缚、走向自由的公共知识分子的形象，这是一名虔诚的"忏悔者"的形象，无论是在精神领域还是道德领域，他均散发出刺目的、充满诗意的光辉。正是这样一个"小偷""诬陷者""叛教者""乱伦者""自慰者""意淫者""裸露癖者"挥笔著就了举世闻名的《社会契约论》与《论人类不平等的起源和基础》等宏伟篇章，为现代西方宪政奠定了坚实的思想基础。这不正预示着卢梭终其一生所秉承的"人类是人性与兽性的综合体，人之所以成为人在于其具有高贵的理性，可以运用理智抑制原欲，突破自身局限、摒弃罪恶，最终抵达美德境界"的思想吗？再读《忏悔录》，那著名的开篇中集天使与撒旦于一身的矛盾气质有着震撼人心的魅力，体现着卢梭对"末日审判"的崇敬与渴望——所有的污蔑中伤、侮辱谩骂铺天盖地般砸落，那些对卢梭的行为与精神作出曲解嘲讽的正人君子们，并不若自传中的卢梭更为高尚纯洁、真挚自然。"不管末日审判的号角什么时候吹响。我都敢拿着这本书走到至高无上的审判者面前，果敢地大声说：'请看！这就是我所做过的，这就是我所想过的，我当时就是那样的人……请你把那无数的众生叫到我跟前来！让他们听听我的忏悔……然后，让他们每一个人在您的宝座前面，同样真诚地披露自己的心灵，看有谁敢于对您说：我比这个人好！'"

卢梭，一个钟表匠的儿子，一个身上带着尘土、经常衣食无着的流浪汉，从社会底层中走进了法兰西最高层思想界，却与整个上流社会格格不入；即使与同一阵营的思想家相比，卢梭也保持着鲜明的特性——孟德斯鸠出身于世袭贵族之家，拥有大批庄园、经营着工商业，同时游走于上层社会、一生安逸无忧；伏尔泰出身于中产阶级家庭，并与政界要人、贵族关系亲密、走动频繁，狄德罗出身于富裕的手工业者之家，虽然亦过着清贫朴素的日子，但那是一种刻意为之的高尚追求，他毕竟没有卢梭那种直接来自社会底层的苦难经历。只有卢梭是一个完全来自社会底层的平民青年，却拥有着最为桀骜不驯的气质与深邃激烈的思想——他断然拒绝了法兰西国王恩赐的年金，他对上流社会所谓的高雅奢靡表示出明显的蔑视，他对所谓的"高贵等级"进行了辛辣的嘲讽，认为他们是法律与自由的死敌——"贵族，这在一个国家里只不过是有害而无用的特权，你们是法律和自由的死敌，凡是在贵族阶级显赫不可一世的国家，除了专制的暴力和对人民的压迫以外还有什么？"这一切物质与精神上的宝贵历练，都预示着只有他才有资格将平民阶层的爱与恨、精神与愿望带入18世纪的法国思想层。

在首次引起全法兰西瞩目的获奖论文《论科学与艺术的复兴是否有助于使风俗日趋淳朴》中，卢梭所显现的对封建文明彻底否定的勇气，那种敢于傲视传统观念的叛逆态度，正代表着社会下层民众对御用文学的强烈蔑视与抵制；奠定了其在西方哲学史上的重要地位的《论人类不平等的起源和基础》和《社会契约论》中，卢梭对"不平等与社会进步"之辩证关系的剖析、社会契约论与主权在民思想的剖析宣传，正体现了18世纪平民阶层对自身政治地位的反省；他那使得"洛阳纸贵"的爱情作品《新爱洛伊丝》热烈赞扬了平民阶层宽厚博大、恪守理智、隐忍宁静的胸怀，散发着宗教美德庄严神圣的光辉，对启蒙思想带来的功利主义思想进行了有力反拨；而带给他牢狱之灾的《爱弥儿》更是提出将平民阶层的儿童当作"新人"来培育，教育其释放自然天性，摆脱奴性的美好理想；在晚年自传体文学《忏悔录》中，他通过对自我灵魂的真诚坦露，表现了一个美德与兽性兼具的真实、复杂的人类个体形象。当卢梭大步跨上风起云涌的18世纪启蒙运动的历史舞台时，西方思想史、哲学史上长期留白的平民思想家的席位注定为他所填补；其作品中所高扬的自信、自重、智慧、激越的平民精神，指引着旋即而至的法国大革命与美国独立战争的爆发。

图7-19 《忏悔录》插图 "卢梭试图偷苹果"
〔法〕莫里斯·勒卢瓦尔

1778年7月2日，当卢梭在埃默农维尔湖中的白杨岛上安葬时，为他送葬的，只有二三友人和住在附近的一群农民。1789年爆发的法国大革命，推翻了君主专制的封建王朝，建立了法兰西共和国。法国国民公会通过决议：重置棺木，将卢梭的遗骸移葬首都巴黎。1794年10月11日，巴黎万人空巷，人们纷纷涌向街头，跟随全体政要和各界代表，将卢梭的灵柩护送到"供奉不朽的人的殿堂"先贤祠，在他的灵柩前默哀致敬。

知识链接

位于法国巴黎的先贤祠是法国人民纪念历史名人的圣殿，里面安葬了许多为法国历史文明作出突出贡献的先人，包括雨果、居里夫人等名人。先贤祠最中心安葬着伏尔泰和卢梭，两位伟人的墓碑相对而建。二者生于同一历史时代，共同推动了法国启蒙思想的进步，并于同一年先后去世，相差仅33天；大革命后被一前一后请进先贤祠，棺木相距咫尺。

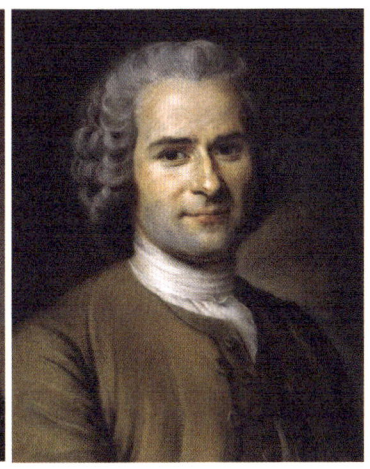

图 7-20　伏尔泰　　　　　　　　　　图 7-21　卢梭

卢梭比伏尔泰小18岁，当伏尔泰声名远播时，卢梭才崭露头角。虽然同属启蒙思想阵营，但是二者的观点并不完全一致，伏尔泰的思想主张温和，提倡用理性的改良方式实现每个人权利的自由，卢梭的思想却相对激进，主张人人生而平等，两人之间产生了思想主张上的针锋相对与互相攻击。例如，1749年，卢梭在步行去文新尼城堡的路上偶然读到第戎学院征文公告，主题是"科学与艺术是否与人恩泽"，于是写下《论科学与艺术的复兴是否有助于使风俗日趋淳朴》，获得奖金。

卢梭认为文明是痛苦与堕落之源,为了说明这一点,他还以中国为例,认为中国正是一个"受文明腐蚀的国家",但是启蒙思想家多对中国抱有积极印象。卢梭在给达朗贝尔的《论戏剧的信》中,否定戏剧的教育作用,认为戏剧对道德风俗毫无益处,悲剧刺激人的感情,而喜剧培养嘲讽的情绪。他的偏激观点引起了伏尔泰、狄德罗的反感,伏尔泰和狄德罗都认为,戏剧可以提高人的道德水准,增强人的理性。伏尔泰读到卢梭的《论戏剧的信》后,就写信严厉批评卢梭否定戏剧功能的观点,还以《赵氏孤儿》为例,论述戏剧可以起到很好的教化作用。

总的来说,卢梭对伏尔泰还是非常敬佩的,1755 年,也许是出于礼貌,也许是想打破两人之间尴尬的沉默,卢梭将《论人类不平等的起源和基础》寄给伏尔泰。该文表达的观点是,人类的不平等是人类自身在社会化进程中形成的。这本来是启蒙时代思想丰收的硕果之一,与伏尔泰的理性精神有异曲同工之妙。但是,出于令人难以揣摩的动机,伏尔泰收到书后却给卢梭回了一封信,信中第一句话便是:"先生,我收到了您的反人类的新作,谨表感谢",然后以一贯的刻薄与机智讽刺道,"从来没有人用这么多的才智来让我们变得愚蠢;读您的大作让人想爬在地上四足行走。不过,由于我丢掉这个习惯已有六十多年,我遗憾地意识到要重操旧习在我是不可能的了……"[1](参见罗素那部热衷记载哲学家八卦的《西方哲学史(下卷)》,马元德译,商务印书馆 2017 年版,第 250 页)在伏尔泰看来,卢梭的结论是希望将人类拉回到史前野蛮时代去。卢梭的思想当然并非如此,他在给伏尔泰的回信里说:"现在轮到我来对你表示万分的感谢,我把我那本糟糕的书寄给你,不是为了得到你如此的'恭维',而仅仅是把你当作自己阵营的首领而尽的义务和表达的尊敬……"语句中满含委屈与痛苦。之后,两人并没有修复关系的倾向,反而在怨恨的道路上越走越远。1756 年,伏尔泰发表长诗《关于里斯本灾难与自然法之诗》,卢梭抓住机会竭力抨击伏尔泰,发表了《论天命的信》,认为伏尔泰的宿命论只会将人们的注意力从真正犯罪的权势者身上移开,将剥夺穷苦悲惨者唯一的希望,亦即对善良神明与死后生命的信仰,同时富人们将更加肆无忌惮地行不义之事。

1　罗素《西方哲学史》,马元德译,商务印书馆 2017 年版,P250。

后来，伏尔泰又对卢梭的私生活进行评价，说他是恬不知耻的人和厌恶人类的孤僻者；为此，卢梭回信给伏尔泰，为自己辩护。对垒中双方用词愈发尖刻，导致了他们之间的关系彻底破裂。1760 年，卢梭给伏尔泰写了一封信，这也是他给伏尔泰的最后一封信。信的第一段说："先生，我一点也不喜欢您，我是您的门徒，又是您热烈的拥护者，您却给我造成了最痛心的苦难。日内瓦收留了您，您的报答便是断送了这个城市；我在我的同胞中极力为您捧场，您的报答便是挑拨离间：是您使我在自己的家乡无法立足，是您使我将客死他乡……"信的结尾是，"总之，我恨您，这是您自找的……别了，先生。"收到信后，伏尔泰不知作何答复，只是对朋友解释，卢梭的这封长信证明其越来越疯了，他希望世人相信伏尔泰在迫害他。

随着两人思想文化主张的日益对立，在生活上也开始针锋相对。1764 年，伏尔泰匿名发表了《公民们的感情》，公开反对卢梭的种种观点，并指责卢梭抛弃自己的五个孩子，触痛了他的神经，促使其动手写下了名垂后世的《忏悔录》。

1764 年，伏尔泰要在卢梭的家乡日内瓦建剧院，遭到卢梭的竭力反对。剧院建成后，1768 年起火焚毁，伏尔泰发表匿名文章《日内瓦的战争》，揭发剧院是卢梭伙同其情妇勒瓦瑟小姐放的火，因为卢梭反对剧院文化，认为戏剧是疯狂和堕落的象征。卢梭在书信中否认此事，并对伏尔泰的污蔑不予理睬；作为报复，卢梭在日内瓦民众为伏尔泰造塑像时寄去了两法郎以示嘲笑，伏尔泰也被彻底激怒。就这样，两人的对垒愈演愈烈，互相抨击也越来越尖刻。

尽管两人交恶甚深，当卢梭遇到危险时，伏尔泰还是鼎力相助。1762 年，卢梭因《社会契约论》《爱弥尔》赢得生前身后名，却遭遇当局通缉、狼狈出逃，伏尔泰同时向卢梭可能去的七个地点发信，邀请卢梭去他那里避风，不过卢梭并没有去投奔伏尔泰。

1778 年 5 月 30 日，伏尔泰与世长辞，他在遗嘱中说："当我离开人间时，我热爱上帝，热爱我的朋友，也不嫉恨我的敌人。" 33 天后（1778 年 7 月 2 日），卢梭在巴黎远郊的一个小村庄里逝世，几乎没有人参加他的葬礼。

尽管二者之间的"斗争"进行得如火如荼，两位伟人的启蒙思想影响着法国历史文明进程，受到了无数法国人民的敬仰。当路易十六读到伏尔泰和卢梭的著作时，评价道:"是这两个人摧毁了法国。"歌德也评价他们:"伏尔泰结束了一个旧时代,而卢梭开创了一个新时代。"

  1791年7月11日,在法国大革命的高潮中,革命党人把他们的精神领袖伏尔泰的灵柩请进先贤祠,作为对国家有杰出贡献的伟人供奉起来。连绵十几里长的送灵柩队伍故意在路易十六囚室窗口下经过,以刺激这个即将上断头台的国王。三年后的1794年4月14日,法国国民公会作出决议,将卢梭的遗骸请进先贤祠,受到与伏尔泰同样的待遇。10月11日,成千上万的人在先贤祠前举行隆重仪式,把卢梭的灵柩安放在离伏尔泰的棺木几尺之遥的地方,两人墓碑遥相对望,继续着思想碰撞的火花。伏尔泰的墓碑两侧雕刻着两个天使浮雕,中间镌刻着金字:"诗人、历史学家、哲学家,他拓展了人类精神,他使人类懂得,精神应该是自由的",这是伏尔泰作为法国精神文明先驱的生动写照。而对面卢梭的墓碑被设计成一栋气派的房屋,房屋一扇门微开着,一只手臂从门缝里伸出,手中握着一个燃烧的火把,象征着卢梭的思想点燃了革命的燎原烈火。

图 7-22 伏尔泰墓碑   图 7-23 卢梭墓碑

第八讲
破译梅菲斯特手中的人性密码：
德国启蒙思想时期文学作品

讨论文本

- 《浮士德》

导言

  18世纪的德国远远落后于英法两国，仍处于封建割据状态，资产阶级在经济、政治上均依附于贵族宫廷，严重阻碍了资本主义的发展。因此，德国启蒙运动的发生晚于英国与法国，并且始终没有形成像英国、法国那样的政治革命，其任务也与英国、法国有所不同，主要是唤起民众觉醒、反对分裂，建立民族统一的国家。18世纪70年代至80年代初，德国的一批年轻知识分子在卢梭"回归自然"思想的号召下，掀起了一场旨在摆脱封建束缚、释放个性自由、构建以自然法则为社会秩序的文学革命，历史上称作"狂飙突进"运动。[1] 这是德国文学史上第一次全德规模的文学运动，也是英国、法国启蒙运动的继承和发展。"狂飙突进"虽然最终未能发展为一场社会政治运动，却有力地促进了德国民族意识的觉醒。

  从思想准备层面考察，"狂飙突进"运动是对英法启蒙运动的继承与反拨。首先，它继承了启蒙思想家自然法的思想，肯定个人地位与个性发展的无限空间，反对在肉体、精神上对人的发展进行钳制的一切僵化教条。其次，它崇尚"天

---

[1] 运动的名称源自德国作家克林格的剧本《狂飙突进》。

才"，认为天才是不受任何世俗规则约束的人，他的行动与思想脱离了任何社会形而上学理论的控制，他不需要对传统与他人进行模仿，他本身就具有影响社会进步的创造性力量。再次，卢梭的《社会契约论》德语版的面世，在德国掀起轩然大波。文论认为，人脱离和平的自然状态，以及私有制和劳动分工的形成是使得人类逐渐步入不平等状态的关键步骤。德国民众热烈赞扬卢梭的理论，将其看作是推翻现有秩序、建造符合自然法则的社会新秩序的理论指引。最后，与启蒙运动对理性的提倡相异，德国的"狂飙突进"运动更重视感情作用，认为感情能够激发人类的潜在能量，使人最大可能地发挥主观能动性。在这种风云激荡的文化背景下，一部影响世界文学历史的德语巨著产生了。

上帝与魔鬼的赌局：歌德与《浮士德》

图8-1 约翰·沃尔夫冈·歌德

知识链接

约翰·沃尔夫冈·冯·歌德（Johann Wolfgang von Goethe，1749—1832年），是德国历史上最伟大的文学家，也是西方文学史上不可或缺的文学大师。歌德出生于莱茵河畔的法兰克福，家境优渥，父亲是法学博士与皇家参议，母亲是法兰克福市长的女儿，富于幻想、善于编讲故事，故而对歌德影响很大。歌德精通英语、法语、意大利语、希腊语、拉丁语和希伯来语。曾先后在莱比锡大学和斯特拉斯堡大学学习法律，也曾当过律师。

歌德的世界观与人生观无疑深受法国启蒙思想家、特别是卢梭的影响，在德国"狂飙突进"运动时期成为主将，歌德的作品充满了"狂飙突进"运动的反叛精神，在诗歌、戏剧等方面均有较高成就，他创作了大量剧作与诗歌，表达反抗暴虐专制和渴望思想自由的精神。歌德赞同卢梭"返回自然"的口号，主张"个性自由与解放"。但是，较之于卢梭的宗教美德情结，歌德更亲近古希罗文化中的原欲与热情，故而笔下的人物更为激情、狂放、世俗化。"他从大学时代就不安心于书斋，学法律、学植物学、写诗、旅游、做官、沉迷炼金术、一生恋爱无数次，《少年维特之烦恼》即真实记录了歌德亲历之单思之情，甚至年近八十还给女人写脉脉含情的情诗。"[1]在歌德看来，卢梭根本不需要写什么《忏悔录》，因为所有的"道德"与"过失"不过是人生命体验中的应有之义。歌德认为，人的自然欲望本身并非邪恶，而恰恰是生命之源，因而在一生中追寻自然本真的生活，追求生命欲望的体会与满足，凭着自然感性与生命冲动去体验自我与世界，也同时伴有连绵不断的绝望与痛苦的折磨，这一切均是他所心甘情愿承受的。

《浮士德》（1768—1832年）是歌德历时六十余载的凝聚心血之作，根据一个炼金术士向魔鬼出卖灵魂以换取知识与青春的德国古老传说，反其意而用之，演示了广阔、深邃而崇高的人生内容，激励着人类从书斋理性走向经验理性，永远

---

1 〔德〕比学斯基：《歌德论》，载《宗白华美学文学译文选》，北京大学出版社1982年版，第67页。

进取，在不断的行恶、反思、忏悔、救赎中走向终极自由。

作品主要线索是"大小赌局"与"大小世界"。大赌局发生在魔鬼梅菲斯特与上帝之间。梅菲斯特肆意嘲笑人类具有的所谓"理性"，向上帝挑衅，认为自己可以将人间智者浮士德引诱到满足、怠惰和堕落的道路上。上帝微笑着答应了梅菲斯特的挑战。小赌局发生在梅菲斯特与浮士德之间。年轻时的浮士德自以为是"神的化身"，"与永恒真理近在咫尺"；年老时却发现，书斋里的冥思苦想得不到任何有价值的成果。倍感困惑与愤怒时，梅菲斯特出现了，诱惑浮士德以灵魂作抵押，将他带入五光十色的经验世界，满足他任何高尚或卑下的愿望，条件只有一个——一旦浮士德耽迷于某个美好的瞬间，梅菲斯特便会立即将其灵魂俘获。浮士德对自己孜孜不息的进取本性充满了自信，即刻同意参加这场赌局。关于"大小世界"，小世界即感官世界，主要描述了浮士德耽于肉体欲望，在梅菲斯特的帮助下，对少女格雷琴始乱终弃，并陷她于溺子、弑母、杀兄的苦难与毁灭之中。大世界则描述了浮士德在政治、神话与现实社会中所经历的若干次追求与幻灭：他追求政治抱负、改良经济制度，却落得与皇帝的弄臣为伍的卑下境地；他追求以海伦为象征的古典主义理想，但最终爱子惨死，海伦亦化作一缕青烟，缥缈消逝；经历种种磨难的浮士德决心填海造田，追求为人类造福的高尚理想。百岁高龄的他被各种苦难折磨得瞎了眼睛，当听见死灵为他掘墓时铁锹的铿锵声，竟认为大堤即将筑成——在这个幸福的预感中，他忘记了与梅菲斯特的约定，不禁对正在逝去的瞬间发出了"请停留一下吧，你是那样美！"的赞叹，随即倒地而亡。最后上帝出面干涉，将浮士德的灵魂从梅菲斯特手中赎回。[1]

作品借浮士德传奇的一生高度凝练了西方人探索与奋斗的思想历程。浮士德博士欲壑难填，一生在连绵不断的追逐与毁灭间跌宕起伏，经历了"书斋生活、感官享乐、政治理想、复古思想、利他情怀"五段生命历程的磨炼。第一，作为一名博学多闻的学者，浮士德皓首穷经，将逻辑、公理、律条等作为书斋生活

---

[1] 梗概及本节所有引文来源于〔德〕歌德：《浮士德》，钱春绮译，上海译文出版社2007年版。

图 8-2 《浮士德》系列插图,〔德〕彼得·冯·柯内留斯

的填充物，老来却觉一无所获，苦闷迷惘，最后不得不迈出书斋，奔向丰富多彩的客观自然与经验人生，象征着文艺复兴时期西方人自我意识的觉醒以及对经院哲学的彻底背叛。第二，浮士德陷入了对单纯稚气、娇艳丰满的格雷琴的疯狂迷恋中，满腔的柔情蜜意却给少女带来了灭顶之灾，使得格雷琴双手沾满亲人的鲜血、最终饱受酷刑、疯癫而亡，这是对西方人追求狭隘感官刺激、肉体享乐的快乐主义哲学的反思与否定。第三，浮士德无法容忍昧着良心、巧言令色的同僚，也绝不愿意卑躬屈膝对统治者阿谀奉承，因而他的政治抱负无以寄托，豪情壮志难以实现，其寄托于开明君主的政治理想终是春梦一场。第四，他对海伦充满崇敬与迷恋，与海伦结合后，他的妻与子却瞬间消亡，证明了古典式理想观念是何等虚幻缥缈，企图以复古思想对当代社会进行改造的观点是何等不切实际。第五，浮士德融入民众，与大家一起对自然进行改造，创造现实生活中的人间天堂。在这个过程中，他终于找到了人生的真谛与幸福的体验。

总结浮士德与魔鬼相伴的一生，他纵情欲望，屡屡作恶，却从未满足于或屈服于肉体、物质享受，也洞穿了理性与法律的虚伪，最后带着自己为人类造福的信念轰然倒毙。如此看来，《浮士德》绝不是一个讽刺世人为了情欲、富贵、权势等向魔鬼出卖灵魂的浅显寓言，浮士德和梅菲斯特之间的交易亦非感官与灵魂、物质与精神的简单交换，而是回答了在18世纪末、19世纪初西方人有关人生理想与人类前途的重大疑问。

首先，作品的最强主题音符——"永无止境的追求"——是启蒙运动的重要思想。浮士德就是一个永远追求的人物典型，他的一生即不断脱胎换骨的历程，每一次失败与迷途，都使他向真理靠近了一步；每一次尝试新鲜事物后，他又不可避免地走向另一场未知，每一个局部世界中，浮士德永远是个可悲可叹的失败者，但在整体世界中，他却是个不折不扣的胜利者。其次，歌德以梅菲斯特作为歌德两面人性之一的代表，揭示了善与恶之因素在人的一生中的角逐冲突。浮士德面对的难题，事实上是全人类所面对的难题，每个人在追求自我价值实现的过程中均无法摆脱理智与原欲、冲动与规制、自由与束缚、个体幸福与社会责任之间的两难选择。某种意义上讲，正是象征着"恶"的梅菲斯特对浮士德的不停引诱与刺激，才从反面发挥着一种作用力，推动着他灵魂的觉醒、精神的升华；从宏观而言，正是善与恶的相伴而生，促进人类与社会的不断前进。

图 8-3 《浮士德》插图，〔德〕彼得·冯·柯内留斯

深度阅读

英国启蒙文学作品中，笛福的"鲁滨逊"与"弗兰德斯"均是历经人类文明熏陶的现代人。当他们被遗弃在杳无人烟的荒岛或被流放到条件恶劣的瘠土、远离人类的文明与法律时，与生俱来的智慧、理性、美德却被激发，终于成为真正的人；斯威夫特的"格列佛"在畅游小人国、大人国与慧骃国的过程中，深刻体会、热烈赞美自然法则"天赋人权""人生而自由"的观念；伏尔泰的"天真汉"所散发出的魅力，来自他身上保持了原始正义与自然直觉的人性；孟德斯鸠的"波斯人"流亡欧洲数国，所寻找的正是脱离了封建羁绊的自然人性以及与其相适应的社会制度；狄德罗的"修女"尽其一生所追寻的是与宗教生活相对立的世俗幸福；而卢梭笔下的"新人"，无论是爱弥儿、朱莉、圣普乐，还是忏悔中的"我"，均是现实文明的局外人……所有文学角色都是保持了自然情感与自然理性的"自然人"，歌德的"浮士德"更是对西方人自文艺复兴以来不懈追求自由与理性的历史过程的传神摹写，将新人蓬勃进取、追求无限的精神彰显无遗。

与启蒙文学所推崇的"自然理性"思想相契合，启蒙运动时期的刑法学者几乎均为"自然法学派"。他们崇尚自然法，认为自然法先于制定法存在，并永恒地指引着人类社会的发展、人类文明的进化；他们认为现存的宗教法制违背了自然法则、侵犯了人类的自然权利，因而不符合理性原则，必须加以改造或者废除。在此意义上，启蒙学派的刑法学家所推崇的自然法则与理性近乎同义。此时期的刑法学家提出了"天赋人权"的口号，所谓

"人权"的实质是自由,它本源于自然法,是人类生而具有的,包括自我保全、人身及思想自由、追求幸福等权利,这些权利不允许政府及任何人侵犯。基于权利的天赋性,刑法学家批判了中世纪以来身份的、擅断的、残酷的、神学的刑法,提出了民主、自由、平等精神,宣传从人性论出发的自然法,力图将刑法从皇权束缚下解放出来,倡导理性主义与功利主义,为现代西方刑法制度积淀了具有深远影响的理论基础。

一、刑事古典学派第一块理论基石:人性论与社会契约论

刑事古典学派理论的第一块基石是"人性论"与"社会契约论"。古典时期与启蒙思想时期对"人之本性"的争执以及建立于人性论基础之上的社会契约论,是近现代西方政治与法律思想萌芽的逻辑前提。而社会契约的缔结却与初民社会的自然状态紧密相关。提及国家与法律出现之前由人之本性决定的自然状态,启蒙思想时期文学作品多有生动描述:其中包括霍布斯"人性本恶"之普遍战争论[1],洛克"人性无善亦无恶"的双重人性论[2],卢梭"人性本善"的黄金时代论[3]。与霍布斯、洛克、卢梭所主张的三种"人性论"对应,以法律条文为主要载体的"社会契约"亦包括三种:

---

1 斯威夫特《格列佛游记之慧骃国》、孟德斯鸠《波斯人信札之穴居人》、狄德罗《拉摩的侄儿》等作品中有详细描述。
2 伏尔泰《如此世界》、卢梭《忏悔录》、歌德《浮士德》等作品包蕴此意。
3 以拉·洪坦《北美回忆录》、菲内龙《德勒马克》等传记文学的形式为论据。

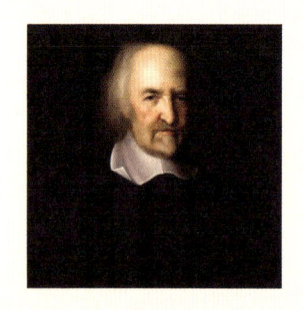

霍布斯

第一种是霍布斯主张的"君主专制契约"。霍布斯认为,人之本性充满了自私与邪恶,为了结束"一切人反对一切人的战争状态",对死亡的恐惧与求生的本能迫使人们运用理性,总结出一些和平相处的条款——自然法则。为了确保自然法则的执行,人们必须缔结一种契约,一方面同意将包括自由权、生命权在内的全部权利与力量交给"最强有力"的个人保存;另一方面为了社会整体的和平与安全,这个"最强有力"的个人应当努力运用从公民那里集合起来的权利与力量,而他为了保障契约的被遵守而获得的权威应当是至高无上、不受法律约束的。这是霍布斯"性恶论"之必然结果,因为只有绝对强大、不受制约的权力才能在"狼与狼的社会"维持和平与秩序。霍布斯的契约论具有明显的单向性,亦即它仅仅或主要对签订契约并成为君主统治下的民众产生约束力。民众成为君权庇护下的草芥虮蟒,他们获得了某种意义上的安宁生存权,却毫无任何自由意志可言。当然霍布斯也意识到这一点,但是,"利维坦"是人类自己的创造物,人们应当两害相权取其轻:一方面是绝对的自由但充满被毁灭的危险,一方面是绝对的专制但享有安全与和平,很明显,霍布斯认为对后者的选择是人类理性的表现。这一观点在霍布斯的著作《利维坦》中有生动、准确的叙述。

第二种是洛克所提倡的"君主立宪契约"。与霍布斯对社会安全的极端关注相反，洛克的契约论所彰显的是对自由的追求。洛克认为，人性本无善恶之定论，自然状态是一种完全自由的状态，受自然法调整，人们以与生俱来的天然智慧决定自己的行为，接受自然的恩赐或惩罚。一方面，大家是平等的；另一方面，人人都有权对自己认为违反自然法的犯罪行为进行处罚。这种社会的弊端是：首先，人们所享受的自然状态有被他人破坏、侵害的可能；其次，当人人都能做法官对犯罪行为依据自然法进行裁判时，容易超越理性规则。于是，人们必须订立一项契约，以保证自然法则在社会中继续发挥作用。根据契约，人们彼此同意组成一个共同体——国家。与霍布斯的"一切权利转移说"不同，洛克的契约论的关键是人们在订立契约后仍然保持他们的一切自然权利，让渡给国家的仅仅是执行自然法的权力。洛克是西方第一个提出三权论与分权论的法学家。其契约论的实质是约束政府的权力——将"利维坦关在笼子里"。

第三种是卢梭所呼吁的"民主共和契约"。卢梭认为，自然状态下的野蛮人，处于人类社会发展阶段的"黄金时代"。他们

洛克

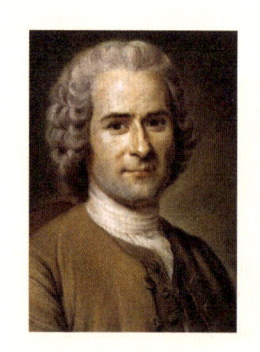

卢梭

智识未开，无行善与作恶的准则，以本能的怜悯心与相爱心压抑着私利心的萌发，履行自然法、风俗、道德的职责。私有制是人类由自然状态进入不平等状态的重要步骤，而这种不平等正是社会不断进化、发展的原动力，也是人类文明的肇始者。处于蒙昧自然状态下的人可以享受为所欲为的自由，但伴随着不平等逐渐加剧、人类文明的产生却使人们戴上了永远的枷锁。卢梭的"契约论"的宗旨就是使人类恢复业已丧失的自由状态。这种自由状态并非原始社会的自由，它建立在充分借鉴人类文明积淀的基础之上，其特征是在这种社会联合的状态下，使得每一个结合个体对契约的服从从本质而言是对他自己的服从，而社会联合的全部力量将会保障每个结合者的人身权与财产权。亦即"寻找出一种结合形式，使它能以全部共同的力量来卫护和保障每个结合者的人身和财富，并且由于这一结合使每一个与全体相联合的个人又只不过是在服从自己本人，并且仍然像以前一样自由"[1]。为了实现这个目标，每个参加契约的人必须将自己的"全部"权利转让给联合体，且每种权利都是"同等"的，这是为了防止特权者只交付自己的一部分权利；参加契约的人是将自己的权利给了集体而非个人，目的是防止个人在保

---

[1] 〔法〕卢梭：《社会契约论》，何兆武译，商务印书馆1980年版，第65页。

存、运用集体权利时徇私徇情；另外，通过社会契约组成国家以后，如果自然法缺乏自然的制裁，正义法则在人间就是虚幻的，故而必须由社会契约赋予执行机构、管理机构以生命，由立法赋予政府官员以意志支配下的行动的权力。而法典作为契约本身的载体，是全体人民对全体人民作出的规定，具有意志的普遍性与对象的普遍性。

贝卡里亚的刑法思想：

18世纪启蒙思想家的社会契约论，是切萨雷·贝卡里亚（Cesare Beccaria，1738—1794年）构建犯罪与刑罚理论体系的基石。很明显，贝卡里亚接受了霍布斯的"普遍战争状态论"，认为人们"牺牲了一部分自由交给君权保管，是为了享有剩下的大部分自由"，而刑罚权的产生正是为了防止某些人"试图抢回自己交出去的自由"，或者"霸占别人剩下的自由"而约定的防护与惩罚措施。[1]

贝卡里亚

可以看到，"社会契约论"贯穿于贝卡里亚的刑法思想的始终。例如，在罪刑法定原则中，他主张只有法律才有权规定犯罪及刑罚，法律的本质即一种社会契约，禁止刑事司法者对刑事法

---

[1] 参见〔意〕切萨雷·贝卡里亚：《论犯罪与刑罚》，黄风译，北京大学出版社2008年版，第57、51、55页。

律的解释,这应该是契约订立者共同的职责与权利,"允许法官解释法律,就会使被告人的命运完全处于飘忽不定的无保障状态,不幸者的生活与自由就会成为某种荒谬推理的牺牲品,或者成为哪个法官情绪冲动的牺牲品"[1]。

立法技术上,贝卡里亚认为,由于刑法是全体公民共同签订的契约,因而法律条文应当公开,同时应当以清晰明了、准确无误的语言进行描述——"如果刑法典是一种人民所不了解的语言写成的,这就使得人民处于对少数法律解释者的依赖地位,而无从掌握自己的命运"[2]。

在刑罚适用平等原则中,贝卡里亚力图证明,由于契约订立者之间交给主权者的权利是平等的,所以刑罚不因身份而异,也不得用司法权以外的权利来妨碍司法权的正当行使,"伟人与富豪都不应有权用金钱赎买对弱者与穷人的侵犯,否则,受法律保护的、作为劳动报酬的财富就成了暴政的滋补品"[3]。

贝卡里亚还利用社会契约论提出了刑罚的不可避免性原则,否定受害人、司法官或者君主对于具体犯罪人的宽恕权和恩赦权。因为恩赦是人道主义的做法,却根本违背了契约中的公共利益——"契约是全体民众参与的产物,受害人可以处分他的民事权利,但无权取消刑事惩罚,因为刑罚权的来源属于社会的共同约

---

1 参见〔意〕切萨雷·贝卡里亚:《论犯罪与刑罚》,黄风译,北京大学出版社2008年版,第12页。
2 参见〔意〕切萨雷·贝卡里亚:《论犯罪与刑罚》,黄风译,北京大学出版社2008年版,第15页。
3 参见〔意〕切萨雷·贝卡里亚:《论犯罪与刑罚》,黄风译,北京大学出版社2008年版,第49页。

定而非个人。""作为一种美德,仁慈的光芒应当闪现在法典中,而非运用于司法过程,司法官无权让犯罪人得到宽恕。如果打碎了罪与罚之间的必然因果链,整个法律体系极可能发生动摇,人们的心理也会发生紊乱。"[1]

罪刑均衡原则中,贝卡里亚认为严酷的刑罚违背了社会契约,并借此批判死刑的非理性。"人们可以凭借怎样的权利来杀死自己的同类?"死刑的正当性之所以不存在,是因为它违背了社会契约,"人们被迫交出的自己那一部分自由,绝不是无代价、无限制的,不可能将处分自己生命的生杀予夺的大权交出来"[2]。正是在此意义上,贝卡里亚采取了洛克的社会契约论,而相异于霍布斯与卢梭。

二、刑事古典学派第二块理论基石:意志自由论

刑事古典学派理论的第二基石,关涉人类的意志是否自由。从《鲁滨逊漂流记》到《格列佛游记》,再到《波斯人信札》,作品中无不闪烁着西方人反抗古典主义理性,渴求向人间上帝赎回灵魂,作自我精神主宰的愿望;而从《拉摩的侄儿》到《忏悔录》再到《浮士德》,又隐隐流露出西方精神世界由"唯理主义"向"自然状态"的回归。尽管如此,这些启蒙文学所肯定的、颂扬的是人类精神的独立性与意志的自由性。

---

1 参见〔意〕切萨雷·贝卡里亚:《论犯罪与刑罚》,黄风译,北京大学出版社2008年版,第110页。
2 参见〔意〕切萨雷·贝卡里亚:《论犯罪与刑罚》,黄风译,北京大学出版社2008年版,第65页。

康德的刑法思想：

德国古典哲学创始人，也是西方启蒙时代最后一位思想家伊曼努尔·康德（Immanuel Kant，1724—1804 年），可谓是在精神世界不懈探索的"浮士德"。康德的刑法思想彰显着鲜明的唯心主义色彩，自由意志论是其罪罚理论体系的基石。

康德

康德认为，人的尊严在于获得自由，人在任何时候均是目的，而非手段或者工具；只有自由人的选择才能决定一切，任何外在的或者更高的法则均不能主宰人。[1] 在康德的眼中，人之主体性的最高点即为"意志自由"，但这种自由并非不受限制，它受缚于人先验的主观道德，因而并非自然法则或任何人定法。康德所述的先验的主观道德即"要按照你同时认为也能成为普遍规律的准则去行动"，或者"除非我愿自己的准则变为普遍规律，我不应行动"。[2] 这是一条"绝对命令"，它先天存在、不受任何具体经验、个人好恶以及利害关系所制约。康德告诫人们，人在任何时候均是目的，而非手段或者工具，必须无条件地内心自觉遵守上述道德，才能从纯粹被自然主

---

1 参见〔德〕康德：《道德形而上学原理》，苗力田译，上海人民出版社 1986 年版，第 81 页。
2 此观点与中国"己所不欲，勿施于人"之传统伦理观十分近似。参见〔德〕康德：《道德形而上学原理》，苗力田译，上海人民出版社 1986 年版，第 83 页。

宰的命运下解放出来，以独立于动物性，真正获得自由意志。康德进一步指出，这种绝对的道德规律不但是规范人们思想和行为的基本准则，同时也是国家立法必须遵守的依据与准则。法律的价值核心是公正，这种公正性来源于"依据普遍法则，这个行为与每一个人和所有人的意志自由在行动上可以并存"[1]。

  康德进一步提出了刑罚权的根据——道义责任论。他认为，刑法肩负着必然的道德使命，道德规律事实上成为实体法立法以前已经存在的自然法，二者从价值内容而言应该一致，法律才能保持正义的性质。犯罪行为不仅外部违反了国家制定的法律，就其内心而言，违反了道德规律，行为人在自由意志支配之下实施这些行为，就应当对这种危害行为承担相应责任。正是由于犯罪行为是出于自由意志，所以有自由意志者应当对犯罪行为负有责任。如此，康德以意志自由为基础提出了著名的道义责任论："人既然有选择行为的自由意志，竟敢避善从恶，从道义立场上就不能不使行为负担责任。"[2] 康德由自由意志而论及道德命令，由道德命令又论及法律规则，从中寻找刑罚权的根据，揭示了刑法与道德的必然联系，也揭示了犯罪危害性的实质所在。另外，刑事古典学派的著名代表黑格尔（Georg Wilhelm Friedrich Hegel，1770—1831年）也是自由意志论的支持者，他认为"自由是意志的根本规定，正如重量是物体的根本规定，有意志而没有自由，

---

[1] 马克昌主编：《近代西方刑法学说史》，中国人民公安大学出版社2008年版，第116页。
[2] 马克昌主编：《近代西方刑法学说史》，中国人民公安大学出版社2008年版，第116页。

只是一句空话",因而在承认自由意志的基础上提出著名的主客观辩证统一的归责理论:"行动只有作为意志的过错才能归责于我。"[1] 如此,以自由意志论与道义责任论为核心的罪罚观逐渐完善,刑事古典学派亦得以创立。

同时,亦是从人之独立主体性、人之意志自由性出发,康德主张绝对的报应刑,等量的刑罚观。关于刑罚的本质,康德仍然运用自由意志理论进行阐述,认为刑罚是纯粹报复犯罪的方法,此外不能有任何其他目的与要求。因为人有尊严、有自由意志,在任何时候只能是目的,不能是手段。即使对于犯罪者来说,对他实施刑罚也只是因为他的自由意志支配下的行为给他人造成了侵害,违背正义要求,对他的刑罚也就是恢复被损害的正义,此外别无其他目的。

关于刑罚的尺度,康德持典型的等量报应观,这种报应观同样建立在人类具有自由意志的基础上。因为人类出于自由意志订立了契约,"任何一个人对他人的恶行,可以看作他对自己的恶行"[2]。这是唯一可靠的量刑标准,而其他因素都是摇摆不定、难以掌握的,因而无法保证在任何状态下都能对罪犯作出纯粹意义上的、严格的、公正的判决。

在社会契约论的原点假设下,在意志自由与自然法则的基础上,刑事古典学派演绎出诸多理论原则——反对罪刑擅断,提倡

---

1 马克昌主编:《近代西方刑法学说史》,中国人民公安大学出版社2008年版,第128页。
2 马克昌主编:《近代西方刑法学说史》,中国人民公安大学出版社2008年版,第120页。

罪刑法定；反对重刑酷刑，提倡罪刑相适应；反对思想犯罪，提倡客观主义；主张道义责任论，提倡报应刑、目的刑结合之刑罚观。这些刑法思想至今被西方刑法学界奉为圭臬。

三、启蒙思想：多重文明的冲撞与融合

启蒙运动崇尚理性。启蒙主义者认为，人的觉醒、社会进步以及近代科学知识的获得都有赖于人的理性。启蒙思想家相信存在支配人类、自然和社会，放之四海而皆准的普遍有效的原则，并以理性的眼光审视一切先前公认的制度和信仰。启蒙思想家的理性以"天赋人权"为理论核心，主张自由、平等、博爱，提倡教育和科学，最终目的是建立一个人人幸福的"理性王国"。这种理性根本上不同于17世纪崇尚君主王权和封建伦理的理性主义。

启蒙学者高举理性旗帜，试图将把握真理的权利从上帝手中夺回。当人们用天赋的知性能力去重新定义宇宙与社会时，与以基督教为核心的中世纪文明产生了激烈对抗，并在这场战争中逐渐占据上风。但是，启蒙理性鼓舞与引导人们去探索、发现自然，解决当下的生存问题，却忽视了对人生终极意义以及信仰、伦理道德等问题的思考。这种轰轰烈烈的科学启蒙背后的人文缺失，已经引发了一些目光更为深邃、感触更为敏锐的启蒙学者的检讨与反思。启蒙思想家在否认上帝、否定既有文明、否认现实社会制度的同时，力图以他们的理性去重构一种崭新、合理的存在。但在这种解构与重构的努力中，往往陷于文化选择的自相

矛盾与尴尬境地——被解构的对象往往成为重构时不可或缺的元素。英国史学家丹尼斯·哈伊如此评价人文主义学者："他们猛烈抨击中世纪的文明，批判完之后，灵魂依然存在，对圣母还像过去那样迷信。"[1]

诚然，这种普遍矛盾的文化心理，烙刻在每一位启蒙思想家的灵魂中。卢梭是对基督教文化抱有最为暧昧情感的启蒙思想家，他立足于对现实社会的改造，拥有强烈的世俗精神，饱受宗教界攻击；但就其价值取向而论，他却俨然怀有一颗教士之心，有着剪不断的宗教情结，正因为如此，他又为启蒙阵营所排斥。读卢梭的著作，我们可以体会到浓烈的宗教情怀，可以触摸到一颗充满救赎热情的滚烫的心。

不仅卢梭如此，"百科全书派"的其他代表，那些因标榜"理性至上"而与卢梭分道扬镳的启蒙思想家的理论体系，亦难逃被基督教文明浸润已久的事实。例如，"百科全书"的主持者，"最勇敢、最彻底的无神论者"狄德罗，在《拉摩的侄儿》中展现了主人公在完全抛弃宗教信仰后呈现于世人眼中的畸形形象，暗示对经历启蒙思想洗礼后的"理性人"所行所思的焦虑之情。狄德罗以敏锐的观察力捕捉到这一令人痛心却又普遍存在的启蒙后果，却又彷徨踌躇——他原无勇气在自己所激烈反对的宗教文化中寻找解决现实矛盾的良方。

---

[1] 〔英〕丹尼斯·哈伊：《意大利文艺复兴的历史背景》，李玉成译，生活·读书·新知三联书店1988年版，第174页。

素有"法兰西启蒙运动旗手"之誉的伏尔泰，一面说："第一个上帝是遇到了第一个傻瓜的第一个流氓创造出来的"，一面又说："人如果否认上帝，必至于恣情纵欲，犯极大的罪恶，这岂不可怕之至？"而且"我希望我的供应人、我的裁缝、我的仆人，我的妻子都来信仰上帝，这样就会很少有人抢劫我或者给我绿帽子戴了"，所以"即使没有上帝，也必须创造一个上帝出来"。[1] 伏尔泰幽默的言辞中隐藏着对宗教精神规制人类灵魂与行为功能的高度评价与习惯性依赖。

　　奠定了近现代西方国家政治与法律理论基础的孟德斯鸠，一面讽刺道："如果三角形会创造一个神，那么他们的神一定长着三条边，是为三位一体"，一面又无法否认宗教的现实意义："宗教是约束那些不惧怕人类刑法的人的唯一绳索，君王犹如狂放不羁的野马，而宗教这条缰绳可以将他驯服。"[2]

　　歌德笔下象征人类笃于实践、永不满足的入世精神的浮士德，他疏远上帝、亲近魔鬼，追逐尘世间一切的善与恶，渴求人性的极致真实与精神自由，在梅菲斯特的引诱下、在原欲的支配下犯下了难以宽恕的罪愆；最终，他那颗历经磨难、伤痕累累的灵魂还须由上帝来宽恕与拯救。这些启蒙学者从"真"的角度否定了上帝与宗教体系，引导人类去亲近自然理性；但是紧接着，他们又从"善"的层面不断深化、肯定基督教文化的意义。

1　参见戴金波：《伏尔泰》，辽海出版社1998年版，第176页。
2　〔法〕路易·戴格拉夫：《孟德斯鸠传》，许明龙、赵克非译，商务印书馆1997年版，第53页。

启蒙思想所打造的"自然人"在以独立的知性能力批判宗教、批判社会的同时,又张扬基督教"善"的内涵——他们所批判的是教会与教徒在违背宗教原旨基础上的悖逆人性的行为与思想,但这种批判的标准却依旧是基督教的"善良""仁慈""平等"与"博爱"。与其说这种状态是一种自相矛盾的尴尬,不如说它是一种对于传统文化所应具有的辩证态度。正是这种文化心理,使人们看到了被否定、被批判、被解构的旧有文化体系中隐含着合理的、必然的、新文化重构不可缺少的文化基因。文艺复兴时期如此,启蒙运动时期亦然。

综上,18世纪的启蒙运动实质是个性主义的回归,是文艺复兴早期原欲型人本主义的延伸与发展。不同的是,文艺复兴的人本主义侧重人的感性欲望,启蒙运动时期的个性主义则强调人的智识。同样,正如文艺复兴末期的刑法思想最终走向世俗人本主义与宗教人本主义相融合的道路,人们在满足感官欲望后,目光逐渐开始追索秩序与约束;启蒙运动后期的个性主义亦包容理性精神与宗教信仰的双重取向——拥有了浮士德般自由意志的欧洲人不断扩张的自我本位与强烈的自由意志,预示着个体本位、个人主义的近代西方价值观的形成,也预示了一个充满探索与创造、崇尚自由精神与个体意识时代的来临——他们永不知满足地去体验、去追求、去感受、去承担无尽的快乐与痛苦,将其视作人生的组成部分。

但是,我们不能忽略,引领浮士德走出书斋、脱离情欲、热心政治、造福公众的信念支柱始终是上帝赋予的人之"本性",因原罪而天生具有的忏悔、赎罪意识,人类最终的灵魂亦归于永恒的上帝。此时期的西方刑法思想始终游走于以古希腊—古罗马之原欲精神与希伯来—基督教抑欲文明的双重轨道之间,虽然时而向前者逼近,但内核与灵魂始终被裹挟于后者之中。

无可辩护
——显微镜下的罪罚图谱

被押送法庭途中,她对人们的指责、嘲笑毫不介意,甚至对街头围观的无赖们继续卖弄风骚。但是,当一个穷苦的卖煤人走过她身边、怜悯地望着她,在胸前划过十字后匆匆递给她一枚硬币时,她的脸却倏地红了,深深埋下头去。

——〔俄〕托尔斯泰《复活》

刑法只是一种工具,用来维护现存的有利于我们的阶级利益与现有秩序不被破坏与推翻,它的唯一宗旨就是维持社会现状,因此它要迫害和处决那些品德高于一般水平并想提高这个水平的人,也就是所谓政治犯;同时又要迫害和处决那些品德低于一般水平的人,也就是所谓的天生犯罪人。

——〔俄〕托尔斯泰《复活》

时代背景

19世纪中后期是西方资本主义制度的巩固与发展时期。从70年代开始,欧洲主要资本主义国家向垄断资本主义阶段过渡,资本主义进入繁荣发展阶段,政治、经济、社会关系以及民众的观念都发生了深刻变化。人们对物质财富的追求与崇拜达到空前狂热的状态,金钱成为主宰人类行为的上帝,社会矛盾亦日益突出、激化。

自然科学方面,19世纪的科学取得了比18世纪更为辉煌的成就。同以往所有时期相比,以"工业革命"为契机,欧洲进入科学发展的黄金时代。"从1830年到1914年,标志着科学发展的顶峰。"[1] 自然科学大步向前迈进,欧几里得几何学的诞生,能量守恒定律的确立,电报通信技术的拓展,细胞学说、能量转化学说、生物进化论的出现,使得医学、遗传学、物理学与化学等领域发生了翻天覆地的变革;《物种起源》更是像一发巨型炮弹的引爆,将进化论思想带入哲学、政治、历史、艺术等一切领域。

哲学思想方面,辩证法、唯物主义哲学占据主要地位。19世纪30年代,随着黑格尔的去世,黑格尔学派开始解体;德国古典哲学已经失去它原有的光彩,西方哲学的发展面临一次重大的转折。

首先,费尔巴哈批判了黑格尔关于思维与存在同一的唯心主义学说,并从理论上彻底否定了基督教和一切宗教的世界观。他

---

[1] 〔美〕爱德华·麦克诺尔·伯恩斯、菲利普·李·拉尔夫:《世界文明史》(第三卷),罗经国等译,商务印书馆1987年版,第282页。

继承和发扬了早先的唯物主义成果，在批判宗教和唯心主义的基础上建立起以"人本学"为中心的唯物主义哲学体系，对当时的社会产生了重大影响，具有积极意义。

其次，欧洲产业革命于19世纪上半叶基本完成，西方国家经济进入迅猛发展期。国内阶层固有的矛盾及其引起的各种社会弊端已开始明显暴露。自然科学的迅猛发展与重大发现，极大地推进了人类认知理论的成熟，诱惑着西方人寻找一种对日益加剧的阶级矛盾的哲理性理论解释与归纳概括；以黑格尔唯心辩证法与费尔巴哈唯物主义为顶点的西方哲学优秀遗产，也为新哲学的产生提供了丰富的思想材料。正是在此历史背景下，马克思与恩格斯创立了历史唯物主义与辩证唯物主义，既与唯心主义划清界限，又突破了旧有唯物论的局限性，创立了一种观察世界的崭新的思维方式，实现了人类哲学史上的重大变革。

再次，在马克思主义哲学产生、发展的同时，西方传统哲学也发生了重大分离与重组。资产阶级政治地位的根深蒂固，使得其哲学理论逐渐抛弃了以往用来与神学与经院哲学对抗的理性主义；而资本主义的固有矛盾所引起的各种弊端，又使许多思想家对理性主义的体系产生了怀疑；当时自然科学的新成就亦严重动摇了以往机械主义的自然观、形而上学的思辨模式与认识论。因此，一些哲学家提出：哲学应当突破以认识论为核心的传统理性主义模式，淡化经验派与理性派哲学家所强调的对客观自然的研究，转向对人类本身内心结构的研究。亦即研究重点由思维—存在的二元对立关系转向对主体内宇宙的研究；由经验与理性思维的稳定性、确定性转向对人内在心理非理性的、直觉的肯定；由对普遍人性的颂扬转向对个体人生命、个性、本能的关注。

这一派哲学家开创了"人本主义"思潮，在20世纪逐渐发展为非理性思潮。而另一些哲学家则强调，自然科学仍然应当是哲学研究的基础，哲学应当为自然科学研究提供方法论。他们反对以黑格尔为代表的理性思辨唯心主义，也反对启蒙思想时期形成的唯物主义，认为当哲学染上耽于思辨的形而上色彩时，将会严重束缚自然科学的发展。因此，他们主张将哲学运用于对经验事实的描述，以取得实际效用为目标，而不必去探索自然本质、寻求事物的客观规律。由此他们构建出一种排除思辨、追求实证知识的可靠性、确切性的哲学，开创了"实证主义"思潮。由于这两种思潮都在一定程度上揭示了以往哲学的许多缺陷，暴露了它们所存在的种种矛盾，开辟了哲学研究的新领域，因此，以其为标志的西方传统哲学的转向具有重要的进步意义。

在上述政治环境、自然科学领域、哲学思潮的共同作用下，批判现实主义文学与自然主义文学成为西方主流文学。首先，18世纪末，席勒首先提出"现实主义"概念；19世纪20年代，司汤达率先提出批判现实主义文学的纲领；以后，别林斯基、车尔尼雪夫斯基等人进一步奠定和发展了现实主义的文学理论。批判现实主义的文学作品以人道主义为旨归，鞭笞制度的黑暗与腐败，探求解决激烈矛盾的途径；警示人们在金钱与物欲面前保持尊严，同时呼唤伦理道德意识的回归。在某种程度上，批判现实主义文学是对浪漫主义文学的反动，它关注的是大时代、大环境下的风云变幻，而不再局限于个人内心情感的小世界；它注重客观，主张文学要像镜子那样如实地反映现实，力避作者的主观性；同时，批判现实主义作家均是启蒙思想熏陶下的人文主义者，对于失去公平与正义的社会的揭露与批判，无论是在广度上还是深度上都比浪漫主义文学更集中、更尖锐、更猛烈。其次，在自然科学、唯物主义、实证主义的影响下，一些作家坚持用唯物主义的目光对社会进行观察，用纯粹的医学解剖式手段从事文学创作，竭力追求文学的真实性、客观性和准确性——自然主义文学亦开始登上历史舞台。

刑法思想领域，在自然科学、唯物主义哲学与实证主义思潮的共同作用下，刑事实证学派诞生了。实证学派又分为两种，即人类学派与社会学派。人类学派重视犯罪的生物学原因，关注人的自然属性与犯罪之间的关系，代表人是意大利著名犯罪学家龙勃罗梭与加洛法罗。其后，实证学派逐渐向刑事社会学派过渡。社会学派重视犯罪的生物学与社会学原因，希望透过自然环境、社会环境以及人的生物属性三方面来考察犯罪与刑罚的理论，代表人是菲利与李斯特。另外需要指出的是，19世纪，对自然科学与理性思维的崇拜，使得人们对科学的理解不仅仅限于科学本身，而是渴望能够用科学的方法去研究一切问题。因而，19世纪的西方人热衷于建立各种学科，继而制定一整套严密的概念、定理、范式,这被认为是一件荣耀之至的事。正是在这样的精神风气与科学理念的背景下,在费尔巴哈刑法学体系雏形构建的引导下,催生了现代刑法学科学体系。

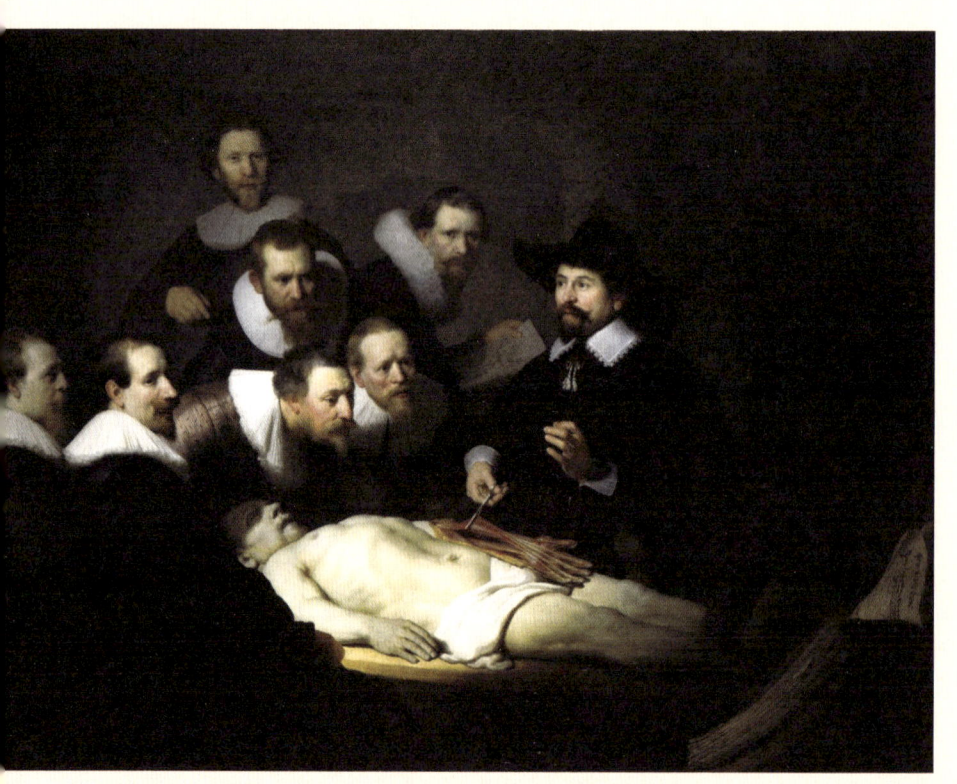

《杜普教授的解剖学课》(1632年),〔荷〕伦勃朗·哈尔曼松·凡·莱因

第九讲
"名利场":法国批判现实主义文学作品

讨论文本

- 《红与黑》
- 《人间喜剧》
- 《嘉尔曼》
- 普法战争系列作品
- 《巴蒂斯特太太》
- 《一个疯子》
- 《桑西一家》
- 《包法利夫人》
- 《高龙巴》
- 《一个儿子》
- 《流浪汉》

导言

19世纪30年代开始,世界范围内批判现实主义文学之蓓蕾在法国文坛首先绽放,司汤达、梅里美、巴尔扎克、福楼拜、莫泊桑、左拉等作家均是该类创作的奠基者;至19世纪中叶,文学领域出现了第一次高潮(第二次高潮是在19世纪末期的俄国),涌现出一大批享有世界声誉的文学作品。批判现实主义文学反对古典主义和浪漫主义的学院派风气,提倡作家应当按照生活的本来面目真实、精确、细腻地反映现实,禁止以艺术手段美化或歪曲生活,也禁止刻意回避生活中平淡无奇或消极黑暗的场面。本讲将为大家介绍一批该时期的著名文学作品,其著作群辨识度较高,均包蕴着严肃的辩证批判色彩与浓厚的写实主义风格,从战争角度、犯罪社会学角度、受害人角度、司法官角度生动刻画出带有浓郁的环境决定色彩的罪刑图谱。

司汤达文学作品

图9-1 马利·亨利·贝尔

知识链接

法国作家马利·亨利·贝尔（Marie Henri Beyle，1783—1842年）出生于法国格勒诺布尔城一个小资产阶级家庭，幼年丧母；父亲是律师，笃信宗教、思想保守，对法国大革命抱敌视态度。贝尔在家庭中受到父亲和姨母的压制和束缚，自幼形成反叛性格。对他影响最大的是其外祖父，他思想开放，拥护共和派，是卢梭和伏尔泰的信徒。在外祖父的影响下，他很早就开始阅读卢梭的作品，并在数学老师格罗指导下学习洛克的唯物主义学说，为他早期世界观的形成奠定了基础。1799年至1814年在拿破仑军中任职。拿破仑失败后，贝尔结束军人生涯，以"司汤达"（Stendhal）为名进行文学创作，直至1842年因中风逝世。司汤达是法国第一个批判现实主义作家，其作品以精准的人物心理分析与凝练的叙述笔法见长，司汤达被认为是最重要的现实主义先驱之一。在《拉辛与莎士比亚》中，司汤达提出"文艺应像一面镜子"之文学理论观点[1]，强调文学必须关注和反映社会现实生活中的矛盾，最早提出了批判现实主义文学纲领，该纲领被认为是批判现实主义写作的第一篇宣言。

---

1 参见南帆、刘小新、练暑生：《文学理论》，北京大学出版社2008年版，第137页。

无可辩护:《红与黑》

司汤达生活的时代恰逢法兰西历史转折期——法国大革命、拿破仑执政、法国抗击外来侵略等历史事件纷沓迭出,无疑对,司汤达的文学创作产生了极大影响,其主要作品均带有强烈政治倾向。其代表作《红与黑》(1830 年,原名《于连》),素材来自一个真实的刑事案件。[1]

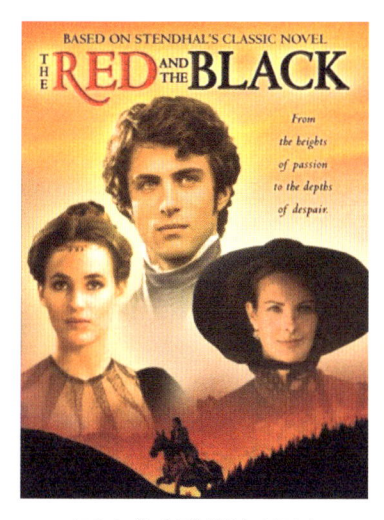

图 9-2 《红与黑》剧照(1997 年)

图 9-3 《红与黑》早期出版图书封面

木匠索莱尔的儿子于连从小崇拜拿破仑,渴望能够像拿破仑一样由卑微、穷困的下级军官一跃成为帝国主人。然而,他观察到拿破仑时代已然逝去,又开始

---

[1] 1827 年 12 月《司法通报》以及 1828 年 2 月 29 日《法院新闻》上刊登了家庭教师贝尔德杀害女主人之情杀案例,司汤达以此为素材,于 1829 年完成了《于连》的创作,1830 年再版时更名为《红与黑》。中译本中,其副标题有"1830 年纪事"和"19 世纪纪事"两种翻译。原因是在草稿时定为 1830 年纪事,但是后来爆发了七月革命,为了避免被误以为意指这场革命,出版时最终定为 19 世纪纪事。参见〔法〕司汤达:《红与黑》,张冠尧译,人民文学出版社 1999 年版,序。

希望成为一名富有的神父。于连投拜神父西朗的门下,以惊人的记忆力将一本拉丁文《圣经》倒背如流,轰动全城,也因而获得维拉叶尔城市长的青睐,成为市长的家庭教师。市长夫人雷纳尔高贵迷人,爱上了于连,但是于连与市长夫人的私通却完全是虚荣心作祟。事发后,西朗神父为了保护于连,介绍他到省城贝尚松神学院进修,于连成为木尔侯爵的秘书。木尔侯爵是个极端的保皇党人,大革命时逃亡国外,王朝复辟后在朝中取得显赫地位。侯爵对于连的工作十分满意,授予他一枚十字勋章。接着,于连又征服了侯爵的女儿马蒂尔小姐,与其珠胎暗结。在爱女的坚持下,侯爵授予于连贵族称号。于连陶醉在个人野心的满足与快乐中,设计着自己的远大前程。岂知风云骤变,雷纳尔夫人一纸揭发信使得侯爵撕毁了婚约。恼羞成怒的于连赶到教堂,向正在做祷告的雷纳尔夫人连发两枪。法庭最终宣布于连杀人罪成立,判处死刑。于连拒绝上诉,也拒绝做临终祷告,在一个晴和的日子走上断头台。[1]

《红与黑》是19世纪西方批判现实主义的奠基之作。主人公于连为了实现自己的抱负,靠着聪明才智与坚韧毅力,孤身一人在一个等级森严的社会苦苦奋斗。正当他自以为成功跻身于上层社会时,却被无情地送上断头台。

作品的后半部分以白描手法为我们展现了19世纪巴黎刑事法庭的全景。受害人,亦即于连的情人雷纳尔夫人对自己的行为悔恨不已;思忖再三,决定抛弃家族荣誉,亲自提笔写信给每一位法官与陪审团成员,请求免于连一死。雷纳尔夫人的理由主要有三点:其一,被害人仅受轻微擦伤,现已痊愈。其二,于连并非蓄意谋杀被害人,而是属于激情状态下的非理性行为。其三,于连对《圣经》倒背如流,且品行一贯良善,如此之人不可能有意为恶。因此,雷纳尔夫人希望法官先生"将一个罪行轻微的人从野蛮的法律中解脱出来",这样,他就不会"因为一个无辜者的鲜血而受到良心的谴责"。从这封逻辑严密、措辞犀利并带有明显倾向性的请求书中,可以看出雷纳尔夫人对于连的感情热烈依旧。雷纳尔夫人

---

[1] 梗概及本节所有引文来源于〔法〕司汤达:《红与黑》,张冠尧译,人民文学出版社1999年版。

的请求书涉及四个层次的含义：一是行为人实施犯罪行为所造成的危害结果比较轻微，提醒法庭定罪量刑时予以考虑；二是行为人实施犯罪行为时的主观恶性不大，这从于连对被害人连续两次枪击、却并未击中要害的事实可以看出，于连并没有蓄意谋杀的主观故意；三是行为人当时处于一种由于人性的固有缺陷而激发的无可抑制的冲动状态，请求法庭对该种由于激情心理引发的非理性行为给予理解与宽宥；四是行为人的一贯表现与道德素养，可以进一步作为行为人激情犯罪罪过心理的佐证。因此，雷纳尔夫人的建议中包括犯罪结果、行为人的意图、行为时的附随精神状态以及行为人的一贯德行等层面的分析，既有对客观事实的陈述，亦有对主观心理的分析，还兼有对犯罪人人格危险性的评估。可以看出，在雷纳尔夫人向法庭与陪审团递交的受害人意见书中，已经蕴含现代西方刑法犯罪构成的雏形。

为了拯救于连，雷纳尔夫人背叛了丈夫与家族荣誉，赶往审讯地，为于连一案四处奔波。不幸的是，她的全部努力最终付诸流水。公审时，审判长与陪审团成员并未就案件本身的客观事实进行推敲确认，也未对受害者意见书进行细致探讨，他们所关注的仅仅是于连的"身份"。最终，陪审团达成共识：于连出身卑微，其生活环境决定了他不可能具有良好高贵的品行；他不是上等人，却想方设法混入社会高层，窃取了本该由受过良好教育的上等人才能享有的地位与权力；他对市长夫人的谋杀不过是其卑劣本性的自然暴露，没有人能够保证类似罪恶不会再次发生。基于上述理由，陪审团认为于连谋杀罪成立，建议判处绞刑。

对于于连本人而言，起初对自己的命运仍抱有一丝希望，他知道两个深爱着他的贵族阶层的女子——雷纳尔夫人与马蒂尔小姐，正在利用各种关系为他的自由而努力；他在狱中亦对当时的处境作出客观分析，乐观地认为自己很快可以出狱，并向往着日后的体面生活。但是，由他热烈向往的社会阶层所组成的陪审团的有罪判决，彻底击碎了于连所有的梦想与勇气；面对荒谬、屈辱的基于身份的刑事判决，于连彻底醒悟了。在最后独居囚室的日子里，于连回顾了自己短暂的一生，开始意识到这个社会的本质，终于接受了冷酷的事实：自己所做的一切努力均为徒劳,他从来没有、也完全不可能融入一直为之奋力拼搏的阶层——无论是着红(戎)装,还是披黑(神)袍。于连开始丢掉伪装、放弃幻想,当马蒂尔小姐在关键时刻为他四处奔走求救时,他却拒绝上诉。

站在终审法庭上,剥去了虚荣与浮躁的于连周身闪耀着平民青年的尊严,他的最后陈词如下:"我对你们不乞求任何恩惠,死亡正在等待着我,而且它是公正的。我企图枪杀一个最值得敬爱的女人。我的罪行是残忍的,而且是有预谋的。因此我理当被判处死刑。"接着,于连又冷笑着指出:"先生们,我没有荣幸成为你们那个阶级的一员。你们在我身上看到的是一个农民,一个起来反抗他的卑贱命运的农民。因而,我绝不是受到我同阶级的人的审判。在陪审官的席位上,我看不到一个富裕的农民,只有一些气愤不平的资产者……"

撇去作品所承载的厚重的社会意义不谈,从刑法角度考察,于连的悲剧向我们揭示出,虽然身份刑随着中世纪的教会刑法已经消亡,但以行为人身份为基础形成的人格主义罪刑观在西方司法实践中依然存在,甚至左右着最终的司法判决。这绝不是罕见的司法个例——从一个世纪后法国作家加缪的作品《局外人》中,我们可以再一次清晰地辨认出它的面孔。

"人格主义"罪刑观:《桑西一家》

在司汤达所著的《意大利铁事》中,有一篇纪实性小说《桑西一家》(1837年)。作品取材于意大利1599年9月14日的刑事报告,以哀怨动人的笔调临摹了贵族少女贝阿特丽丝一家惨遭灭门的史实。[1]

少女贝阿特丽丝与家人合谋杀害生父桑西伯爵,最后一家人悉数被推上断头台,这一案件在当时社会的影响颇大。教皇克莱芒八世积极介入此案,并竭力主张对所有凶手判处极刑。教皇的残忍与专制令民众深感震惊,包括主教在内的

---

1 〔法〕司汤达:《意大利遗事》,徐和瑾、王振孙译,上海译文出版社2004年版,序。

许多人均真挚地同情犯罪人——两个柔弱美丽的女人,希望她们能够获得减刑的恩赐。但克莱芒八世认为,杀死自己的亲人是不可饶恕的罪孽,为了肃清社会风气,必须对凶手处以极刑,以儆效尤。最终,两个女人被推上了断头台。

可以发现,《桑西一家》与雪莱的《钦契一家》(详见《法律与文学公开课:来自原欲的呼唤》)虽然来源于同一案例,但雪莱的浪漫主义笔调与司汤达的批判写实主义风格却赋予相同史料不同的内涵。

由于身处不同年代,二者对案件的剖析点不同,表述方式有异。雪莱的笔调柔美哀怨,司汤达的叙述裸露直白;雪莱的作品深入当事人的内心世界,侧重于对女主角犯罪心理的刻画,司汤达则更青睐于对整个案件的客观描述;雪莱将犯罪人的主观意志置于首位,认为整桩弑父案贯穿凶手自由意志的选择,司汤达却指出,犯罪人的行为远非出于自愿,是残酷的环境逼迫使然,两个美丽、柔弱的女人,面对衣冠禽兽的父亲,面对无耻乱伦的丈夫,除了杀死他别无他法。雪莱与司汤达对于犯罪者意志自由与否之问题产生了深刻分歧。司汤达在作品中尤其谴责了封建司法对弱者保护的不力——犯罪人曾多次求得教皇的庇护,却被受害人与教皇间"关于金钱与庄园的交易"轻易击败,从某种意义上讲,正是贪婪、残暴的教皇制造了这桩骇人听闻的案件。这件事出有因的杀人案,理应得到法官的同情,教会裁判机构却不顾天理人情,判处两位弱女子斩首酷刑。可以看出,司汤达对教会势力操纵下的刑事审判对犯罪原因不予以考虑的做法颇为不满。

另外,出于诗人的婉转之气质,雪莱将这段史实委以诗歌之载体,其中许多细节被刻意遮掩;而司汤达作为批判现实主义大家,以铿锵有力的写实笔调还原了不为人知的史料细节,包括对被害人与女儿之间的不伦行为的细节描述,令人对犯罪人在受害人的逼迫下,心灵肉体受到摧残、尊严尽失、又得不到有效救济的境遇感同身受,因而得出犯罪人的行为是客观环境决定而非出于自由意志、受害人的结局实乃咎由自取之结论。篇末断头台前,对母女二人伏法时的细节刻画,更是令人读来如身临其境,对当时刑罚的残酷性产生了直观、强烈的印象。

"性恶"——社会进步的原动力:巴尔扎克与《人间喜剧》

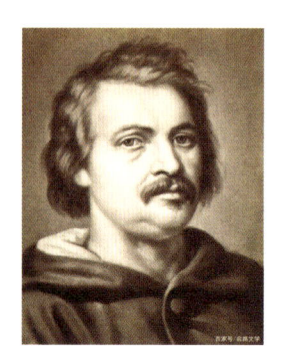

图 9-4 巴尔扎克

知识链接

奥诺雷·德·巴尔扎克(Honoré de Balzac,1799—1850 年),出生于法国中部的图尔城一个中产阶级家庭。17 岁入巴黎法律专科学校就读,曾先后在律师事务所和公证人事务所当差,同时旁听巴黎大学的文学讲座,获文学学士。巴尔扎克是与司汤达处于同时期的又一位批判现实主义大师,其创作风格与 19 世纪 "自然科学" 思潮紧密联系。代表作《人间喜剧》(1829—1849 年)是描述法国社会风俗的系列作品,共九十一部小说,描写了两千四百多个人物,充分展示了 19 世纪上半叶法国的社会生活,被称为法国社会的 "百科全书"。这部作品中,巴尔扎克以居高临下之视角,采用自然科学研究之客观严谨态度,对人之原欲在物质世界的刺激下奔突喷涌的图景进行透视,演绎出一幕幕人性堕落、精神毁灭的悲剧,成为批判现实主义文学史上的一座丰碑。

在对《人间喜剧》系列作品作刑法学视角的分析时,可以发现,巴尔扎克以客观、严谨的科学态度对社会与人之个体进行比较,继而得出 "人性本恶" 的结论。尤为可贵的是，巴尔扎克不仅将"人性本善"的遮羞布一把扯下，而且清醒地意识到人之"性恶"正是推动社会进步的杠杆。这种思想与卢梭"不平等现象促进人类社会的发展"之论断十分相似，二者均带有浓厚的辩证法色彩。

通过对两千四百多个人物角色的细致刻画，巴尔扎克以隐喻的模式表述了人类生存与社会发展中的悖谬现象——历史的进步依靠物质世界的丰富推进，而财富创造与积累的过程中却伴随着人性的扭曲与"物化"。在巴尔扎克眼中，情欲与利己主义是世界发展的动力，当宗教彻底被摒弃，金钱与财富对人类心灵产生了前所未有的刺激，人类的私欲也光明正大地焕发出前所未有的生机。正如恩格斯所述："恶是历史发展的动力借以表现出来的形式……自从阶级对立产生以来，正是人的恶劣的情欲——贪欲和权势欲望成了历史发展的杠杆。"[1] 巴尔扎克同样认为，历史之发展不可抗拒，既然历史由人类私欲推动，那么"性恶"就具有其历史合理性。该理论与当时盛行的功利主义哲学观紧密契合。

在这部多达九十三卷的巨著中，巴尔扎克利用动物学、解剖学等自然科学的方法构建了整部作品的结构图。

首先，"环境决定论"贯穿《人间喜剧》的整个画卷，再现了环境类型决定人格类型的人类学规律。巴尔扎克尤其注重对人物出场前客观环境的烘托与暗示，包括历史背景、风俗习惯等，主人公的习性往往伴随着客观环境的雕塑而成型。其次，每一个主人公均承载着同一环境影响下"性格再现"理论的实践。作品中的人物既有特定环境下的共性，也具有鲜明的个性色彩，他们均由特定的时代背景孕育而出，其形象也代表着特定时代的本质。再次，巴尔扎克对主人公逼真客观的情欲描写与19世纪自然医学成果吻合，除了将其"病态人格"归咎于社会环境，还从生理角度对其形成进行了剖析。大致而言，巴尔扎克笔下的主人公均是医学意义上的病态人，他们被某种怪癖牢牢操控着，丧失了判断与选择的能力。比如"高老头"对女儿无可抑制的溺爱，"葛朗台"对金钱近乎变态的迷恋，"贝

---

[1] 中共中央马克思恩格斯列宁斯大林著作编译局：《路德维希·费尔巴哈和德国古典哲学的终结》，载《马克思恩格斯全集》（第二十一卷），人民出版社2003年版，第330页。

姨"一点即燃、难以扑灭的妒忌之情,"于勒"出自本能的对一切女人疯狂的肉欲,均揭示了人的本性中存在难以用理性控制的因素。通过小说人物的创作,巴尔扎克在文学作品中率先将笔触由对犯罪事实的探讨转向对犯罪人的研究,践行并验证了刑事社会学派秉承的观点的合理性与正确性——犯罪是自然环境、社会环境、生物属性三者综合作用的结果。

图 9-5 《葛朗台》插图　　　图 9-6 《贝姨》插图

尤其需要指出的是,作为一名接受过严格法科专业训练的文学家,巴尔扎克在其作品中总是情不自禁地流露出对各种法律现象的抽象评判,理性而准确的专业术语出现频率很高。

例如,在《烟花女荣辱记》中,巴尔扎克曾借主人公之口对法兰西的《刑法典》大加赞美:"我们的刑法典必须归功于拿破仑,它远远胜过了民法典,是在如此短暂的统治时期建立的一座丰碑。这部新刑法结束了人们无尽的痛苦。"

在《奥诺丽娜》中,巴尔扎克对道德与刑法对人类的规训作用进行了辨析:"道德有两种,社会的道德与刑法典的道德。凡是刑法典处罚不力的,社会道德就会更加肆无忌惮……然而,一旦落入社会道德的监视区域,它的制裁要比刑法典、宗教严厉得多。"

图9-7 《烟花女荣辱记》插图　　　　图9-8 《高老头》插图

在《高老头》中,巴尔扎克更是借逃犯伏脱冷之口,对法律的本质作出辛辣的批评:"一个纨绔弟子引诱未成年儿童,一夜之间骗取人家一半财产,居然仅被判了两个月的监禁;一个可怜的穷鬼因为有加重情节,盗窃一千元就换来了终身苦役。这就是你们的法律!没有一条不荒谬!带了黄手套说漂亮话的人,杀人不见血,永远躲在背后;普通杀人犯却在夜间撬门进入,那分明是犯了加重刑罚的条款了……骨子里大家都是罪犯,不过是案子做得见血不见血、干净不干净罢了。"很难令人相信,这些言语出自一名心狠手辣、被刑事犯们奉为首领的惯犯

之口，伏脱冷无论是对法学理论还是法律业务的熟谙程度大大超过了世人的预料，其言辞亦带有鲜明的针砭意义。可以看出，正是借笔下角色之口，巴尔扎克以扎实的法学功底表明了自己对当时刑事司法制度的部分态度。

普罗斯佩尔·梅里美文学作品

图 9-9　普罗斯佩尔·梅里美

知识链接

普罗斯佩尔·梅里美（Prosper Mérimée，1803—1870 年），是法国著名的批判现实主义作家，作品以文字底蕴深厚、人物刻画触目惊心、异域情调浓厚著称。梅里美出生于法国巴黎一个知识分子家庭，家境富裕。1819 年进入巴黎大学学习法律，同时掌握了英语、西班牙语、意大利语、俄语、希腊语与拉丁语。1834 年，梅里美被任命为历史文物总督察，漫游了西班牙、英国、意大利、希腊及土耳其等国。后因女儿嫁给了拿破仑三世，成为皇室族裔，与司法界高层走动频繁，也为其观察社会百相提供了平台。

自由的精灵:《嘉尔曼》

《嘉尔曼》[1](又译为《卡门》)(1845年)是梅里美的代表作,女主角嘉尔曼在现实生活中确有原型。1830年,梅里美到西班牙旅行,结识了蒙蒂若女伯爵。女伯爵向她讲述了西班牙北部山区一个纳瓦人爱上一个波希米亚女郎,结果为爱情杀了情敌又杀了情人的故事;随后,梅里美到西班牙古战场进行考古调查,又听闻大量关于强盗何塞·玛丽亚的侠义与罪恶的故事。在两件史实结合的基础之上,一个在世界文坛绽放异彩的波希米亚女郎形象脱颖而出。[2]

图9-10 歌剧《嘉尔曼》剧照

---

1 梗概及本节所有引文来源于〔法〕梅里美:《嘉尔曼 高龙巴》,杨松河译,译林出版社1995年版。
2 参见〔法〕梅里美:《嘉尔曼 高龙巴》,杨松河译,译林出版社1995年版,译者序。

故事主角嘉尔曼是个充满野性与诱惑的波希米亚女人。在梅里美看来,波希米亚民族没有祖国、四处流浪,并且拒绝接受文明社会的法律制度与道德约束,因而具有"最强烈的热情,最狂放和最坚决的性格和最粗莽的原始偏见"。嘉尔曼过惯了我行我素的生活,根本无视法律的存在,也不受社会道德规范的约束——她卖弄风骚、打架斗殴、走私行骗、鸡鸣狗盗的营生无所不为;她心狠手辣,与烟厂的一位女工争吵,因对方咒骂波希米亚女人都是巫婆与荡妇,竟干净利落地用匕首在对方脸上划了多个"X"字;她看上旅行家的金表,便以色相诱惑他到住处,怂恿情人将他杀掉;她为走私者、盗窃者望风,危急时刻计谋迭出、化险为夷;她卖弄姿色,惹得男人为自己争风吃醋,斗殴杀人;她利用美色将富商诱至荒野,为同伙抢劫杀人制造机会。按照文明社会的法律与道德标准衡量,嘉尔曼实在是一个道德败坏、淫荡不羁的女人;她甚至连娼妓都不如——娼妓要钱,她不仅要钱,还要命。

尽管如此,我们却发现似乎很难用文明社会的法律与道德来评判嘉尔曼,因为嘉尔曼根本没有文明社会的规则观念,亦不知道德为何物。作品中的波希米亚女郎蔑视一切有形的监狱与法律,亦与无形的道德伦理格格不入,她唯一忠实的是原始状态下的"自由"——她是自由的精灵,为了自由,她不惜出卖色相甚至摒弃生命。在这些波希米亚人看来,"自由比什么都宝贵,只要能少坐一天牢,他们会将整个城市放火烧掉!"同时,嘉尔曼也缺乏当时文明社会女性所拥有的贞操观,开心地给许多人做情人,至于她的动机,有时为了谋生、有时为了还债、有时为了诱人上当送命。为了逃避被监禁的命运,她向押送她的中卫唐何塞频送秋波,最终在押解途中成功脱逃,之后以身事人作为报答;当唐何塞因为私放罪犯被判监禁后,嘉尔曼又色诱看守,将夹着锋利锉刀与金币的面包送进监狱,暗示唐何塞越狱逃跑;为了营救狱中的丈夫,她不惜以色相引诱狱医。客观地评价,嘉尔曼是独立、自在的,她从不拜倒在某种规则的脚下,也根本未意识到自己生活在群体社会中,必须承受法律与道德的评价。嘉尔曼是一个具有原始自由观的女子,在她的生存原则中,既不会干涉别人的自由,也绝不允许别人干涉她的自由，包括她的情人唐何塞在内——唐何塞为了占有嘉尔曼，杀害自己的上司，继而又杀害了嘉尔曼的丈夫；为了赢得嘉尔曼的欢心，不惜抛弃在军队的大好前程，落草为寇，可以说，唐何塞爱嘉尔曼爱得疯狂。但嘉尔曼一旦发现唐何塞处处干涉甚至剥夺她的人身自由时，便明确表示不再爱他。唐何塞无法占有嘉尔曼的灵魂，绝望中举刀毁灭了自己的挚爱。这部作品中，唐何塞是令人怜悯的，嘉尔曼是始终自由的，她是自己绝对唯一的主人，灵魂深处没有丝毫的奴性。自由主宰着她的一切——对爱情的渴望、对生命的留恋，均比不上对自由的追逐。为了拥抱绝对的自由，她果断地放弃了爱情、冷静地选择了死亡。

与巴尔扎克创作《人间喜剧》的时代背景一致，《嘉尔曼》创作时期的整个社会被金钱所主宰，一切皆变成商品，人与人之间是赤裸裸的金钱关系，人类丧失了高尚的理想，虚伪狡诈、庸庸碌碌。富于浪漫气质的梅里美面对现实深感压抑，成功地通过嘉尔曼这一形象，向物欲横流的所谓"理性社会"与"人类文明"进行嘲讽。面对这个在世界文学史上大放异彩、赢得无数赞叹与诅咒的波希米亚女人，我们确实难以用人类社会的平庸标准对其进行评价。

我们无法将嘉尔曼置入裴多菲的意境中进行解读："生命诚可贵，爱情价更高。若为自由故，二者皆可抛。"裴多菲追求的永远是民族的自由，为了早日摆脱国家受奴役的命运，宁愿牺牲生命与爱情；嘉尔曼远没有达到诗人热爱祖国、牺牲自我的高尚境界，她要的是个人的完全自由，这从她在作案逃跑途中干净利落地结束受伤同伙的性命使他免受伤痛折磨的情节中可以看出。我们也无法将嘉尔曼划入拜伦与席勒等浪漫主义文学家的思潮中进行分析：浪漫主义者高唱自由之歌，蔑视法律，攻击道德，但他们所攻击的是现存的不公正的法律与秩序，渴望建立一种真正正义、平等的社会秩序。嘉尔曼在他们畅想的乌托邦中同样没有立足之地——嘉尔曼追求的是一种绝对的自由，这种自由超越了道德与法律束缚，甚至不受性命的威胁。在她看来，世间有形的国家暴力机器，无形的法律制度、伦理道德，都是对自由最苛刻的束缚；她无法忍受不公正的法律，也不能忍受公正的法律；她反抗不合理的社会制度，但在一个公正、合理的社会中她同样感到窒息。正因为如此，嘉尔曼这个形象才被刻画得饱满真实，赢得了无数读者的感慨与惊叹——自由的极致便是毁灭，嘉尔曼追求绝对的自由，正如追日的夸父，面临被烧成灰烬的宿命。在死亡降临的一瞬间，夸父拥抱了永恒的太阳，嘉尔曼获得了永远的自由。

优雅的凶残：《高龙巴》

如果说梅里美创作的《嘉尔曼》力图描述的是一朵娇艳诱人的"恶之花"，她以原始充沛的激情击溃了所有文明社会的道德；那么《高龙巴》（1840年）则通过另一位乡野姑娘的传奇经历，对文明社会的法律制度进行了深刻的批判。

1834年，梅里美被七月王朝任命为历史文物总督，在法国科西嘉岛进行民风采撷。科西嘉岛位于法国南部，民风强悍、精神独立自由、家族纽带紧密、强盗出没频繁。梅里美采风的最大收获是遇见了刚烈豪爽的高龙巴·巴尔托里夫人。这是一个擅于使用长枪、精于制造子弹的女人。在1833年12月的一次冲突中，高龙巴夫人唯一的儿子被杀，凶手却被法庭宣告无罪。痛苦的母亲指责法官接受了贿赂，伤心地对梅里美说："巴斯蒂亚的法律像其他东西一样，是可以出卖的。"[1] 以高龙巴夫人为原型，梅里美创造出高龙巴小姐的传奇故事。故事发生在19世纪初期，拿破仑失败以后不久。当时资产阶级文明还远远未能越过大海征服这个僻远海岛，因此当地依然保留着中世纪的荒蛮民风。岛上虽然也有法国政府颁布的法律，但岛民往往凭着他们的良心与古老的遗风裁凶制恶，古老的遗风之一就是血亲复仇。这种复仇包括双层家族化的含义，一是受害者的家族化（一人受害，及于血亲），一是复仇对象的家族化（不仅是仇者本人，亦包括仇者的血亲）。故事在具有浓郁民风的背景下展开。

高龙巴是土生土长的科西嘉姑娘，端庄貌美、温顺知礼。她未接受过正式教

---

[1] 转引自郭宏安：《〈高龙巴〉，想象与真实的平衡》，载《外国文学评论》2009年第2期。

育,因此对人类的文明常识显现出惊人的无知,却能够凭借天赋的良知与智慧准确辨别身边的善恶真假。她公然违抗政府法令,同情那些逃离现代文明、深藏于绿林中的土匪,并不时以面包和枪弹接济他们。她的父亲戴拉·雷比阿经常受到镇长兼律师巴里奇尼的欺压,一天,父亲突然死于非命。高龙巴凭着敏感与直觉,认定凶手是巴里奇尼一家,却苦于没有直接证据。在科西嘉,血亲复仇是代代相传之传统,紧张的气氛笼罩着有着旧恨新仇的两个世家。当地的习俗使得高龙巴——一个女子不能与她的仇人血刃相见,因而她将希望全部寄托在在军队服役的哥哥奥索身上。奥索勇敢正直、重视荣誉,但长期受到欧洲大陆"文明"的熏陶,满脑子的法律观念,对官方提供的"证据"深信不疑,对妹妹的"猜疑"横加指责,一再主张与世仇和好。为了报仇雪恨,高龙巴不得不费尽心机、独自一人应对狠毒的凶手、贪婪的法官以及"被文明异化"的哥哥。这是一场未开化的荒蛮习俗与当代人类法治文明间的较量,最终前者获取胜利。[1]

在当时的科西嘉岛,每个家族之间的"仇恨渊源"往往是无法确切考证的,这种状况确实十分可笑。谈到这种血亲复仇的习惯,梅里美在《科西嘉纪行》中解释道:"热亚那政府统治下,民众受了凌辱却无法得到补偿,因而私力复仇制度得以保存。直至现在,一桩凶杀案件的判决背后,总会有另一件凶杀案接踵而来,因此到了最后,大家往往已经忘记了复仇的最初缘由是什么。"[2] 高龙巴本来早有手刃杀父凶手之念,却在科西嘉"报仇之事应由家长担当且与家长荣誉攸关"的古训下,耐心等待哥哥退役后主持大局,而经受"文明"洗礼的哥哥奥索亦始终于法律与习俗、法典与惯例、刑罚与私刑之间徘徊。在梅里美笔下,奥索之优柔寡断与高龙巴之"优雅的凶残"形成了鲜明对比——高龙巴的形象塑造更接近于希腊神话中人物的精神气质,对家族世仇刻骨铭心,以原始荒蛮的手段恢复正义。

---

1 梗概及本节所有引文来源于〔法〕梅里美:《嘉尔曼 高龙巴》,杨松河译,译林出版社1995年版。
2 转引自郭宏安:《〈高龙巴〉,想象与真实的平衡》,载《外国文学评论》2009年第2期。

高龙巴惩恶扬善的聪慧与成功报仇的故事，反衬了欧洲"文明"社会法律制度的无能与道德水准的低下——不仅巴里奇尼律师不是她的对手，就连省长、国王检察官在她的形象面前也黯然失色。确切地说，这是一个关于私刑复仇的故事，亦是科西嘉岛法律文化的客观再现。作品发表后，由于梅里美的特殊身份，很大程度上引起了法国司法界对制定法与习惯法之间适用平衡关系的审慎思考。

"自由意志"—— 罪恶的渊薮：福楼拜与《包法利夫人》

图 9-11　福楼拜

知识链接

居斯塔夫·福楼拜（Gustave Flaubert，1821—1880 年），是法国继司汤达、巴尔扎克之后又一位批判现实主义大师，其作品在 19 世纪文学流派向 20 世纪多元文化的转型中起着承前启后的重要作用。福楼拜生于法国诺曼底鲁昂医生世家，童年在父亲医院里度过，医院环境培养了他细致观察与剖析事物的习惯，对其日后文学创作有极大的影响。1840 年，他赴巴黎求学，攻读法律，其间结识雨果。后福楼拜放弃法律职业，依靠父亲的遗产，远离都市避居乡间，过着优渥的生活，专心于文学创作。

福楼拜是西方文学史上坚定的生命虚无论者,他出生于医生世家,自幼患有一种罕见脑疾,由疾病带来的肉体与精神痛苦引发了他对生命意义的怀疑。对其"生命之虚无"观念的形成产生影响的另一个因素是生活环境:福楼拜之父是市立医院院长,其住所隔壁就是医院解剖室。看惯了手术刀与人体残骸的福楼拜坚定不移地信奉客观存在,对生命的认识十分客观——"无人能够逃脱物质的束缚,人首先存在于物质之中;物质的、肉身的东西无法永恒,所以人从一出生就已经踏上走向死亡的路途"[1]。福楼拜断言,自己并没有选择的自由,从历史角度考虑,整个人类都没有选择的自由。这种极端的客观主义思想与人生虚无观念在福楼拜的作品中时有反映——他往往借用医学实验的方法,于不动声色中冷静、细致地解剖主人公的内心世界。

福楼拜提倡"客观而无动于衷""作品是生活的镜子"等创作理论,反对小说家在作品中直抒胸臆,是欧洲文学史上最早要求"作者退出小说"并努力践行这一信条的作家之一。[2] 具体而言,福楼拜主张文学创作应当摆脱价值判断的支配,反对将文学当作布道的工具,提倡"以法律的威严和科学的精确"之标准来进行写作,对客观存在的重视使福楼拜作品中所描写的人物甚至"具有了'文献'之价值"。[3] 福楼拜的该项创作理论后来被龚古尔兄弟和左拉所继承,并朝着"纯科学"方向推进,最终演绎为风靡一时的自然主义文学。

《包法利夫人》(1857年)是福楼拜"客观主义"文学理论的代表作,福楼拜以冷漠的口吻、简洁的文笔讲述了一个善良女子被毁灭的故事,客观再现了当时的社会环境与人文风俗。由于这部作品被批判为"败坏了社会道德与宗教",尚在《巴黎杂志》连载时,拿破仑三世的书报检查官就注意到内容的倾向性,法院立刻向福楼拜下了传票。检察官要求法官减轻对发行者与印刷者的处分,但"对

---

[1] 李健吾:《福楼拜评传》,湖南人民出版社1980版,第39页。
[2] 参见李健吾:《福楼拜评传》,湖南人民出版社1980版,第39页。
[3] 参见李健吾:《福楼拜评传》,湖南人民出版社1980版,第119页。

于主犯福楼拜,必须从严惩处"[1]。经过一番激烈辩论,仰仗著名律师塞纳[2]的声望与辞令,福楼拜被宣告无罪。

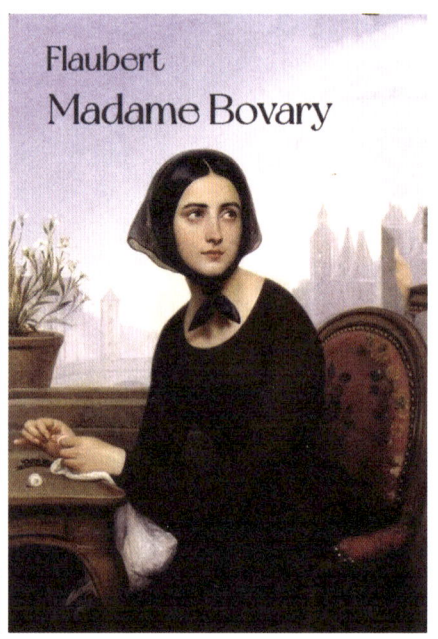

图9-12 小说《包法利夫人》封面(1972年版)

福楼拜在该部作品中刻画了19世纪中期法国社会的主要特征:引以为自豪的启蒙思想时期已经过去,革命风暴亦日渐平息,浪漫激情的启蒙思想家、挥斥叱咤的革命领袖均已销声匿迹,法国进入一个相对稳定的平庸时代。满目看去,一群心无抱负、碌碌无为、追逐蝇头小利的凡夫俗子占据着当时的社会舞台。

---

1 〔法〕福楼拜:《包法利夫人》,李健吾译,人民文学出版社1958年版,译者序。
2 塞纳,第二共和国时期国民议会主席与内政部长,第二帝国时期是巴黎律师公会会员。参见〔法〕福楼拜:《包法利夫人》,李健吾译,人民文学出版社1958年版,第14页。

爱玛出身农家，从小被父母送至修道院接受贵族教育。嫁给乡村医生包法利后，平庸的生活自然难以满足她自幼养成的浪漫气质，于是陷入偷情的刺激中。第一个情人是一位颇解风情、惯溺脂粉的虚伪乡绅，第二个情人是个沉溺肉欲却又自私懦弱的法科实习生。婚外情虽然给爱玛带来肉体与精神的双重满足，经济上的沉重负担亦纷迭而至。在高利贷层层盘剥之下，爱玛债积如山，而此时的情人们却出于种种原因冷酷地弃她而去。被起诉至法庭之前，爱玛服毒自尽。爱玛死后，深爱她的丈夫痛不欲生，待发现爱玛与其他情人间的书笺后，这位可怜的医生羞愤难当，不久也郁郁而终。他们的女儿为生活所迫，最终进了一家纱厂做工。[1]

　　文学史上，一个女人因债务重负与爱情绝望而自杀的故事并不罕见，为何单单该部作品会引起轩然大波，甚至背负上"败坏道德、销蚀宗教"之罪名？关键在于福楼拜以客观、冷漠的笔触剖析了爱玛走向毁灭的前因后果。文中并没有对爱玛的道德作出评判，却将谴责、质疑的笔锋隐然指向整个社会。在福楼拜看来，爱玛并非一个虚荣纵欲的女人，是她周围的环境无可挽回地把她推向深渊。她出身微寒，接受的却是贵族式教育，浪漫主义文学的熏陶与对贵族风雅生活的倾慕为其日后的悲剧埋下了伏笔。成为村镇医生的太太后，爱玛所期待的爱情并未出现。灵魂的苦闷、对浪漫爱情的幻想，决定了鲁道尔夫和赖昂的出现对于包法利夫人而言是一种难以抵御的诱惑。爱玛按照幻想的模式投入爱恋，她的热情令鲁道尔夫心生恐惧，于是对包法利夫人的态度越来越冷淡；她的疯狂令赖昂措手不及，于是为了大好前程果断地将爱玛甩掉。爱玛就这样在幻想中生活，一生饱受幻影欺骗。爱玛追求细腻丰富的感情世界，却陷入了物欲与淫乐的深渊。单纯的爱玛不知道风花雪月的浪漫必须以物质财富为后盾，为了虚幻的爱情，她开始义无反顾地透支包法利的家当。商人勒乐对偷情中的女人了如指掌，一见到爱玛，"就闻出了她心里的偷情气息"。作为商人，作为将自己的财富建立在他人的债券与尸骨之上的高利贷投放者，勒乐在爱玛面前总是那样善解人意——福楼拜写一次爱

---

[1] 梗概及本节所有引文来源于〔法〕福楼拜：《包法利夫人》，李健吾译，人民文学出版社1958年版。

玛的偷情生活，就掉转笔锋写一次高利贷者卑鄙的钻营行径，可谓用心良苦。

虚幻的爱情与沉重的负债看起来是同一坐标系上两条不同的抛物线，而一旦两线砰然撞击、扭成一股的时候，便拘羁着爱玛热烈燃烧的生命迅速滑向冰点。作为一个热情有余、理性不足女人，我们不得不惊诧于爱玛作出每一个决定时的轻率：她不假思索地答应包法利的求婚；她轻而易举地接受鲁道尔夫的引诱；她急不可耐地投入赖昂的怀抱……无论是在婚姻选择上，还是婚外恋的追逐中，爱玛都有着心血来潮与异想天开的癫狂气质——为了拥抱她在浪漫主义小说中读到的"欢愉与热情"，她确实做到倾其所有。而最终现实回报给她的，不过是包法利的平庸无趣、鲁道尔夫的寡情卑鄙与赖昂的自私怯懦。在爱玛的世界里，理想与现实总是处于不同平面的相交线，看似美丽无比、实则残酷至极。

进一步探讨，福楼拜笔下的爱玛的品性比周围的男人们更加崇高。她有缺点，她虚荣、愚蠢、死不回头，更看不穿浪漫主义背后隐藏着的致命陷阱；但是她又善良、正直，从不愿去伤害别人，甚至羞于打扰别人。她固执地坚守着自己的尊严与底线——为了避免情人的误解，她甚至连他们的金钱都不愿接受，而宁愿冒险去借高利贷来营造浪漫氛围。反观她周围的男人，丈夫为了工作而冷落她、城镇的花花公子诱惑她、高利贷商人敲诈她、教士在她寻求灵魂的指引时敷衍她、情人在她面临牢狱之灾时抛弃她，作品于不动声色间将粗鄙自私的正人君子与堕落可耻的荡妇作对比。就在福楼拜以"服毒自尽"来严惩这位"道德犯"——他心爱的女主人公的时候，他也时刻暗示着罪不在于她一人，而那些陷她于罪的正人君子们反倒置身局外。由此不难理解，为什么这部小说会深深刺痛所谓的上层人士，没有什么比如实描绘爱玛的悲剧一生更使那些道貌岸然的先生们感到难堪与恼火。福楼拜的创作目的达到了，当他听说本区神甫从一妇女手里抢掉他的小说抛入火中时，欣喜若狂地对朋友说："对我而言，这下子就十全十美了：政府抓捕、报纸谩骂、教士仇恨！"[1]

1〔法〕福楼拜：《包法利夫人》，李健吾译，人民文学出版社1958年版，第8页。

包法利夫人的原型确有其人。1848年，福楼拜父亲的市立医院有一位叫德拉玛尔的学生，他的太太专心于爱情小说，生活奢侈、气质浪漫，后来被情夫们逐一抛弃，羞辱之中自杀，留下一个女儿。不久，德拉玛尔亦吞枪自尽。[1]但有人问及小说是否真有其事时，福楼拜却矢口否认，他不能忍受人们为他所创造的形象在现实中寻找到某个固定的原型。作品中的爱玛是一个在现实生活中饱受嘲弄的浪漫主义者，她代表着一代女性的追求与梦想，她们的苦闷与惆怅均被深深地打上了环境的烙印——"此刻，包法利夫人正在法国几十个村落中哭泣着"[2]。福楼拜以包法利夫人的经历承载了自己所遭遇的理想与现实的深刻矛盾，他之所以强烈地批判浪漫主义中美与善的虚幻性，是因为看够了真实世界的丑陋与残酷，他希望包法利夫人的毁灭能够带给人们生活的真相，他曾不无揶揄地对密友透露心声："包法利夫人，就是我。"[3]

与巴尔扎克、陀思妥耶夫斯基、托尔斯泰等对人性的看法不同，福楼拜并不承认人性具有善恶之分，他认为人之所以痛苦是因为无法超越肉体的物质属性，生命的载体是肉体，原欲的萌动代表着生命的存在，释放原欲即加速了生命毁灭的进程；而抑制原欲又从根本上遏制了生命的活力、否定了生命的价值。可以看出，福楼拜基于人类宿命的悲观主义思想并非来源于基督教的"原罪论"，而是来源于现代自然科学对生命本体的深层把握。他断定人的悲剧来自意志，意志即欲求，欲求即痛苦；人具有"自由意志"，但它的存在恰似"一个精力旺盛的瞎子"，是一切欲望与罪恶的根源。这种观点与刑事人类学派之思想颇为相近。

---

1 参见〔法〕福楼拜：《包法利夫人》，李健吾译，人民文学出版社1958年版，译者序。
2 〔法〕福楼拜：《包法利夫人》，李健吾译，人民文学出版社1958年版，作者自序。
3 李健吾：《福楼拜评传》，湖南人民出版社1980版，第82页。

莫泊桑文学作品

图 9-13　莫泊桑

知识链接

居伊·德·莫泊桑（Guy de Maupassant，1850—1893 年），19 世纪后期集自然主义与批判现实主义于大成的小说家，与俄国的契诃夫、美国的欧·亨利并称"世界短篇小说之王"。莫泊桑生于法国西北部诺曼底一个没落的贵族家庭，1869 年到巴黎攻读法学，希望做一名律师，适逢普法战争爆发，遂应征入伍。退伍后，先后在海军部和教育部任职。后莫泊桑罹患心绞痛和偏头痛，还出现了精神病征兆，伴随视力混浊和血液循环障碍。1892 年年初，莫泊桑精神病发作，18 个月后去世。

莫泊桑是福楼拜的弟子，与左拉、龚古尔兄弟交往甚密，文学创作中沿袭了自然主义文学的鲜明特征，代表作有《羊脂球》《一生》《漂亮朋友》等，其作品深受叔本华的影响，充满悲剧色彩。其短篇小说反映的社会面十分广阔，尤其擅于用诙谐的笔调揭示人性的弱点，冷静、真实地再现了社会道德的颓败与沉沦。与巴尔扎克、福楼拜等批判现实主义作家一样，莫泊桑青睐将人物置于特定环境中进行展现，注重对各种社会事件的真实再现，其作品是一幅 19 世纪下半叶法国社会风俗长卷，亦是整个社会的缩影。

商女亦知亡国恨：普法战争系列作品

作为一名激进的民主主义者、爱国者，普法战争是莫泊桑一生经历的最重大的历史事件，人间的美好、正义、善良、丑恶，以及各种各样的感情与思想均通过气势磅礴的战争题材作品中表现出来。描述这场战争的主要作品包括《蛮蛮小姐》《米龙老爹》《索瓦热老太太》等。

《蛮蛮小姐》描述了法国女性杀死普鲁士军官的故事。《蛮蛮小姐》的主人公是一个普鲁士少尉与一名法国妓女。普鲁士少尉冯·艾里克因其身段漂亮，脸色苍白，对人蔑视时常发出"蛮蛮"的声音而被谑称为"蛮蛮小姐"，他是一个性子火暴的变态战争狂。普鲁士人攻占一座古堡后，招来一群法国妓女取乐。"蛮蛮小姐"出言不逊，流露出对法国的蔑视，并说法国的一切包括法国女人都属于普鲁士人。法国妓女乐石尔不堪受辱，纠正他"我们是法国妓女，妓女不算法国女人，你们永远征服不了高贵的法国女人与勇士"。激愤中，乐石尔用餐刀将"蛮蛮小姐"杀死。之后乐石尔在神父的帮助下，顺利地逃过普鲁士军队的捕杀，直到战斗结束。

与《蛮蛮小姐》的写作背景相似，《米龙老爹》《索瓦热老太太》等作品亦生动刻画了法国农民反击侵略者的实例，彰显了法国农民淳朴、固执、狡黠却又勇敢的民族特征，其中不乏莫泊桑对处于极度尴尬境地的人性的深刻描述。米龙老爹并不明白什么爱国的大道理，他有的只是朴素的民族仇恨——他的父亲和儿子都被普鲁士人杀死了。白天他对普鲁士人格外殷勤，到了夜里就去杀那些单独执行任务的敌兵。他在审讯时对敌军官说："八个是替我爹还了账，八个算是替我儿子讨还的。我们是收支两抵了。"索瓦热老太太是一个寡妇，一群普鲁士青年士兵住在她家，她开始对他们很好——他们简直像她那应征入伍的乖儿子，每天帮她殷勤地干活，大声喊她老妈妈。可是，当她得知应征入伍的儿子被敌人打死后，心里便燃起了复仇的烈火，将一群敌兵连同自家的房屋一把火烧了个干净。[1]

---

1 参见〔法〕莫泊桑：《莫泊桑中短篇小说选》，郝运、赵少侯译，人民文学出版社1981年版。

这些故事中，乐石尔小姐、米龙老爹和索瓦热老太太均是不折不扣的杀人凶手，前者属于被百般性虐待后，又听见萤萤小姐诋毁、侮辱自己的祖国，一时起意的激情杀人；后者却是有预谋、有计划、缜密、冷静的谋杀，两位老人一杀一群人、刀砍火烧、不动声色。可以看到，莫泊桑对普法战争的立场具有双重性，一方面，他作为法国公民，站在民族情绪的立场上对这场战争大加赞美；另一方面，作为一名目光犀利、思想深邃的现实主义作家，却又不能无视它给交战双方的普通士兵与无辜百姓带来的巨大灾难，作品中洋溢着真挚的人道主义精神。这种矛盾的心绪通过对小说主人公性格的刻画，强烈地传递给读者，引起读者对战争的正义性与邪恶性的多层次思考。

上流社会打造的罪犯：《一个儿子》

故事《一个儿子》，以一名法兰西院士与上议院议员的对话为载体，再现了当时巴黎刑事案件频发、犯罪人急剧增多的社会现实，并以独具的目光揭示犯罪学领域的问题，认为所谓的"上流人士"与"整个社会"正是社会犯罪的制造者。

一位是声名显赫的法兰西学院院士，一位是上议院议员，二者在花园中散步，探讨政治与学术问题。二人有感于社会治安的混乱、刑事案件的增多以及犯罪人手段残忍的社会状况，开始关注那些数目可观的、出生证上注明"父姓不详"的私生子。夜深人静时二人促膝长谈，二人均不否认自己曾经是妓院的主要消费人群。院士承认自己"在十八岁到四十岁期间，把那些短暂的娱乐、半小时的接触计算在内，曾经与两三百个女人有过亲密的关系"。议员敏锐地诱导院士将话题深入下去，并连续向院士提出尖锐问题："那么，朋友，在这个数目里，您敢说连一个女人也没有怀孕吗？您敢说您就没有抢劫、谋杀过一个正派人，也就是说，抢劫、谋杀过像我们这种人的下流儿子，如今流落街头或者蹲在监牢里吗？您敢说您就没有一个女儿堕落在风尘中，或者运气好，被母亲遗弃，如今正在谁家当厨娘吗？"

院士点头同意议员的猜测，并讲述了自己偶遇亲生儿子的离奇故事。

多年前，院士曾经强奸了乡村旅店的一名美貌女仆，后将她抛弃。三十年后再次经过旅馆，院士触景生情，打听这位女仆的下落，方知晓她在分娩时死亡，留下一个痴呆、残障的私生子在旅馆马厩里工作。后来证明，这个痴呆、肮脏的成年男子正是院士的亲生子。此事对院士触动很大，他有心培育这个孩子，以救赎对其母亲的罪过。但由于这个私生子处于恶劣环境中时间过长，养成酗酒、偷盗、斗殴等恶习，最终无法将他带回上流社会，只好"不忍心"地将他继续留在肮脏、恶臭的马厩里，终其一生。

议员听罢，沉默良久，同意院士之观点："每一个被我们称作娼妓的女人都会有一两个孩子，这是她们从那一二十个法郎的廉价拥抱中偶然得来的。孩子们的父亲是谁，只有天才知道。每一种行业都有盈亏，这些子女就是这一行的'亏损'。父亲是谁？就是您，就是我，就是我们这些所谓的'上流人'。现在社会上这些卑鄙、下流、无耻、淫荡的危险分子正是愉快的聚餐、狂欢的夜晚、饱暖的肉体驱使我们去寻花问柳的时刻的产物。"

在良心的谴责下，院士向议员痛苦地剖开内心忏悔："我对自己说，我害死了他的母亲，也毁了这个发育不全的人，这个在厩肥里出生、长大的蛆虫。他要是像旁人一样有人教养，也会跟旁人一样的。想到他是我的亲骨肉，想到依据可怕的遗传法则，在许多方面他就是我，血是我的血，肉是我的肉，而且想到他甚至和我有着相同的疾病根源，我所尝到的那种奇怪的、复杂的和难以忍受的滋味，是你所不能想象的。"

该作品中，莫泊桑以对话的形式讲述了一个令人唏嘘不已的故事，揭示了刑事社会学派的基本观点——所谓"犯罪"，正是社会环境、自然环境、生物遗传等各种因素共同作用的结果。对于刑事案件频发、犯罪人数量急剧增多的社会现象，所有的社会成员，尤其是所谓"上流人士"难辞其咎。文中道貌岸然的院士与议员之间赤裸裸的对话内容，就是刑事社会学派基本观点的生动演绎。莫泊桑类似题材的作品许多，诸如《橄榄园》与《杀害父母的罪人》等。

再度受害:《巴蒂斯特太太》

《巴蒂斯特太太》涉及被害人保护之话题。故事从一场被神父拒绝主持、教堂禁止进入的凄凉葬礼开始,讲述了一位遭到性侵害的女性受害人凄凉悲惨的一生。

主人公丰塔内尔小姐,十一岁时遭到仆人奸污,该恶行持续了三个多月。后来东窗事发,仆人伏法,被判处终身流放。刑事案件了结后,无辜受害者的人生噩梦也开始上演。包括亲人在内的所有人均对她抱以厌恶之情,小丰塔内尔的种种遭遇令人心碎。长大后,丰塔内尔境况愈加恶劣,年轻姑娘像躲鼠疫患者那样躲着她,一些小流氓跟在她身后喊"巴蒂斯特太太"——巴蒂斯特就是那位作恶的仆人的姓氏。这种噩梦持续到丰塔内尔成年时戛然而止,一位从城外调来的市长秘书哈默,受过良好教育,爱上了文静、脱俗的丰塔内尔,并向她求婚。当人们好心提醒这是一个被恶人蹂躏了三个月的肉体时,哈默并不在意,认为这是过去的事情。他幸福地带着新婚太太四处拜访——多年来萦绕在丰塔内尔头上的魔咒解除了,这个可爱的女人是多么开心啊,她简直将自己的丈夫哈默当作神祇来膜拜——"请您想一想,是他恢复了她的名誉。是他使她重新回到公共法律保护之下,是他蔑视舆论、冲破舆论,抵挡了各种侮辱;一句话,他完成了一桩很少人干得出的勇敢行为。所以她对他的爱情是既热烈而又提心吊胆的。"

这种提心吊胆并非出自这个女人的心态失衡、神经过敏,不久后发生的惨剧证实了丰塔内尔永远无法摆脱社会舆论早已为她预设好的悲剧宿命:在一场全城人参加的音乐比赛中,由于对名次的争执,乐团老板将怒气撒在市长秘书哈默先生身上,继而又转嫁到哈默夫人身上,多年来销声匿迹的"巴蒂斯特太太"的称呼再次响彻全城。丰塔内尔彻底疯了,她意识到将永远无法抹去幼年时受到的侮辱,这种罪恶阴影将一直伴随到她生命结束。当丈夫哈默挽着她的手回家时,她挣脱哈默的手,跳了河。[1]

在《巴蒂斯特太太》中,没有评价、没有议论,莫泊桑用近乎白描的语言叙

---

1 参见〔法〕莫泊桑:《莫泊桑中短篇小说选》,郝运、赵少侯译,人民文学出版社1981年版。

述了一个催人泪下的故事,激起了读者对涉性犯罪受害人的深切同情与关注,并引起整个社会的思索与反省。在现代社会,我们是否也在扮演着同样残忍的角色,摧残着每一个"巴蒂斯特太太"已经脆弱到不堪一击的灵魂?群体性的冷漠、歧视性的环境等对于涉性犯罪受害人的进一步伤害,是否一种再次犯罪?而且这种罪行的情节更为恶劣,因而罪责也比其他任何性犯罪人更为严重,它们如鬼魅般,伴随、戕害、折磨着受害人的一生,直至死亡。

请逮捕我:《流浪汉》

《流浪汉》描述了一个老实本分的木匠是如何变为入室盗窃、强奸、无恶不作的刑事罪犯的故事,向我们揭示了一种荒谬而真实的客观现实:犯罪是任何一个社会均难以避免的恶性肌瘤,正是社会制造了自己的对立面与反抗者,然后又将他们绳之以法,借以彰显社会正义与公平。

木匠雅克失业后前往法国中部求职。一路上他拼命寻找工作,但遭遇的均是冷嘲热讽或断然拒绝。很快,他便衣食无着、开始行乞。在野外过夜的雅克,不得不忍受着饥饿的袭击——这是"一种野兽的饥饿,狼之所以扑人就是因为这种饥饿"。雅克感觉自己如此强壮却无事可做,又想起家乡的父母也是食不果腹,揪心不已。突然间,这个小伙子开始愤怒,这股怒气越积越大,他认为社会剥夺了自己的生存权,对社会充满仇恨。饥饿的雅克恨不得冲进任何一家,把里面的人"一棍子打死",然后吃掉他们的食物;但与生俱来的淳朴本性使他克制住了这种"疯狂、丢脸"的冲动,继续怀着一丝希望寻找工作。饥寒难耐时,雅克甚至抱着一头奶牛饮奶充饥,并蜷缩在它的乳房下度过漫漫寒夜。最后,雅克来到一个村子,宪兵逮捕了他,罪名是涉嫌"流浪乞讨"。雅克开心极了,他至少可以混上一顿饱饭了。但宪兵查看了他的身份证后,又将他释放。雅克请求宪兵施舍他一顿饭,却遭到拒绝与嘲笑,气疯了的雅克再也顾不上良心与尊严,因为"饥饿,一种折磨人的、使人发狂的饥饿,猛地激起了他的怒火,逼得他像野蛮人似的朝飘着肉香的农户走去"——雅克犯下了盗窃罪；接着，他又看见了在牧场挤奶的女工，"一种比饥饿更凶猛的欲望在刺激他，两个月来一无所有的男子喝醉酒了，大自然在男性健壮的皮肉里埋下的种种欲望都在燃烧，这种无法抵抗的欲望与酒力的发作使他神志不清了"——雅克犯下了强奸罪。正当满足了"食色性"欲的雅克在田间酣然大睡时，宪兵用冰冷的枪托将他顶醒。雅克终于如愿以偿——因入侵他人住宅、盗窃、强奸等罪名，被判处二十年监禁。[1]

在这部小说中，莫泊桑以冷峻、戏谑、无奈、凄凉的语气刻画了一个诚实、上进、希望自食其力的木匠，讲述了其是怎样一步步被社会逼迫，沦为盗窃犯与强奸犯的故事，似解剖刀般犀利的文笔为我们精心临摹出一位犯罪者实施数项罪行的过程，其间的心理描写更是将犯罪人的心路历程揭示得入木三分，令人唏嘘不已。

莫泊桑以客观冷静的态度揭示了以下事实：在相当多数量的暴力或非暴力犯罪中，犯罪人是由于人的基本生物欲求无法得到满足才铤而走险、触犯刑律。这是一种无可避免的生物性行为选择，并非人类的理性可以控制。从某种意义上而言，每一个社会公民均是潜在的"天生犯罪人"，当社会制度的"恶"泯灭了人们心中保存的善与正义，当人们意识到他们已经一无所有时，一切的法律、道德与伦理约束均将不复存在，"天生犯罪人"基因被激活，灵魂中的恶亦被激活，将引导他们义无反顾地踏上"孤立的个人反抗社会"之路。可悲的是，当底层民众挣扎在死亡线上时政府与律法始终处于缺位状态，而当他们为了生存稍越雷池时，政府与法律又立刻出现，将他们缉拿，继而打入牢狱。可以发现，莫泊桑在此部作品中表现出来的犯罪观与文艺复兴时期英国作家托马斯·莫尔在作品《乌托邦》中以及法国浪漫主义文学家雨果在作品《悲惨世界》中谴责政府与社会"迫其为盗，继而充当那缉盗的人"的观点完全一致，均具有浓郁的刑事社会学派色彩。

---

1 参见〔法〕莫泊桑：《莫泊桑中短篇小说选》，郝运、赵少侯译，人民文学出版社1981年版。

高贵光环下隐藏的罪恶：《一个疯子》

在《一个疯子》中，莫泊桑以敏锐、细腻的心理描述对人类精神的异化与扭曲现象作了入木三分的剖析，整部作品具有鲜明的自然主义实证风格。

主人公是一所高等法院的法官，业内对其评价颇高——"他的一生在起诉罪案与保护弱者中度过，那些骗子和杀人犯没有其他更可怕的敌人，因为他好像洞察他们的灵魂深处，而且一眼就能剖析出他们意图中的一切隐私"。他死时八十二岁，德高望众并为全民族所惋惜。但是随后，公证人在他的重案记录袋中发现了一本独特的档案，标题是"为什么？"，其中详细记叙了这位德高望重的法官令人发指的罪行与嗜血变态的心理——他竟是一个身负滔天罪恶的杀人犯，亲手杀死两人，其中之一是个孩童；他曾嫁祸于人，将另一个无辜者判处死刑，并津津有味地在断头台旁欣赏血腥的执行过程。

人们震惊了，也被彻底激怒了，急于了解这个杀人恶魔藏在辉煌与荣誉背后的一切罪恶。法官的日记对于人们的疑惧与愤怒作出了细致的解答：在漫长的职业生涯中，在每日与邪恶进行较量的法庭上，在伸展双臂维护正义、惩处强暴的判决里，这名法律的忠实卫道士逐渐产生了心理困惑，他对杀人者的杀人动机抱有强烈的兴趣。研究到最后，他得出了唯一理性的结论，"杀戮是一种令人心醉的行为。因为杀戮二字包含了宇宙发展的全部历史，杀戮就是自然法则"。这名法官同时困惑于判决杀人者死刑的合理性，他认为"杀戮不应是一种罪行。杀戮存在于我们本性之中。牲畜在它生存的每时每刻杀戮无已时；人类为了快感而要杀戮，因此发明了狩猎；儿童杀戮他所俘获的昆虫、小鸟，杀戮所有落到他们掌握中的动物。杀戮动物是完全不足以满足的，我们还需要杀人。从前人们以人作祭牲来满足这种需要。在文明社会，杀一个人是犯罪，屠杀一个民族却得到赞美。人们赋予他们十字勋章。他们受到尊敬，得到女人们的爱，而这仅仅是因为他们受命泼洒了人类的血！"阅读这段推理严正、逻辑缜密的分析，我们看到这位法官绝不是一个疯子，他的结论令人哀伤，却真实、客观，包含深邃的反思。正是在这种心理障碍与工作环境的不断对撞中,法官的行为达到丧心病狂的程度,其人格分裂程度令人惊骇。

我们不妨再看一看这位法官判决杀人犯死刑后的心理独白——"我以判词判决、定刑、砍死杀人的人而度过了我的生命,我!我!我的所作所为和我所打击的那些杀人犯何其相似!可这又有谁知道?""诱惑!我的心只想这一件事——杀,我的眼睛迫切渴望看到血,看到死亡。"于是,法官动手了,先是用剪刀刺死一只金丝雀,然后用手扼死了一个向他欢快地问好的可爱男童,最后用铲子砍下一个河边垂钓的男人的头颅。他的嗜血欲望逐渐得到满足,从杀戮中获得了莫名的快感,从柔弱的小鸟到纯真的孩童,再到强壮的成年男子;从无血的哀啼到惊恐清澈的双眸,再到混着脑浆的粉红色血滴的弥漫,他魔鬼般的欲求进一步扩散着,当他将钓鱼者无辜的侄子送上法庭时,他很开心地送这个替死鬼上路——"我给他找了一个杀死他叔父的好借口,他是他叔父唯一的继承人!死刑!死刑!死刑!我判他死刑,哈!"不仅如此,法官还带着极大的兴趣临场观刑——"今晨送他上断头台。看砍断一个人的头真是壮观!血迸出来像潮水!咦!我真愿在里面洗个澡。躺到那下面该何等令人销魂,用我的头发和脸去接住血!"[1]

莫泊桑通过对这名疯狂、变态的法官的心理剖析,对死刑的合理性与正当性提出了疑问。这名法律的忠实卫道士坠入罪恶深渊的首要原因,就是他对杀戮行为的思考与定性,继而对自己判处罪犯死刑的合理性产生了怀疑——"我的所作所为和我所打击的那些杀人犯何其相似啊"。内心传统的价值观轰然坍塌,心灵的隐秘却不便对外人道出,法官时刻处于痛苦的自责与反省当中。在所思所想与实证刑罚制度的激烈对抗中,在所作所为与原始人性的巨大冲撞中,这位法官的精神彻底崩溃,人格随之分裂,他不得不采取病态的手段来安抚自己狂暴、焦躁的心灵。

---

[1] 参见〔法〕莫泊桑:《莫泊桑中短篇小说选》,郝运、赵少侯译,人民文学出版社1996年版。

人们常说盖棺定论，这里我们却看到了鲜明的反例。人的一生究竟能够承载多少难以启齿的罪恶？这位"可敬"的法官大人出于恶作剧般的故意，为我们留下了一个维系重大秘密的人生日记的活结。当人们无意中拉拽它时，凶残、嗜血、变态、绝望、濒死、快感等种种潜藏于人类本性中的恶缘便喷薄而出，令人难以招架、耻于正视。这位被撒旦主宰了灵魂的法官，在接受最后的审判之前，以血腥的档案记录告诉人类，环境导致的精神异化必将带来人性的泯灭。

第十讲
向阳而生：英国批判现实主义文学作品

讨论文本

- 《雾都孤儿》
- 《双城记》
- 《化身博士》
- 《荒凉山庄》
- 《游美札记》
- 《德伯家的苔丝》

导言

19世纪初，英国文学中占据主导地位的是浪漫主义文学。30年代中期起，英国国内矛盾尖锐，工潮爆发频仍。50年代至60年代，英国经济进入高涨时期，进一步引起思想领域的变化，实证主义哲学占据统治地位。40年代开始，批判现实主义小说迅速繁荣，涌现出一大批著名的文学家，他们在创作上拥有共同的倾向，即真实地再现客观现实，揭露、批判社会的丑恶。他们继承了由笛福、斯威夫特所代表的启蒙主义小说传统，在广阔的社会背景中展示各种生活现象，对其中痼疾进行尖锐批判。本讲介绍的六篇作品，均系英国批判现实主义小说的扛鼎之作，作品内容涉及社会政治、经济、宗教、法律、哲学各个方面，对人性本质的善与恶、善恶转化条件与过程进行了客观、深入的探讨，在罪罚观层面推翻了绝对的环境决定论。

狄更斯文学作品

图 10-1　狄更斯

知识链接

查尔斯·狄更斯（Charles Dickens，1812—1870 年），英国批判现实主义的杰出代表，也是英国近代文学史上可与莎士比亚媲美的作家，其作品在英语世界家喻户晓。狄更斯出生于海军小职员家庭，10 岁时因父亲负债难偿，全家被判决迁入负债者监狱。狄更斯 11 岁就承担起繁重的家务劳动，曾在皮鞋作坊当童工。16 岁起，狄更斯做过律师事务所学徒、录事和法庭记录员。狄更斯的文学创作始终与时代同步，讽刺谴责的笔触涉及社会政治、经济、法律、道德各个方面，作品以妙趣横生的幽默口吻、细致入微的心理分析以及现实主义描写与浪漫主义气氛的有机结合著称。

从成长背景来看，狄更斯是从饥饿的人群中成长起来的"平民的儿子"。然而，颠沛流离、寄人篱下的童年生涯并没有带给狄更斯过多的阴郁气质，他对这个世界颇有感慨，却对这个世界的人饱含深情。在狄更斯看来，人性生而为善并且永远趋善。在狄更斯早期的作品中，充满了浪漫主义色彩，往往以通俗流畅、幽默泼辣的笔调为普通百姓鸣不平，向一切不公正、不人道的现象抗议，并提倡以博爱精神与罪恶抗衡，被读者视为社会的良心与先知。后期创作中，随着狄更斯对生活认识的不断深化，关于"善恶有报"的信念受到无情现实的冲击，其作品中所塑造的人物性格更加复杂，故事结局也不再带有善恶有报的童话色彩，而是开始从对个别"坏人"的谴责扩展到对整个社会之罪恶的批判。谈及狄更斯的作品，其特色之一是擅于使用自然环境来象征人文环境，社会层面的罪恶往往是由大雾、监狱、刑场、垃圾堆等环境进行渲染与征表，而并非以个人作为象征。狄更斯晚年的作品中，由于其生活中看到了越来越浓重的阴影，痛苦、压抑与愤懑的情绪逐渐替代了早期作品的轻松与幽默。尽管如此，老年的狄更斯依然本着"人性本善并永远趋善"的美好理想，期待在作品中倚重小人物之温情与道德的感化力量，去与顽固的社会罪恶抗衡。

值得一提的是，狄更斯的内心深处始终弥漫着一种明净纯洁的"儿童情结"，创作角色的心理原型均带有儿童般的特征。英国作家华纳曾评论道："他像孩子观察一座陌生的城市般观察着巨大的人生舞台，这个孩子看到的光亮比一般人看到的更为强烈，所看到的阴影也比一般人所看到的更为巨大。"[1] 正是这种孩童般的纯真、善良、广博的爱，决定了狄更斯的作品总是倾向于使用"善与爱"的镜头去捕捉生活画面，因而透露出"童话般鲜明的善恶感"。狄更斯本人亦承认，社会现实扼杀了人类善良与怜悯的天性，愚蠢与贪婪的枷锁套上了人类的脖颈；但他又深信人在本质上是善良的，光明多于黑暗并终将战胜黑暗。在这种"性善论"的影响下，狄更斯的作品与同时期欧洲的其他批判现实主义作家，例如巴尔扎克、托尔斯泰、陀思妥耶夫斯基等作家风格迥异，本质上体现了基督教的人本主义理想观。

19世纪的"日不落帝国"一方面代表着高度繁荣的工业文明，另一面则处于史书记载的"饥饿的时代"。在充满压迫与掠夺的生存环境中，传统价值观受到了空前挑战。此背景下，在狄更斯的作品中，与法律相关的情景是绕不开的话题，包括《匹克威克外传》《荒凉山庄》《雾都孤儿》《大卫·科波菲尔》《艰难时

---

1 罗经国：《狄更斯评论集》，上海译文出版社1981年版，第168页。

世》以及《双城记》等作品均由法律事件作为主要或者重要线索展开，主人公的故事均发生在特定的法律背景中——罪犯、逃亡、追捕、审判、绞刑、砍头、律师、法官、济贫院、监狱、讼棍……这种对法律嗜爱甚至痴迷的情结在西方文学作品中是绝无仅有的。遗憾的是，在狄更斯的所有作品中，号称惩恶扬善、人人平等的法律往往被一小撮职业人玩弄于股掌之间，因此显得脆弱而无力。狄更斯很少将法律及法律人作为正面形象进行描述，他似乎更愿意向读者揭露法律制度的荒谬残酷、执法者的低能贪婪以及在法律名义下被践踏的人间公平与正义。

图 10-2　诺福克街道（现为克利夫兰街）[1] 的照片，1816 年狄更斯与父母居住于此

---

[1] 历史学者露丝·理查德森（Ruth Richardson）发现，此地与狄更斯的作品有着重要的关联。一家建于 1775 年的大型济贫院，距狄更斯家只有九个门牌号，很可能是《雾都孤儿》中济贫院的原型。

图 10-3 《雾都孤儿》手稿，收藏于伦敦道提街 48 号查尔斯·狄更斯博物馆

    狄更斯作品中对待法律的看法与态度，无疑与其家庭出生与个人经历密切相关——狄更斯一生都在与法律进行着"亲密接触"：他出身于社会底层，祖父、祖母都长期在克鲁勋爵府做佣人；父亲约翰是海军军需处职员，在狄更斯十岁那年，因负债无力偿还，一家人被羁押在马夏尔西债务人监狱。年幼的狄更斯向法庭申请留在狱外赚钱谋生，获得法院许可后辛苦奔波于监狱与皮鞋作坊之间；以后，狄更斯便成了泰晤士河滨大街三十号华伦黑鞋油作坊的童工，每星期领到薪水之后，就带着钱或食物去探监，与父母弟妹团聚。对童工、负债和身陷囹圄的这段经历，幼小的狄更斯刻骨铭记，使他对贫苦无告的儿童、对穷人、对被迫害者充满同情，对法律人乃至法律制度本身却颇多质疑，甚至莫名憎恨。1827 年开始，狄更斯又在艾利斯与布莱克默律师事务所做过律师助理；1829 年，狄更斯曾在博士院和大法官法院担任过庭审速录员；1848 年，狄更斯曾应聘《记事晨报》

记者，专门采写法律新闻，接触大量民事、刑事案件，目睹当事人之间的纠葛情仇等众生之相，深谙律师事务所、法庭、监狱不足外道的内幕，这一切都积淀为其日后进行文学创作的第一手素材。尤其值得一提的是，狄更斯于1848年为《观察家》撰写了一系列文章，涉及"死刑""贫民犯罪"等多项话题——他明确支持死刑，但是反对非人道的处刑方式；他所提倡的"贫民犯罪应当被法律所宽宥，因为社会本身便是这种罪行的制造者"观点，隐含着刑事社会学派观点的核心理论。

狄更斯作品中对法律现象的描述大致包括如下几类：

首先是法律制度，包括程序法与实体法。如果说《匹克威克外传》是对英国普通法程序中的荒谬之处进行揭露，那么《荒凉山庄》则是对英国衡平法程序的无情嘲讽。而对英国1601年颁布、1834年修正的《济贫法》，狄更斯更是尽其所能进行了批判与鞭笞。16世纪，英国圈地运动迫使众多农民背井离乡，沦为流浪汉，失业现象日益严重。英国统治者被迫考虑救济贫民问题。1572年，英格兰和威尔士开始征收济贫税，1576年又设立教养院，收容流浪者，并强迫其劳动。1601年，颁布第一个《济贫法》，授权治安法官以教区为单位管理济贫事宜，征收济贫税及核发济贫费。救济办法因类而异。凡年老及丧失劳动力者，在家接受救济；贫穷儿童则在指定人家寄养，一定年龄时送去做学徒；流浪者被关进监狱或送入教养院。1834年，议会通过《济贫法（修正案）》，该法改为受救济者必须是被收容在习艺所中从事苦役的贫民。习艺所生活条件极为恶劣，劳动极其繁重，贫民望而却步，被称之为劳动者的"巴士底狱"。给人印象最深的就是《雾都孤儿》与《我们共同的朋友》等作品，揭露了《济贫法》在各个教区教士的执行下俨然变成了贫困百姓的噩梦的现实——奥利弗被救济院与习艺所折磨得险些丢了性命；孤苦无靠的老人贝蒂·希格顿到处流浪，宁可死在田野上也不肯被所谓济贫院收容，她实际上是在逃脱法律的追捕，因为根据当时的《济贫法》，她是必须被收容的。

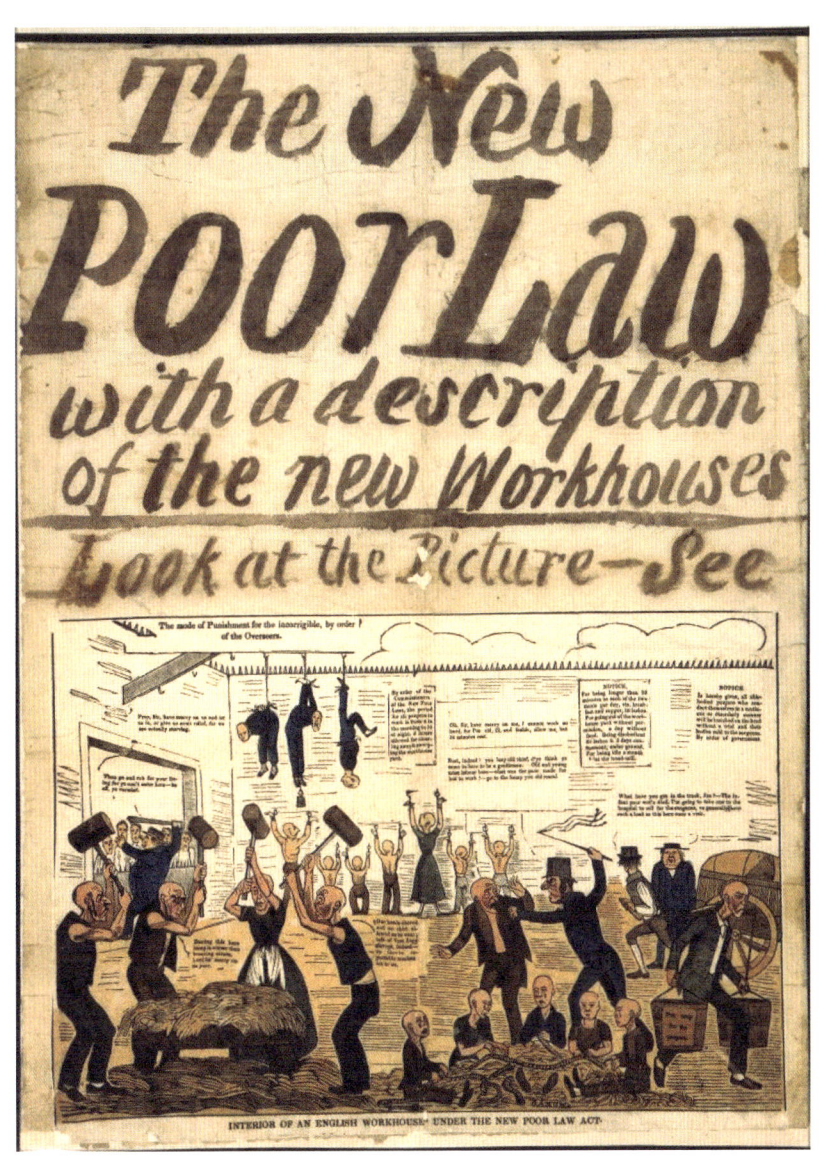

图 10-4 对 1834 年《济贫法（修正案）》作出回应的海报

其次，狄更斯作品中塑造了一批法律职业者形象，最典型的是以"讼棍"嘴脸出现的律师。例如，《大卫·科波菲尔》中对律师事务所浑浑噩噩的状态描写得细致入微，《老古玩店》中的黑律师布拉斯精心炮制假证陷害好人，《匹克威克外传》中的律师陶逊与福格串通起来骗钱，《远大前程》中律师找来的证人"对随便什么都敢于发誓作证"。而法官与检察官也无一例外地或是昏昏庸庸，或是贪利逐名，完全丧失了正义执掌者应具备的气质与道德。

最后，对于监狱与监狱中犯人的生活状态，狄更斯在许多作品中均泼洒重墨进行描述，例如《远大前程》《雾都孤儿》《小杜丽》等。要知道，狄更斯童年时全家被投入的正是小杜丽的成长之地——马夏尔西负债人监狱，狄更斯以写实的文笔再现了当时监狱的悲惨状况，所揭露的黑幕读来令人不寒而栗。

善恶分明的人间童话：《雾都孤儿》

《雾都孤儿》（1838年）以伦敦为背景，反映了《济贫法》公布后英国社会底层百姓生活的悲惨状况。

公爵的私生子奥利弗出生后被送入孤儿院，险些被饿死；后来被教士卖给棺材店做学徒，又险些被打死；逃出学徒店后，奥利弗一路向伦敦走去，却误入贼窝，被凶狠残忍的盗窃头子犹太人费金掌控，利用他实施盗窃与抢劫。奥利弗历尽无数艰险，由于本性善良，得以出淤泥而不染，也因此苦尽甘来，最终找到了自己的归宿；而那些作恶多端、顽冥不化的人也受到了法律或是上帝的惩罚——杀人不用刀的济贫院院主本布普与妻子恶事做尽，最终破产沦落济贫院，受到与当年奥利佛一般的虐待；杀害妓女南希的赛克斯逃亡途中被自己结下的绳索活活勒死；费金也在上绞刑架的前一刻在监狱毙命。[1]

这部作品是狄更斯的早期作品之一，童话般的结局清晰地表达了狄更斯的创作风格，揭露了大量社会顽疾，包括《济贫法》笼罩下的救济院的黑暗、工业

---

1 梗概来源于〔英〕狄更斯：《雾都孤儿》，黄石雨译，人民文学出版社2001年版。

城市中童工的辛酸、帮派吸收青少年参与犯罪等问题。另外，作品中对强盗、窃贼、亡命徒、妓女等形象的描写生动逼真，大量使用准确的行业术语，俨然是一部犯罪纪实大全。

可贵的是，在这部作品中，狄更斯跳离了自然主义文学的窠臼，旗帜鲜明地批判龚古尔与左拉的"环境决定论"，一再强调人之本性为善，在任何龌龊复杂的环境中都不会改变，小说中对狠辣狡黠的贼首犹太老头费金以及善良直爽、为了救奥利弗不幸被害的妓女南希的生动刻画就是明证。奥利弗与南希小姐均出生于苦难之中，在黑暗和充满罪恶的环境中成长，但在他们的心中始终保持着一片纯洁的天地，种种磨难并不能使其彻底堕落，反而愈发显示出其出淤泥而不染的光彩夺目的品质。这说明人性是可以改变的，即使在不同的生活环境中被塑造，一旦接受文明的再次启蒙，还是能够回归本真，回归善良。

图 10-5 《雾都孤儿》插图"奥利弗要求添粥"（1911年），〔英〕乔治·克鲁克香克

图 10-6 《雾都孤儿》插图"费金殴打南希小姐",〔英〕乔治·克鲁克香克

一部引发司法改革的巨著:《荒凉山庄》

《荒凉山庄》(1853 年)是狄更斯最为著名的一部完全以法律作为叙事主线的小说,作品核心部分涉及英国衡平法制度,谴责了该项司法制度的庞杂、邪恶与无能。狄更斯早年曾经在律师事务所做见习生,参与了大量以衡平法程序进行审理的案件,也目睹了当事人辗转挣扎于该项制度中的种种痛苦,对于衡平法体系的烦冗臃肿,律师假借公义之名行讹诈、欺瞒之事等现象深恶痛绝。作品中,狄更斯根据多年的司法经验,厚积薄发,利用细致老到的文笔、精确娴熟的司法术语揭露了这项司法制度的所有弊端与丑恶。故事主要情节涉及一桩神秘的财产诉讼案。

知识链接

衡平法是英国自14世纪末开始与普通法平行发展的一种法律。这一时期英国的普通法由于种种原因走向僵化，如果当事人因普通法实体内容上的缺陷得不到足够的救济，甚至得不到救济，或者因普通法程序规范上的缺陷得不到公正对待时，可以向国王及咨议会上诉，请求国王于普通法外施恩，予以救济。国王开始通常是委托大法官根据国王的"正义、良心、公正"原则来审理；1349年起，允许原告人直接向大法官提出申请，由大法官审理；1474年进一步设立衡平法院，专门负责审理衡平案件。在大法官司法过程中，形成了不同于普通法实体与程序规则的衡平法规则，衡平法成为与普通法并行的法律。由此，英国便形成了两种法律、两种法院、两种诉讼程序。19世纪，随着工商业经济的发展，这种烦琐复杂而又不时发生对立的双轨法制已明显地不能适应统治的需要。为简化司法制度，议会于1873年通过《最高法院审判法》，1875年该法生效，对英国的司法机构作了重大改革，废除了普通法法院和衡平法法院之分，建立起单一的法院体系，统一适用普通法和衡平法，并明确在普通法规则和衡平法规则发生抵触或不一致时，以衡平法规则为准。

一位叫做贾迪斯的人发了财，并且留下遗嘱。该遗嘱含义古怪，几乎无人能懂。他的后代中有的因为弄不懂遗嘱而自杀、变疯或者劳累身亡。这张遗嘱耗尽了几代人的青春与幸福。无数精明的律师为它忙碌着，大法官庭亦为之开过无数次庭，但案子始终没有结果，直到最后巨额遗产不足以支付诉讼费用，该案才不了了之。[1]

作品借助英国古老的"大法官庭"的形象，揭示了整个英国司法体制的臃肿、邪恶与无能。小说以伦敦覆盖一切、窒息一切的浓雾开篇，影影绰绰的"大法官庭"是所有浓雾的喷吐口。通过大法官庭陈旧烦琐的法律条文与程序，以及

---

1 梗概及本节所有引文来源于〔英〕查尔斯·狄更斯：《荒凉山庄》，黄祁杰等译，上海译文出版社1998年版。

开庭时一派古旧怪异的气氛，突出表现了英国司法僵死、邪恶的本质。接着，狄更斯以犀利的笔触描述了围绕司法制度所呈现的病态与畸形——寄存于法的卵翼下的一群龌龊卑俗的小人物，像一窝窝霉菌孳生于法的机体，构成了扩散于社会机体的病灶。

图 10-7 《荒凉山庄》插图

《荒凉山庄》中，每个人物均罩着善与恶的双重面具。在狄更斯看来，真正的恶人并非累斯特·德洛克爵士，也非图金霍恩律师，而是邪恶的"法"本身。由大法官庭承办的"贾迪斯诉贾迪斯"遗产继承案中，凡是与它有关联的人物均下场悲戚，数代人在等待中消磨终生，或自戕，或癫狂。弗莱德小姐被此案拖累终身、变成了疯癫的老太婆——她养了许多小鸟，为它们取名"希望""快乐""青春"等，却残忍地将它们关在笼内，以此祭奠自己被断送的人生。对于弗莱德小姐而言，法律机器的运作完全凭借着对活人的血肉与希望的吞噬来维系，一桩桩包含着多少活人的希望的案件,被填入机器齿轮后转瞬化作齑粉。理查德先生则是被法毁灭的又一个例子,他聪明、善良、生机勃勃,却因为觊觎贾迪斯案中的遗产而无法专心从事任何职业,被狡猾、无良的律师一次次愚弄,为这桩案件耗尽心血、倾家荡产。最后,理查德在一堆废纸里终于找到了一份确凿的遗嘱,拖了几十年的贾迪斯案终于真相大白,遗产案就要宣判了;此时戏剧性的情景发生了,所有人的梦想均告破灭,全部遗产已经被几十年的诉讼费消耗一空。这项诉讼的结果是:讼棍们肥了腰包,法律程序得到尊重,案件本身成为"大法官庭程序的典范",可怜的理查德在这最后宣判的打击之下口吐鲜血,悲惨死去。

《荒凉山庄》不仅表现了以大法官庭为代表的英国衡平法的腐朽与荒谬,而且深刻地揭示了法所具有的"神秘与邪恶"之性质,使得法律人作为一个职业整体发生了异化。奥地利德语作家卡夫卡在小说《审判》中,将"法"当作被人制造后又翻转过来控制人、迫害人的异己力量的象征,而狄更斯早在卡夫卡半个世纪之前,就通过《荒凉山庄》这部作品揭示了法律扩张为机器后的邪恶特点。通过《荒凉山庄》中关于大法官庭的描写,我们看到几百年前遗留的繁复程序仍然在荒谬地主宰着当今活人的命运;法的机器散发着超越感情因素的冰冷色彩,但是与其有所关联的人又被蛊惑般争先恐后地跳进罗网,作品中插入的"希罗普郡老乡的故事"就是一例。[1]另外,狄更斯其他作品中,法官、律师等往往以反面形象出现,而在《荒凉山庄》中,法律职业者的可憎不在于个人品质,而是作为法律机器附属物的面貌出现。这些法的执行者、代理人,作为个人可以是模范的儿子和慈爱的父亲,如霍尔斯;而作为法的机器的零件却"为僵化的法律观念所奴役,这种观念作为独立的力量支配着他",使得他"像猎犬一样执着于将猎物追逐到底"。故事中最令人鄙夷、痛恨的图金霍恩律师即为典型代表。他像复仇之神般对德洛克夫人的隐私穷追到底,毁了两条人命。在做这一切的时候,他似乎并无

---

[1] 希罗普郡乡间的两兄弟为遗产发生了争执,提请大法官庭审理后,案件日益复杂化,弄得二人倾家荡产、两败俱伤。兄弟俩想要撤回原案,却被拒绝,落得个卷入法律机器后身不由己的悲惨结局。

个人动机，也不为任何私人的喜怒哀乐所打动，而是完全为法的观念所支配，这样就更显出他作为法的化身的可怕。关于法律人个体异化的话题，可以对照雨果在《悲惨世界》塑造的沙威警官的悲剧性格特征加以解读。

应该指出，这部小说中也隐含着作者本人与法律交锋、忧愤神伤的辛酸往事。1844 年，狄更斯为了作品《圣诞颂歌》的版权起诉盗版商，对簿公堂达五次之多，徒然耗费大量时间、金钱（诉讼费高达 700 英镑）与精力，非但未得预期的结果，反而被牵扯进更为棘手的法律程序。狄更斯对英国拖沓烦冗的司法程序失望至极，以至于两年后其作品再次遭到盗版时，干脆听之任之。正如他对朋友所述："法律的傲慢与粗暴，着实已经到了令人无法忍受的地步。"也许正是这段经历，为他日后创作《荒凉山庄》注入了针砭司法制度的原始动力。1873 年，议会对大法官法院进行改革的措施[1]，与这部作品之深刻思想及掀起的轰动性社会效应不无关系。曾任英国上诉法院院长和高等法院法官的丹宁勋爵曾坦言："不得不坦率地承认，我个人认为，狄更斯的小说对司法改革的贡献，远远超过了法学家杰里米·边沁。"[2]

暴力之无限变式：《双城记》

狄更斯的《双城记》（1859 年）与雨果的《九三年》（1874 年）是反映同一段史实的小说。作为一个反抗暴力的人道主义者，狄更斯目睹英国社会贫富悬殊状况日甚、底层民众反抗情绪日增之状况，产生了深刻忧虑，继而决定创作这样一部描写法国大革命的作品，旨在探讨革命的正义性与界限，以此警示现实中的英国人。

---

[1] 根据 1873 年的《司法组织法》，英国各自独立、竞争的普通法法院和衡平法法院连同其因循拖拉、开支浩大和不公正现象等均一定程度得到改善。1873 年的《最高法院审判法》废除了普通法法院和衡平法法院之分，建立起单一的法院体系，统一适用普通法和衡平法。

[2] 黄昱宁：《狄更斯也是一位法学家》，载《南方都市报》2009 年 8 月 10 日，第 4 版。

"双城"意指巴黎与伦敦。1757年冬，巴黎医生梅尼特被厄弗里蒙德侯爵兄弟强行带至侯爵府中出诊，目睹了一个绝色农妇与胞弟被杀的惨状，并获悉侯爵兄弟为了获取片刻淫乐而杀害平民的罪行。梅尼特立即报案，却被秘密逮捕、投入巴士底狱，被迫害至精神失常，其妻于忧惧之中撒手人寰，幼女露茜被老友罗瑞接到伦敦悉心抚养。18年后梅尼特获释，被旧仆德法奇收留。露茜闻讯接父亲回伦敦，巧遇厄弗里蒙德侯爵之子达雷，他与家族断绝关系后移居伦敦，成为法语教师。一对年轻人心生爱恋。梅尼特仔细考察达雷的人品后，决定原谅其祖辈对自己犯下的罪行。1789年，大革命风暴来袭，法国贵族一个个被送上断头台。达雷为了营救老管家冒险回国，被捕入狱。根据医生梅尼特当年在狱中写下的血书"向苍天和大地控告厄弗里蒙德家族的最后一个人"，法庭判处达雷死刑。律师助手卡尔顿以自己的生命换取了达雷的自由。梅尼特父女与达雷顺利地离开法国。[1]

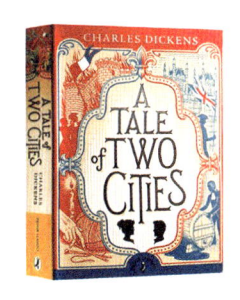

图10-8 《双城记》

　　《双城记》是狄更斯影响力最大的作品之一。创作之前，狄更斯曾经对法国的大革命作了详细考察。他对这段历史的浓郁兴趣，发端于对英国社会潜伏着的严重危机的深切担忧。他希望借法国大革命的史实向两类人传达讯息：其一是英国统治者，其二是英国民众。小说生动揭示了法国大革命前危机四伏、严重激化的矛盾，旨在说明民众的忍耐是有限度的，借以鞭笞贵族阶级的穷奢极侈的生活方式与残酷镇压的统治手段；同时，又通过对恐怖时期的夸张描述，对心怀愤懑、希图以暴力对抗暴政的民众予以提醒。一方面，他不无忧虑地指出，民众因遭受难以忍受的迫害奋起反抗，固然具有正义性，但暴力手段本身却蕴含着无限的变式，极可能发展为一种非理性、无克制的复仇行为，非但无法消除罪恶反而会加剧人类数代间的仇恨，最后演变为异常血腥的恐怖气氛。可以看到，对"反

1　梗概及本节所有引文来源于〔英〕狄更斯：《双城记》，石永礼、赵文娟译，人民文学出版社1993年版。

图 10-9 《在德威尔酒店作战》(1830 年),〔法〕让·维克多·施奈茨

暴力"的宣扬是该作品的主旨,在狄更斯笔下,失控阶段的革命将演变为巨大灾难,革命民众的盲目屠杀使得其自身沦为畸形的社会阶层,除了仇恨和报复,一无所有。另一方面,狄更斯又对自己秉持的上述观点产生怀疑,在作品中引用罗伯斯庇尔的话来进行平衡:"没有美德的恐怖是邪恶的,没有恐怖的美德是软弱的。"当时的西方人普遍认为,人神异位后,既然上帝已经不再掌管人类的精神世界,那么若想摧毁人们精神上的罪恶,就必须首先摧毁他的肉体。狄更斯通过作品对这种思想提出了疑问,对法国大革命以正义之名义杀人、从肉体上摧毁作恶者的做法进行了批评。

为了进一步阐述自己的上述观点,狄更斯在作品中精心塑造了三种个性特征的人物形象。

第一类是以厄弗里蒙德侯爵兄弟为代表的贵族阶层,他们一次次践踏着国家的律法、突破着人性的底线。

第二类是以德法奇夫妇为代表的革命群众。德法奇之妻狄安娜就是多年前被侯爵兄弟奸污的美妇的小妹妹,其兄亦被侯爵兄弟杀害,对侯爵家族怀着刻骨的仇恨。如果以等害报应论的观点解释,我们可以理解狄安娜欲置侯爵一家死地而后快的心理,毕竟狄安娜一家的悲惨遭遇的始作俑者正是侯爵兄弟。狄更斯同情狄安娜的不幸,对革命爆发后她所显示出的卓越智慧、坚定性格与非凡的组织能力、号召能力予以肯定和赞美;但当革命发展为恐怖时,却笔锋一转,将其描绘为一名铁石心肠、不依不饶、嗜血狭隘的复仇者。最后,狄安娜死在自己的枪口下,正暗示着复仇是一把双刃剑,失去理智约束的剑锋终将伤害执剑者。

第三类是以医生梅尼特、达雷、卡尔顿为代表的解决社会矛盾的理想化人物,他们的身上集中体现着狄更斯心目中以宽恕感化罪恶、以博爱代替仇恨的罪罚观。医生梅尼特因主持正义,被伯爵兄弟构陷入狱,妻子死亡、幼女流亡,重见天日时已是头发斑白的老人,可以说,梅尼特与伯爵兄弟之间的仇恨不共戴天;但当他看见达雷的优秀人品时,毅然摒弃宿仇旧恨,埋葬过去。达雷是侯爵兄弟的血亲骨肉,他抛弃爵位与财产,决心以自己的行动来为整个家族"赎罪";革命爆发后,为了拯救无辜的管家,冒死返回巴黎,接受民众裁判。卡尔顿深爱着露茜小姐,他才华横溢、放荡不羁,却有着极强的正义感,当他认定自己的这段情感注定无所归依后,毅然为了爱人的幸福踏上断头台。这三个男人组成了狄更斯笔下的理想人类图景,他们身上寄托着作者深厚的人道主义情怀。狄更斯希望借这三个男人的崇高品格向世间宣布:革命所承载的应当是人类对自由与平等状态的永恒向往,其本身纵然掺杂着难以剔除的激情,却不应因此将理性驱逐,迷失方向。

这部作品承载着狄更斯以人性仁慈来救赎革命血腥的殷切希望。卡尔顿的遗言代表了狄更斯对这一段混乱、激昂、充满着希望与绝望的历史时刻的总结:"未来的漫长岁月中,我希望看见这一代与上一代的邪恶逐渐赎去自身的罪孽,随风消散。"诚然,这种艰难的救赎,不仅需要人类情感的支撑,更需要人类理智的参与。

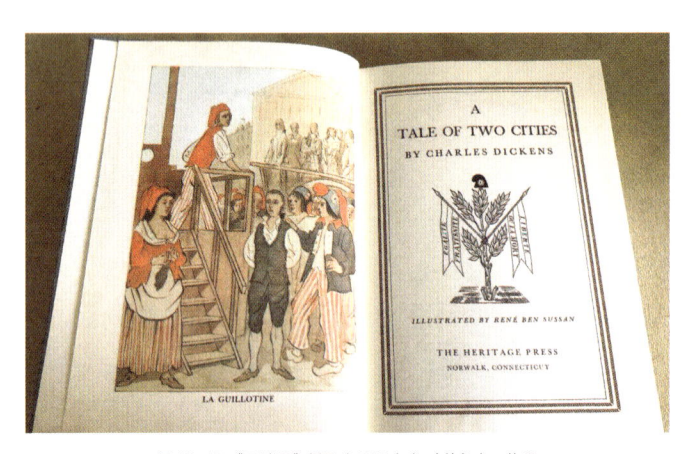

图 10-10 《双城记》插图(1966 年),〔美〕本·苏珊

一部杰出的比较法著作:《游美札记》

《游美札记》[1](1842年)是狄更斯成名后,受美国各界之邀请,游览美国风光,考察美国政治、法律、经济制度后的一部写实主义杰作。这部作品通常被掩藏在作家其他诸部小说的耀目光环之后,一直未能引起法学学者注意。事实上,狄更斯的这部文学作品,贯穿着英国与美国各个角度法律制度的比较与分析,为我们研究普通法系理论与实践提供了十分珍贵的资料。

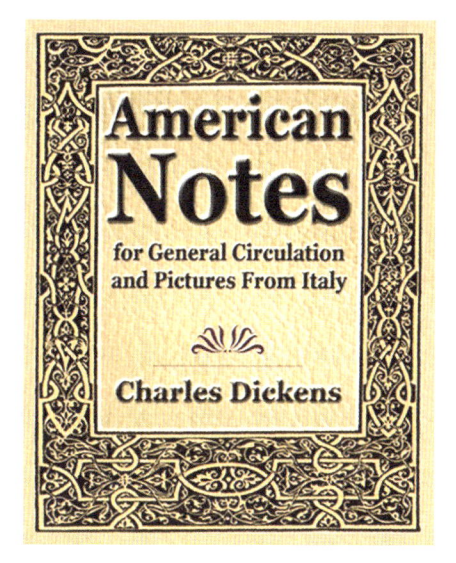

图 10-11 《游美札记》封面

首先,狄更斯从刑事政策角度出发,将美国波士顿的盲儿院(孤儿院的一种)与英国的济贫院相比较,得出前者更为人性化的结论。盲儿院的制度设计特

---

[1] 本节所有引文来自〔英〕狄更斯:《游美札记》,张谷若译,上海译文出版社1982年版。

点之一,是"鼓励他们,教导他们,即使在困难的环境中,也要有体面的自尊心"。而英国政府在这点上做得远不如人意,"他们所给人民的容身之处和救济之处既然只限于贫民院和监狱,所以贫民也就把政府看作是一个严厉的主人,勇于矫正人民的错误、惩罚人民的罪恶,而不是慈爱的保护人,在人民需要帮助的时候给人民仁慈、对人民关怀"。

作者还考察了两种特殊类型的学校。一种是博埃尔斯顿学校,主要负责对那些虽缺乏成人监护,却也没有任何劣迹的穷苦孩子进行收容教养,理由很简单,"他们虽然没有犯过罪,但是如果不把他们从要吃人的街上收容到这儿,那他们在事序推移的常态下,很快就变成犯罪的人"。在博埃尔斯顿学校中,学生接受必要的教育、养成协作的习惯,体现了十分明显的犯罪预防思想。另一种是专门收容犯过罪的少年,叫作"自新院"。这里的孩子分成若干班,每一班都用一个数字表示。初到这里的孩子,首先被安插在最低级的一班;如果他守规矩,表现良好,就可以逐渐升班。这个机构的运行目的是将失足的孩子们从彻底毁灭中拯救出来,成为社会上的有用之才。狄更斯非常赞赏该类学校对失足幼童的感化与教养,认为自新院"用坚定而和蔼、合理而明智的待遇,使犯罪少年得到改造",使监狱由腐蚀道德、恶化行为之地变为净化思想、改善行为之地。不仅如此,这种学校的最大功劳是促使孩子们牢记,如果他们想要过上幸福的生活,只有一条道路,那就是勤苦的道路;并且教导他们,如果他们向来没在这条路上走过,现在应该如何在这条路上走;如果他走迷了路,应该如何回头……总而言之,"要从毁灭中把他们救出来,使他们成为社会上一个悔过、有用的成员"。

从中我们可以看到,美国政府早在19世纪上半叶,就已在"预防儿童犯罪"以及"矫正犯罪儿童"方面走在世界先列,不仅形成了系统的刑事政策理论,而且在该理论的指导下进行着卓有成效的司法实践。而在狄更斯眼中,这种实践的重要性"不论从哪一方面看,不论是为整个人类着想,还是为社会政策着想,都是不言而喻的"。

其次,狄更斯在考察中发现,美国刑罚宽缓,执行空间具有极大的宽松性,以至于"到了美国州立监狱或者改过所里的时候,我很难使自己相信,我真正在狱里,真正来到一个卑鄙下贱、受苦难、受惩罚的地方。因此一直到现在,我还是怀疑,那种以慈爱仁恕自夸,说监狱不像监狱那种说法,是否根据处理这件事的明智办法和合理想法而来的"。狄更斯在囚室里曾经看到一个男孩子,因盗窃被检举,正等待治安法官调查。令他震惊的是,法官并不打算把这个小伙子送到普通监狱,而是要把他送到南波士顿改造所,在那儿教给他手艺,叫他认一个体面师傅做学徒。在这样的情况下,他的盗窃被发现,"不但不会使他背负人所不齿的身世和走上凄惨的绝路,反倒可以像他们合情合理地希望的那样,把他从罪恶中改造过来,成为社会上有用的成员"。对比美国囚徒所享受的人道主义待遇以及对失足青年的保护与教育,狄更斯严厉谴责了英国刑罚的残酷与暴虐,"一直到19世纪初乔治三世(1760—1820年在位)时代,在刑法法典和监狱条例方面,英国还是世界上最嗜杀成性、最野蛮残酷的国家之一"。其理由如下:一是英国刑法涉及死刑的条文极多,适用范围也极其广阔,"偷值几先令的东西,也能够被定为死罪"。二是英国刑法中规定的刑罚异常野蛮,不仅肉刑种类繁多,即使是已经处以死刑的囚犯,"如果国家认为对于新兴的一代有好处的话,能够很高兴地把那些路劫匪徒的尸骨从坟里刨出来,把它们一块一块地挂在指路牌上、栅栏门上或者绞刑架上,摇摇晃晃、高悬示众"。

最后,在对两国监狱的对比中,狄更斯对美国监狱设计与制度大加赞赏,并不厌其烦地描述了边沁"圆形监狱"之理论在美国率先践行的状况。一方面,美国的监狱与边沁的理论并非完全相符,但也实现了"透明管理""强化自律"的宗旨。因此,"监狱的看守人员没有刀,没有火器,甚至连棍子都没有;如果现在这种妥善办法继续用下去,将来在这个监狱里,也用不着任何武器,不论是用来打人的、还是自卫的"。另一方面,美国监狱对犯罪人的处遇思想倾向于保护与教育,提倡以爱制暴,以宗教思想净化他们的灵魂。"在南波士顿监狱里,收容了不幸的或者堕落的公民,教给他们对上帝和人类所应尽的职分;把他们看成人类大家庭中的一份子那样而感化他们,不管他们苦到什么地步,穷到什么样子,堕落到什么程度；完全避免用强大暴力，而只凭伟大的爱来管理他们。"对比英国及其他国家的监狱制度，狄更斯认为"美国这方面所作的彻底改革给别的国家树立了榜样，表示她有极大的智慧、慈爱和高远的政策"。

然而，到了费城，狄更斯却看到另一种风格截然不同的监狱。这座坐落在郊区的大监狱叫做东反省院，管理的办法是该州特有的，采用生硬、严厉、使人绝望的"单人囚禁法"。虽然它的用意是仁爱的，但很少有人能估计到，这种可怕的惩罪办法，连续几年之久，对于一个人的折磨是怎样的惨烈，"囚徒脸上的表情使我深深相信，这种惩罚使人难以忍受的深度，除了受罪的人自己，任何别人都衡量不出来"。狄更斯视这种刑罚为对人之身心的极度虐待，"这是一种任何人也没有权力加到他同类的人身上的刑罚"，"这种日日夜夜、潜移默化对于囚徒精神世界神秘的戕害，比起对于娇嫩的肉体妄加折磨还要更坏，坏到不可计算的程度"。狄更斯用整章笔墨来逐一描写其中囚徒所受到的非人折磨，认为这种"单一囚禁"制度无论设立初衷如何善良，在效果方面显而易见是残酷而非理性的，是对人性极度摧残。

关于法庭的审判程序与当事人参与案件审理的形式，美国制度也与英国大不相同。狄更斯以新奇的目光打量着美国司法领域中一切令他着迷的图景——"当一个英国人看惯了威斯敏斯特厅[1]那一套，再看美国的法庭，一定会觉得奇怪。只有华盛顿最高法院里的法官，才穿朴素的黑长袍；在一般法庭审理案件的时候，没有戴假发、穿长袍的。陪审员与证人都很随便。遇上刑事案件，他如果往被告席那儿去找犯人，十有八九不会找到，因为被告最可能的情形是在司法界最知名人士中间逍遥闲坐，或者和他的辩护士咬耳朵，告诉他什么话。而辩护士没有助手，他还得把证人回答的话自己记录下来……"狄更斯继而通过表象推断实质，认为在美国，打官司的费用一定少于在英国：因为英国法庭认为必不可少的种种

---

[1] 威斯敏斯特厅，即"西敏寺厅"，现为英国议会的前厅。从13世纪起到1882年，英国主要刑事法庭均设在此处。许多重要案件，诸如判处英王查理一世死刑，均在此处审讯、宣判。参见〔英〕狄更斯：《游美札记》，张谷若译，上海译文出版社1982年版，第75页。

仪节，在美国一概没有，因此毫无疑问可以减少讼费。狄更斯对公众旁听制度颇感兴趣，发现在每一个法庭内，都有宽敞的地方容纳旁听者，美国各地皆然。"人民有权利到法庭旁听，有权利对审理表示关切，这是每个法庭都完全承认的原则。"在美国法庭上所目睹的一切，与英国司法制度对比鲜明，狄更斯以文学家特有的敏锐心理，作出了如下剖析："法官戴假发、穿长袍，毫无疑问，含有些庇护法官的意味。因为把法官装饰起来，扮成角色，就可以使他们把个人的责任卸却；在我国的法庭上，所以常见到执行法律的人，语言蛮横、态度傲慢；所以常见到应该为真理辩护的人，却歪曲事实、颠倒是非，都是前面那种仪节的鼓励所致。"

作为一名坚持用良心写作的平民之子，作为一名具有敏锐嗅觉与诚实秉性的批判现实主义大师，在这次考察过程中，狄更斯也洞悉了美利坚合众国的蓬勃生机与进步思想后隐藏着的虚伪、丑陋与罪恶。特别是对于美国"蓄奴、贩奴合法"等社会制度，狄更斯不加掩饰地抱以厌恶。"一个星期以前，一位白发苍苍的老者[1]，就在这个立法机构的衮衮诸公面前，受了好几天的审问，只是因为他居然大胆地指出，那种把男人、女人和他们还没出生的婴孩当作万恶的商品进行交易的勾当是不名誉的。在你们这个城市里，无论何时都可看见用金字写着、用木框镶着、用玻璃罩着挂起来让人景仰的，以骄傲得意的态度指给外国人看的《独立宣言》，它庄严地宣布——人人生而平等，他们具有天赋的生存权、自由权与追求幸福的权利！"此处，狄更斯以辛辣的笔触对美国奴隶制进行了大胆抨击。众所周知，由托马斯·杰斐逊主笔起草的《独立宣言》在通过前曾经过大陆会议的重大改动，在佐治亚州和南卡罗来纳州代表们的坚持下，删去了一段话，这段话对英王乔治三世期间殖民地蓄奴、贩奴合法制度进行了有力谴责："他向人性本身发动了残酷的战争，侵犯了一个从未冒犯过他的远方民族的最神圣的生存权和自由权，他诱骗他们，并把他们运往另一半球充当奴隶，或使他们惨死在运送途

---

1 指亚当斯，美国第二任总统约翰·亚当斯之子，美国第六任总统，反对奴隶制度，1842 年当选美国国会议员。

中。"¹不仅如此，草稿中另一个被移除的篇章也涉及奴隶制度的废除。²从对宣言的变动中，我们可以看到，"天赋人权"在美国并不具有普适性。更令人惊讶的是，杰斐逊，上述宣言的主要撰写者，其对废奴理论的倡导与拥有几百名黑奴的事实并不显得协调，在《独立宣言》发布后近五十年里，他也似乎没有为废奴做多少实际工作，蓄奴数量反而越来越多，所释放的零星黑奴据说是其混血子女。³

作品第十七章中，狄更斯从蓄奴主张者之分类开始，对黑奴遭遇迫害的现状、南北方舆论参与的状况、参众两院的立法倾向等多个层面剖根究底，对美国蓄奴、贩奴制度作出十分客观、精辟的分析。其中引用了大量真实、具体的虐待奴隶、残害废奴人士的案例（约三十八个刑事案例），个个触目惊心，具有极强的说服力。另外，狄更斯指出，蓄奴与残奴的风气对人类心灵的戕毒也是潜移默化的。"一个人，在奴隶制度的罪恶中出生与长大；一个人，从幼童时代就眼看着作丈夫的奉主人之命，不得不鞭打自己心爱的妻子；就眼看着人们不顾妇女的羞臊，硬逼着她们撩起衣服，好叫男子在她们柔软的大腿根部留下更深的鞭痕；就眼看着妇女在快要临盆的时候，还被惨无人道的监工驱使、折磨，在做苦工的地里，在抽着她们的鞭子下作了母亲；就眼看着主人们在奴隶畏痛抽搐的皮肉上刺绣花草、将奴隶们健壮的脚腱逐一挑断任其抽搐哀嚎；一个人，在少年时代，就目睹男男女女动辄被割掉鼻子、被挖去眼睛，被扯掉头皮、被烙上火印，被牲畜一般地系上带倒刺的项圈……这样的人，一旦怒气爆发，当然就非变成一个野兽般的人不可。""他们在自己家里，在怕他如鼠避猫的男女奴隶中间高视阔步的时候，必得带着粗鞭子；这样的人到外面时，当然要在身上藏着懦夫的武器，一旦和人争吵起来，当然要用枪打人，用刀扎人，这个难道我们不知道吗？"狄更斯

---

1 Edwin Gittman, "Jefferson' Slave Narrative: The Declaration of Independence as a Literary Text", Early American Literature,1974, p253.

2 Edwin Gittman, "Jefferson' Slave Narrative: The Declaration of Independence as a Literary Text", Early American Literature,1974, p253.

3 Paul Finkelman, "Slavery and the Founders: Race and Liberty in the Age of Jefferson", M. E.Sharp, 2014, p107.

尤其指出，南部地区由于蓄奴历史已久，在对待奴隶动辄残肢、重则杀害的环境中，民风逐渐变得彪悍、残暴、狠戾，白人们一言不合，即以对付奴隶的方法残害对方，刑事案件发案率节节攀高，手段令人发指——狄更斯在作品中引用的全美十七个重大刑事案件，均发生在蓄奴合法化的南部诸州。

总括狄更斯的所有作品，应当是大英帝国维多利亚时代(1837—1901年)的鲜活见证。在社会历史学家眼中经济空前繁荣的19世纪五六十年代的英国，是一个资本主义稳健发展的社会，是一个充满了活力、进取精神和乐观自信的社会；但在狄更斯的笔下，这个高歌猛进的时代却无异于人间地狱。为什么存在如此巨大之反差？因为狄更斯是19世纪为数不多的立于社会底层角度观察现实的作家之一。从刑法学理论层面探讨，狄更斯的小说提醒我们，通常被我们视为模范的英美法制，并非天衣无缝。以往我们对19世纪英国法的了解，大都来自法官或者学者，这些出身显贵的作者笔下的英国法尽管需要改革，但并不迫切，英国法的问题被高度浓缩在三言两语当中。而狄更斯诸如《荒凉山庄》《游美札记》等法律作品再次提醒了我们，让我们看到伟大的维多利亚时代以及美国建国创业初期，法律机器下底层群众的生活惨状，击破了英美法制的神话。狄更斯的笔下，英国与美国这个法治社会之恶甚至令人不忍正视，这里没有正义与公平，没有光明与希望，有的只是涉世未深的孩子、贪婪逐利的成人、满怀私心杂念的执法者与良知未泯的罪犯。感谢狄更斯，以平实朴素的文笔为我们再现了这幅平庸、躁动、混乱而又蕴藏着勃勃生机的历史图景，对百姓的法律认同观进行了精确的记录。在这些作品中，我们可以体会到法律对民众生活的真实影响，以及民众对法律的多元化看法。正如马克思所言，狄更斯等批判现实主义大师在文学作品中向世界揭示的政治和社会真理，"比一切职业政客、政论家和道德家加在一起所揭示的还要多"[1]。

---

[1] "狄更斯……现代英国的一批杰出小说家，他们在自己卓越的、描写生动的书籍中向世界揭示的政治和社会真理，比一切职业政客、政论家和道德家加在一起所揭示的还要多。"中共中央马克思恩格斯列宁斯大林著作编译局：《英国资产阶级》，载《马克思恩格斯全集》(第十卷)，人民出版社1998年版，第686页。

人性本恶：史蒂文森与《化身博士》

图 10-12　罗伯特·路易斯·史蒂文森

知识链接

罗伯特·路易斯·史蒂文森（Robert Louis Stevenson，1850—1894 年），是 19 世纪晚期英国著名的浪漫主义与批判现实主义文学家，生于苏格兰爱丁堡，自幼喜欢文学。1875 年，史蒂文森秉承父意通过法学院毕业考试，成为一名律师，但他对文学的热情没有丝毫减退，即使在受理诉讼案件时，仍抽空从事文学创作。1878 年，史蒂文森放弃律师业务，潜心写作，在短短的一生中写下了大量的散文、游记、随笔、小说和诗歌。《化身博士》（1886 年）是其代表作之一。

杰基尔博士是一位学识渊博、能力非凡、德高望重的社会名流。但在杰基尔博士内心深处，却潜伏着一种难以抑制的寻欢作乐的邪恶原欲。由于要在人们面前始终保持一种虚假的庄重神态，他必须时刻隐藏、压抑自己追求享乐的强烈欲望。久而久之，杰基尔博士演变为一个具有双重性格的人。这种被压抑的欲望最终导致了可怕的变态，使博士不得不通过犯罪形式来宣泄内心的郁闷。后来，博士发明了一种化学药剂，人服用之后，形体就会发生变化，变得矮小、龌龊、

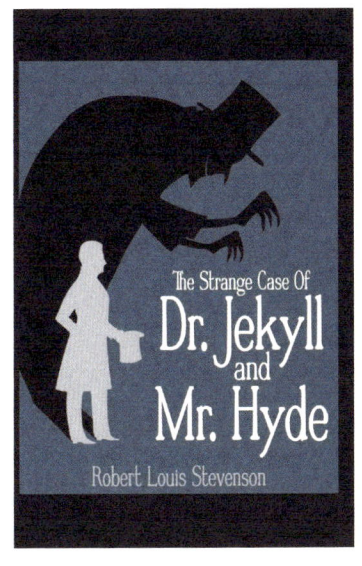

图 10-13 《化身博士》封面　　图 10-14 《化身博士》电影海报

丑陋不堪；而随着形体的变化，人的道德感也会逐渐丧失，最终变成恶魔。每当杰基尔博士受到享乐欲望的诱惑时，就会服下这种药物，摇身变成海德先生，一种邪恶的力量立即控制他的全身，促使他外出寻欢作乐。回到家后，再服一剂药水，他又会变成受人尊敬的杰基尔博士。这种于善恶两极间的变化逐渐失去控制，杰基尔博士发现自己会不由自主地变为海德先生，而要变回原本的杰基尔博士反而需要服用大量药物。最后，药物用完了，博士发现再也无法变回原来的自己，而只能作为罪孽深重的海德先生留在世上。事情败露前，万分沮丧的杰基尔博士出于悔恨，畏罪服毒自杀。

《化身博士》（Strange Case of Dr. Jekyll and Mr. Hyde，直译为《杰基尔博士与海德先生奇案》）是史蒂文森的得意之作，想象力丰富、情节曲折生动，其中对于杰基尔与海德之间善恶迥异的性格描述，令人震撼。作品中对人性善恶犀利、大胆的剖析，在当时引起了极大的震动，以至于许多牧师一手捧着《圣经》，一手拿着《化身博士》进行布道。通过这部小说，我们不难解读出史蒂文森的人性论：在人类幽暗深邃、无法探知的内心角落里，善恶并存。书中主人翁杰基尔博士，家财万贯、名闻遐迩、善良慷慨，却因抵挡不了潜藏在天性中的邪恶、狂野、纵欲的本性，借助药水将平时被压抑在虚伪表象下的心性毫无保留地宣泄、展示出来。在这部小说中，良心的谴责与犯罪纵欲的快感交织而至，令杰基尔博士饱受折磨，却欲罢不能。这是《魔鬼的万灵药水》的英国版，史蒂文森笔下的杰基尔博士与霍夫曼笔下的梅达杜斯一样，均是人格分裂的典型代表。这类貌似荒诞无稽的故事，却蕴含着最为深刻的人性命题：人，到底是黑白分明、一成不变、非善即恶的生物，还是既善亦恶，时善时恶？人的善恶倾向果真是与生俱来、无可控制的吗？霍夫曼的结论是人性善恶兼具，善良之性可以战胜罪恶，人类最终能够得以救赎；史蒂文森却持悲观态度，认为人性更倾向于邪恶，任何人类的文明、个体的良知与理性均无法抵御这种强大的来自人的动物本能的残暴与纵欲。

"雪一样洁白的杀人犯"：托马斯·哈代与《德伯家的苔丝》

图 10-15　托马斯·哈代

知识链接

托马斯·哈代（Thomas Hardy，1840—1928年），19世纪末20世纪初英国最重要的批判现实主义小说家之一，横跨两个世纪的著名诗人、小说家，其父是石匠，但爱好音乐，父母均重视对哈代的文化教育。哈代生于西南部的多塞特郡，毗邻多塞特郡大荒原，这里的自然环境成为哈代文学作品的主要背景。哈代以浓厚的悲观主义情怀开创了英国文学的哈代时代，成为"耸立在维多利亚时代与新时代交界线"上悲戚而刚毅的艺术家，其作品承上启下，既继承了英国批判现实主义的优秀传统，也为20世纪现代文学开拓了道路。

《德伯家的苔丝》（1891年）是哈代影响力最大的作品之一，小说以19世纪末英国小农经济破产现实为背景，讲述了一位贫穷美丽的农家女沦为杀人犯的故事。

随着资本主义对农业的侵入，苔丝一家丧失了赖以为生的土地，只得到富裕的亲戚家打工。由于年轻无知，苔丝失身于富家子弟亚雷，怀孕后饱受道德舆论的讥讽谴责。孩子夭折后，苔丝远走他乡，遇见青年大学生安吉尔，二人相爱，结为夫妻。新婚之夜，苔丝向安吉尔坦白了自己的"罪过"。貌似开明的安吉尔却无法接受这个事实，离家出走、远涉重洋到巴西。在孤独、悔恨、愤慨、绝望中，苔丝又遭遇了接踵而来的家庭变故：父亲猝然去世、弟妹失学、住屋被房主收回，全家栖身无所，生活无着。危难关头，亚雷乘虚而入，用金钱诱使苔丝与他同居。苔丝不得不向贫困低头，继续做了亚雷的情妇。漂流异乡的安吉尔渐渐冷静下来，最终回到苔丝身边，这场变故犹如一把利刃，将苔丝从麻木浑噩的状态中刺醒。苔丝手足无措，陷入了无限的悔恨怨愤中。在亚雷的言语刺激下，苔丝将他杀害，与安吉尔一同逃亡。一个静谧的黎明，苔丝被捕，从容走上绞刑架。[1]

这部作品反映了资本主义侵入农村后引起的经济、政治、道德、风俗等方面

---

1 梗概及本节所有引文来源于〔英〕哈代：《德伯家的苔丝》（第2版），张谷若译，人民文学出版社1984年版。

的深刻变化,针对当时道德、法律的合理性提出了疑问,女主人公苔丝也因灵魂深处拥有的巨大魅力成为文学史上最动人的女性形象之一。苔丝的悲剧始于贫困与纯真。为了全家人的生计,苔丝去远亲家打工,却因年幼无知被亚雷骗去贞操,成了一个"堕落"的女人;她与安吉尔相爱,又因新婚之夜坦承自己的过去而被丈夫遗弃,与近在眼前的幸福失之交臂;出于高度的责任感和牺牲精神,苔丝为了亲人再次沦为亚雷的情妇;因为丈夫的回心转意,向往着美好生活的苔丝于绝望中举起了复仇的利刃;最终,"像游丝一样敏感,像雪一样洁白"的苔丝走上了绞刑架。

《苔丝》的问世与维多利亚时代的法律观、道德观念发生了剧烈冲突。人们普遍认为,女主人公不仅与人通奸、产下私生子,最后还谋杀了同居的男人,将这样一个肉体邪恶、灵魂肮脏、手段残忍的女人送上绞刑架是再正常不过的结局;而哈代在作品处理上却赋予这样一个女人以同情和谅解之态度,将这样一个犯了奸淫罪和杀人罪的女子称做"一个纯洁的女人",并用这一称号作为作品副标题,这是对公认道德标准的公然侮辱、对刑事律法的肆意践踏。

哈代坚持对苔丝给予深厚的同情,坚持认为苔丝无罪,后者之所以被送上绞刑架,是社会经济制度与道德伦理观念的推动使然,整部作品洋溢着浓郁的意志决定论思想。随着资本主义的侵入,家长制统治下的英国农村趋于崩溃,造成个体农民的破产、走向贫困。作为贫苦农民的女儿,苔丝尽管聪明美丽,勤劳善良,但家贫如洗、负担沉重,不得不迈出农户走向社会。在社会中,作为一个底层劳动者、一个无权无钱的雇佣工人,自然会受到上流社会的种种压迫和凌辱。这些压迫和凌辱有经济的、权势的、肉体的,更有精神的、道德的、观念的。前者的施加者是亚雷,后者的施加者是安吉尔。二者代表了将苔丝推向死亡的两种不同的社会势力,他们直接、共同地造成了苔丝的悲剧,是隐藏在苔丝身后的真正罪人。

苔丝短暂的一生中,潜伏着三个决定命运的转折点:第一是被亚雷诱惑失身;第二是新婚之夜遭遇安吉尔羞辱并被抛弃;第三是安吉尔重返家乡,希望与苔丝重修旧好。面对第一次打击,坚强的苔丝很快从沉沦中走出,果断决定去更广阔的世界中寻找幸福。面对第二次打击,苔丝却一蹶不振,无法理解安吉尔内心的道德标准，也无法承受安吉尔对自己无情抛弃的现实。可以说，此时苔丝的心已经死了，她开始死心塌地地做亚雷的情妇，为亲人换取廉价的生活资本。但是，安吉尔的再度出现，彻底击毁了这个可怜的女人心目中仅有的平衡与安宁，剧烈的感情风暴迅速席卷了苔丝的内心世界。她将自己遭受的一切屈辱、不公、苦难都归咎于亚雷，复仇之火一旦点燃就难以控制，火苗舔舐着亚雷的身体，也吞噬着苔丝的灵魂。然而，安吉尔给苔丝带来的伤害远甚于亚雷，这位大学生的身上集中体现着偏激、残酷的伦理观，将苔丝一时的过错裁判为不可挽救的堕落，因而认定苔丝是一个屡犯奸淫的罪人；正是这种伦理道德观在公民社会中具有神圣的性质，正是这种不成文的法律使得苔丝成为世俗谬见的牺牲品。苔丝最终杀死亚雷，完成复仇，洗刷了自己长期所遭受的折磨与屈辱。从这个意义上讲，亚雷的死是应得的报应。但是，另一位虚伪冷漠、隐藏着卑劣人性的凶手——安吉尔，却始终游离于自然与法律的报应之外，他甚至得到苔丝的暗示与恳求，在苔丝走上绞刑架后迎娶苔丝的妹妹。哈代以纯熟、老到的写实主义风格为我们揭示了现实社会的荒谬与残酷。

第十一讲
灵魂的救赎：
俄国批判现实主义文学作品

讨论文本

- 《死屋手记》
- 《卡拉马佐夫兄弟》
- 《太贵了》
- 《第六病室》
- 《罪与罚》
- 《复活》
- 《萨哈林旅行记》
- 《打赌》

导论

在西欧资产阶级革命运动与先进思想影响下，19世纪初俄国的资本主义关系开始形成。1861年农奴制改革以后，俄国处于新旧制度变革期，各种价值观冲突尖锐，使得一直沉睡在"黑暗王国"的俄国人顿感梦醒后的痛苦与迷惘。19世纪40年代，俄国批判现实主义文学在以果戈里为代表的"自然派"基础上获得重大发展，50年代俄国文学进入迅速发展时期，60年代至19世纪末是其黄金时代。该时期涌现出的文学作品对社会的批判异常尖锐全面，对社会出路的探索越来越迫切，对灵魂苦难的关注越来越执着，基督教人道主义思想也越来越浓厚。作品塑造的人物角色出现了平民知识分子代表的"新人"形象系列，以及由贵族地主向平民转化的"忏悔的贵族"形象系列。也正是在这段时期，具有世界声誉的一大批文学家在俄国脱颖而出，创造了西方文学史上的奇迹。本讲为大家介绍该时期登上世界文学历史舞台的八部经典作品，分别出自陀思妥耶夫斯基、托尔斯泰、契诃夫之手，这些作品无论在文本内容的广度方面，还是在哲学思想的深度层面，均达到了难以逾越的高度，作者当年苦苦追寻的"我是谁""人是什么""何谓罪，又当怎样罚"等终极哲学话题，至今依然是文学作品中热烈探讨的永恒主题。

陀思妥耶夫斯基文学作品

图 11-1　费奥多尔·米哈伊洛维奇·陀思妥耶夫斯基

知识链接

　　费奥多尔·米哈伊洛维奇·陀思妥耶夫斯基（Fyodor Mikhailovich Dostoyevsky，1821—1881 年），是 19 世纪群星灿烂的俄国文坛上一颗异常耀眼的明星，是俄国批判现实主义文学的卓越代表，也是世界文学史上最复杂、最矛盾的作家之一，他所走过的是一条极为艰辛、复杂的生活与创作道路。陀思妥耶夫斯基出生于莫斯科一个贫民医院的医生家庭中，1843 年毕业于彼得堡军事工程学校。毕业后不久，陀思妥耶夫斯基就专门从事文学创作活动，是在思想上最为接近平民知识分子的先进代表人物。1849 年，因参加当时的革命团体"彼特拉舍夫斯基 (1821—1866 年) 小组"和当众宣读别林斯基致果戈理的信，陀思妥耶夫斯基被控以阴谋反对东正教教会、沙皇政府罪，被捕入狱。同年 11 月，陀思妥耶夫斯基等 21 名"彼特拉舍夫斯基分子"被判处死刑。12 月，他们被绑赴彼得堡谢苗诺夫校场准备执行枪决。临刑前最后一刻，沙皇尼古拉一世下达了赦免诏书。陀思妥耶夫斯基被改判四年苦役，尔后又被流放到西伯利亚达防军驻地服役五年。[1]

---

1 〔俄〕陀思妥耶夫斯基：《死屋手记》，曾宪浦、王健夫译，人民文学出版社 1981 年版，序言。

如果说托尔斯泰代表着俄罗斯文学的"广度",陀思妥耶夫斯基则代表了俄罗斯文学的"深度"。陀思妥耶夫斯基敏感地触摸到从睡梦中惊醒的俄国社会紊乱的精神脉搏,苦苦追寻着"我是谁""人是什么""何谓罪,又当怎样罚"等主题,寻找着社会黑暗的原因与民众摆脱苦难的出路。他的作品为人们揭示了潜藏于骚动不宁的心灵中的各种私密,刻画出一个个丧失自我、人格异化、信仰失落、灵魂无所寄托的文学形象的痛苦与惶恐。

来自"地狱"的纪实报告:《死屋手记》

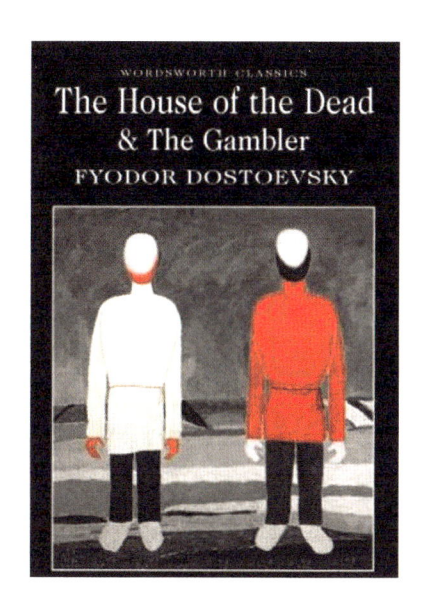

图 11-2《死屋手记》封面

《死屋手记》[1]（1861—1862 年）是一部纪实文学。这部作品完整刻录了陀思妥耶夫斯基一生中重要的转折点——由于政治因素，陀思妥耶夫斯基曾被沙皇政府判决流放西伯利亚将近十年，如果说这十年是其前后期作品所包蕴思想内核的分水岭，《死屋手记》则是陀思妥耶夫斯基后期创作的哲学思想的深厚基石。

以当今的文学理论标准衡量，陀思妥耶夫斯基的后期作品充满着"非理性"与"神秘性"，与其前期作品风格迥异。究其原因，文学界的学者们尚未达成共识。如果我们从陀思妥耶夫斯基立于谢苗诺夫校场上等待枪决的瞬间寻求答案，答案可能会更为感性、直白。一纸死刑判决令陀思妥耶夫斯基万念俱灰，一切激情与抱负化作虚无；而枪响前一刻的焦虑与惊恐已将他推入末日审判，从对死亡的恐怖中追寻着永生的慰藉。得到沙皇赦免后，陀思妥耶夫斯基的灵魂历经了天堂、地狱与人世的往返，恍然若两世为人。在刑场上直面死亡的经历，使陀思妥耶夫斯基的灵魂受到了极大震撼、精神也受到了严重摧残。此后，他一改青年时代的精神与气质，保持着令人不安的沉默。但这种沉默并非是对尼古拉一世的感恩戴德，也绝非对贵族阶层的摇尾乞怜，更不是对黑暗社会的妥协逢迎，而是在重新寻求拯救苦难人类的道路之前的深沉酝酿。历经了死刑与赦免的大悲大喜，陀思妥耶夫斯基的整个思想和信念发生了动摇，这种精神的反省与信仰的转变极为隐晦、缓慢地嬗递于随后四年的漫长苦役中，并积淀为其日后作品的整体创作基调。

《死屋手记》中，陀思妥耶夫斯基以在鄂木斯克监狱里四年的亲身经历为基础，冷静、客观地记述了苦役期间的见闻，其中包含着大量其本人在苦役生活中凝结而成的深刻思想。这些思想直接来自社会最底层，因而弥足珍贵。

首先，从哲学与心理学角度出发，陀思妥耶夫斯基在文章开篇即对法学意义的犯罪定义进行质疑，认为没有任何法学定义能够完整、合理地概括犯罪的多重含义——"犯罪行为似乎不能单从犯罪已构成事实这一现成的观点来理解，犯罪的

---

1 本节引文来源于〔俄〕陀思妥耶夫斯基：《死屋手记》，曾宪浦、王健夫译，人民文学出版社1981年版。

图 11-3 谢苗诺夫校场的假死刑

哲理要比人们想象的更为深奥。""奋起反抗社会的罪犯是仇视社会的,而他们几乎总是认为自己无罪。"在狱中,陀思妥耶夫斯基隐瞒了自己的身份,用同情的目光凝视着苦役犯的面庞,倾听着苦役犯的心声,就像面对自己的兄弟一般。[1] 通过与犯人们面对面的交流,通过作家特有的细腻的谨慎观察,陀思妥耶夫斯基得出了自己认可的关于犯罪原因的独特结论——"犯人之所以成为犯人,一是社会制度公正与平等的欠缺,使得一部分人遭受体制性伤害后永远无法通过正常途径获得补偿;二是个人心理机制异常,他们在成长过程中曾经遭遇某种挫折,一直渴望得到某种补偿。当他们靠自己的力量与方式来补偿这些伤害、满足这些渴望时,这种越轨行为就成为了法律学意义上的'犯罪'。"在这部作品中,还涉及大量对政治意义上的刑事犯的描述与分析,特别强调了因为反对某些不合理的社

---

[1] 陀氏始终认为,贵族知识分子是始终无法被最底层群体所接纳、理解的,二者之间存在着难以逾越的鸿沟。参见 1854 年 2 月 22 日陀氏从鄂木斯克寄给哥哥的信。

会制度而犯罪的正义性——"这种官方要加以严惩的罪行，在犯人看来是合法的，他们毫不怀疑自己阶层的人——普通老百姓，是会宣告他们无罪的。"

其次，陀思妥耶夫斯基对监禁刑的弊端进行了猛烈的抨击，认为监禁刑只能起到惩罚犯罪者的过错以及给社会以心理安慰的作用，却根本无法感化、拯救犯人，结果是摧残犯罪者的心灵，增长仇恨心、增加更为严重犯罪行为的可能性。在陀思妥耶夫斯基看来，他身边关押的囚犯们具有与外界正常交往的能力，他们所幻想的生活模式也是具体而现实的，但他们却被年复一年地羁押在如此压抑的空间中，"他们越是感到自己的希望不能实现，也就越是固执地羞怯地把它埋藏在自己心中"，"因此，大多数囚犯都沉默寡言，几乎凶狠到要进行复仇的程度。"

图 11-4 《死屋手记》插图

陀思妥耶夫斯基认为，人活着必须有一个美好的愿望作为支撑，他不无忧愤地控诉着，"在这墙壁内、在怠惰中埋葬了多少青春呀！多少精壮有力的人无所作为地死于此地。实际上他们是优秀的人，也许是全国最有才华的人也未可知！""只要和整个世界有了接触，他们就不是一些被摈弃、被毁灭、无人需要的人，而他们的巨大才华却被疯狂地、无可挽回地毁灭，他们重新为人的机会却被荒谬地、残忍地剥夺了，这是谁的罪过，到底是谁的罪过！？"

最后，在这部自传体作品中，陀思妥耶夫斯基谨慎地对"人之本性"这一深刻论题进行了探讨。一方面，通过对许多苦役犯进行细致入微的观察与分析，陀思妥耶夫斯基看到了他们身上兼而有之的人性与兽性。一些刑事犯所犯下的罪行令人发指，经过对一些严重暴力、变态犯罪人的观察，他哀伤地提出了"天生刽子手"的理论，并得出结论——"刽子手的特性存在于每一个现代人的胚胎中"，"如果一个人在发展过程中，兽性战胜了其他特性，人变为野兽是自然的"。这与刑事人类学派之"天生犯罪人"理论颇为近似，不同的是陀思妥耶夫斯基更强调社会环境对这种特殊潜质的激发与促进——那些丑陋、凶残、恶毒、兽性的行为，往往是社会与环境与人类固有的弱点相互作用、促成了心灵的扭曲与行为的暴戾。另一方面，陀思妥耶夫斯基认为，尽管苦役犯的性格是扭曲的、被损害的，但他们依然具有人性——"他们的善良本性均隐藏于内心深处，大多数保存完好"，罪犯的意识深处仍然渴望着黑暗中的一丝光亮，良知的灰烬中依然可能爆发出悔罪的火花。在陀思妥耶夫斯基写给哥哥的信中，他曾欣喜而激动地写道："与强盗为伍度过的四年牢狱生活，结果让我发现了人。也许你难以相信，在这些人中有着具备深沉、坚强而美好的性格的人。当你在粗糙的沙砾下发现了黄金时，真是令人兴奋。这不是一个两个，而是要多少有多少……"我们可以看到，在陀思妥耶夫斯基后期的作品中，对民众始终怀着一种近乎虔诚的敬仰，这种虔诚、这份敬仰的种子就是在鄂木斯克监狱时播撒在他心田里的。他在粗糙的沙砾下发现了黄金，这个发现令他兴奋不已、也令他感慨良久。

对人类灵魂的终极拷问：《罪与罚》

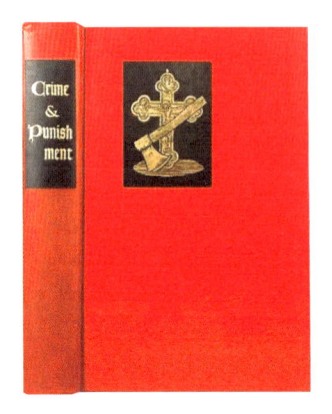

图 11-5 《罪与罚》(1938 年) 封面与扉页

《罪与罚》（1866年）是一部举世公认、震撼灵魂的文学经典。陀思妥耶夫斯基真正获得欧洲乃至世界性的声誉，就是从这部作品开始的。小说情节取自一个真实的刑事案例。[1] 主人公拉斯柯尔尼科夫跨越了《穷人》中杰弗什金悲惨人生的局限性，企图将自己由"人尽可欺的虫"武装成"凶残暴虐的兽"。陀思妥耶夫斯基曾在创作草稿中注明，作品的主要人物是"为社会所遗弃、抛弃的人"，例如索尼娅与拉斯柯尔尼科夫——人皆鄙视的妓女与杀人犯，但陀思妥耶夫斯基对他们的态度却是矛盾的。一方面，他肯定拉斯柯尔尼科夫的杀人动机不乏"崇高

---

[1] 1864年年底，俄国司法改革后出现一批法律期刊，各大报业亦开辟专栏刊登刑事案例。1861年，陀思妥耶夫斯基与哥哥担任《当代》刊物的主编，从第2期开始刊登法国18世纪至19世纪的著名刑事案例及相关论文。其中有一篇关于法国19世纪30年代轰动一时的杀人犯皮埃尔·弗朗索瓦·拉赛内尔的审判记录汇编，陀思妥耶夫斯基专门为它写了按语。拉赛内尔不是一个普通的杀人犯，而是一个有相当文化的人，曾经专门研究法律。他宣称自己的犯罪是向不公正的社会复仇，自称是诗人与革命者。陀思妥耶夫斯基在上述按语中说："在这件诉讼案中，涉及的是一个罕见的、神秘的、令人感到可怕而有趣的人的个性。卑劣的天性和对贫困的畏惧，使他变成一个罪犯，而他竟把自己说成是自己时代的牺牲品……"，该案是陀氏创作《罪与罚》的灵感。参见〔苏〕格·弗里德连杰尔：《陀思妥耶夫斯基的现实主义》，陆人豪译，安徽文艺出版社1994年版，第132—第133页。

的因素",这从陀思妥耶夫斯1862年在《当代》连载法国作家雨果的《巴黎圣母院》与《悲惨世界》时的"编者按"中可以得到证明。陀思妥耶夫斯基认为,无论艾丝美拉达、伽西莫多、还是芳汀、冉·阿让,均是"受环境、陈规、法律与社会偏见压制、迫害的沦落者,"雨果的作品"很明显是宣布这些被欺凌者、被社会所遗弃者的无罪"。[1]另一方面,陀思妥耶夫斯基并未认可这种"崇高因素"的合理性——由于内心"善"的永恒存在,这次惊心动魄的蜕变并未成功,拉斯柯尔尼科夫未能"踏着别人的尸体走上食物链的顶端",犯罪行为带给他的仅仅是无尽的心理戕害与精神炼狱。

彼得堡贫民区住着一个法律系的穷大学生拉斯柯尔尼科夫,因无力缴纳学费而辍学。当得知为了给他筹集学费,妹妹将嫁给一位卑鄙庸俗的律师时,他痛不欲生。随后,拉斯柯尔尼科夫又目睹了失业公务员马尔梅拉陀夫一家的悲惨遭遇,一个在他头脑中萦绕已久的"理论"横空出世了——自古以来,统治者均为获取生存权利与永世荣耀而不择手段,他决心考验自己是可以为所欲为的英雄,还是只配做英雄人物的工具的普通人。拉斯柯尔尼科夫将目光转向一个放高利贷的心狠手辣的老太婆,决定杀死她,用她的钱来救助"至少一百多个"亟须帮助的穷人。很快,他将思想付诸行动,成功杀死了放高利贷的老太婆,并在慌乱中杀死了老太婆智障的妹妹。因为事先计划缜密且拉斯柯尔尼科夫具有罕见的随机应变智慧,再加上一系列巧合,这一切都帮助他成功摆脱了法律的监控与制裁。然而,沦为杀人犯的拉斯柯尔尼科夫陷入无法摆脱的惶恐与内疚中,原先的一切美好理想随之湮灭,他承受着比世间刑罚更严厉的良心的酷刑。他意识到自己向"伟大的人"的转变的实验彻底失败了。最后,在妓女索尼娅宗教思想的感召下,拉斯柯尔尼科夫向警方自首,被判处流放与苦役。[2]

---

[1] 参见〔苏〕格·弗里德连杰尔:《陀思妥耶夫斯基的现实主义》,陆人豪译,安徽文艺出版社1994年版,第136页。
[2] 梗概及本节所有引文来源于〔俄〕陀思妥耶夫斯基:《罪与罚》,朱海观、王汶译,人民文学出版社1982年版。

图11-6 《罪与罚》(1938年)插图"拉斯科尔尼科夫杀害高利贷老太太"

作品聚焦19世纪中期的俄罗斯,犀利地揭示了当时的社会状况,其中响彻着被整个社会碾碎的弱势群体绝望的呼喊,"无路可走"的困惑与无奈构成了小说的主旋律。在西伯利亚服刑期间,陀思妥耶夫斯基目睹了俄国下层百姓走投无路的悲惨境遇,对这些被侮辱与被损害的人产生了强烈共鸣。在《罪与罚》中,一方面,他将表现"一个代表大多数的真正的人"以及重点揭示"这个人的畸形心理与悲剧人生"作为自己的首要任务,力图在作品中表达他对底层民众的深刻同情。陀思妥耶夫斯基曾说过,他永远不能接受"只有十分之一的人可以获得高度发展,其余十分之九的人只能成为为他们服务的材料与工具,而其本身却滞留于愚昧状态"这样一种思想理念;他表示,自己只愿怀着"全体九千万俄国人总有一天都能受到教育,能成为真正的'人'这样一种信念去思维与生活"。这种深邃的见解与崇高的理想与《罪与罚》之主人公拉斯柯尔尼科夫的精神气质是何等相近。另一方面,通过这部作品,陀思妥耶夫斯基殚精竭虑地进行思考,最终的济世良方却仅是向人类良心发出呼吁，要求他们虔诚地皈依救世主——自定其罪，自我惩罚。所有这些积极的和消极的思想、无法解脱的怀疑、彷徨与矛盾都在《罪与罚》这部小说里通过主人公的心路历程集中地反映出来。

作品为我们详尽描述了一名品学兼优的法科高才生是怎样沦为罪犯的过程，主人公所处的赤贫状态与对同阶层民众无路可走的困惑与愤懑是其中最重要的原因。大学生拉斯柯尔尼科夫心高气傲，却不得不向贫穷低头——被迫辍学、忍饥挨饿，很快被房东扫地出门；美丽的妹妹为了给他换取生活费，不得不出卖自己的肉体与灵魂，接受卑鄙庸俗的律师的求婚……

在这种"无路可走"的状况下，拉斯柯尔尼科夫的"杀人"动机开始萌发、继而形成一整套严谨的理论。事实上，作为一名时常思索人生价值的大学生，这种思想在他的潜意识中深埋已久——"就他所掌握的历史知识来考察，'统治者们''拿破仑们'都是不择手段获得成功的，只要'迈过这道坎儿'，就能拿到通往'不被奴役的彼岸世界'的通行证"。

然而，起初这一切对于拉斯柯尔尼科夫而言还仅仅是一种"思想"；从"理论"到"行动"，必须经过另一次质的飞跃。促成这种飞跃的时机很快到来——拉斯柯尔尼科夫与马尔梅拉陀夫的相识，立刻将小说的主题提升到对人类命运进行凄恻深思的高度，令人置身于无法喘息的悲怆气氛之中。"让一位父亲亲口讲给人们听，他原本出身高贵的妻子如何因为没有一件像样的披肩而受寒并染上绝症，他善良纯洁的女儿为何不得不领取黄色执照沦为一名人尽可辱的妓女"，陀思妥耶夫斯基成功地将底层贫民的哀痛、苦难、羞辱与悲惨深刻地暴露，对社会的谴责直指人心。索尼娅过着没有尊严、受尽凌辱的生活，拉斯柯尔尼科夫曾经建议她投水自尽，"一下子结束这一切，倒更正确些，正确一千倍，也明智一千倍！"后者却平静地回答道："那他们（继母和三个弟妹）怎么办呢？"对于索尼娅来说，甚至连自杀也是不可多得的奢侈，它是生活获得保障的人才能享有的权利。索尼娅此刻的处境诚所谓"求生不得、求死不能"，她不是没有考虑过体面地死去，将一切苦难与罪恶埋葬，但她对家人的爱与责任却不允许她这样做。索尼娅面前有两条路可以选择,"无视伦理,以肉体换取金钱养家糊口,是耻辱、是犯罪;坚守贞操,看着亲人活活饿死,也是犯罪,是一种更残忍的犯罪"。作品中的小人物们总是嗫嚅道:"上帝啊,总得让每个人有个可以去的地方啊。"然而,拉斯柯尔尼科夫本人、马尔梅拉陀夫与索尼娅等人却无处可去。索尼娅的继母伊万诺芙娜这个艺术形象被塑造得最为感人。被逼得走投无路、精神已然崩溃的伊万诺芙娜曾经急切地呼喊:"上帝啊,你不来帮助我们这些贫苦无告的人,你又去保护谁呢?……世界上还有法律和正义吗?我要去找到它!"然而,无情的现实摧毁了伊万诺芙娜唯一的精神寄托,上帝抛弃了她、天使遗忘了她,她至死未能找到心中的公道。这个被贫穷压垮,滚落到社会最底层的贵族后裔,这个被凄惨的人生境遇折磨得发疯的高傲女子,凝视着咳到手帕中的混杂着血块的鲜血,黯然心碎。她临终前饱浸着不甘与绝望、愤怒与诅咒的独白令人潸然泪下:"请神甫吗?用不着!我没有罪!根本不需要忏悔!上帝?他当然会宽恕我,他知道我到底受了多少苦!"

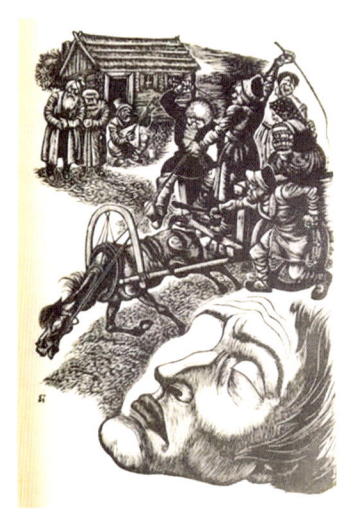

图11-7 《罪与罚》(1938年)插图"索尼娅的继母伊万诺芙娜之死"

图11-8 《罪与罚》(1938年)插图"公园长椅上的召客妓女"

  马尔梅拉陀夫一家的悲惨遭遇,给了主人公重重一击。他想到自己的妹妹与索尼娅的命运毫无区别,本质上均是为了亲人出卖肉体,不过是多披了一件婚姻的遮羞布。"看到醉酒后跟跄走在大街上被迷奸的少女,看到公园长椅上召客的妓女,看到酒馆里卖唱的歌女,看到被丈夫殴打、投河自尽的少妇,拉斯柯尔尼科夫感觉到处都是他的妹妹。"一想起每年政府与警察局所谓"百分之几"的统计数据,拉斯柯尔尼科夫就气不打一处来——这"百分之几"的概率落到穷人头上,就几乎变为"百分之百"。索尼娅已经被划入这"百分之几"中,他的妹妹也离此不远了。怎么办?在拉斯柯尔尼科夫年轻的头脑之中,如此残酷的现实已经超越了他所能思考的限度。形势如此紧迫,他不得不采取行动,为自己的亲人做点什么——"一定得采取某种行动,立刻行动起来,越快越好。无论如何得作出决定,随便什么决定都行!"可以看到,拉斯柯尔尼科夫头脑里之所以会产生奇怪的"理论",是由于他内心的痛苦与抑遗已经远远超过了能够承受的极限。这种荒谬的理论不过是拉斯柯尔尼科夫被迫与恶劣环境抗争后产生的怪胎,他的犯罪归根结底是受客观环境的驱使。陀思妥耶夫斯基以惊人的笔力,临摹出这个强权社会对弱者的碾压与凌辱已经到了令人窒息的地步,这一切都促使拉斯柯尔尼科夫将他的"理论"付诸"行动"。

拉斯柯尔尼科夫具有典型的双重人格。他自尊自重、才华横溢、勤于思考、心地善良、有着强烈的正义感;但他同时又阴郁孤僻,内向倔强,为了摆脱贫穷与苦难,竟然依靠一整套荒谬的理论来指导自己杀富济贫。他创造的理论为"兽性"的自我营造了躲避良心折磨的庇护所——"平凡的人仅仅是不平凡的人的工具,不平凡的人是整个世界的主宰;不平凡的人为了达到正义的目的可以不择手段,甚至杀死那些'平凡的虱子'"。如果甘愿做逆来顺受的"平凡的虱子",那么等待拉斯柯尔尼科夫的将是马尔梅拉陀夫的悲惨结局;如果去做一个突破道德准则的"不平凡的人",也许会闯出一番天地,当然,过程中也会杀死一些"平凡的虱子"。事实证明,他不是拿破仑,也不是超人,他的灵魂根本不属于那些压迫者与统治者。苦恼之中,他甚至将别人对自己的爱与自己对别人的爱谴责为转型成功的重负与阻碍。[1]然而,善良的天性与所处的环境使得拉斯柯尔尼科夫无法放弃,也不能抵御与亲人与朋友之间浓浓的爱的关联,他注定要回到爱他的人们中间来——他的灵魂未死、良心未泯,他也必将承受内心法则的严厉审判。

陀思妥耶夫斯基塑造了两个角色,与拉斯柯尔尼科夫的"深刻罪感"与"求罚心态"形成鲜明对比——斯维德里盖洛夫和卢任等社会名流均轻而易举地完成了从"虱子"到"野兽"的转型。他们并不需要触犯刑律、拿着斧头去杀人,但他们的确是在"为所欲为"。

斯维德里盖洛夫唯一的嗜好就是满足自己病态的淫欲,但他又不是一个完全泯灭了人性的恶魔——他不动声色地掏钱为伊万诺芙娜的尸体进行装殓;面对心仪已久的少女果断打消了强奸之念,虽然他完全有能力这样做(犯罪中止);只

---

[1] "啊,如果我孑然一身,谁也不爱我,我永远也不爱任何人,那该多好!那么就不会有这一切了!"

有他参透了拉斯柯尔尼科夫的罪恶,却并不举报,也未胁迫,只是当作一出好戏欣赏着;在一个风雨飘摇的夜晚,在一个纯洁的女童模糊的身影的感召下,他将枪口塞入自己的喉咙自戕而亡。通过斯维德里盖洛夫的双重性格,陀思妥耶夫斯基成功塑造了人性的幽深与不可捉摸的特质。

图 11-9 《罪与罚》(1938 年)插图 "拉斯科尔尼科夫的内心煎熬"

与斯维德里盖洛夫相比,拉斯柯尔尼科夫的准妹夫卢任却要卑鄙得多,他公开宣扬"首先要爱自己"的科学理论——"据说世界上的一切都是以个人利益为基础的","爱自己身上的每一粒纽扣,只要自己管好自己,整个社会也就进步了"。卢任对拉斯柯尔尼科夫驳斥他的"杀人合法论"断然否认,是因为他用不着用鲜血玷污他的双手,他完全可以在严格守法的前提下,买来一个貌美的妻子,诬陷一个肮脏的妓女,漠然践踏自然的法则、跨越人性的底线、心安理得地享有以底层民众的生命与尊严换取的人类文明。一句话,他可以而且有权合法地"杀人"。

关于索尼娅之形象,是陀思妥耶夫斯基后期创作思想与哲学精神的象征。于陀思妥耶夫斯基而言,将近十年的流放生涯对其价值观的影响是巨大的。目睹了强权的统治、道德的坍塌、资产者的骄横、贫穷者的饥饿、卖淫、欺骗、盗窃、毒打、流放、监禁、绞刑……他认为民众个体对社会制度的反抗毫无意义。陀思妥耶夫斯基的笔记中有这样一句话:"不做奴隶,就做统治者",而后者与陀思妥耶夫斯基的价值观相悖,因而他选择了前者——宁肯被践踏,绝不践踏他人。陀思妥耶夫斯基始终认为,人类的理性飘忽无踪、难以依靠,而人间的苦难却漫无边际;面对如此骇人听闻的生活,理性无法对它的荒谬进行解释,人类所能做的,就只有去爱,在爱中勇敢地承担一切荒谬与苦难。索尼娅正是这种思想的化身,是这个悲惨世界中的唯一光明。她是人类苦难的象征,心中却充满了对人类的爱。

图11-10 《罪与罚》(1938年)插图"索尼娅朗诵《圣经》"

在法学研究者眼中，这部作品的贡献之一是对犯罪心理的准确描述与剖析。陀思妥耶夫斯基充分表现了其作为天才心理分析专家的优势，将"复调"[1]艺术手法发挥得淋漓尽致，以一系列心理活动来证明拉斯柯尔尼科夫犯罪行为的被决定性。一句话，他已经丧失了选择意志的自由。事实上，关于陀思妥耶夫斯基的该种风格，鲁迅先生早就进行过非常精辟的论述——"对于这位先生，我是尊敬、佩服的，但我又恨他残酷到了冷静的文章。他布置了精神上的苦刑，一个个拉了不幸的人来拷问给我们看。""……他竟作为罪孽深重的罪人、同时也是残酷的拷问官而出现了。他把小说中的男男女女，放在万难忍受的境遇里，来试炼他们，不但剥去了表面的洁白，拷问出藏在底下的罪恶，而且还要拷问出藏在那罪恶之下的真正洁白来。"[2]在批判现实主义文学领域，许多伟大的作家做到了将作品人物"剥去表面的洁白，拷问出藏在底下的罪恶"，譬如雨果、狄更斯、司汤达、果戈里、巴尔扎克等文豪，他们对社会的种种丑恶现象作出了平实、精到的揭露；但是，若在此基础上继续"拷问出隐藏在那罪恶之下的真正洁白来"，却只有陀思妥耶夫斯基这类极个别的、具有极度耐性与深刻的悲悯情怀的作家才能完成。

同时，我们还应注意到，作家们在作品中往往很容易扮演审判人类罪恶的拷问官角色，却很难同时将自己也当作罪人一并推上审判席；而陀思妥耶夫斯基完全胜任了这种对"罪人"和"拷问官"的双重角色扮演，其中涵盖着对人类灵魂的拷问、对人类本性的追问，体现着宽广的人道主义胸怀与浓烈馥郁的救赎气息。对于陀氏作品的这一特征，鲁迅先生亦一针见血地指出："凡是人的灵魂的审问者，同时也必定是伟大的犯人。审问者在堂上举劾着他的恶，犯人在阶下陈述

---

1 苏联著名批评家巴赫金将陀思妥耶夫斯基富有特色的小说称为"复调小说"。所谓"复调小说"，最根本性的特点就是"有着众多的各自独立而不相融合的具有充分价值的声音与意识。众多地位平等的意识连同它们各自的世界结合在某个统一的事件之中"。因此，陀思妥耶夫斯基笔下的主要人物"在艺术家的创作构思之中，便不仅仅是作者议论所表现的客体，而且也是直抒己见的主体"。参见〔俄〕巴赫金：《陀思妥耶夫斯基诗学问题》，白春仁、顾亚铃译，生活·读书·新知三联书店1988年版，第29页。

2 〔俄〕陀思妥耶夫斯基：《罪与罚》，朱海观、王汶译，人民文学出版社1982年版，序。

他自己的善；审问者在灵魂中揭发污秽，犯人在所揭发的污秽中阐明那埋藏的光耀。这样就愈发显示出灵魂的深。"[1]

总结陀思妥耶夫斯基之《罪与罚》，首先，这部作品在讲述一个充满着血与泪的社会悲剧故事的同时，发掘出一部犯罪心理报告，成为近代犯罪心理小说之开山鼻祖。主人公拉斯柯尔尼科夫犯罪前的心理活动、犯罪的动机、犯罪的目的、犯罪时的镇静与随机应变、犯罪后的内心惶恐与道德负疚，都被表现得淋漓尽致、逼真传神。

其次，作品中的一个令人深思的话题是关于"超人哲学"和"权力意志"的讨论。拉斯柯尔尼科夫曾无数次地思考着以下问题——杀死一个对世界有害的人是否有罪？人是否有权因为一个远大的目标或者造福更多的人而杀人？历史上许多名垂青史的君主，踏过战争的废墟与遍野的尸体，双手沾满鲜血登上王位，他们杀人的权力从何而来？针对以上问题，拉斯柯尔尼科夫在一篇发表过的法学论文中作出了回答——"人类的立法者与新制度的创立者，他们其实都是罪犯……他们在破坏前法，订立新法的同时就是一种犯罪……当然，鲜血不可能阻止他们引导社会的前进……这些人类的恩人们，绝大多数都是血流成河的罪魁祸首……但历史依旧将他们高高捧起，接受后人顶礼膜拜。"在这种思想的引导下，是默然忍受社会的罪恶，以信仰战胜邪恶，得到灵魂的救赎；还是铤而走险，用暴力来改变它？拉斯柯尔尼科夫勇敢地选择了后者，陀思妥耶夫斯基却显然肯定前者，他既对社会中"弱肉强食"的现象深恶痛绝，却又找不到济世良方，只能在宗教的赎罪思想中踯躅求索。

再次，在这部作品中，陀思妥耶夫斯基开始研究人的非理性与无意识状态。陀思妥耶夫斯基始终认为，人是一个谜，人心像大海一样深不可测，人除了理性还有非理性，除了意识还有无意识（即"潜意识"或"下意识"），该种观点与弗洛伊德与尼采极其相似。西方的尼采哲学形成于19世纪70年代。陀思妥耶夫斯

---

[1]〔俄〕陀思妥耶夫斯基：《双重人格 地下室手记》，臧仲伦译，译林出版社2004年版，第4页。

基可能未读过尼采的书，尼采却饱读了陀思妥耶夫斯基的作品，而且他用自己的哲理揭示了陀思妥耶夫斯基作品中的许多秘密。尼采曾经赞叹道："陀思妥耶夫斯基是唯一一位能使我学到东西的心理学家；我把同他的结识看作是我一生中最好的成就。"[1]尼采是一个反理性主义的唯意志论者，他认为"权力意志"是宇宙万物的本质，也是人和人生的本质；人的本质就是渴望统治，渴望权力，扩张自我。确实，尼采的"权力意志论"为我们从一定角度揭示了《罪与罚》中拉斯柯尔尼科夫"超人哲学"的秘密。

最后，通过这部作品，我们还可以搜寻到帝俄时期刑事司法制度中闪烁着的进步因素。从司法程序层面考察，帝俄时期的侦查、起诉以及审判程序无可挑剔，尤其是关于证据的固定与对嫌疑人的权利保护制度。警官波尔菲利凭借经验与直觉确定拉斯柯尔尼科夫即杀人凶手，却未立即逮捕他，固然有爱惜后者才华、希望引导他自首、减轻刑罚的考虑，更重要的理由却是证据的采集与固定无法完成。此外，波尔菲利与拉斯柯尔尼科夫的一次次哑谜般的交流与当今美国等西方国家的辩诉交易制度十分相近，不同的是人性化更为浓厚、宽恕思想更为鲜明。实体法适用层面，在对拉斯柯尔尼科夫审判时，法庭充分考虑了种种因素，最终判决出乎意料的宽大——仅仅判处了被告八年的流放苦役。这不单是因为他的自首行为、他那可疑的精神状况、他在法庭上竭力试图增加自己罪责的悔罪表现，更是因为他以前良好甚至优秀的人格行为记录——拉斯柯尔尼科夫的朋友们证实了他一次次古道热肠的行为，例如虽然自己食不果腹，却尽力帮助比他还困难的同学一家；拉斯柯尔尼科夫的邻居以及市政消防部门也很乐意出庭作证，在一场大火中他曾接连两次冲入现场救出两个幼儿；索尼娅声泪俱下的关于拉斯柯尔尼科夫救治自己命丧马蹄下的父亲的说辞更是打动了听审者的心。因而，法庭十分乐意接受拉斯柯尔尼科夫行为时伴随着精神障碍的理由，对他的杀人行为进行了减轻判决。

1〔俄〕舍斯托夫：《悲剧的哲学——陀思妥耶夫斯基与尼采》，张杰译，漓江出版社1992年版，第18—19页。

当然，对当时刑事司法制度的客观赞美并不能抹杀那位险些被当作杀人凶手的替罪羊（油漆匠）的悲惨遭遇，也不能掩盖有多少类似拉斯柯尔尼科夫的优秀青年正挣扎在犯罪与忏悔死亡线上的黑暗现实。这个悲惨的故事中，我们看到的仅仅是罪行、法律与惩罚的交织出现，却无法声称公平已然恢复、正义得到伸张。那么，正义究竟在何处？它似乎不在拉斯柯尔尼科夫杀死高利贷老太婆的劫富济贫的行为中，也不在刑事法庭最终对拉斯柯尔尼科夫八年苦役的减轻判决里。陀思妥耶夫斯基留给我们的思考依然沉重而深刻——正如雨果在《悲惨世界》中所描述的社会三大顽症："贫穷使男人潦倒，饥饿使女人堕落，黑暗使儿童羸弱。"在一个男人的尊严被养家糊口的重担所压垮、女人的荣誉被果腹的诱惑所撕碎、孩童的天真在蒙昧的环境中被扼杀的社会里，到处充斥着形形色色的罪行与或严酷或宽大的惩罚，唯独正义与希望缺席。

"上帝隐退"后的平民气质：《卡拉马佐夫兄弟》

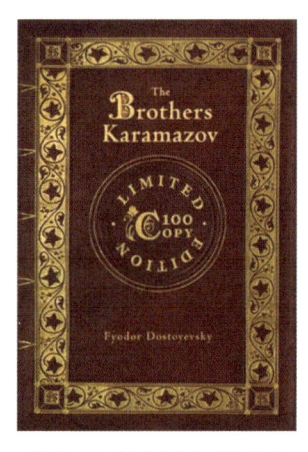

图 11-11 《卡拉马佐夫兄弟》封面

陀思妥耶夫斯基一生执着于研讨人与上帝间的关系，1880 年《卡拉马佐夫兄弟》的问世，是作者毕生哲学思想与艺术探索的总结。作品展示了陀思妥耶夫斯基对俄国过去、当时和未来的思考，涉及宗教与自然科学、反抗与承受苦难、善与恶、生命的意义与人生的使命等诸方面哲学话题，被称作人类文明史以来最为伟大的小说之一。这部小说不仅风靡俄国，而且在整个西方文学史上影响深远。[1]

作品根据一桩真实的弑父案写成。[2] 它以一个以暴发户为家长的松散型家庭内部的矛盾、冲突为背景，提出了"上帝隐退后"人们必须去思考并加以解决的社会与伦理难题，一览无余地展示了这个被作者称为"俄国历史上最混乱、最痛苦、最不安全、灾难最深重的"过渡时期社会的全部畸形、荒诞与丑恶。作品卷帙浩繁，并非单纯叙述罪行的始末，也未详细描写案件的侦破经过，而是借助这桩惨案，通过对人物形象的雕塑，展现了淫荡、贪婪、暴戾、犬儒主义等卑劣的人性。作品提出的有关人生意义、无神论与宗教信仰、人性中善与恶等问题，深刻反映了 19 世纪 70 年代末期俄国知识精英面对现实的艰苦探索。然而，陀思妥耶夫斯基最终还是未能给这个充满矛盾、苦难和罪恶的社会找到出路；与《罪与罚》之结局相近，他企图以宗教思想来同利己主义对抗，主张以自我忏悔和承受苦难来求得内心的平静与精神上的复活。在《卡拉马佐夫兄弟》中，人的兽性远远超越了《罪与罚》中的拉斯柯尔尼科夫自创的"英雄"理论，这种兽性不断向卡拉马佐夫父子身上侵入、渗透，最终以各种不同形式归总为"卡拉马佐夫家族的气质"。

故事主角之一——老卡拉马佐夫年轻时是寄人篱下的食客，通过两次婚姻谋取了丰厚的财富与贵族地位，他的身上带着原始积累阶段暴发户的典型特征。婚后，

---

[1] 1901 年，列夫·托尔斯泰离家出走时，上衣口袋里就专门装着这本书，随时翻看研讨，并带着它踏上了不归之路；奥地利小说家茨威格在读过此书后，即把陀思妥耶夫斯基与巴尔扎克、狄更斯并列，称他们为全欧小说艺术的三位高不可攀的"大师"；德国作家托马斯·曼承认自己深受陀思妥耶夫斯基的"病态"艺术世界的影响，并确认《卡拉马佐夫兄弟》一书是他的小说《浮士德博士》的创作源泉之一。参见〔俄〕陀思妥耶夫斯基：《卡拉马佐夫兄弟》，耿济之译，人民文学出版社 1981 年版，序。

[2] 〔苏联〕尤·谢列兹涅夫：《陀思妥耶夫斯基传》，徐昌翰译，人民文学出版社 2011 年版，第 188 页。

怀着强烈的复仇心理,老卡拉马佐夫将年少时受到的屈辱发泄到贵族妻子们的身上:第一个妻子被迫出逃、与人私通、最终暴尸街头;第二个妻子发疯致死。妻子相继去世后,他全然不尽对三个儿子的监护责任,生活糜烂、放荡成性,甚至一时兴起奸污了流浪的智障女丽萨。丽萨怀孕后的私生子斯梅尔佳科夫由卡拉马佐夫的仆人抚养,长大后成为家族的厨子。晚年的卡拉马佐夫已经是外省县城里的富裕地主和放高利贷者,却依然贪婪好色,霸占妻子留给儿子的遗产,并与长子争抢妓女格鲁申卡。最终,老卡拉马佐夫被私生子斯梅尔佳科夫所杀。

主角之二——卡拉马佐夫的长子德米特里是一个退伍军官。他与未婚妻一起回到县城后,向父亲索取母亲留给他的财产。后来德米特里爱上了妓女格鲁申卡,而老卡拉马佐夫也深爱着这个女人。为了财产与女人,德米特里与父亲发生了激烈冲突,并扬言要杀掉父亲。老卡拉马佐夫被杀后,他因涉嫌弑父被捕,并被判处二十年流放。德米特里具有典型的双重性格,他继承了老卡拉马佐夫的遗传因子——贪杯好色、粗鲁暴躁、附庸风雅;却又与老卡拉马佐夫不同——热情率直、慷慨大度、真诚地去帮助贫穷者,心中的良知并未泯灭,高尚的激情也时隐时现。德米特里时刻处于善与恶的斗争之中。父亲死后,德米特里自愿承担了全部罪责,他承认自己曾有过弑父的想法,同时也认为自己所扬言要杀死父亲的话语煽动起了斯梅尔佳科夫的复仇情绪。因此,他决心"通过苦难来涤荡自己的罪恶"。作者笔下的德米特里成为了接受朴素宗教意识而改恶从善、精神复活的典型。

主角之三——卡拉马佐夫的次子伊凡毕业于大学理工科,是一个受到现代自然科学熏陶的无神论者、唯物主义者。他爱上了哥哥的未婚妻,也觊觎着父亲的财产。从这一原则出发,他对父兄间的矛盾听之任之,甚至将他们比作两条相互撕咬的毒蛇。正是他的这种"人可以为所欲为"的极端利己主义理论为斯梅尔佳科夫提供了弑父的思想依据;而他明明看出了斯梅尔佳科夫有行凶的企图,却并不去加以阻止。弑父案发后,他经受不住内心的折磨,终于承认自己才是真正的杀人凶手。作为个性十分鲜明的角色,伊凡致力于思考人生的意义和社会的出路，性格复杂而充满矛盾。他对现实采取全盘否定的态度，大声斥责上帝创造的这个浸透着"血和泪"的非理性世界；他从自己感受到的人间苦难与罪孽中质疑上帝的存在，结论是这个荒谬黑暗的世界是由魔鬼而非上帝主宰。但是另一面，伊凡的心中依然保存着对理想生活的强烈向往与对寄托灵魂的宗教信仰的渴求；在探索人生的过程中，伊凡不断地在正题与反题的两难选择中艰苦跋涉，却看不到出路。因此，他得出结论——"既然上帝不存在，信仰不存在，道德原则也是虚无，那么，什么罪犯或罪行也就无所谓了"。

主角之四——老卡拉马佐夫与疯女丽莎的私生子斯梅尔佳科夫，在潜移默化中全盘接受了伊凡所秉持的"没有上帝，因而人们可以为所欲为"的思想。这个可怜的私生子被老卡拉马佐夫家的老仆人收养，长大后成为家中的一名厨子。他性格孤傲、感情冷漠，蔑视一切人，仇恨整个卡拉马佐夫家族。在他心目中，只有伊凡是智慧的人。为了发泄自己在长期卑屈处境下郁积起来的怨毒情绪，为了取得金钱，趁伊凡外出之际，他冷酷地谋杀了自己的生父卡拉马佐夫，完成了"伊凡认为可以干、德米特里说过要干却没有干"的事。事后又嫁祸于德米特里。为了避免被人怀疑，斯梅尔佳科夫在凶案发生的前几天佯装癫痫发作；并事先暗示伊凡家里可能出事，劝他"离开罪孽远些"。伊凡对此不置可否。案发后，伊凡经过缜密的分析推理，终于迫使斯梅尔佳科夫认了罪。斯梅尔佳科夫却辩解说，他是根据伊凡"人可以为所欲为"的理论行事的，并且得到了伊凡的默许——伊凡明知家里要出大事却依然离家远游就是证据，因此杀父的主犯应当是伊凡。伊凡大为恼火，决定在法庭上告发他，斯梅尔佳科夫却在开庭前夕自杀了。作者将斯梅尔佳科夫作为伊凡的裂变物来描写的，正是有了伊凡这样的思想基础，斯梅尔佳科夫才无视一切道德原则，走向了地狱。

主角之五——卡拉马佐夫的幺子阿廖沙深受父亲及兄长喜爱。与兄长们不同，他纯洁善良、童心未泯、公正无私、与世无争。为了摆脱"世俗苦难"和追求"爱的理想"，坚信宗教才是这黑暗世界中唯一的光明。他深念儿时曾抱着他、把他举向圣母像的慈母；他仰慕佐西马长老；他对所有的人都怀着爱心，甚至包括他那个贪淫好色的父亲和性格火暴的兄长。人们信任他、喜爱他，向他敞开心扉。同时，他也并非只是一个消极的听众，他还是一剂发酵剂，能够激活人们心中隐藏着的爱与良知。阿廖沙的善良固然可以温暖一些人的心，但是他驯顺、博爱、承受苦难的救世思想并不能改变这个原本丑恶至极的社会，并不能从根本上铲除由社会土壤所滋生的丑陋的"卡拉马佐夫气质"。事实上，整个惨案发展进程中，尽管阿廖沙尽力劝慰由于情欲与贪欲而处于疯狂状态的父亲和哥哥，但这种努力并未奏效；他对佐西马长老死后尸体腐烂发臭、未能显灵的事实感到震惊不已，竟然忘记了家庭中即将发生的血战以及佐西马临终时嘱咐他立刻回到尘世去守护哥哥的遗言。当他根据长老的意愿离开修道院返回充满仇恨的世俗社会以后，感到自己唯一能够做的事情是"为全人类受苦"，在痛苦中寻找幸福。

在这五个具有相同血缘却性格迥异的男人之间，发生一系列令人唏嘘感叹的故事。老卡拉马佐夫遇害后，整个家族随之分崩离析，伊凡怀着对德米特里的深切内疚，设计了一个让哥哥在押解途中逃跑的计划，交给哥哥的未婚妻去实现。但开庭时，德米特里的未婚妻看见妓女格鲁申卡后受到强烈刺激，反而作了对德米特里不利的证词，坐实了德米特里的杀父罪行——法庭判决德米特里流放西伯利亚二十年。在漫长的等待裁判的牢狱生涯中，德米特里的灵魂得到了净化，精神得到了复活，他当庭不再辩驳自己不是杀人凶手，而表示要"通过痛苦来洗净自己往日的罪孽"，为所有的"罪人"承担苦难。伊凡因为过于内疚自责而精神分裂，罹患脑炎。阿廖沙一直相信德米特里的清白，他根据佐西马长老临终时的嘱咐，离开修道院，走向世俗社会。

这部小说酝酿了十几载，在陀思妥耶夫斯基去世前几年才完成。陀思妥耶夫斯基希望在这部作品中对自己的一生对哲学思想的探索作出总结，在文中探讨了关涉全宇宙的问题：有没有上帝？有没有灵魂不死？1869年，陀思妥耶夫斯基在一封信中明确写道："即将贯穿全书的主要问题——它使我自觉不自觉地苦恼了一辈子——是上帝是否存在。"事实上，陀思妥耶夫斯基一辈子都希望证明上帝的存在，但他到了末了也未能成功地做到这一点。作为一个虔诚的基督徒，陀思妥

图 11-12 老卡拉马佐夫

图 11-13 卡拉马佐夫三兄弟

图 11-14 卡拉马佐夫的长子德米特里

图 11-15 妓女格鲁申卡

图 11-16 卡拉马佐夫的次子伊凡

图 11-17 卡拉马佐夫的幺子阿廖沙

图 11-12 至图 11-17 均为《卡拉马佐夫兄弟》(1982 年版)俄文版插图,〔俄〕伊利亚·格拉祖诺夫

灵魂的救赎:俄国批判现实主义文学作品

耶夫斯基站在真切同情民众苦难的立场上，却坚决反对任何形式的暴力；他认为暴力对于解决底层民众的基本权利毫无意义，俄国唯一的出路在于宗教，在于使人们恢复对宗教的信仰，按基督的教导去生活，去忍耐、宽容、自觉地承受苦难以获得道德上的"新生"，这一基督教人道主义思想反映在他后期全部重要作品中。陀思妥耶夫斯基的这一观点在塑造德米特里的形象时表现得淋漓尽致——对于性格与父亲一样火爆的德米特里而言，人类法律根本无法征服他桀骜不驯的野性，宗教却做到了。在最后一刻，德米特里放弃一切辩驳，安静服罪。他声称："我并不仅仅为了自己所犯的罪行伏法，而是为了全人类的邪恶与苦难"。人类法律可以禁锢他肉身的自由，剥夺他的肉体的存在，却远不能使他的心灵伏法。陀思妥耶夫斯基借德米特里的自白，指出在所有的罪人当中，心灵的忏悔是最为宝贵的，肉体的禁锢对于阻止罪恶的再次发生无能为力，只有罪人自己意识到原罪的存在并对未来抱以希望时，才有可能踏上真正的自我救赎之路。

德国著名作家赫尔曼·黑塞对这部著作的评价是：我们之必须阅读陀思妥耶夫斯基，只是在我们遭受痛苦不幸，而我们承受痛苦的能力又趋于极限之时，只是在我们感到整个生活有如一个火烧火燎、疼痛难忍的伤口之时，只是在我们充满绝望、经历无可慰藉的死亡之时。当我们孤独苦闷，麻木不仁地面对生活时，当我们不再能理解生活那疯狂而美丽的残酷，并对生活一无所求时，我们就会敞开心扉去聆听这位惊世骇俗、才华横溢的诗人的音乐。这样，我们就不再是旁观者，不再是欣赏者和评判者，而是与陀思妥耶夫斯基作品中所有受苦受难者共命运的兄弟，我们承受他们的苦难，并与他们一道着魔般地投身于生活的旋涡，投身于死亡的永恒碾盘。只有当我们体验到陀思妥耶夫斯基那令人恐惧的常常像地狱般的世界的奇妙意义，我们才能听到他的音乐和飘荡在音乐中的安慰和爱。

列夫·托尔斯泰文学作品

图 11-18　列夫·尼古拉耶维奇·托尔斯泰

知识链接

列夫·尼古拉耶维奇·托尔斯泰（Leo Nikolayevich Tolstoy，1828—1910 年），是俄国最伟大的作家之一，生于图拉省晓金区一个世袭贵族之家，彼得一世为其家族封爵。[1] 托尔斯泰从小接受良好教育，1844 年考入喀山大学东方系与法律系，对卢梭的学说产生浓厚的兴趣。1847 年托尔斯泰退学，回到母亲陪嫁的波利亚纳庄园；1851 年至 1856 年在高加索服役；托尔斯泰曾起草方案，在自己庄园进行改善农民处境的改革，包括修建集体房舍、建立济贫基金、分配部分土地给农民集体自主支配等，却因遭到农民的不信任而失败。1859 年至 1862 年间，先后在庄园附近为农民子弟办了 20 多所学校，后被迫关闭。

1866 年，托尔斯泰出席军事法庭，为士兵希布宁辩护。希布宁因不堪军官的虐待打了军官耳光，虽经托尔斯泰为之奔走，终被枪决。这一事件以及 1857 年他在巴黎断头台观看的一次行刑经历，使他开始形成反对法庭和死刑的看法。1881 年

1　参见《列夫·托尔斯泰文集》（第一卷），谢素台译，人民文学出版社 1987 年版，总序。

他上书亚历山大二世，请求赦免对其行刺的革命者；1891年给《俄国新闻》和《新时代》编辑部写信，声明放弃1881年后自己作品的版权，稿费用来赈济受灾农民；他还努力维护受官方教会迫害的莫洛康教徒和杜霍包尔教徒，并在1898年决定将《复活》的全部稿费资助杜霍包尔教徒移居加拿大。

沙皇政府因托尔斯泰的《论饥荒》一文而企图将他监禁或流放，但慑于他的声望与社会舆论被迫中止；后来因《复活》发表，当局指责他反对上帝，于1901年以俄国东正教至圣宗教院名义革除其教籍；1904年，托尔斯泰撰文反对日俄战争；1905年革命失败后，他反对沙皇政府残酷杀害革命者，发表《我不能沉默》一文。

可以看到，托尔斯泰抛弃了自己原生的优渥社会阶层，一生同情底层民众、反对农奴制，对富裕且赋闲的阶级的生活及土地私有制表示强烈否定，对国家机器及教会进行猛烈抨击。作为一名世袭贵族，他处在俄国社会由农奴制向资本主义制度转变的时代，旧秩序的崩溃给那些"多少世纪来生活在骇人听闻的黑暗、贫困、卑贱、污秽、轻蔑、欺凌之中"的农民带来了新的苦难。托尔斯泰虽然出生于贵族之家，却为这个社会承载的深重罪孽感到无比焦虑与不安，始终不渝地、真诚地寻求接近底层民众的道路，希望通过作品"追根究底"地寻找群众苦难生活的真实原因，探讨种种解决途径的可能性，提倡创立一种不求来世许诺，只重今生幸福的宗教信仰。[1]托尔斯泰的创作往往被认为是"可怕的真实""惊人的真实"，而他的新宗教观——"爱他人、自我救赎、不以暴力抗拒"等思想亦在人们的灵魂深处掀起了巨大波澜。他在1855年3月的日记中写道："一次关于上帝与信仰的谈话，使我产生了一个我愿终生为之奋斗的伟大辉煌的念头，要建立适合当代人发展的新宗教，消除教条与神秘主义，但仍然是基督的宗教——一种现实的宗教，不许诺来世极乐而提倡现世幸福。"[2]

1910年11月，托尔斯泰从亚斯纳亚·波利亚纳秘密出走，在途中患肺炎，11月20日在阿斯塔波沃车站逝世。遵照他的遗言，其遗体被安葬在亚斯纳亚·波利亚纳的森林中，坟上没有墓碑和十字架。

---

1 该思想与文艺复兴时期"意大利三杰"所秉持宗教观颇为近似。
2 参见《列夫·托尔斯泰文集》（第十七卷），陈馥、郑揆译，人民文学出版社1991年版，第198页。

图 11-19 托尔斯泰及其夫人索菲亚·安德烈耶芙娜·托尔斯塔娅

苦难的救赎:《复活》

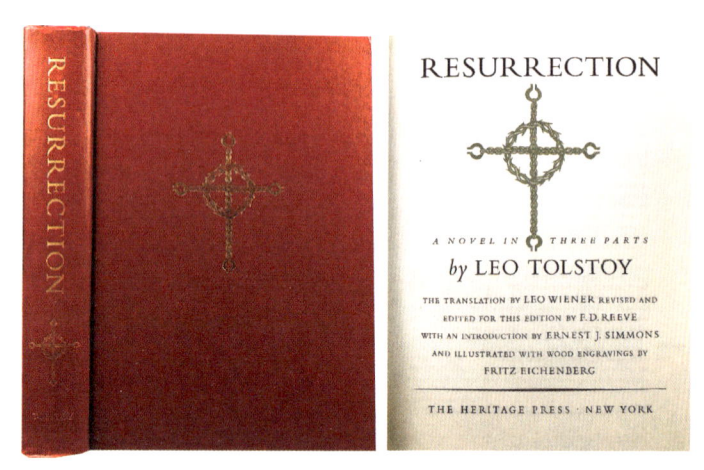

图 11-20 《复活》(1963年)封面与扉页,〔美〕艾肯·伯格

《复活》(1899年)是托尔斯泰晚年的重要作品,整个创作过程长达十年之久。作品素材来源于托尔斯泰的朋友检察官柯尼承办的一起真实案件:一位上流社会的年轻人,在充当法庭陪审员时,认出一个被控犯盗窃杀人罪的妓女就是他亲戚家的女仆。他回忆起自己曾经诱奸过这个姑娘,使她怀了孕。收养她的女主人知道这事后,把她赶出家门。姑娘生下孩子后送给育婴堂,从此逐渐堕落,最后落入下等妓院。这个陪审员找到检察官柯尼,希望同这个妓女结婚以赎罪。柯尼非常同情这个年轻人,但劝他不要走这一步。年轻人很固执,不肯放弃自己的主意。婚礼前不久,妓女罹患伤寒症病亡。[1]托尔斯泰被这个故事所打动,为完成此作品,特地考察了莫斯科和外省的许多监狱,在法庭旁听审判,接触囚犯、律师、法官、狱吏等各种人物,查阅了大量档案资料,作了大量细致入微的实证主义调查,力图以最真实、客观的作品展现社会底层被侮辱、被损害的民众的命运。[2]

---

1 〔俄〕托尔斯泰:《复活》,草婴译,上海文艺出版社 2004 年版,序。
2 〔俄〕托尔斯泰:《复活》,草婴译,上海文艺出版社 2004 年版,序。

图 11-21 《复活》插图 "众人目光下的盗窃杀人犯——妓女马丝洛娃"（1963 年），〔美〕艾肯·伯格

贵族聂赫留朵夫生性善良，接受西方启蒙思想洗礼后，对自己拥有的贵族身份与特权深感耻辱。但随着日子的推移，他被环境所熏染、同化，逐渐认同并适应了奢靡浮华、醉生梦死的上流社会生活模式。一天，他作为陪审员出庭审理一桩盗窃杀人案，赫然发现被告是他青年时代热恋的姑娘马丝洛娃。他曾经与她发生过关系，后来再无联系。马丝洛娃悲惨的境遇触动了他尚未泯灭的良知。为了赎罪，聂赫留朵夫为马丝洛娃多方奔走上诉，却并未成功，马丝洛娃最终被判处二十年苦役，流放西伯利亚。聂赫留朵夫毅然跟随马丝洛娃踏上流放旅途，寻找灵魂的救赎与精神的复活。[1]

---

1 梗概及本节所有引文来源于〔俄〕托尔斯泰：《复活》，草婴译，上海文艺出版社 2004 年版。

作品构思包括一明一暗两条线索。一方面,从表面上看,马丝洛娃的冤案在全书中是一条提纲挈领的线索,借助这条线索,托尔斯泰将法庭、监狱、社会现状与官僚机构逐一串起进行鞭答;事实上,该构思的承载者是贵族青年聂赫留朵夫(小说前半部,聂赫留朵夫是被作者完全否定的贵族形象;但到了后半部,他因精神觉醒而成为上流社会的叛逆者、揭发者与抗议者,成为托尔斯泰自身经历与思想变化的代言人)。另一方面,作品以聂赫留朵夫的人生轨迹为叙事明线,真正的主人公却是一生际遇坎坷、始终挣扎在社会最底层的卡秋莎·马丝洛娃。在这位出身卑微、饱受凌辱、历尽苦难、被社会残忍抛弃的女性身上,依然闪烁着宽容、正直、坚韧、乐观的光彩。可以说,马丝洛娃是托尔斯泰心目中理想人性的象征,她从肉体到精神的最终复活,寄托着托尔斯泰对整个人类未来的信心与希望。

图 11-22 《复活》插图"马丝洛娃在监狱中安慰愁苦的母亲"(1963 年),〔美〕艾肯·伯格

少女时的马丝洛娃是贵族青年聂赫留朵夫姑妈家的女仆，在对爱情的憧憬中与聂赫留朵夫结合，后被抛弃。她怀着身孕被逐出贵族家门，从此眼前一片黑暗，在绝望中摸索着、挣扎着、沦落着，不再相信上帝与良善。她做了妓女，希望以此来报复那些玩弄她、蹂躏她的男子，尤其是她深爱过的聂赫留朵夫，却不知这种愚蠢行为只会导致自己在苦难中愈陷愈深；苦难还远未到头，她又被诬陷谋财害命，被押上审判席。

托尔斯泰笔下的马丝洛娃具有复杂的性格特征：她天资聪颖，在社会最底层的摸爬滚打中看清了社会的不公与残酷，识透了"正人君子"们丑陋的灵魂，因此，她开始醉生梦死、自暴自弃，这些仅仅是因为对生活、对未来的绝望，而绝非内心良知的死亡——地狱般的牢房里，她将自己仅有的食物留给饥饿的孩子；被押送法庭途中，她对人们的指责、嘲笑毫不介意，甚至对街头围观的无赖们继续卖弄风骚，但是当一个穷苦的卖煤人走过她身边，怜悯地望着她，在胸前划过十字后匆匆递给她一枚硬币时，她的脸却倏地红了，并深深埋下头去。这些对马丝洛娃的细节刻画，均暗示着她的心地依旧纯洁，预示着她的灵魂与肉体终将复活。马丝洛娃的肉体坠落到黑暗谷底之时，正是她的灵魂开始苏醒之日。当她最初在监狱中看见聂赫留朵夫时，并未产生任何激动与愤怒，唯一的念头是"设法勾引他、讨好他、多骗两个钱花花；如果运气好，还可以请求他将自己尽早从狱中弄出去，继续自己的营生"。在她心目中，做妓女是一种可靠的谋生手段。但是聂赫留朵夫却不停地面对自己讲着什么罪孽、又谈着什么赎罪，甚至要与她结婚，来拯救她已经堕入地狱的灵魂。马丝洛娃终于忍无可忍了，她愤怒地咆哮道："你给我滚开！我是个苦役犯，你是位公爵，你到这儿来干什么？"随后，冰雪聪明的她立刻洞穿了这位爵爷的真实目的："你后悔了？你害怕死后遭到审判？""你这个爵爷想利用我来拯救你死后的灵魂！你今世利用我作乐，死后还想利用我免受上帝的惩罚！你这幅令人厌恶的又肥又丑的嘴脸，你立刻给我滚开！"狂怒与屈辱之中，马丝洛娃多年积攒的怨恨、哀伤、辛酸、苦难像潮水般汹涌而出，冲开了尘封已久的回忆闸门，融化了雪藏已久的做人的尊严，同时涤荡着她那颗被折磨、被践踏得近乎麻木的心灵。

聂赫留朵夫出场时同马丝洛娃一样，也处于精神上的昏睡状态。作为爵位承袭者，奢靡荒淫就是他生活的全部。然而，与其他贵族青年安于现状、醉生梦死的状况不同，聂赫留朵夫的内心深处依然潜伏着对公平与正义的追求与向往；不时袭来的一阵阵精神上的空虚，使得他总是处于一种难以抑制的惶恐与自责之中——大学时代的他曾写过一篇论文，阐述其"正义不允许土地私有"的政治观点；他还以理论指导实践，真的将一块从祖代继承的土地无偿分给农民。退役后，聂赫留朵夫成为家族唯一男性继承人，继承了全部土地。他无法放弃祖辈的产业，又不能否定青年时期的理想，因此深感苦恼。托尔斯泰的这些伏笔暗示着聂赫留朵夫灵魂中的圣洁，从中可以看出，聂赫留朵夫的身上闪烁着托尔斯泰自己思想与行为的影子。事实上，聂赫留朵夫心灵上所留存的洁白还远不止这些，"精神的人"与"兽性的人"常在他的内心发生冲突——当他在法庭上认出马丝洛娃后，如坐针毡，这并非由于忏悔，而是担心与这位下层妓女的关系会使得自己名誉扫地。当他鼓起勇气去监狱探视马丝洛娃时，也并非出于真诚的忏悔，而是以一种居高临下的姿态去俯视被他践踏过的马丝洛娃的困境，希望得到她的敬仰。但重逢时的场面深深震撼了聂赫留朵夫，他从未意识到自己对这个女人所造成的伤害是如此之深，无论是肉体还是精神。当马丝洛娃于愤怒中一把撕下他救世主的面具时，才真正刺痛了他的灵魂，他的精神开始复苏了——"直到现在，他才了解自己的全部罪孽……发觉自己罪孽的深重……感觉到他害她害到什么地步……以前聂赫留朵夫一直孤芳自赏，连自己的忏悔都感到很得意"。聂赫留朵夫一次次奔波于上级法院、高等法院、乡村、妓院之间，利用自己的社会地位接触一个个法官、检察官、警察、将军、省长，甚至法务大臣、宫廷近侍。在此过程中，聂赫留朵夫目睹了整个俄国社会丑陋的痼疾，逐渐增强了反抗、背叛贵族阶层的决心，"他先是彻底否定了自己，然后否定了自己的贵族朋友，甚至否定了自己的父母，否定了整个上流社会，感觉这一切真是可耻又可憎"。

《复活》确是一幅触目惊心的民众受难图景。通过马丝洛娃的遭遇与聂赫留朵夫的视角，托尔斯泰尖锐地质疑：民众的苦难是怎样造成的？谁是罪魁祸首？从司法角度考察，马丝洛娃的冤屈不仅是个人的悲惨遭遇，托尔斯泰抨击给民众带来苦难的黑暗司法制度。草菅人命、滥罚无辜的法庭，残酷暴虐、戕害人性的监狱，金碧辉煌、侈靡繁华的京都，荒芜破败、民不聊生的乡村……托尔斯泰以最清醒的现实主义笔触，借聂赫留朵夫的视角与口吻对整个俄国社会进行了最激烈的谴责。

首先是冤案迭发，滥用重刑。因为整个司法制度的建立旨在清除危险分子，为此"不惜虐待人、折磨人、审判人、惩罚人、杀害人，他们不但不会宽恕他们认为有罪的人，而且不惜冤枉大量无辜的人"。"明肖夫母子纵火案"是冤狱中的典型，而这一切"都是侦讯官过分卖力，副检察官粗心大意弄出来的"[1]。又如，百余名外出谋生的泥瓦匠，因身份证过期一周没有及时履行更换手续被判处有罪，囚禁在监狱。典狱长明知这纯粹是无稽之谈，但因受"老百姓都变坏了，非严加管制不可"之理论教唆，遂用树条对他们施以鞭刑。再如，与马丝洛娃一同被流放的美丽女子费多霞，因年幼无知犯了罪，其后发疯般地弥补，获得受害人的谅解与喜爱，最后仍被判处终生流放。[2] 此外，还有因宗教信仰不同而惨遭迫害的教徒；因偷砍了两颗小树被判处七年苦役的佃户，其妻只得四处乞讨、养活三个幼子和病危的老人。如此法治氛围下，罚款、苦役、监禁比比皆是，监狱里满是以莫须有罪名被关押的犯人，这真是地狱般的情境。最令人感到困惑的是，"一般的刑事犯无论遭受怎样残酷的刑罚，在判决前后还可以享受一些法律上的程序保护；最惨的是政治犯，数百名没有证据证明犯罪、也不可能危害社会的政治犯被投入监狱后再也无人过问。他们在狱中自生自灭，不是得了痨病就是发疯，自杀也屡见不

---

1 明肖夫的妻子被酒店老板霸占，明肖夫又被诬告为纵火犯。律师一眼看出火是酒店老板自己放的，目的是要捞一笔保险费。明肖夫母子没有任何罪证，却被关进牢里。
2 费多霞出嫁时年幼无知，企图毒杀亲夫，却在最后一刻悬崖勒马，其后知晓自己的罪孽，发疯般地希望补偿丈夫，与丈夫恩爱和谐，获得了全家的谅解与喜爱。此时传票却来了，但所有人已经忘记了案由；最终费多霞被判处终生流放，而丈夫塔拉斯亦决定陪伴妻子一起去西伯利亚。

鲜"。当局对待这些政治犯就像用大网捕鱼，凡是落网的统统拖到岸上，然后拣出他们所需要的大鱼。至于那些小鱼，就无人过问，"被弃在岸上活活干死"。基于这样的刑事政策，逮捕了数千名显然没有犯罪而且不可能危害政府的人。

图 11-23 《复活》插图"流放途中的囚犯"（1963 年），〔美〕艾肯·伯格

其次，法庭审理混乱无序，难以保证实体与程序的公正性。玛丝洛娃一案中，司法官各怀鬼胎，庭长急于同红头发的瑞士情妇幽会，一位法官对于清晨老婆"不给晚饭吃"的威胁忧心忡忡，另一位法官更是荒谬地数着玛丝洛娃在法庭的踱步数目，以奇数还是偶数来占卜自己的胃病能否痊愈。指控玛丝洛娃的副检察官则心理阴暗、愚蠢自负，以"天生犯罪人"的理论解释玛丝洛娃的盗窃杀人案。认为根据遗传法则，作为孤儿的玛丝洛娃极有可能带着天生的犯罪基因，虽然寄宿于贵族家庭，也难以泯灭，一旦环境刺激，就立刻为了满足邪欲而投身妓院。"这个女人是个孤儿，根据遗传学理论，多半生来带着犯罪的胚胎。她被有教养的贵族家庭收养，受过教育，本可以靠诚实的劳动生活，可是她却抛弃她的恩

人，为了满足邪恶的情欲而投身妓院。"基于此种原因，他暗示陪审员应当为社会安全着想，考虑嫌疑人的权利，更要关注整体社会成员的健康。"这些人的命运现在掌握在你们手里，不过社会的命运也多少掌握在你们手里，因为你们的判决将对社会发生影响。你们要深切注意这种罪行的危害性，注意马丝洛娃之类病态人物对社会形成的威胁。你们要保护社会不受他们的传染，要保护这个社会中纯洁健康的成员不因此而导致灭亡。"观察当时的陪审员，也是一群缺乏责任感、具有强烈优越感的爵爷们，他们对"污染人类精神的邪恶的犯罪"绝不姑息宽恕。就是这样一群"上层人士"，为了维护"更为重要的社会利益"造成了马丝洛娃的冤案，也使得许多无辜百姓蒙冤坐牢，甚至送命。

再次，司法官员的人性在制度化官僚体系下日渐泯灭。整个彼得堡监狱掌控在一位"早年用刺刀与步枪屠杀了千余名保卫自由、家园与亲人的高加索居民"的老将军手中。他时刻告诫自己，作为"法所代表的正义的化身"，对囚徒们绝不能心慈手软，因为这是在"执行至高无上的法律制度"。他坚定地认为，自己的职责就是将所有的政治犯严格羁押、严密监视，"关得他们在十年之内一半病死，一部分发疯，一部分死于痨病，一部分自杀；其中有人绝食而死，有人用玻璃割破血管，有人上吊，有人自焚"。在此观点上，托尔斯泰与雨果在《悲惨世界》以及狄更斯在《荒凉山庄》中的见解颇为相近，认为司法官员的人性已经被制度化的官僚体系逐渐吞噬，在毁灭他人的同时也毁灭了自己。流放途中，聂赫留朵夫所目睹的一切苦役犯的痛苦经历令人窒息，难以忍受。一桩桩惨剧促使着聂赫留朵夫认真考虑着悲剧的制造者与责任者，质疑、谴责科层模式下的官僚体制[1]；聂赫留朵夫甚至将这些想法上升到哲学高度进行总结，探讨自然法与人类制

---

[1] "他被害死了，却无人知晓到底是谁把他害死的。"聂赫留朵夫想："说实话，所有这些人，马斯连尼科夫也好，典狱长也好，押解官也好，要是他们不做省长、典狱长和军官，就会反复思考二十次；这样炎热的天气叫人挤在一起上路，是否合理？即使上路，中途也会休息二十次。要是看见有人体力不支、呼吸急促，会把他从队伍里带出来，让他到阴凉的地方喝点水，休息一下。他们所以没有这样做，并且不让别人这样做，无非因为他们总是把官职与规章制度看得高于人对人的义务。""这些人都是铁石心肠，对别人的苦难漠不关心，无非因为他们做了官。他们一旦做了官，心里就渗不进爱的感情，就像石砌的地面渗不进雨水。"

定的律法之间效力等级的差异——"这些人把不成其为法律的东西当作法律，却不承认上帝亲自铭刻在人们心里的永恒不变的律法才是法律。我简直怕他们。他们确实可怕。比强盗更可怕。强盗还有恻隐之心，那些人却没有恻隐之心。他们同恻隐之心绝了缘，就像这些石头同花草树木绝了缘一样。"接着，聂赫留朵夫准确剖析了这种制度化司法体系的两个核心要素：职责作用对象的高度物化与责任承担模式的集体化。"如果有人提出一个心理学问题：怎样才能使我们这个时代的人，基督徒、讲人道的人、一般善良的人，干出罪孽深重的事而又不觉得自己在犯罪？那么，答案只有一个：就是必须维持现有秩序，必须让那些人当省长、典狱长、军官和警察。"也就是说，第一，要让他们相信，世界上有一种工作，叫做国家公职，从事这种工作可以把人当作物品看待，不需要人与人之间的手足情谊；第二，要那些国家公职人员结成一帮，这样不论他们对待人的后果怎样，都无须由某一个人单独承担责任。

复次，否定现存制度与秩序的合法性。聂赫留朵夫奔波于高官之间，看清了这些主宰百姓命运的统治者的虚仁假义与丧尽天良，认为这些制定法律、掌握生杀予夺大权的人正是社会罪恶的罪魁祸首。"人吃人并不是从森林里开始的，而是从各部、各委员会、各政府衙门里开始的。""政府在盗窃他们的东西。我们这些地主掠夺了应该成为公共财产的土地，一直在盗窃他们的东西。后来，他们在被盗窃的土地上捡了一些树枝当柴烧，我们就把他们关进牢里，硬说他们是贼。"典型角色是主管司法的副省长玛斯连尼科夫，虽然担任着伤天害理的职务，仍自以为是个要人，附庸风雅、耀武扬威。另一位典型角色是聂赫留朵夫未婚妻的父亲，他是一位将军，"肥硕好色，在任地区长官的时候，常常无缘无故把人鞭笞一顿，甚至把人绞死"。第三个典型角色是枢密官沃尔夫，这位官员"将对民脂民膏的搜刮视之当然，使得数百名波兰百姓破产、监禁、流放西伯利亚。"作品中，我们还可以看到，造成马丝洛娃悲剧的不仅是聂赫留朵夫一人，共犯还有警察局长、林务官以及某著名作家。他们年过半百，却依然觊觎着做女仆的马丝洛娃，不择手段地糟蹋她。当时的马丝洛娃面临两种选择，或者低声下气去当女仆，但这样就逃避不了男人的纠缠，不得不同人临时秘密地通奸；或者取得生活安定的合法地位，亦即进行法律所容许而又报酬丰厚的长期的公开的通奸。马丝洛娃选择了后者。

图 11-24 《复活》插图（1963 年），〔美〕艾肯·伯格

主管司法的副省长玛斯连尼科夫，虽然担任着伤天害理的职务，仍自以为是个要人，附庸风雅、耀武扬威

最后，对刑事法制度强烈质疑。聂赫留朵夫在探视马丝洛娃的过程中，以自己的身份地位帮助了许多向他求助的犯人。后来由于求助人数太多、实在难以招架，于是情不自禁地承担起另外一种责任——闲暇时以非法学学者的身份思考并

解决一系列法律问题。聂赫留朵夫的思考范围包括犯罪人分类、刑罚权根据、犯罪的实质、刑法的本质以及监禁刑弊端等方面。

关于犯罪人分类。聂赫留朵夫通过与囚徒、律师、监狱牧师和典狱长的谈话，以及翻阅被监禁人档案，将犯罪人归纳为五种。第一类属于清白无辜者，他们是司法冤狱的受害者。据监狱神父估计，这类人数目达到全部囚徒的7%左右。第二类属于在特殊生理或者情感状态下犯下罪行的人，比如在醉酒、狂怒、嫉妒等心理的刺激下实施犯罪。这是基于人性之共同弱点实施的犯罪，"那些审判他们的人，要是处在同样情况下，多半也会做出这样的事来"。据聂赫留朵夫查阅的案例，这些人占了总数的50%以上。第三类罪犯是我们今天所称的行政犯，他们很痛苦，因为其自认为是极其正常、自然的行为，却被法律规定为犯罪——"这些人做了自认为极其平常，甚至良好的事；但这些行为按照那些和他们持有不同观点的制定法律的人看来，就是犯罪"。这类犯罪者包括走私、贩卖酒水、不信正教的人，以及在树林中割草、砍树、打柴而不知道这些都是属于地主或国家所有的人。这些人数目达到全部囚徒总数的6%左右。第四类人因为"品德高于一般人"而成为罪犯，包括教徒、民族独立的先驱者以及政治犯。据聂赫留朵夫估计，他们的比例达到三分之一。就剩下的第五类犯罪者而言，"社会对他们所犯的罪远远重于他们对社会犯的罪"，他们被社会阻挡在正常生活秩序之外，衣食无足，逐渐变得愚钝蜕化，在生活的压力与环境的刺激下实施犯罪，包括盗贼及道德败坏、腐化堕落的人。通过观察，聂赫留朵夫并不认可犯罪学新派将这些人称为"天生犯罪人"，并将其存在作为刑罚合理性的依据，认为这样显失公平——"然而犯罪学新派却把他们称为'天生犯罪人'，认为社会上存在这种人，就是刑法和惩罚必不可少的主要根据"。在第五类犯罪人中，惯窃奥霍京和费多罗夫特别吸引聂赫留朵夫的注意。聂赫留朵夫对二者的命运深深叹息，两个青年均禀赋优异，却因社会对他们的不负责任而畸形发展。奥霍金是一位妓女的儿子，伶俐机智、幽默开朗，"从小在妓院长大、与盗贼厮混，直到而立之年也未见过一个比警察道德更高尚的人"。他本着嘲笑一切的原则生活，不仅嘲笑一切世间法律，甚至嘲笑神的律法。费多罗夫的罪名则是抢劫与谋杀，他是一伙匪徒的头目，洗劫了一名官吏的住所并将官吏残忍地打死。翻看费多罗夫的档案，聂赫留朵夫了解到英俊的费多罗夫出身农户，从小受欺侮，父亲的房子被别人霸占；参军后又因与长官争风吃醋受尽苦头，后来走上享乐主义人生道路，在他心目中没有更高的价值存在。因此，即使是在世人眼中如此"穷凶极恶"的犯罪者，也并非出生便带着"犯罪人"的烙印。当然，聂赫留朵夫还见过一些其他犯罪人，比如流浪汉、洗衣妇，他们的面容确实"麻木僵硬、目光呆滞凶狠"，"但怎么看也不符合意大利人所说的'天生犯罪人'"。

关于刑罚权的根据。聂赫留朵夫心中有一个始终无法解释的疑问，人类社会中，"为什么有些人可以把另一些人关押起来，加以虐待、鞭挞、流放、杀害，而他们自己其实跟被他们虐待、鞭挞、杀害的人毫无区别？"他希望从法学著作中解答自己的疑惑，但是，聂赫留朵夫翻遍龙勃罗梭、加罗法洛、菲利、李斯特的著作，却越来越感到失望。书中聚集着成百上千个智慧、有趣、深奥的学术解释，"人有没有表达自己意志的自由？能不能用头盖骨测定法来判断一个人是不是属于'天生犯罪人'？遗传在犯罪中起什么作用？有没有天生道德败坏的人？究竟什么是道德？什么是疯狂？什么是退化？什么是气质？气候、食物、愚昧、模仿、催眠、情欲对犯罪有什么影响"……却没有一个可以回答他的主要问题：为什么一些人可以惩罚另一些人？学者们绕开这个话题，一再为刑罚的必要性与天然性作辩护。最终，聂赫留朵夫抛开一切刑法教科书，经过自己独立的思考，对以上问题作了自认为满意的回答——"什么是法律？那些反基督的家伙先抢劫大家，霸占所有的土地，夺取人家的财产，统统归他们所有，把凡是反对他们的人都打死。然后他们再定出法律来，说是不准抢劫、不准杀人。这就是法律。"对法律作出定义后，聂赫留朵夫进一步指出了犯罪的本质，即孤立的个人反抗统治关系的斗争。"要是小偷夸耀他们的伎俩，妓女夸耀她们的淫荡，凶手夸耀他们的残忍，我们就会感到惊奇。我们之所以会感到惊奇，无非因为这些人的生活圈子狭小，生活习气特殊。不过，要是富翁夸耀他们的财富，也就是他们的巧取豪夺；军事长官夸耀他们的胜利，也就是他们的血腥屠杀；统治者夸耀他们的威力，也就是他们的强暴残忍，还不都是同一回事？我们看不出这些人歪曲了生活概念，看不出他们为了替自己的地位辩护而颠倒善恶，这无非因为他们的圈子比较大，人数比较多，而且我们自己也是这个圈子里的人。"

关于刑事法律的本质。聂赫留朵夫在与姐夫拉戈任斯基的激烈辩论中阐述了自己的观点。拉戈任斯基认为，刑法的使命在于"伸张正义，或者改造或者去掉威胁社会生存的道德败坏分子和兽性难驯的家伙"。而聂赫留朵夫却认为，刑法的使命是维护阶级利益与现有的社会秩序不被破坏与推翻，"唯一宗旨就是维持社会现状，因此它要迫害和处决那些品德高于一般水平并想提高这个水平的人，也就是所谓政治犯；同时又要迫害和处决那些品德低于一般水平的人，也就是所谓的天生犯罪人"。

关于监禁刑的弊端。聂赫留朵夫对监禁刑持强烈的批判态度，认为那些"最神经质、最激烈、最容易冲动、最有才气和最坚强的人"不比享有自由的人对社会危险性更大。而且，企图以监禁制度来保护社会安全是很愚蠢的，因为被监禁的囚徒终有一天会回归社会，被监禁的经历使得他们更加罪恶与堕落，对社会的危险系数相应增高。据聂赫留朵夫观察，监禁刑的弊端集中体现于以下几个方面：第一，囚犯们逐渐脱离了人类的自然感情、生活与劳动，开始与人类社会疏离。第二，镣铐、阴阳头、囚服、代号、呵斥等均给他们以强烈的心理暗示，他们是可耻的，因而被剥夺了人类最宝贵的自尊心，而这是社会生活的良好动力。第三，监禁环境与设施对囚犯的肉体进行着持续性的摧残，瘟疫、痨病、毒打、中暑、水淹，长期处于该恶劣环境，再温柔懦弱的人也会变得残酷暴躁，做出骇人听闻的蠢事。第四，一些轻微过错的人终日与极度腐化的淫棍、嗜杀狂、虐待狂相处，恶习像酵母一样迅速发酵，等到被腐化透了后再放到社会中去，将病毒进行传播。那么，如何才是正确的、合理的、明智的对待罪犯的方式与手段？聂赫留朵夫将改造罪犯的希望寄托于教育。他犀利地谴责现有司法制度对社会所犯下的不可饶恕的罪行，以及贵族阶层愚民、驭民、制民的险恶的居心，"自己有了知识，看到了光明，却不把这种知识用到该用的地方，帮助老百姓克服愚昧，脱离黑暗，反而加强他们的愚昧，使他们永远处于黑暗之中"。聂赫留朵夫认为这正是世界存在黑暗的根本原因，贵族垄断了受教育权与话语权，他们人为制造黑暗，禁锢百姓永远生活在黑暗中。

最后，对救赎思想进行了深刻总结。作品通过马丝洛娃与聂赫留朵夫精神上的复活过程，体现了作者的救赎观。

马丝洛娃在城里过了六年奢侈放荡的生活，又在监狱里同刑事犯一起度过了两个月。此间，马丝洛娃的灵魂在沉睡，她坦然地承受着命运带给她的一切苦难，并视之为当然。流放途中，在聂赫留朵夫的关照下，马丝洛娃得以同政治犯同行；尽管处境依然艰苦，她却发现了生命中的惊喜。其中对她影响最大的是佩谢基尼娜和西蒙松。佩谢基尼娜是个富裕将军家庭出身的美丽姑娘，马丝洛娃喜欢她那高雅、从容、和蔼的气质，情不自禁地处处模仿她。[1] 另一位叫做西蒙松的男青年，出身富裕的军官家庭，因厌恶做军需官的父亲来路不正的财富，与家庭断裂关系，独自一人到乡下教书。西蒙松认为，底层民众的苦难根源在于蒙昧无知，因而参加了民粹派，尽其所能将自己的学识与观点向村民宣传。西蒙松主张世界的流动性与整体联系，认为没有僵死的、孤立的事物。人们通常认为的无机物不过是人类暂时无法理解与掌握的巨大有机体的组成。人也是如此，必须维护有机体的正常运转。因而他反对杀生、反对战争、反对死刑、反对杀害一切动物，认为这是一种源于自然界的犯罪。

西蒙松爱上了马丝洛娃，虽然是柏拉图式的爱，却使得马丝洛娃从肉体的觉醒发展为精神的复活。女人的敏感告诉马丝洛娃，有一双目光在时刻追随着她、眷恋着她。想到自己居然能够在如此崇高的男人心中唤起热烈的爱情，马丝洛娃欣喜若狂，聂赫留朵夫是基于她的过去而爱她，而西蒙松却是爱着现在的她。马丝洛娃雪藏多年的自尊与自信逐渐融化了，她不清楚西蒙松究竟为何喜爱她，她

---

[1] "佩谢基尼娜能讲三种外语，她把有钱的哥哥寄来的东西全都分赠给穷人，自己穿戴得不仅很朴素甚至可以说很粗陋。她之所以成为革命家，据她自己说，是因为从小就厌恶贵族生活，而喜欢平民生活。"

到底具有哪些高贵的品德值得他去迷恋，但为了不使西蒙松失望，她竭力将自己最好的品德以最大程度展现在恋人的面前，"她对着镜子尝试着练习端庄地微笑，她时刻注意纠正走路时摇曳迷人的风姿，她不再用乌黑的双眸风情无限地斜睨他人，她甚至没有忘记将露在额角的那缕勾人心魄的卷发细心地塞进头巾中"。马丝洛娃在努力地做一个她所能做到的最好的女人。

聂赫留朵夫在营救马丝洛娃的过程中所目睹的一切丑恶现象令他惊诧不已，这是他以前当老爷时候根本难以想象的。他憎恶而又困惑地望着社会现实，潜意识中认为必须脱离自己的阶层，却无法看清未来的方向。直到在流放途中遇见了那些政治犯，倾听他们的理想与抱负，理解他们所追寻的正义与公平的事业。其中对他影响最大的，是一个得了痨病、即将死亡的青年——克雷里卓夫，他是一个原本不谙于世、只知苦读书本的优秀青年，他沦落为政治犯的经历令聂赫留朵夫唏嘘不已，而他所讲述的一个个目睹的悲惨而壮烈的故事，对聂赫留朵夫而言更是不啻一声声惊雷，彻底驱散了聂赫留朵夫眼前的迷雾。感同身受之下，聂赫留朵夫对马丝洛娃的情感逐渐产生了微妙的变化，它不同于最初对纯真爱情的憧憬迷恋，也不同于被马丝洛娃青春肉体所魅惑，甚至也不同于他以与她结婚的方式来履行责任的那种牺牲。他现在的心中充溢着怜悯与同情，针对一切人，当然也包括马丝洛娃。这种崇高、纯净的感情，牵引着他的爱与热情喷涌而出，不可阻挡地奔向一切被侮辱、被损害的底层民众。

在流放途中，聂赫留朵夫与马丝洛娃受到了政治犯们饱含尊严与博爱的精神的熏陶，他们的灵魂复活了，他们的人性复苏了；他们恢复了对爱的信念，也恢复了热爱他人、承受一切苦难的能力。此时的上帝不再是宗教教义中的上帝，也不再是虚无缥缈的彼岸世界，而正是他们自己的灵魂——这是托尔斯泰对宗教与人的精神之哲理关系的总结。正如聂赫留朵夫在流放途中，听到的一位被人视作疯癫的老苦役犯关于宗教信仰的宣讲："世界上有各种宗教，是因为人都相信别人，不相信自己。结果像走进原始森林一样迷了路。有人信旧教，有人信新教，有人信安息会，有人信鞭身教，有人信教堂派，有人信非教堂派，有人信奥地利教派，有人信阉割派。各种教派都夸自己好，其实他们都像瞎眼的狗崽子一样，在地上乱爬。信仰很多，灵魂只有一个。你也有，我也有。大家只要相信自己的灵魂，就能同舟共济。"

　　这部作品中，托尔斯泰始终站在社会阶层的最底部，以平视、仰视的目光审视着各种社会现象，淋漓尽致地描绘出一幅幅沙俄社会的真实图景。直到小说结局，托尔斯泰仍然在探索着改变这一切不合理制度的途径。如何对待犯罪人？放任他们的罪行不管吗？或者将他们投入监狱、将他们驱赶出人类社会、在他们的脖子上套上绞索？托翁对此不以为然，给出了自己的答案：社会将不能称之为法律的东西当作法律，却不承认上帝亲手铭刻于人类内心的永恒不变的法律。检察官、法官在宣判他人罪行的同时，也在积累着自己的原罪。"怎样对待作恶的人？难道可以放任他们不加惩罚吗？这一类常见的反驳，如今已不会使聂赫留朵夫感到难以回答了。""倘若惩罚能减少罪行，改造罪犯，那么，这样的反驳还有点道理。但事实证明情况正好相反，一部分人无权改造另一部分人，那么唯一合理的办法，就是停止做这种非但无益而且有害，甚至是残忍荒谬的事。几百年来，你们一直惩办你们认为有罪的人。结果怎么样？这种人有没有绝迹呢？并没有绝迹，人数反而增加，因为不仅添了一批因受惩罚而变得腐化的罪犯，还添了一批因审判和惩罚别人而自己堕落的人，也就是审判官、检察官、侦讯官和狱吏。"可以看到，托尔斯泰的罪罚观建立在这样一种理论基础之上——正如基督教教义所示，一部分人无权惩罚另一部分人。人间的刑律与刑罚根本无法改造罪犯，净化社会；唯有依靠宗教的力量，恢复人类对爱的信仰，才能使得罪犯的人性得以复苏，才能使得整个社会的灵魂得以复活。

买不起的法律:《太贵了》

作为19世纪俄罗斯文学黄金年代的扛鼎者,托尔斯泰的作品并非均为鸿篇巨制,许多在现代读者眼中名不见经传的短篇小说,亦蕴含着深刻哲理。信手拈来的动听故事,寥寥数语间传递着托尔斯泰对罪罚关系的独特见解,对社会现实作出了激烈批判。短篇小说《太贵了》即通过一个荒谬、夸张的行刑故事,表达了托尔斯泰对刑罚作用与功能的诸多质疑与嘲讽。

摩纳哥是法国与意大利交界处一个只有7000人口的小国。麻雀虽小、五脏俱全,大臣、军队、法庭、警察,凡是一个国家应当具有的机构与职位它一应俱全。国王、官员各司其职,百姓们安居乐业,彼此相安无事。一天,发生了一起谋杀案,轰动了整个国家,因为百姓们一向循规蹈矩,这种事情过去从未发生过。法官、检察官、陪审团、律师均出席了审判,他们以最严谨的程序、最审慎的方式作出了判决——判处犯罪人斩首。接踵而来的问题是,他们没有断头台,也没有刽子手。商量许久,大家决定向法国借一部杀人机器和一名熟练的操纵者。法国很快回话,机器和人均有,出租费用16000法郎。国王大喊道:"太贵了!那个可怜的家伙不值那么多钱啊,如果将这笔费用分摊到百姓头上,每个人要承担2法郎还多,不行!这样要出乱子的!"有人提议,不应向法国开口,法国是共和制国家,对国王缺少应有的敬意,应当转身向意大利试一试。意大利的价格是12000法郎——全国每个人需要支付2法郎的税,国王也摇摇头。最后无法,只得将斩首改为无期徒刑,彰显国王仁慈的同时,省下一大笔开支。新的问题又来了,犯人需要看守,需要食物,一年下来两人费用共计1200法郎。国王年终审查财政预算时,对这笔开支大发脾气,认为犯人身体强壮,活五十年没有问题,这将是一笔巨款!于是大家撤了看守,希望犯人自行逃跑。但犯人不走,他规规矩矩地每天自己打饭,然后回到囚禁处乖乖睡觉。人们不得已坦言劝他逃走,他却驳斥道:"你们判我死刑却不执行,我忍了;你们判我无期徒刑,我也忍了;后来看守悄悄走了,我每天得自己打饭,我还忍了;现在你们又要求我逃跑，我可不能做这样下作的事。"人们苦苦相劝无果，最后只好告诉他，每年付给他 600 法郎的养老金，请他离开国家自行流放。犯人勉强答应了，就在边境处买了块地，娶了老婆，过着舒适的日子。每年年终，犯人会去摩纳哥政府处按时领取养老金。[1]

托尔斯泰的这篇小说，情节简单夸张、语言风趣，却向人们提出了一个严峻、深刻的法哲学难题。它将一桩杀人案在执行过程中所遭遇的经济障碍以及通过该案折射出的世间百态呈现于读者面前，明确无误地预言了一个半世纪后的现代法治所面临的难题——行刑成本与实现正义之间的紧张与尴尬关系。当今西方法经济学理论的研究内核，关于司法正义与效率间的博弈、司法的经济学分析等理论均与该篇小说分享着共同旨趣。从此意义而言，托尔斯泰作品中所塑造的人物形象、他们所面对的棘手困境乃至最终选择的解决模式，均包含着极大的穿透力，令我们今天读来不禁哑然失笑。确实，对于国家而言，法律也有贵得买不起的时候！另外，我们可以从小说的最后一句话中，体会出托尔斯泰对政府穷尽纳税者之财施行酷刑的行径的谴责与戏谑——"有的国家为了砍下一个人的脑袋来，或者关他一辈子，是不在乎破费的。他没有在这样的国度里犯罪，真乃幸事。"

契诃夫文学作品

图 11-25　安东·巴甫洛维奇·契诃夫

---

[1] 梗概来源于〔俄〕列夫·托尔斯泰：《家庭的幸福》，林楚平译，浙江人民出版社 1983 年版，第 210 页。

知识链接

安东·巴甫洛维奇·契诃夫（Anton Pavlovich Chekhov，1860—1904年），俄国小说家、戏剧家、19世纪末期俄国批判现实主义作家，与法国的莫泊桑、美国的欧·亨利齐名，并称为三大短篇小说巨匠。契诃夫生于罗斯托夫省塔甘罗格市一个小市民家庭，祖先本是农奴，1841年其祖父为本人及家属赎取了人身自由。1879年契诃夫进入莫斯科大学医学系，1884年毕业后在兹威尼哥罗德等地行医，广泛接触平民和了解生活。难得的医学背景使契诃夫养成了独特的观察视角与行文风格，其作品短小精悍、语言简朴、结构紧凑，简洁主义与客观主义的文学风格对海明威等近现代作家影响颇深。

与一万个囚徒的谈话笔录：《萨哈林旅行记》

1890年4月至12月，为了解沙俄政府的流刑制度与监狱管理，体弱的契诃夫不辞长途跋涉，抵达沙皇安置苦役犯和流刑犯的萨哈林岛[1]，对那里"近一万个囚徒和移民"逐一进行考察。三个月后，他回到莫斯科，花费三年时间完成了《萨哈林旅行记》（1894年）。这是一部具有鲜明自然主义特征的社会学巨著。为了获得真实、客观的第一手材料，契诃夫并不满足于以查阅档案为主要方式的文献研究，也未局限于听取相关官员、狱吏的口头汇报，更不是浮光掠影、走马观花般地浏览自然风光，而是克服了气候环境恶劣、交通工具简陋、食宿条件极差等不便，从北向南横穿岛屿，几乎走遍全岛。他还在当局配合下，设计调查表，走进每一家茅舍，与每一位居民谈话，随时搜集人口构成、经济活动等诸方面资料，用卡片记录了约一万个囚徒与移民的简况。为此，契诃夫曾不无骄傲地说：

---

1 萨哈林岛（Sakhalin）即我国历史上的库页岛。1860年，沙皇政府强迫清政府签订《中俄北京条约》，获得该岛的统治权。萨哈林岛四面环海，遂被当作天然监狱。从19世纪60年代起，成千上万的政治犯与刑事犯被流放至此进行苦役劳动。

"萨哈林岛上没有哪一个囚徒或移民没有跟我谈过话!"这部传世之作中,契诃夫以敏锐的目光、细腻的笔触、极富说服力的案例,将鲜为人知的沙俄流刑制度予以曝光,为西方刑罚制度史留存了重要的信息资料。

图 11-26 临行前契诃夫与家人合影,收藏于萨哈林州首府南萨哈林斯克博物馆

《萨哈林旅行记》共计二十三章,内容覆盖自然、地理、历史、人类学、监狱学、刑法学等诸多领域,前十三章以概述的口吻描述了岛屿行政区划内各个监狱,介绍了流放刑与移民的整体制度。从第十四章开始,作者深入每一个问题集群,以微观视角对具体制度进行阐述。内容包括自由人、流放犯从业主、流放犯居民的性别、女流放犯与女性移民、居民的同居生活、居民的年龄、流放犯的家庭情况(婚姻、出生率)、萨哈林的儿童、流放犯的劳动、流放犯的饮食、流放犯的服装、流放犯的宗教信仰与教育、流民的道德面貌、犯罪现象、侦讯与审判、惩戒(树条抽打和鞭刑、死刑)、逃犯(逃跑的原因、逃犯的出身、类别)、流放居民的疾病与死亡等十八个方面。

这部作品中,大量的人物速写组成了萨哈林岛居民群像的巨幅长卷。许多人物没有名字，契诃夫以素描的文学技巧一笔带过，却深深触动着我们的灵魂。苦役犯是这个岛屿的真正主人，却又无时无刻不是皮鞭、棍棒与军靴下苟延残喘的奴隶。沉重的镣铐将他们和监狱、萨哈林岛紧紧地拴在一起，也牢牢地拴着他们妻子儿女的自由与情爱。整个岛屿上的人，无论是自由人还是囚徒，均像在地狱中轮回往复。"随意组合的家庭、毫无尊严的生存、物质的困乏、精神的枯竭、情感的桎梏，没有活力、没有希望，到处能听到的只是锒铛作响的脚镣声、手铐声，甚至连这里的所有鸡狗牲畜亦与囚徒一样戴着镣铐。孩童命运是悲惨的，他们过早地与父亲或母亲一起踏上了地狱之旅，童年化作一片片随风飘荡的褪色枯叶。"

这里的刑罚是残酷的，与世隔绝的环境使得这里每一个执法者心理严重扭曲，鞭刑与死刑也比其他地方来得更为血腥恐怖；即使这样，只要有最后一口气，囚徒们总是想方设法逃跑。契诃夫对此评论道："流放犯急于脱身萨哈林，是对自由的向往。逃跑最主要的原因是热切地希望哪怕临死之前能够呼吸一下自由的空气，体验一下真正的、不再是囚犯的感觉。"[1]在契诃夫访谈纪事中，犯人们逃跑的结局通常有三种：第一种是最终逃脱萨哈林，成功逃脱的人数极少，他们的故事往往成为岛内居民口中的传奇；第二种是逃亡途中毙命，这种情况占了逃跑者的绝大多数；第三种是被捉回施以重刑、再判重罪，这种情况也不少见。但囚徒们依旧前赴后继、一次次踏上不归路。

不难发现，该部作品中，契诃夫继承了自然主义文学的特征，将真实性与客观性作为创作的首要条件，详尽收集材料、冷静还原现实，以解剖刀般锋利、冷峻的笔触，为我们展现了一幅沙皇时代流刑制度与相关司法体制的全貌。作品中没有抒发太多愤慨的指责，也很少作道义上的抨击，而是把批判的态度融入冷峻的描写与记录当中，使得文字读来硬朗真实。这就是契诃夫，他从不大声激烈地主张什么或反对什么，他深入现实，搜集、分析、了解，进而去理解，以发自内

1〔俄〕契诃夫：《萨哈林旅行记》，刁绍华、姜长斌译，黑龙江人民出版社 1980 年版，第 177 页。

图 11-27 库页岛上的囚犯正在被戴上脚镣，契诃夫/摄

图 11-28 萨哈林岛上最著名的囚犯——"黄金手索菲亚"
19 世纪俄国的一个女盗贼，以偷窃珠宝为主

心的真诚与理智去探索能够拯救苦难深重的祖国的道路。

《萨哈林旅行记》出版后，由于其中包含着大量准确翔实的数据、丰富多样的案例，在俄国本土乃至整个欧洲均产生了巨大的反响。叶尔米洛夫评论道："沙皇政府甚至不得不派出一个委员会去萨哈林岛进行整顿，尽管不难想象不会有什么实质性效果。"[1] 而这次深入的考察也同时使得契诃夫本人的思想得以升华。契诃夫曾对朋友戏言："在我散文的衣橱里，居然挂上了这件粗硬的囚衣，对于我而言是一件多么幸运的事情。"正是在编织这件"粗硬的囚衣"的过程中，契诃夫的人道主义信念得到充分的提升与淬炼，也加深了他对专制社会的洞悉，认为当时整个俄罗斯社会都是由铁窗拦着、狱吏守着。也正是在此阶段，契诃夫构思创作出著名小说《第六病室》，我们不难猜测到，里面的不少人物与情节直接来源于作家此次考察萨哈林岛的收获。

"飞越疯人院"：《第六病室》

《第六病室》（1892年）中的故事发生在一家医院的精神病患者病房。

病房中到处弥漫着污浊、专制的空气，与其说是病房，不如说是监狱。阴森的铁窗、破败的屋舍，残酷的毒打与虐待，这就是精神病人的待遇。而这些不幸的精神病人，亦即囚徒，均是来自社会底层被凌辱与压迫的民众。作品重墨描述了精神病院的看守人——尼基达，他是"第六病室"中每一个人的噩梦。这是一个退役老兵，衣服上的领章已褪成红褐色。尼基达属于那种"头脑简单、讲求实际、肯卖力气、愚钝呆板"的人，通常而言，这种人在人间万物中最喜爱的莫过于"秩序"，因而相信对患者"是非打不可的"。尼基达凭借在殴打病人的过程中获得存在感与正义感，"打他们的脸、打他们的胸、打他们的背，碰到哪儿就打哪儿，仿佛缺了这一点，这儿的秩序就不能维持"。

---

[1] 〔俄〕契诃夫：《萨哈林旅行记》，刁绍华、姜长斌译，黑龙江人民出版社1980年版，后记。

图 11-29 《第六病室》插图

    病房最引人注目的病人叫作伊凡·德米特里奇,他被送入病房前是一个小职员,对黑暗的现实有着清醒的认识。德米特里奇的病症起源于一个秋天的早晨,他目睹了四个荷枪实弹的宪兵押送两个戴着镣铐的犯人的场景。随后,他总是担忧自己在某一天也极有可能戴上镣铐被关进监狱。他知道自己"未犯过任何罪,而且可以保证将来也不会杀人、不会放火、不会偷盗",可是"偶然间、无意中犯下罪,不是很容易吗?而且受人诬陷,还有审判方面的错误,不是也可能发生吗?"在这种心理暗示下,德米特里奇对当时司法制度的公正性不以为然,同时也对司法者堕落无能的群体形象深恶痛绝。"从目前的诉讼程序来看,审判方面的错误是很有可能发生的。凡是对别人的痛苦有职务上或业务上的关系的人,例如法官、警察、医师等,时间一长,由于习惯的力量,就会变得麻木不仁。因而即使自己不愿意,也不能不用敷衍了事的态度对待他们的当事人。在这方面,他们同在后院宰牛杀羊而看不见血的农民没有什么两样。"德米特里奇对社会中的冤狱案件抱有深刻的恐惧,并且总是幻想着自己也有可能成为俎上鱼肉、任人宰割。"在对人采取敷衍了事和毫无心肝的态度的情况下,为了剥夺无辜的人的一切公民权,判他苦役刑,法官只需一件东西:时间。只要有时间来完成一些法定手续,就算大功告成……法官就是因为办那些手续才领薪俸的。"德米特里奇进一步臆想、分析着自己遭受冤狱后到处伸冤,却处处碰壁、难挽狂澜的悲惨结局,"事后,在这个离铁道二百俄里远的肮脏的小城里,你去寻求正义和保护吧!再说,既然社会人士认为一切暴力都是合理而适当的必要手段;而一切仁慈行为,例如无罪释放的判决,却会激起不满和报复情绪。那么,就连想到正义不也显得可笑吗?"德米特里奇沉浸在自己的思想与判断中,描绘出一个个惨不忍睹的画面。最终,他蓦然顿悟,社会本身就是一个大监狱,而且永远无可逃遁。一年春天,冰雪消融后,公园里露出一位老妇和一个男孩的尸体,人们议论纷纷。伊凡·德米特里奇却彻底发疯了,被关进"第六病室"。

图 11-30 《第六病室》插图

在病房中，德米特里奇遇见了另一个主要角色——医师安德烈·叶菲梅奇·拉京。这是一个"非常智慧与正直"的年轻人，然而却"缺乏坚强的性格，不相信他有权利在自己四周建立合理而正直的生活"。于是，他干脆采取了逃避生活的途径，逐渐对一切视以为常，躲在家里喝酒，看书，沉溺于平庸的岁月之中。作为一个有思想的知识分子，他需要获得内心的平衡与宁静；久而久之，他以"自然科学""理性精神"为基础形成了一套向现实妥协的哲学理论，希望为自己的犬儒主义寻找精神庇护。当医师安德烈·叶菲梅奇·拉京在医院遇到德米特里奇后，他认为后者并非精神病人，而是有深刻见解的人。德米特里奇的怒骂痛斥，使他那套本来就十分虚幻的人生哲学发生了动摇。在与德米特里奇争论的过程中，他不由自主地被对方的激烈言辞和愤怒抗议所吸引，继而激起了他对自己内心苦闷世界的审视，渐渐觉悟和清醒过来。但是，由于与"疯子"德米特里奇走得过于亲近，被人告密，安德烈·叶菲梅奇·拉京很快也被关进疯人院，最终惨死于病房。

与契诃夫的大多数作品风格一致，整部小说以一间病室为场景，以一对知识分子为主人公，以他们的争论与友谊为主要情节，深刻揭示了当时社会存在的痼疾。当今，有些评论者将两位知识分子被关进疯人院的下场归咎于专制残酷的沙俄制度，也许契诃夫在写这篇小说时确有此出发点，但是，这个故事如果换一个社会背景也同样可能赫然出现——半个世纪后的美国电影作品《飞越疯人院》即与该作品分享着相同主旨。"世人皆醉我独醒"，当一个人开始拥有自己的思想、而这种思想又不为常人所接受、违背社会已然存在的"生活秩序"时，他将成为异类，很可能被关入监狱，或者被送往疯人院，甚至可能被施以额叶切除手术。这种观点在托尔斯泰的作品《复活》中亦曾出现，托翁借聂赫留朵夫之语道破了刑法的工具性本质。[1]

---

[1] "……唯一宗旨就是维持社会现状，因此它要迫害和处决那些品德高于一般水平并想提高这个水平的人，也就是所谓政治犯；同时又要迫害和处决那些品德低于一般水平的人，也就是所谓天生犯罪人。"参见〔俄〕托尔斯泰：《复活》，草婴译，上海文艺出版社2004年版。

浓缩人类文明进程的赌局:《打赌》

如果说契诃夫在《第六病室》中塑造了一个阴霾、压抑的真实世界,那么短篇小说《打赌》(1889年)则以戏谑幽默的笔调、精彩悬疑的情节带给我们同样深刻的寓意。

一位银行家与一位律师针对"死刑与监禁刑到底哪个更符合人道主义精神"展开了激烈辩论,最后决定以一场赌局来分胜负。赌注有两个,金钱与自由,赌期是十五年。十五年后故事却发生了令人意想不到的转折。[1]

在一个上层人士的沙龙中,许多有识之士谈起"死刑"。大多数人对死刑持否定态度,认为这种刑罚违背了宗教教义与道德原则,"它的目的是夺去人的生命。国家不是上帝,它没有权利夺去它即使日后有心归还却无法归还的生命",因而提议将死刑一律改为无期徒刑。银行家却与大家观点相悖,认为死刑比无期徒刑更合乎人道:"我不同意你们的观点,我既没有品尝过死刑的滋味,也没有体验过无期徒刑的磨难,不过如果可以主观评定的话,那么我以为死刑比无期徒刑更合乎道德,更人道。死刑把人一下子处死,而无期徒刑却慢慢地把人处死。究竟哪一个刽子手更人道?是那个几分钟内处死您的人,还是在许多年间把您慢慢折磨死的人?"一位年轻的律师站起来,勇敢地挑战银行家的观点:"不论死刑还是无期徒刑都是不道德的,不过如果要我在死刑和无期徒刑中作一选择,那么我当然选择后者。活着总比死了好。"二者均年轻气盛,一时兴起,签订了一个荒谬的赌契,律师以自由做赌注,银行家以金钱做赌注,金额高达二百万卢布,并请所有参会人员作为见证人。按照约定,律师将在银行家后花园的小屋中度过十五年,其间不得出门,不得与外界进行任何交往,与外界的所有联系均通过便笺本在一个小窗口进行,律师需要的东西,如书、酒、美食、乐器等等所有东西完全不受限制。同时,门窗并不设锁,律师随时可以出来;一旦走出,他就算输了。十五年监禁生涯即将过去,从律师向外界索要的物品可以看出,他的思想历经了诸多变更。监禁的第一

---

[1] 梗概及本节所有引文来源于〔俄〕契诃夫:《打赌集》,汝龙译,人民文学出版社 2021 年版。

年，律师孤独烦闷，痛苦不堪，小屋里经常传出钢琴声。他拒绝喝酒抽烟，认为酒会激起欲望；索要的均是内容轻松的文学作品。第二年，小屋里不再有乐曲声，律师的纸条上只要求看古典作品。第五年又传出乐曲声，律师要求送酒去。整整这一年他只顾吃饭、喝酒、躺在床上，人们不止一次听到他在哭泣。第六年下半年，律师热衷于研究语言、哲学和历史。他如饥似渴地研究这些学问，弄得银行家都来不及订购到他所要的书。在后来的四年间，经他的要求，总计买了六百册书。十年之后，律师一动不动地坐在桌旁，只读一本《福音书》。读完《福音书》，他接着读宗教史和神学著作。在监禁的最后两年，律师不加选择地读了很多书。既包括哲学、文学，也包括自然科学中的化学、医学。期限到达前夜，银行家意识到自己将失去二百万巨款，而此时他的财产在金融波动中已经损耗大半。银行家顿起歹意，趁黑潜入囚禁律师的小屋。下手前，却发现熟睡的律师身边的一张便条，写明他经过十五年的独处深思，已经悟彻人生真谛。他不愿取得那二百万元，又不想令银行家背负毁约恶名，遂决定在十五年期满之前破窗逃走，借以毁弃协定。读到这里，银行家将纸条放回桌上，含泪走出小屋。

图 11-31 《打赌》插图

这篇小说以智慧的笔触从自由、金钱、生命、人生价值等层面进行探讨，留给读者广阔的思维空间与多重的解读可能性。作品结局是戏剧式的，笔调是戏谑幽默的，反映的思想却是人类面临的重大、深刻的主题。

可以看到，律师自我囚禁的十五年，正是其思考人生目的、探寻人生价值的十五年。十五年的生命与自由价值如何？最初律师认为二百万元足矣；最终却以行动告诉世人，这十五年的价值难以用金钱衡量。第一年，律师禁酒禁欲、伴随着高雅的钢琴声阅读通俗读物，正像处于童年时期的人，远离诱惑，天真烂漫，认为世界一切均单纯美好。接着，律师只要求查阅古典作品，正如步入社会后的人，开始接触现实的残酷与世界的黑暗，希望从伟大的人文作品中发现相同经历，寻找精神支撑。后来，律师沉溺于酒精，除了吃喝便是躺在床上睡觉，或者愤怒地自言自语，甚至多次哭泣，象征着人们面对无法改变的现实世界，开始退回肉欲世界，宁愿沉溺其中、醉生梦死，尽管如此，却没有一刻停止思索如何才能尊严、坚强地生活下去——哭声就是对灵魂尚存、精神未死的最好证明。最终，律师热衷于研究语言、哲学和历史等学问，是希望从人类科学的最深奥处观察世界、了解自己，寻求生命的本源与终点。十年之后，律师一动不动地坐在桌旁，只读一本《福音书》，象征着历经俗尘风雨冲刷的人们，终于向心灵的静谧与升华靠近，认为信仰的世界是如此可敬、可靠与辉煌。最后时刻的律师不加选择地读了许多书，说明历经了哲学与宗教洗礼的他已经大彻大悟，在任何自然知识、人文知识、社会知识中均能吸取精华与养分，滋润自己广博、宽厚、温润的心灵。终于，律师弃约而去，那一纸留言对银行家而言不啻当头棒喝——同样是十五年的时间，同样是风华正茂的两个年轻人，银行家在俗世中浑浑噩噩地度过、最终濒临破产，甚至歹心暗起，突破人类的伦理底线谋财害命；律师却在与世隔绝的孤独与寂寞中以书为伴，历经痛苦与折磨，饱受诱惑与历练，体验了自由、死亡、爱情、征服、作恶、幻灭等全部的人类生活经验，最终使得自己的心灵得以涅槃，继而脱胎换骨，塑造了一个全新的灵魂。如果你曾阅读过歌德的旷世名著《浮士德》，你会发现，世间又一个浮士德诞生了。

死刑与无期徒刑,究竟哪一个更为人道?抑或更为残忍?通过这部短小隽永的作品,不同的读者会得出不同的结论。

图 11-32 《打赌》插图

第十二讲
"天生犯罪人":
美国批判现实主义文学作品

讨论文本

· 《麦克梯格》　　　　　　　· 《章鱼》
· 《傻瓜威尔逊》

导言

　　内战之前,19世纪上半期美国文学的主流是浪漫主义,前期以库柏为代表,他用大气恢宏的笔调勾勒出童年美国的素描,为民族文学的建立迈出了坚实的一步;后期以霍桑为代表,其思想基础是超验主义,宣扬人的本性、个人意志与绝对自由。浪漫主义思想盛行之时,批评现实主义文学在美国亦开始萌芽。在反对南方蓄奴制的斗争中形成的美国废奴文学,对蓄奴制进行了深刻的揭露与批判,表现出强烈的民主倾向。19世纪末,美国批判现实主义文学走向成熟,从时间上考察,比欧洲其他国家大约晚了半个世纪,《麦克梯格》《章鱼》《傻瓜威尔逊》是其中的杰出代表。三部作品具有明显的共性,认为人是一种社会性动物,受制于生活环境与教育环境,后天生长环境对个体素质与身份形成具有决定性影响,人不得不无条件地接受并尽力扮演社会环境指定给他的角色,继而丧失了左右自己命运的资格与能力,在无法抗拒的社会压力下伤人害命,在生物遗传、自然环境、社会环境的影响下束手无策,完全丧失了"自由意志"。

弗兰克·诺里斯文学作品

图 12-1 弗兰克·诺里斯

知识链接

弗兰克·诺里斯（Frank Norris，1870—1902 年），生于芝加哥一个富裕的犹太商人家庭，是 19 世纪末 20 世纪初美国文学史上不可或缺的过渡性人物，美国自然主义、批判现实主义文学先驱者，其创作风格倡导真实性、本土性。受法国小说家左拉的影响，诺里斯亦在作品中试图表现遗传和环境的力量是如何塑造了人的性格及命运，作品带有明显的写实主义风格。虽然诺里斯只活了 32 岁，创作也只有短短的 10 年，却经历了浪漫主义到自然主义最后过渡到现实主义的过程。其出色的创作实践、杰出的作品以及在文学理论上的精辟见解，使其成为 19 世纪末期美国现实主义文学领域一位出类拔萃的小说家，并引领了 20 世纪的新现实主义文学。

"犯罪基因"携带者：《麦克梯格》

《麦克梯格》（1899 年）是诺里斯的第一部重要作品，被公认为美国文学中左拉式自然主义的代表作，也是一部深刻的社会小说，深刻集中地考察了人的内在道德与自然基因的缺陷对犯罪的综合影响。

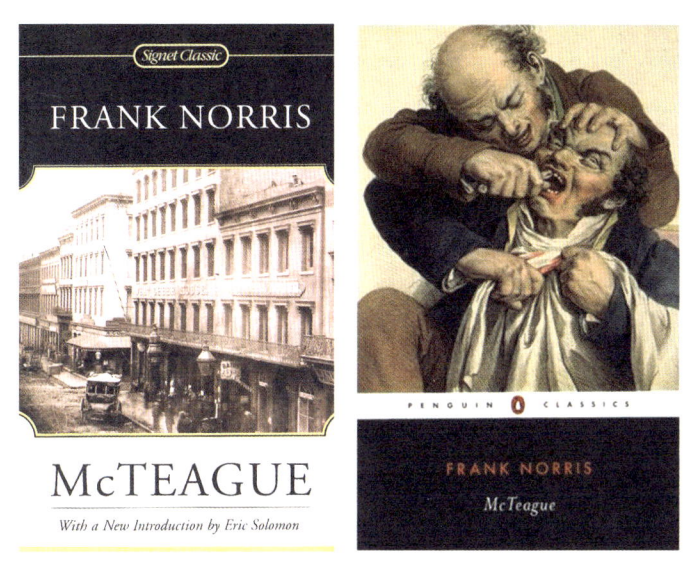

图 12-2 《麦克梯格》两个版本的封面

    旧金山贫民区是故事的背景。主人公麦克梯格是个体格魁梧、孔武有力但智力迟钝的"粗俗坯子",仗着自己曾学过的一点牙医技术无证营业、赖以谋生。经人介绍,他与屈丽娜结了婚。屈丽娜在一次买彩票时中奖得了五千美元,变得爱财如命、冷酷无情。马革士以前追求过屈丽娜,见屈丽娜中奖十分嫉妒,遂将麦克梯格无证行医的事实向政府告发。被强行封店后,麦克梯格开始酗酒。在酒精的作用下,他经常暴力虐待妻子,为了得到那笔奖金,更是不惜将妻子杀害。畏罪潜逃的麦克梯格来到内华达山脉中的金矿谋生,马革士追缉而至,妄想将五千元奖金据为己有。搏斗中马革士被麦克梯格乱拳打死,但用尽最后一点力气用手铐将两人的手腕铐在一起。[1]

    诺里斯在美国文学史上的地位,很大程度上是由于他的自然主义创作风格,

---

1 梗概及本节引文来源于〔美〕弗兰克·诺里斯:《麦克梯格》,徐汝椿译,上海译文出版社 2000 年版。

他是第一位将左拉的创作理论运用于实践中的美国作家。达尔文的进化论、马克思的经济决定论、斯宾塞的社会进化论交织而成诺里斯的"自然主义文学创作",在其作品中得以充分体现。他不仅强调自然遗传与社会环境对人的行为与心理的决定作用,而且坚信人类终将由"兽性人"进化、演绎至具有完善人格的"理想人"。但同时,诺里斯又不无忧虑地指出,这种"进化"是指整个社会、整个人种的体系性进化,个人的"兽性"在相当长的时间内根本无法消除,甚至要为了服从社会整体的进化而作出牺牲。

《麦克梯格》的情节完全以自然本态为基础,仿佛是作者对生活的"实验记录"——那蛮荒有力、浑身散发着兽性的麦克梯格的整体形象,他难以抑制的原始性欲和暴力攻击欲,以及屈丽娜垂死之际躺在血泊中令人惊骇的惨状冲破了文学上的暧昧、柔美之风,真实再现了生活本色。与左拉等自然小说大师一样,诺里斯亦将主人公的"兽性"归咎于自然遗传因素的控制性以及不可战胜性。作品主人公麦克梯格原本蒙昧、木讷,但仍不失为一个好丈夫、好公民,是失业后的颓唐情绪激活了他身上潜伏着的遗传因素。

其一,是生物遗传造成的酗酒嗜好:麦克提格的父亲、祖父以至数代遗传基因中积淀的酗酒恶行腐蚀了他,他从长辈血液中继承的遗传基因根深蒂固,难以控制。其二,是自然环境塑造的原始野性:这与他成长的自然环境有关,他出生于加利福尼亚州蛮荒山区,地域空旷、民风彪悍、杂草丛生,整个自然环境焕发着一种难以言喻的残忍与沉闷,孕育出麦克梯格后天性格中的"野性"。他在与妻子争吵时的性暴力倾向,以及使用刀具刺伤她的私处,甚至用口袭击她的胸部,充分显示了麦克梯格向"人兽不分"的原始状态的回归。其三,是社会环境造就的悲剧:麦克梯格从荒蛮的山区颠沛流离至大城市,面对所谓的"文明社会",他毫无抵御能力,只好听从命运的摆布。城市生活饱含着谋生的辛苦与陷入衣食无着之地的威胁。妻子对金钱的悭吝以及妻子的前情人对自己的嫉恨均威胁着麦克梯格的生存之路,在社会环境的逼迫下,麦克梯格不得不以原始、野性、凶残的手段保护自己的原始生存欲望。在生物学、自然环境、社会环境的共同加功之下，一个活脱脱的犯罪者形象矗立于读者面前。这与同一时期的刑事社会学派的思想是何等相似。《麦克梯格》的结尾具有强烈的暗示意义——"麦克梯格傻傻地不停地望着四周，一会看着远处的地平线，一会看着近处的地面，一会看着在金制鸟笼里虚弱地颤动着的垂死的金丝鸟"。在这幅自然主义的画卷中，麦克梯格的命运就如同一只金丝鸟，在生物遗传、自然环境、社会环境的影响下束手无策，完全丧失了"自由意志"。

与《麦克梯格》表述主题相近，在诺里斯去世后发表的小说《凡陀弗与兽性》中，通过对主人公凡陀弗一生际遇的描述，也同样表达了这种完全受制于自然力量的人类无可抑制、无可避免的兽性的存在与爆发。

无处不在的致命触角：《章鱼》

《章鱼》（1901年）是诺里斯又一部关于"社会决定论"思想的典型作品，该部作品被改编成多个版本剧目上映，均获得巨大成功。

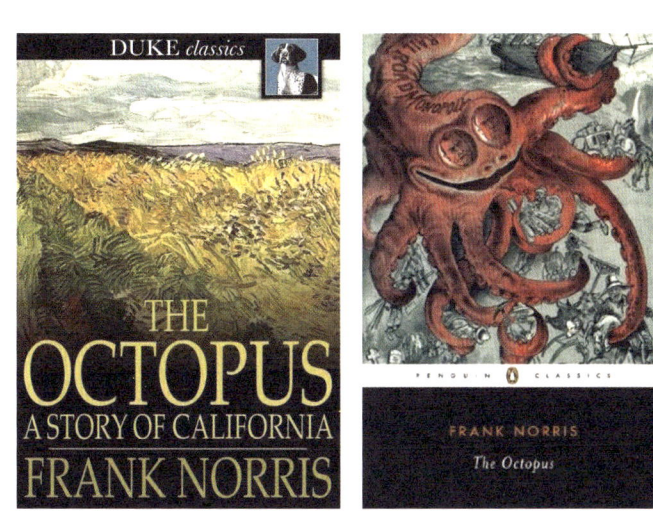

图 12-3 《章鱼》两个版本的封面

主人公戴克是个本分诚实的司机，拥有很强的家庭责任感。他的家庭虽然贫寒，但是充满亲情。戴克运用智慧与体力，不惜以房屋作抵押，风雨无阻、披星戴月地劳作，希望能够种蛇麻子来改善家人的生活水平。当成功在望、美好理想即将实现之际，铁路公司撕毁承诺，擅自抬高运费，使得戴克彻底破产。女儿被迫辍学，抵押产业血本全无，在他面前唯一一条道路就是通往监狱的路。由精神萎靡到黯然绝望，再到借酒浇愁，最后劫路杀人是戴克的必然选择。[1]

进入工业化社会后，戴克是典型的机械文明环境下苦苦挣扎的小人物，这样一个善良、温柔、诚实的人，丧失了左右自己命运的资格与能力，在无法抗拒的社会压力下伤人害命，最终身陷囹圄。诺里斯眼中，戴克的毁灭过程所遵循的是典型的社会决定论。在这种理论下，个体人完全丧失了"意志自由"，在章鱼魔爪般的自然环境和社会环境面前虚弱无力，个体无法摆脱群体性控制，甚至为了服务于群体需要而牺牲自己。不仅是戴克，小说中其他农场主的遭遇也表现出社会环境在底层民众中生杀予夺的威力。"每逢福祉降临，灾难也会旋踵而至，这种令人欲哭无泪的情境在作品中可谓司空见惯。当农庄主们将铁路公司起诉至法庭时，铁路当局先是行贿司法当局，使他们败诉；继而怂恿一些假买主来武装占领有关的农庄，引起一场械斗，参加的几个农场主饮弹毙命，幸免者也均家破人亡。"

诺里斯以同情的笔墨，写下新婚的妻子失去丈夫，年迈的母亲失去儿子，善良的司机变成劫车大盗，年轻的姑娘沦为妓女，描绘了一幅在社会制度的压迫下庄稼人惨遭破产的惊人图景。诺里斯爱憎分明，作品末尾，在描写太平洋西南联铁副总裁公馆内豪华的晚宴上讲究的菜肴以及绅士淑女之间的谈话的同时，以交叉手法夹叙丈夫在枪战中毙命的何芬太太带着幼女在街头一步步走向死亡的场景，这惊人的对比性描述表达了作者愤懑的情绪与强烈的正义感，产生震撼人心的效果，令人不得不掩卷沉思。

---

1 梗概及本节所有引文来源于〔美〕弗兰克·诺里斯：《章鱼》，吴劳译，上海译文出版社2000年版。

与前面几部作品不同的是，在《章鱼》中，虽然高速发展的社会文明正如章鱼的魔爪无孔不入、无隙不钻，紧紧缠绕、扼杀着挣扎在生死线上的弱势个体，但诺里斯创作早期的"决定论"已经开始不再占据着神秘而不可撼摇的地位。以戴克为代表的社会个体的抗争意识开始觉醒，虽然面对强大的异己力量，这种抗争难免以失败告终，但是作为人类的尊严不容侵犯，他们的肉体可以被消灭、被踩躏，但他们高贵的精神保存完好。在此意义上，诺里斯作品的思想已经渐具半个世纪以后"迷惘的一代"之代表海明威"硬汉"作品的雏形。

"天生犯罪人"样本研究：马克·吐温与《傻瓜威尔逊》

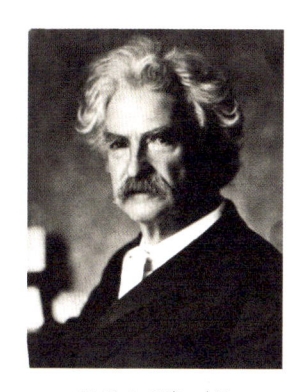

图12-4　马克·吐温

知识链接

　　马克·吐温（Mark Twain，1835—1910年），原名萨缪尔·兰亨·克莱门，出生于美国密苏里州佛罗里达乡村的贫穷律师家庭，家中子女较多，母亲早逝，父亲是当地律师，收入微薄，在马克·吐温12岁时因罹患肺炎去世。马克·吐温一生命运多舛，做过印刷工人、领航员、民兵、采矿工人、报社记者等，生活经验十分丰富。马克·吐温是19世纪后期美国批判现实主义文学的奠基人，世界著名的短篇小说大师，也是世界著名的幽默大师，威廉·福克纳称他为"第一位真正的美国作家，我们都是继承他而来"。

《傻瓜威尔逊》（1894年）是马克·吐温的后期作品，围绕着美国社会与政治生活难以摆脱的重大主题——与美国历史交织产生、发展、激化的"黑人问题"，从刑法学角度考察，作品反映了鲜明的"环境决定论"之思想。作品描述了一个离奇的"狸猫换太子"的故事。

图12-5 《傻瓜威尔逊》封面（2016年）

1830年的道生码头镇，坐落在密西西比河密苏里州，这里保持着传统南部民风，蓄奴合法。一天，一名叫威尔逊的白人律师来到小镇。威尔逊爱说俏皮话，但这个民风保守的小镇上中无人欣赏他的幽默,将他果断归入"傻瓜"行列。"傻瓜"有一种奇怪的嗜好,小镇上男女老少,只要威尔逊接触过的人,无不被他强迫在玻璃片上留下他们的指纹,并在每块玻璃片背后贴上一张小纸条,小心地记录下姓名、日期,然后妥善收藏起来。

小镇上最为显赫的人物是法官约克,其弟波塞是个拥有众多奴隶的庄园主。波塞儿子诞生的同一天,一名叫罗克珊娜的女奴的私生子也呱呱落地。罗克珊娜有1/16的黑人血统,因此她与某一白人老爷的私生子只有1/32的黑人血统,即便如此,这个婴儿也被当作黑人打入另册。小少爷名为汤姆,女奴的私生子诨名"小书童"。不久,波塞太太去世,小少爷自然落入罗克珊娜怀中哺乳。两个婴孩十分相像,除了罗克珊娜外,几乎没有人能够分辨出两个襁褓中的婴儿。罗克珊娜担心儿子长大后可能被"卖到河的下游",于是某一天,小汤姆与"小书童"的衣服被神不知鬼不觉地被调换了。这样一来,倍受轻视与欺压的小奴隶就变成了高贵血统的后嗣,而那个本来拥有纯正血统的小少爷则沦落为牲口棚里的小兽。波塞去世后,"小书童"被过继给叔父约克法官,受到上流社会的教育,成为德利斯科尔家族的继承人;汤姆少爷却长成了一块贫瘠、粗鲁、愚钝的不毛之地。

"小书童"的性格越来越飞扬跋扈,他肆意虐待黑奴、殴打下人,甚至开始辱骂罗克珊娜。罗克珊娜遂向他道明了有关出身的可怕事实。"小书童"听说后震惊至极。罗克珊娜在主人去世时已被恢复自由,后来为了还清"小书童"的赌债,她自愿被儿子转手贩卖到"大河上游",但丧尽天良的"小书童"却把她径直卖到下游,因为可以卖个好价钱。罗克珊娜威胁儿子立刻将她赎回。无奈之下"小书童"到约克法官处行窃,用匕首刺杀约克法官,并成功栽赃给前不久与他结下怨恨的意大利兄弟。

约克法官被害在小镇上掀起一股怒潮,那对意大利兄弟险些被私刑处死。无人愿意为他们辩护,大陪审团已经裁定他们犯有谋杀罪。傻瓜威尔逊自愿为那两兄弟出庭辩护,这是他来到小镇后的第一单业务。当然,威尔逊是不被委托人以及公众信任的,但是他当庭出示的证据却具有无可辩驳的说服力——凶器把柄上的指纹不是意大利兄弟的!顺藤摸瓜,威尔逊执着地一一比照着自己多年来采集的全镇人指纹。结局是毫无悬念的,唯一的波折是小汤姆和"小书童"在调换襁褓前就留下了指纹,使得小汤姆险些成为"小书童"罪行的替罪羊。杀人案明朗化的同时,这一桩"狸猫换太子"的公案亦真相大白。意大利兄弟被无罪开释,冒名顶替者、杀人凶手"小书童"伏法,饱受苦难的汤姆被上流社会重新接纳。可悲的是,由于汤姆长期生活在黑奴圈子中,一举一动投射出奴隶习气,根本无法融入白种人世界,只有蜷缩在黑人堆中,他才感觉自在轻松。[1]

这部作品充分说明,人是一种社会性动物,受制于生活环境与教育环境,不得不无条件地接受并尽力扮演社会环境指定给他的角色。白人汤姆和黑奴"小书童"在各自性格、品行的发展过程中,始终在无意识地接受着外界环境给他们的标签化暗示。罗克珊娜铤而走险的不忠行为,无意中为人类学与生物学理论完成了一项具有非常意义的长期性、跟踪性实验。她给两个婴儿调换衣物,看似简单的一个动作,却承载着颠覆性意义。她将人之本性从种族歧视的根系中用力拔出,使之成为一个充满着各种可能性的动态变量。两个婴儿的一生际遇成为我们最好的"种族试验样本"——当她褪去小汤姆柔软、洁白的外套时,亦同时将小汤姆的白人身份所附带的社会优越性剥得精光;而当她为"小书童"包裹上香喷喷的襁褓、精心系上蝴蝶结时,也同时赋予了这个黑奴的后代在当时族群秩序下可以享受的种种特权。在将黑色血统等同于低劣基因的社会主流理念下,被调包的小汤姆的白人血统可能带有的种种优势完全被吞噬,即使后来真相大白,被上流社会百般怜惜地接纳后,他那纯正、高贵的白种遗传基因也无法冲淡业已定型的奴隶般的卑躬屈膝、粗鲁愚钝。真假汤姆的不同境遇有力地证明了后天生长环境对个体素质与身份形成的决定性影响。

令人迷惑的是,马克·吐温在这部小说中明确宣扬"社会决定论"的同时,似乎也以同一条暗线践行着"天生犯罪人"的理论。私生子"小书童"的生父是

---

[1] 梗概及本节所有引文来源于〔美〕马克·吐温:《傻瓜威尔逊》,张友松译,人民文学出版社1959年版。

小镇德高望重的世袭贵族、被人所传颂的"道德楷模"艾塞克斯上校。难怪罗克珊娜曾经不无得意地告诉儿子："你的父亲是小镇上最高贵的男人，出身于著名世家，你必须把自己的头抬起来，爱抬多高抬多高。"但就是这样一位背景显赫男子的基因，亦抵不过那 1/32 的黑人血统——"小书童"被意大利孪生兄弟肆意侮辱、落荒而逃；是他年迈的叔父约克法官精神抖擞地代替他，向意大利兄弟要求"决斗"，以挽回家族荣誉。罗克珊娜痛心疾首，认为儿子骨子里是"不中用的下流坏子"，坚信"白人高贵而勇敢、黑人下贱而懦弱"，因此更加鄙视黑人血统。还痛苦地作出结论，"儿子指甲上的很少一点黑人血统，就足以将他的灵魂染黑"。如此背景下，当"小书童"穿上女装入室行窃、花天酒地赌博酗酒，乃至最后向约克法官痛下杀手沦落为罪犯，就更在意料之中了。这正符合刑事人类学派的"天生犯罪人"理论——低劣的、易堕落、具有犯罪倾向的遗传基因，哪怕只有 1/32，也会在灵魂与肉体中潜伏，无论后天受到多么优秀的教育、生存于多么良好的社会环境中，总有被激活的一刻。

第十三讲
"来自少数派的报告"：
挪威批判现实主义文学作品

讨论文本

·《社会支柱》　　　　　　　　·《人民公敌》

导言

除了远古时代的碑文诗作，直到 1905 年独立以后，挪威才有了自己的民族文学。从 19 世纪下半叶到 20 世纪初，挪威经历经济与社会结构的变革，农民[1]与新兴资产阶级纷起抗争。挪威作家站在民众一边，谱写抨击黑暗的现实主义作品，挪威文学进入繁荣时期，涌现出杰出的批判现实主义作家，易卜生即为其中的杰出代表，其代表作《社会支柱》《人民公敌》深刻揭露了一系列现代社会的顽症痼疾，涉及政治、宗教、法律、道德等多维度问题，哲学思想之深刻、批判锋芒之锐利，赋予其作品极其旺盛的生命力，至今仍然深受世界各国人民的喜爱。

知识链接

挪威最早的文学是 4 世纪的古碑文，主要是诗歌。9 世纪以前，挪威文学受基督教文化影响颇深。中世纪时，挪威文学与冰岛文学联系密切，多是北欧神话传说——"萨迦"与"埃达"，记录了诺尔诺曼人向挪威移民时的情境。从 14 世起末到 19 世纪初，挪威沦为丹麦附庸国，挪威人把这个时期称为"四百年的黑暗"。

---

[1] 挪威农民在政治斗争中长期占据着重要地位。12 世纪后半期至 13 世纪，挪威农民展开了广泛的革命运动，反对封建贵族和教会。结果是农民取得胜利，贵族、教会的特权受到很大的限制，所以挪威从来没有农奴制度，农民一直享有人身自由权。

挪威的政治、经济、文化无一不受丹麦的支配，挪威没有独立的文学，在 18 世纪末以前，挪威作家都用丹麦文写作，挪威进入数个世纪的文学萧条期。1814 年，挪威脱离丹麦的控制，但又被迫与瑞典合并为联合王国，瑞典国王兼任挪威国王。挪威与瑞典之间存在着诸多矛盾，经常发生争端。这一时期的挪威文学具有强烈的希望摆脱附属国地位的反抗精神。1905 年，挪威脱离瑞典而独立。

易卜生文学作品

图 13-1　亨利克·约翰·易卜生

知识链接

亨利克·约翰·易卜生（Henrik Johan Ibsen，1828—1906 年），出生于挪威南部希恩镇一个木材商人家庭。1834 年，父亲破产后，易卜生全家迁到小镇附近的文斯塔普村居住。易卜生曾在药店做学徒，并未受过专业、系统的教育，却自学成才，成长为一位具有世界影响的作家。他是挪威文学与"社会问题剧"的创造者，亦是欧洲现代戏剧创始人，创作了一系列内容深刻的社会问题剧。这些作品触及了当时社会的政治、宗教、法律、道德等多方面的问题，透射出强烈的社会批判锋芒与深刻的社会性哲学思想。易卜生与比昂逊、约纳斯·李、谢朗合称挪威批判现实主义的"文坛四杰"，他的剧作是继莎士比亚、莫里哀之后的第三个戏剧高峰，拥有"现代戏剧之父"之称。

粉饰一新的"棺材船"：《社会支柱》

《社会支柱》（1877年）是易卜生"社会问题剧"四部曲[1]的首部，对表面上道貌岸然，实则满肚子男盗女娼的"社会支柱"进行了辛辣、幽默的揭露，作品末尾寄托着对道德拯救灵魂的深切渴望。

主人公博尼克是一个新兴的年轻资本家，靠"棺材船"（将退役旧船以油漆粉刷一新，借以冒充新船）白手起家，踏着他人的尸体建立起自己的事业与财富，成为一家大型造船厂的老板。他先是与楼纳小姐订婚，当得知她的姐姐贝蒂即将得到一笔遗产时，立刻悔婚与贝蒂结婚。婚后又与一位女演员私通，产下一个私生女。纸里包不住火时，博尼克用贪污的公款收买了女演员的丈夫，唆使内弟出来作替罪羊，然后用"棺材船"将内弟送往美国，希望他葬身大海，永远遮掩自己的丑行。就是这样一位泯灭良心、心狠手辣、欺世盗名的骗子、诱奸者与刑事犯，通过两面手法并施以小恩小惠，居然博得了"慈善家""家庭生活模范"和"社会支柱"的美誉。[2]

从表面看，社会生活繁荣幸福、高尚体面，背后却隐藏着太多腐朽与丑恶的东西。《社会支柱》中，一个社会的所谓精英人物、中坚力量竟然拥有如此见不得人的伦理污点，甚至突破道德底线犯下可怕的刑事罪行，令人齿冷，令人惶恐。

---

1 指易卜生所著的《社会支柱》《玩偶之家》《群鬼》《人民公敌》四部剧本。
2 梗概及本节所有引文来源于〔挪〕易卜生：《易卜生戏剧四种》，潘家洵译，人民文学出版社2019年版。

借教师罗冷之口,易卜生道出心头的隐忧,"瞧瞧那些现代的社会,表面上金碧辉煌,里头藏着什么!那些社会没有道德基础。干脆一句话,现代的社会像粉刷的坟墓,里头全是虚伪骗人的东西"。易卜生毫不留情地揭开了这些"社会支柱"的假面具,指出依靠这样腐朽的支柱来支持整个社会,它的崩溃将指日可待。

作为一名具有浓郁民族自豪感的文学家,易卜生对自己的祖国怀着复杂的情感。他们的祖先曾经是骁勇善战的海盗——维京人,但今天的挪威却日益衰落,人微言轻,对丹麦与瑞典的长期统治麻木不仁。易卜生将挪威社会表面的繁荣与内部的腐败作了十分解明的对比,这种描述手法与美国作家马克·吐温在《镀金时代》(1873年)中试图表现的愤懑与忧虑如出一辙。易卜生在文中对美国制度大肆赞美,认为它代表着全世界最新鲜的空气;如果看到马克·吐温之《镀金时代》,不知易卜生又该作何感想。

剧本末尾,易卜生安排博尼克进行忏悔,在众人面前坦承罪行。人们一般将其视作一大败笔,认为博尼克的转变过于迅速,因而失去了生活的真实性。但是,我们永远无法彻底洞悉人性的奥秘,也永远无法准确地预料这样一个兽性占绝大部分人生阅历的"道德楷模"的下一分钟将会采取怎样的行动。世界上没有彻头彻尾的坏人,当博尼克发现独子渥拉夫私自登上了注定要葬身海底的棺材船"印第安女孩号"时,当博尼克意识到自己丧尽天良设计的厄运之口就要将他的全部幸福吞噬时,这个天谴报应般的情景对博尼克的震撼应该是巨大的——如果让博尼克失去儿子渥拉夫,还不若直接让他自己死掉。处于崩溃边缘的博尼克乍然听到渥拉夫安然无恙的消息喜极而泣之时,还有什么理由不对冥冥中宽恕博爱的上帝顶礼膜拜,他还有什么理由不将自己的喜悦与感动以惊世骇俗的"自首"形式向世人彰显?遗憾的是,易卜生在《社会支柱》所寄予的"以道德拯救罪恶、净化空气"的激情与厚望,在随后的三部作品中烟消云散,这也许是易卜生对强大的社会现实洞悉后的无奈与绝望。

守望正义的孤独者：《人民公敌》

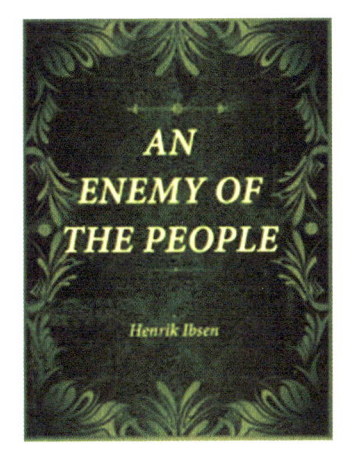

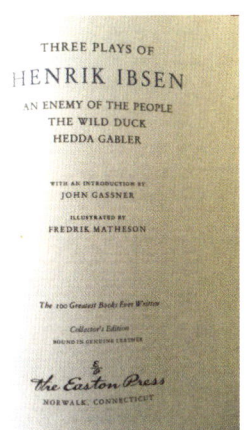

图 13-2 《人民公敌》封面与扉页

《人民公敌》（1882 年）是一部揭露人性的最为犀利的作品，其问世与易卜生之前出版的《玩偶之家》与《群鬼》所引发的社会反响密切相关。由于作者在上述作品中深刻地揭露了社会法律、道德、女性地位的问题，遭到大批"正人君子"的严厉抨击，他们认为作品主题糜烂，有教唆民风堕落的嫌疑，易卜生亦被指责为"人民公敌"。易卜生遂精心构思了此部作品作为有力还击，并赫然以《人民公敌》作为小说名字，因而该剧可以被视为他对这种普遍敌意的公开对抗。

在挪威的一个沿海小城，主人公斯多克芒医生和担任市长的哥哥共同负责小镇的温泉浴场计划。具有医疗价值的温泉浴场可以带来大批旅客，令小城经济腾飞，因而政府投入大笔资金支持其发展。当温泉浴场开始运作、经济效益渐露曙光时，旅客们罹患了严重的传染病。经研究，斯多克芒认为必须立刻关闭浴场，向政府呈递了一份调查报告与医学鉴定报告书。由于该报告牵涉的经济利益过于敏感，市政府并未将之公布于众。随着冲突加剧，市长警告弟弟斯多克芒，他应该服从大部分人的想法。斯多克芒断然拒绝,并举行市民大会试图说服市民支持关闭温泉浴场的计划。然而,悲剧发生了,相信浴场会带来巨大财富的市民拒绝接受斯多克芒的说法,甚至之前支持他的朋友和盟友亦开始背叛他。斯多克芒被市民奚落指责、漫骂殴打,甚至被人斥责为疯子。最后,全城以"民主表决"的方式,宣布斯多克芒为"人民公敌"。[1]

作品以辛酸的笔调塑造了一个正直的知识分子形象,他热爱真理、勇敢机智,却被为一己私利背弃了良心与道德的全体市民宣布为"人民公敌",结局凄惨。通过该作品,易卜生对隐藏在社会成员之间所谓的"真理与自由"进行了有力的质疑。斯多克芒的哥哥作为一个长期混迹官场的老手,十分明了浴场事件的严重性。摆在他面前的最大问题是:如果关闭浴场,开发商们肯定会损失大笔钱财,这也必将成为他的政敌发动攻击的绝好借口,因而他采取的策略是利用市民的自利心理,保持缄默。斯多克芒医生却始终将民众利益摆在第一位,不惜一切代价告诉人们事情的真相。他天真地认为这是自己的"重要事业",民众不但会听从他的建议,还会真诚地感谢他,因为这是一个崇尚"真理与自由"的社会。斯多克芒未意识到,"真理"与"自由"这两个词在群众的词典里恰恰是冲突矛盾的——"群众明白真理是什么,而他们却能自由地行使着对待真理的态度。如果真理与他们的利益相互冲突的话,他们可以自由地选择对真理视而不见"。剧中以霍夫斯达为代表的民众,大都以个人利益为第一位,他们十分明了浴场病毒的灾难性后果,却拥有对这一后果视而不见的自由。此刻的"真理与自由"毋宁说是个人利益至上的群众与官僚的理论帮凶。正如斯多克芒所说:"真理和自由最大的敌人是自由本身。在咱们这儿,真理和自由的最大敌人正是那些整天把真理和自由挂在嘴边的多数派。"斯多克芒的困惑与焦虑在17世纪英国作家弥尔顿的作品《复乐园》中曾经出现过,两位作家均将矛头直指权利与自由、平等、正义间的复杂关系,探讨诸种关系之间的合理博弈,以期达到某种平衡状态。

---

[1] 梗概及本节所有引文来源于〔挪〕易卜生:《易卜生戏剧四种》,潘家洵译,人民文学出版社2019年版。

图 13-3 《人民公敌》插图（1979 年）

　　斯多克芒医生在公众聚会上痛斥稳健多数派的慷慨陈词，目的在于唾骂多数派隐昧良知、丧失人格，斯多克芒医生最后得出结论，"世上最强的人，就是那个最孤立的人"。这段极其雄辩的演讲很容易被误解为"精英统治"理论，似乎是反民主的典型言论。但需要解释的是，民主并不等同于多数表决权，民主意识需要塑造，需要指引；民主社会不是乌合之众，更不是多数人的暴政。社会的先驱和人类良知的代表,肩负着启发民智与坚守操行的重任,他们的可贵之处正是拒绝迁就、顺从公众的价值判断与主流伦理,因而不被理解与宽容、陷于孤立甚至饱受攻击。在《人民公敌》一剧中,代表斯多克芒对立面的阿斯拉克森这样的稳健多数派遍布各行各业,几乎代表了挪威社会的各个阶层,他们都是一些死死抓牢个人私利、不去了解事实真相并拒绝接触一切进步思想的庸人。这些抱残守缺的团体或者尚未觉醒,未获得成熟的辨别、思考能力;或者出于"趋利避害"的"人之本性",丧失独立思考甄别的能力,毫无主见地盲从与附和,"为了一点蝇头微利就会立刻抛弃真理,为了一点残羹剩肴就会立刻出卖自己的领路人"。而所谓的稳健多数派则专注于对眼前利益的追逐,对于决策给长远利益带来的毁灭性损害以及对公民道德造成的负面影响置若罔闻。既然如此,他们怎么可能拥有真理?对他们而言,民主又有何履行之必要?

《人民公敌》中,不同价值观和道德理念间的冲突剧烈——"对于后人来说,我们传诸他们的社会价值应当是纯洁与诚实的充盈,还是腐败与谎言的蔓延?"斯多克芒医生愤怒地质疑。尽管已经沦为"人民公敌"(丢了工作与职位、衣物被人撕破、寓所玻璃被人砸碎继而被赶出公寓,同情他的朋友与女儿也饱受连累),四面楚歌之下,斯多克芒并没有退缩,也没有听从朋友的建议逃亡至美洲新大陆,而是决定留下来与稳健多数派斗争到底。斯多克芒的焦虑正始于对民族后代的责任。他十分清楚,民众的觉醒乃是社会改造的首要步骤,但社会改造无法指望这些思想早已朽坏的稳健多数派,只能寄希望于未被腐蚀的年轻新一代。因而他视培育新一代的精神斗士为己任,准备收罗街上无家可归的流浪孤儿加以教育,使他们成为自由、正直、高尚的新社会公民。斯多克芒这种自绝于稳健多数派、自绝于庸俗社会的举止,到底何时才能看到曙光、收获果实?我们不禁对此抱有深深的同情与忧虑。正如剧本《玩偶之家》中,娜拉出走之后将向何处去?《人民公敌》的结尾也采取了这种开放式的技巧,留给读者广阔的思考空间,因此易卜生又被称作文学界的"伟大的问号"。

第十四讲
显微镜下的罪恶基因：
自然主义文学作品

讨论文本

- 《热曼妮·拉瑟顿》和《勾栏女艾丽莎》
- 《泰莱丝·拉甘》和《马德兰·菲拉》
- 《卢贡-马卡尔家族》
- 《我控诉》

导论

　　进入 19 世纪，哲学理论中有两种基本思想并存。其一，传统的人道主义思想更深刻、更普遍地影响着批判现实主义文学；其二，非理性主义的提出否定或限制理性在认识中的作用，否定现存秩序，否定世界的整体性与人类的理性，强调人类对自然与社会的终极无所适从性。亚瑟·叔本华宣扬无意识的意志，断言理性与科学不适用于道德范围；尼采继承了叔本华的唯意志论，宣扬权力意志论，是极端的反理性主义者，对任何理性哲学都进行了最彻底的批判，开西方近代主义哲学理论先河；亨利·柏格森则宣扬直觉、淡化理性，认为直觉可以体验、把握生命存在的实质，而理性则仅是观察到相对实在的表皮。在哲学思潮影响下，19 世纪后期的西方文学开始出现集体"向内转"之趋势。

　　19 世纪后半期，浪漫主义与和现实主义文学纷纷受到质疑，单纯的浪漫激情和不遗余力地揭露现实已经无法满足知识阶层对文化新秩序的渴求。随着科学技术的发展，在实证主义哲学、进化论、遗传学、生理学等学科的影响和启发下，一些作家开始追求比现实主义更加真实自然的艺术表现，自然主义文学应运而生——它是现实主义文学吸收了实证主义、遗传学与决定论的观点发生演变的结果，本讲向大家介绍的《泰莱丝·拉甘》《马德兰·菲拉》《卢贡-马卡尔家族》《我控诉》等作品即为自然主义文学的典型代表，这类文学作品注重环境对人物个性发展的作用，注重从遗传学与生理学的角度来分析人物的行为、性格和动机，试图找出人物行为的社会学原因，以医学实验的方法进行创作，善于在罪刑分析的图谱中运用医学方法收集数据，希望能够追本溯源，完成社学会、犯罪学的课题研究。

知识链接

亚瑟·叔本华（Arthur Schopenhauer，1788—1860年），德国哲学家，继承了康德对于现象和物自体之间的区分，认为意志独立于时间、空间，所有理性、知识都从属于它。叔本华将他著名的极端悲观主义和此学说联系在一起，认为意志的支配最终只能导致虚无与痛苦。其代表作有《作为意志和表象的世界》（1819年）、《论意志的自由》（1841年）、《论道德的基础》（1841年）。

尼采（Nietzsche，1844—1900年），德国哲学家，现代西方哲学开创者，也是卓越的诗人与散文家。他最早开始批判西方现代社会，指出在资本主义社会里，尽管物质财富日益增多，人们并没有得到真正的自由和幸福。尼采认为，僵死的机械模式压抑人的个性，使人们失去自由思想的激情与创造文化的冲动；现代文化的颓废是现代文明的病症，其根源是生命本能的萎缩。要医治现代疾病，必须恢复人的生命本能，并赋予其新的灵魂，对人生意义作出新的解释。他从叔本华的观点中受到启示，也认为世界的本体是生命意志。然而，他的学说在他的时代却没有引起人们重视，直到20世纪，才激起深远的、调门各异的回声。后来的生命哲学、存在主义、弗洛伊德主义、后现代主义等，均以各自的形式回应着尼采的哲学思想。

亨利·柏格森（Henri Bergson，1859年—1941年），法国哲学家，对哲学、数学、心理学、生物学有着浓厚兴趣，尤其酷爱文学。柏格森倡导的生命哲学是对现代科学主义文化思潮的反拨，提倡直觉、贬低理性，认为科学和理性只能把握相对的运动和实在的表皮，不能把握绝对的运动和实在本身，只有通过直觉才能体验和把握生命存在的"绵延",那是唯一真正本体性的存在。这种体认、领悟实在的方法,在哲学史上叫做直觉主义。柏格森的生命哲学具有强烈的唯心主义和神秘主义的色彩,但其对种种理性主义认识形式的批判和冲击,对于人类精神的解放确有重要意义,因而不仅成为现代派文学艺术的重要哲学基础,而且对现代科学和哲学也影响颇大。1927年,"为了表彰其丰富而生气勃勃的思想和卓越技巧",柏格森被授予诺贝尔文学奖。

图 14-1 亚瑟·叔本华　　图 14-2 尼采　　图 14-3 亨利·柏格森

犯罪病理学之鼻祖:龚古尔兄弟文学作品

自然主义文学产生于法国。龚古尔兄弟(Edmond de Goncourt,1822—1896年;Jules de Goncourt,1830—1870年),是法国自然主义文学的先驱,在法国文学史上占据极其重要的地位。龚古尔兄弟的小说以写实为主,主张小说要"迈向历史的真实与科学的精确"。他们乐于将病理学的特殊病例融入小说的探讨话题之中,小说角色大都确有其人,以其观察所得的详细笔记作为创作基本资料与素材,形成独有的成文特色。

《热曼妮·拉瑟顿》（1865年）是龚古尔兄弟的代表作，也被视作自然主义文学的开山之作，取材于龚古尔兄弟对家中女仆罗丝的观察笔记。1862年，罗丝去世。他们随后将笔记整理、修改，以小说形式发表。

热曼妮是个农村姑娘，到大城市当女招待被人诱奸，怀孕后产下死婴。几经周折，热曼妮成了老处女瓦朗德依的女佣，开始对耶稣基督非常虔诚。不幸的是，热曼妮又爱上邻居乳品商的儿子杰皮罗。从此她白天虔诚地服侍女主人，夜里沉溺于狂热的情欲，怀孕后被再次抛弃，以饮酒来堕胎。迫于贫困，热曼妮偷了女主人二十法郎后逃跑，并与一个油漆匠发生关系，沦为妓女，变得歇斯底里，最终死于肺痨。

图14-4 龚古尔兄弟

此部作品中，龚古尔兄弟根本不触及社会环境对热曼妮的影响，而是采用解剖病灶标本的医学式冷静，研究她堕落的每一个阶段，突出其生物中蕴含的"低级本能"，将其堕落与犯罪归咎为遗传因素。

令读者留下较深印象的是龚古尔兄弟对女主人公体貌的细致刻画，作者试图从生理学角度剖析其犯罪原因。热曼妮相貌难看，"扁平的前额稍稍隆起，小眼睛有点病态，眼珠的颜色非蓝非褐、变幻不定、难以捉摸，激动时似两股炽热的火焰，兴奋时又会发出陶醉的神采，而一到情欲冲动，它又迸溅出像白磷般灿烂的火花。她的鼻子又短又尖，鼻翼一侧的眼角下鼓着一根淡蓝色血管。脸的下部有种猴相，嘴大唇厚，笑起来使人不悦。她充满野性，显出一种放荡的肉感，她的嘴唇、眼睛乃至她的丑态，对人都是一种挑逗和勾引。这女人生性淫荡，骚态撩人，让人一见欲念骤起。为了情人她竟丧失尊严，不能自拔……她的智力渐渐退化，变得懒散，不再梳洗，邋邋遢遢，裙子上油迹斑斑，衣袖绽开裂缝，围裙破烂，破袜子上套一双旧鞋，像抹布一样肮脏。肺病使她从愤怒转向享乐，终于变得歇斯底里"。作品中,龚古尔兄弟完全将热曼妮当作一个病人案例进行描述、分析,试图证明正是她的生理素质造成了她一生的不幸。这种文学创作过程将科学研究的方法与艺术创作的方法糅合在一起,在进行人体素描与人性解剖时,将主人公的命运与行为模式归咎于某种病理现象,使一种命运过程变成了一种疾病发展史、一部心理缺陷史。不难发现,龚古尔兄弟所持观点与龙勃罗梭关于"天生犯罪人"中的相貌理论如出一辙。

《勾栏女艾丽莎》(1877年)的主人公原型是龚古尔兄弟监狱观察笔记系列中的分析样本之一。埃德蒙在弟弟去世后,整理旧稿,将其改编为小说。

艾丽莎是一个形迹可疑的接生婆的女儿,她不满现有生活,为了反抗家庭,与一名妓女一起逃离巴黎,流落在外省一个小城里,与一位推销员一起生活,并伴随他走遍了法国。当推销员向她承认自己是个警察时,她决然地抛弃了他,重返巴黎。后来艾丽莎因砍死了已成为她的男友的士兵被判死刑,后被改为终身监禁。艾丽莎在狱中不可抑制地回忆着往昔的爱情,无尽的内疚与悔恨终于使她发了疯。

这部小说与《热曼妮·拉瑟顿》风格相仿,龚古尔兄弟遵循实验主义写作原则,对主角性格的养成与行为经历之间的关系进行了精心、细致的描述,最终认为艾丽莎罹患两次伤寒的经历是其堕落的根本原因,即使日后艾丽莎历经种种变故,也无法改变艾丽莎的先天性生物基因。值得注意的是,龚古尔兄弟在作品中十分注重凸显艾丽莎的生物因素,而将社会因素排斥于讨论范围之外,充分展现了刑事人类学派的理论特点。

知识链接

众所周知,"龚古尔文学奖"(Le prix Goncourt)系法国声誉最高的非官方文学奖,其得主有普鲁斯特、马尔罗、波伏娃、莫迪亚诺、杜拉斯等,代表着当年度文学审美潮流,获奖作品影响力较大。因此每年12月,都是法国文学的"大日子",

龚古尔学会的十位委员集中在巴黎德鲁昂饭店进行作品评选，而饭店外，记者与读者一起等待结果。

该奖项以龚古尔兄弟命名，龚古尔家族是贵族家庭。两兄弟的祖父是制宪会议第三等级的代表，父亲曾是拿破仑军队的骑兵队长，南征北战，因身体多伤早逝，两兄弟由母亲一手抚育。哥哥叫埃德蒙·德·龚古尔（Edmond de Goncourt），弟弟叫儒勒·德·龚古尔（Jules de Goncourt）；哥哥1822年5月出生于法国东北部的城市南锡，弟弟1830年12月17日出生在巴黎；哥哥沉稳安静，弟弟活泼奔放；哥哥应母亲的希望学习法律，先后在公证人事务所与财政部担任公职，弟弟也学业优异。母亲临终前，把17岁的弟弟托付给哥哥，此后埃德蒙亦父亦兄地照应着弟弟。而母亲身后留下的可观财产，使他们可以衣食不愁地按照自己的意愿安排生活。

两兄弟毕生形影不离，均终身未婚。他们最初热衷绘画，想靠绘画闯出一片天地。母亲离世后，两人徒步周游法国采风、写生。两人当时准备了一本旅行日记本，最初记录每日的行程、饮食，后来加入了风景描写、绘画，旅行笔记慢慢真正变成了文学游记。从此，这种共同记录的模式变成了习惯，其间的记录汇集成卷帙浩繁的《日记》，成为两人文学活动的重要形式之一，两兄弟迈出了共同创作的第一步。

1847年年底，两兄弟旅行回来定居巴黎，开始了文学创作。前十年的路并不顺利，作品没有影响力，兄弟俩认为曲高和寡，不以为然。19世纪60年代开始，二者逐渐确定了自己的风格，主张"现代真实"，力图最大限度去重现社会的真实。作品中，《热曼妮·拉瑟顿》是描写女仆的；《勾栏女艾丽莎》描写的是妓女生活，人物几乎均来自现实；《修女菲洛梅娜》以鲁昂一家医院的女护士为原型；《勒内·莫普兰》是他们对童年朋友的回忆……确定了原型，他们搜集材料就具有极强的目的性。"出于对文学的忠诚"，他们去实地了解不同人物的生活状态，作品中提到的病例均建立在科学考察的基础上。兄弟俩一直坚持共同执笔，埃德蒙负责理性谋篇，儒勒负责润色点睛，两人相辅相成，写出的文章浑然一体。

1870年弟弟儒勒病重。一晚，两人在布洛涅森林散步，儒勒对兄长说，总有一天，我们的作品会获取社会的认可，《热曼妮·拉瑟顿》将是一本典范型作品，今后，凡以现实主义、自然主义之名写就的作品，必将以此书为范本；我们的追求是在文学上追求真实、在艺术上复兴 18 世纪趣味；19 世纪下半叶的三大文艺思潮，倡导者就是我们兄弟。1870 年 6 月 20 日，儒勒因病去世，埃德蒙此后一年没有进行任何社交与文学活动。

恢复文学创作之后，1874 年 4 月 14 日开始，埃德蒙·龚古尔和福楼拜、左拉、屠格涅夫、都德五人常在星期天共进晚餐，一起聚谈，讨论文艺问题。福楼拜去世后，聚会改在龚古尔家里进行。1896 年 7 月 16 日，74 岁的埃德蒙客死在都德的郊区别墅。根据他的遗嘱，人们把他的全部产业和版权作基金，成立了龚古尔学院。学院由十位院士组成，每人享有一份年金保证生活来源，以便能不偏不倚地从当年出版的青年作家的作品中，评选出最具独创性的小说。龚古尔奖自 1903 年创立以来，除了每年嘉奖一部小说，还设立了诗歌奖、新人奖、中篇小说奖、传记奖，如今已成为法国声誉最高的非官方奖项，实现了龚古尔最初设奖的初衷，即"与敌视新兴文艺潮流、具有保守倾向的法兰西学院分庭抗礼"。

左拉文学作品

图 14-5　埃米尔·左拉

知识链接

埃米尔·左拉（Émile Zola，1840—1902年），19世纪后半期法国重要的批判现实主义作家，自然主义文学理论的主要倡导者，自然主义文学的代表人物，其作品被视为19世纪批判现实主义文学遗产的组成部分。

1859年《物种起源》问世，这是西方科学史、文明史上一部划时代巨著，促进了生物学、生理学等自然科学的突飞猛进，彻底变革了19世纪下半叶西方世界的精神文化气候。在此背景下，左拉探索出一条与传统文学迥异的文学理论，将文学与自然科学联姻，开创了自然主义文学。值得一提的是，左拉对医学颇感兴趣，曾经对多部医学著作进行了系统性研究，并且赞同吕卡斯等医学家的观点，认为对人的研究离不开对自然的研究，遗传基因科学涉及社会、经济、政治、法律的一切方面。[1] 此外，19世纪的实证主义哲学对左拉文学理论的形成也具有重大影响。实证主义哲学的杰出代表孔德认为，整体社会即完整的人的机体，不同器官与内脏、血液之间联络紧密，某一脏器的腐败病变必将影响到其他脏器的感染，继而引起严重的并发症。[2] 在当时，人们大多会将孔德视作一个不知天高地厚的疯人，其观点亦受到主流理论的严厉批判，左拉却对其情有独钟，将其哲学理论主动引入文学创作，开启了自然主义文学时代。[3]

与福楼拜、莫泊桑等作家相同，左拉认为，文学应当淡化罗曼蒂克色彩，以实证科学为指导原则，保持叙事文笔的价值中立，实录社会真相。左拉尤其指出，文学家除了必备传统的素质修养之外，还必须具有科学的创作方法，即实验的方法，注重从遗传学和生理学的角度来分析人物的行为、性格和动机，继而找出角色性格发展与行为模式的社会学原因；作品中的人物塑造必须置于各种具体环境背景下，突出人类情感在自然法则的决定下的波动规律。在此观点下，左拉认为人与大自然

---

1 包括勒图尔诺医生的《情感生理学》，贝尔纳医生的《实验医学导论》，吕卡斯医生的《自然遗传论》。转引自蒋承勇：《西方文学"人"的母题研究》，人民出版社2005年版，第389页。
2 〔法〕阿尔芒·拉努：《左拉》，马中林译，黄河文艺出版社1985年版，第178页。
3 〔法〕阿尔芒·拉努：《左拉》，马中林译，黄河文艺出版社1985年版，第143页。

中的所有生物具有同一性,他们均服从某种"决定论"的法则——遗传基因与后天生存环境决定着个体人一生的命运。

左拉相信,人性完全决定于遗传,缺点和恶癖是家族中某一成员在官能上患有疾病的结果,这种疾病代代相传。我们一旦弄清了原因,便可以用医疗与教育结合之办法予以克服,从而使人性臻于完美。受龚古尔兄弟作品影响,左拉将小说定义为对受生理学支配的自然人的情欲和本能的某种"临床研究",因而其作品中的人物往往表现为带有原始动物倾向的自然躯体。应当指出的是,左拉虽然认为"文学创作即实验,作家即医生",但他突破了龚古尔兄弟开创的自然主义文学的窠臼,并不对人作纯粹生理性的研究,而是将生理特质与社会因素紧密结合进行分析,这就明显带有了刑事社会学派的色彩,当然,生理学与遗传学始终是他研究人与社会的切入点与基本方法。

手术刀下剥落的意志自由:《泰莱丝·拉甘》和《马德兰·菲拉》

《泰莱丝·拉甘》(1867年)是左拉的第一部自然主义小说,描写了一个被遗传基因操控意志与行为、最后走向毁灭的女人的故事。

泰莱丝外表娴静,却拥有旺盛的情欲,因为丈夫系性低能者,泰莱丝无法从丈夫那里获得满足,遂与丈夫的童年朋友洛朗通奸。为了能够长久结合,二人合谋杀害了丈夫。后来,丈夫的幽灵经常出现在泰莱丝的面前,泰莱丝与洛朗感到悔恨且不安,被折磨得精神失常,最终二者一起服毒自尽。

这是一部以生理学分析为基础的小说,旨在探索人类的原始欲望——性欲的奥秘。泰莱丝的母亲是非洲部落未开化的妇女,交媾行为频繁,左拉认为,泰莱丝继承了母亲的基因,性需求高于一般人类水平,因而体内的自然原欲抑制了后天在文明社会中养成的理智,导致纵欲与通奸行为模式的产生;而泰莱丝对丈夫的谋杀行为又是纵欲与通奸的必然结果。当本能欲求达到病态的巅峰时,任何道德、法律的存在于泰莱丝均为虚无，不足以驱使泰莱丝采取更为理性的行为。当体内的欲求得以释放、高峰回落、肉体得以满足、心理恢复平静时，理性又成为泰莱丝生命的绝对主宰，她不得不面对另一种折磨——伦理与法律的拷问，对自己的罪恶深感恐惧与悔恨。左拉在小说序言中说："……我所研究的是人的气质，而非人的性格……他们完全被自己的血肉筋骨所控制，丧失了自主的理智，在他们血肉之躯的必然性的驱使下，做出的每一个动作，泰莱丝与洛朗都是人形的畜生，如此而已。我正是要在这两个动物身上，一步步追逐肉欲、本能的压力以及由于神经发作而导致的脑系统紊乱所发生的不声不响的作用。"正是在原欲与理性的交叉控制、支配下，泰莱丝丧失了独立的意志，人格逐渐分裂，最后精神失常，走向死亡是其必然的归宿。

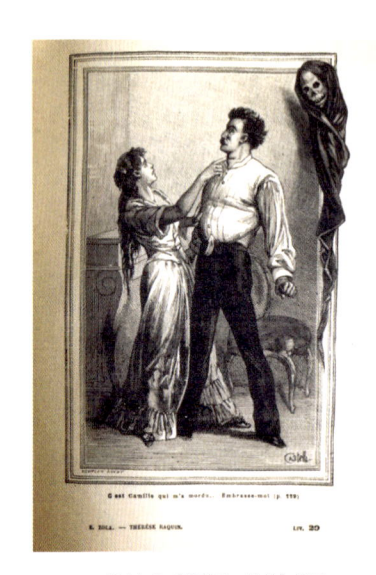

图 14-6 《泰莱丝·拉甘》插图　　　　图 14-7 《马德兰·菲拉》插图

同年 12 月，左拉发表了另一部小说《马德兰·菲拉》（1867 年），继续进行

人类生理学方面的研究。这部作品讲述了一位生理具有缺陷的女性与多位男子间发生的故事，主旨在于探索隔代遗传对生物体的影响。在左拉笔下，女主人公马德兰强烈的肉体需求源于血气旺盛的体格，而这种体格基因隐藏于她向上追溯数代的祖先体内。这部作品的问世立刻引起轩然大波，人们对左拉的观点大加抨击，开始以怀疑左拉的精神是否正常。另外，此时的左拉已经接受了吕卡斯的观点之一——"少女一旦与第一个男人发生关系，就于意识深处深刻地打上了这个男人的某种烙印"[1]。在《马德兰·菲拉》中，左拉以上述理论对角色的生物性特征作出完整诠释，作为实证样本分析的马德兰从此被人们所熟知，与泰莱丝一起站在永恒的自然主义文学的舞台上。

家族遗传阴影下的犯罪史：《卢贡-马卡尔家族》

左拉的早期作品中，所创作的角色均丧失自由意志，他们完全为生理欲求所控制，无法自由选择生活模式与日常行为方式。后期作品中，左拉开始对自己的观点作出修正。直至1868年，左拉的代表作《卢贡-马卡尔家族》诞生，也象征着左拉进入自然主义文学创作的成熟期。《卢贡-马卡尔家族》创作历时二十六年，融实证主义、遗传医学、实验主义为一体，是世界自然主义文学的丰碑，也是继巴尔扎克《人间喜剧》之后又一部法语小说巨作。作品包括二十部长篇小说，设计了一千二百余个角色，上至家族中的曾祖、下及玄孙，涵盖着肤色、种族、血统、家教遗风等风俗与事件，俨然是一部"第二帝国的一个家族的自然史与社会史"。

这部巨著以女主人公阿黛拉伊德·福格为中心，意图从她两次结婚所生育的后代来证明遗传和环境对人的影响。通过卢贡-马卡尔家族五代人的命运，左拉逐步探讨了由一个祖先所繁衍而出的后代，在不同环境与生活遭遇中性格与情欲形成的内在联系，探索了遗传因素对暴力、酗酒、卖淫等行为的影响。

《卢贡-马卡尔家族》中，第一代阿黛拉伊德·福格有歇斯底里症和抽搐

---

[1]〔法〕贝特朗·德·儒弗内尔：《左拉传》，袭荣庆译，天津人民出版社1988年版，第76页。

症,丈夫卢贡精神正常,因而"卢贡"一支的后裔身体大多健康。卢贡去世后,阿黛拉伊德·福格的情夫马卡尔却是一个酒鬼,患有官能性精神失调,导致"马卡尔"一支的后代因父母或显性或隐性的病态基因罹患各种先天性疾病。此后,卢贡-马卡尔家族严格按照遗传医学理论规律性地繁衍生息——卢贡一支的后裔多半成为医生、律师、政治家、金融家等,踏入上流社会;马卡尔一支的后裔却多半沦为工人、妓女、农民、店员等下层社会成员,并且罹患酒精中毒、肺病、宗教狂热、纵火狂、共济失调、先天性痴呆、精神病、脑积水、性欲亢奋等疾病……不到一个世纪就几乎断了根。

第一代(3人):阿黛拉伊德·福格于1786年嫁给园丁卢贡,1787年生一子,1788年卢贡去世;1789年福格与酗酒且神经不健全的马卡尔姘居,生一子一女。1851年,福格精神失常入疯人院,终年105岁。

第二代(3人):比埃尔·卢贡,是福格与卢贡所生之子,与一个健康女人结婚,育有5个子女;安图瓦·马卡尔,是福格与马卡尔之子,与一个菜市女贩结婚,育有3个子女,安图瓦·马卡尔身上父系遗传占优势,酒精中毒后自焚而亡;余尔絮·马卡尔,是福格与马卡尔之女,与身心健康的制帽工人穆雷结婚,育有3个子女。

第三代(11人):卢贡分支的子女成为大臣、医生、银行家、女经纪人、精神病患者;马卡尔分支的子女分别是猪肉商、酗酒潦倒而死者、精神崩溃而亡者、发狂被火烧死者、身心健康颐养天年者、政变中被打死者。

第四代(13人):卢贡分支的后代成为官能失调症患者、健康多子者、流浪者、婚后即亡者、巴黎大百货商店创始人、教堂神父;马卡尔分支的后代为痴呆型精神病患者、精神病患者、身心健康者、杰出的艺术家、嗜杀狂患者、轻微嗜杀狂患者、强烈的肉欲患者。

第五代(4人):卢贡分支的后代一人死于鼻血崩溃,一人早夭;马卡尔分支的后代一人3岁死于天花,另一人是遗腹子还未出生。

值得我们注意的是,两大家族的后代在社会中的身份定格固然有其深刻、复杂的社会原因，左拉在作品中着重强调的是遗传因素与本能作用。这一系列作品中最重要的篇章包括《小酒店》《娜娜》《萌芽》等。

《小酒店》（1877 年）是《卢贡－马卡尔家族》系列的第七部小说，描写了城郊地狱般的境遇中一个工人家庭命运的兴衰过程。

女主人公绮尔维丝是马卡尔家族的第三代，从小生活在贫困、劳累与被虐待之中。十四岁时，绮尔维丝与同乡青年朗迪耶同居，生下两个孩子后被朗迪耶抛弃。后来绮尔维丝获得青年工人古波的帮助，与之结合，开了一家洗衣店。不幸的是，古波做工时摔成残疾，无法与绮尔维丝做爱，前夫朗迪耶趁虚而入，填补了古波的位置。绮尔维丝肩负着养活两个男人的重任，后来沦为酒鬼与妓女，在罪恶与悲惨中死去。

这部小说以自然主义手笔描述了主人公走向堕落的过程，以生理学观点指出女主人公悲剧的原因在于先天遗传基因。作品公开发表后，左拉遭遇到空前猛烈的攻击，人们谴责这部作品，说它充满着淫荡与罪行，认为作者恣意将穷人的苦难、卑污、疥疮以及赤裸的淫乱公之于众。甚至连雨果和福楼拜都加入了攻击的行列，对左拉进行严厉的批判。但左拉始终认为，这部作品是一幅人类社会的伦理写真图，也是自己所有作品中最严谨的一部小说，因此他理直气壮地驳斥道："它是一部摹写现实的作品，是第一部不说谎话、能嗅到民众气味、植根于民众的小说。你们不应当得出全体民众都是坏人的结论，因为我的作品中众多的人物并非都是有恶劣品行的人。只是贫困与悲惨的生活境遇以及艰辛的生活，使他们变得愚昧而败坏了。当民众对我和我的作品用怪诞的、令人生厌的、带有诸多成见的方式进行评判，应当首先读读我的书，了解它们，清晰地理解它们的想法内涵。"在这部空前绝后的"关于人民的第一部小说"中，左拉坦言小说中的人物并不坏，不过是由于无知，被生活的艰难以及工作的环境损害了，最后必然走向罪恶。[1]

---

[1] 参见〔法〕左拉：《小酒店》，王了一译，人民文学出版社 1958 年版，作者自序。

1880 年,《娜娜》的发表再次引起整个法国的轰动。

女主人公娜娜是马卡尔家族的第四代,也是《小酒店》工人古波与洗衣妇绮尔维丝的女儿,十五岁开始浪迹街头,沦为妓女;十八岁时被一家下等剧院老板看中,全裸登台,一跃而为巴黎炙手可热的名妓。第二天,上层社会的各界名流便纷至沓来,追风逐浪。娜娜挥金如土,冷酷无情,所有男人一旦钱财耗尽就被她驱逐出门。后来娜娜看望私生子时被传染上天花,病死在一家旅馆里。[1]

在左拉看来,娜娜之所以沦为毫无廉耻的荡妇与罪恶的"潘多拉之盒",使得沾染者无不倾家荡产,是因为家族遗传因素造成的——来自母亲绮尔维丝的遗传,使得娜娜"在生理上与神经上形成一种性欲本能特别旺盛的变态"。自幼贫苦的生活环境与第一代父系体内的酗酒基因,引发了娜娜的神经官能失调症。病态的性欲使得她不仅接待上流社会的衣冠禽兽,而且对于底层淫棍也来者不拒,甚至大搞同性恋。第七章中,左拉如此描述:"她对于自己能够主宰一切的肉之魔力,有十分的把握……从她的乳房上,飞出一道色欲的光波,就和冲动的兽类身上所发出的一样,整个光波覆盖着剧场,越来越强烈。娜娜浑身毛茸茸的,橙黄色的汗毛使她整个躯体体变成了丝绒。而在她的良种母马般的臀部和大腿上,在她富有肉感、深深褶缝的隆起的肌肉上,蒙罩着一种令人动心的女性的阴影,兽性就隐藏在那里。"左拉将娜娜匪夷所思的行为归结为一种原始兽性,赤裸裸的动物的未进化的本能。不仅如此,左拉在作品中对于当时法国社会所谓的上流人士也作出了赤裸裸的生物学剖析,揭露了整个上流社会的荒淫与糜烂,将整个第二帝国比作一个巨大的奢华妓院——"整个社会都在向女人身上扑去!""一群公狗跟在一只母狗后面,而母狗毫无热情,不过是为了获得一碗饭赖以延续生命。"所谓的"社会名流""上等人",从贵族少爷到王室内侍、再到国务参事,从公爵、伯爵到子爵,身份尊贵、性格不同,通通分享着男人的劣根性,沉湎于女色与权力。正是男人的欲望将世界拖入了黑暗深渊,战争、财富、荣誉、女人

---

[1] 梗概及引文来源于〔法〕左拉:《娜娜》,郑永慧译,人民文学出版社 1985 年版。

成为他们一切非理性行为的理性渊源与驱动力，他们被娜娜这只"带着腐蚀社会的酵素的苍蝇"害得自杀、破产、坐牢、妻离子散，却乐在其中、不思悔改。不可否认的是，作品中弥漫着强烈的性意识，在左拉笔下，整个上流社会完全成为一个"生物人"的社会。

《娜娜》的发表为左拉招致了更多、更激烈的骂名，人们纷纷指责左拉本身就是一个情欲失控的疯子，一个万死难辞的淫秽作家[1]；但是，人们又不得不承认，左拉以深厚的笔力揭示了社会的痼疾，其态度之冷静、语言之辛辣，与古典主义作家、自然主义文学的创始人福楼拜以及批判现实主义大师巴尔扎克相比，并不逊色。

《萌芽》（1885年）是马卡尔家族第十三部小说。

故事主要发生在法国蒙苏煤矿公司的沃勒矿场，时间背景是第二帝国时期。当时法国面临严重的经济危机，资本家决定用压低工价和增加罚金的方式，把经济危机造成的损失转嫁到工人身上。工人早已贫困不堪，公司的决定等于把他们推向饥饿与死亡的深渊。工人们被迫罢工。斗争导致暴力冲突，遭到军警镇压，造成许多工人、妇女和儿童伤亡。枪杀工人事件激起了全地区群众的愤怒。公司使用阴谋手段，答应工人如果复工，就将考虑他们的要求。很多工人又重新下井了。但无政府主义者苏瓦林不服，破坏了矿井排水设备，造成矿井倒塌，许多矿工葬身井下。罢工以失败告终。[2]

《萌芽》是欧洲第一部从正面描写工潮的作品，具有显而易见的社会意义，作品取材与文风在左拉系列作品中也是罕见的。在《萌芽》的创作过程中，左拉仍然依照自然主义文学理论进行创作，从生物学的角度进行整部作品的构思。

一方面，在自然主义滤镜的视角下，工人们的行为模式受着生理因素的支配，他们对资本家的抗争亦是源于进化论中物竞天择规律的必然。作品主旨是为了告诫资产者，为了物种的繁衍、社会的进化，人数众多的底层民众所具有的生

---

[1] 〔法〕阿尔芒·拉努：《左拉》，马中林译，黄河文艺出版社1985年版，第133页。
[2] 梗概及引文来源于〔法〕左拉：《娜娜》，徐和瑾译，上海译文出版社2014年版。

物学意义上的本能与由此产生的抗争必将吞噬人数较少的资产阶级。

另一方面,在工人们的日常生活中,在缺衣少食极端恶劣的状态下,仅剩的性本能就成为男女关系间唯一的内在纽带。小说中的主人公艾蒂安·朗蒂埃是卢贡家的第四代人,父亲朗迪耶和母亲绮尔维丝是《小酒店》中的男女主人公,绮尔维丝在巴黎做过洗衣女工,后来酗酒潦倒而死;艾蒂安的同母异父妹妹安娜·古波,即《娜娜》中的女主人公。《萌芽》与《小酒店》鲜明的不同之处在于左拉不再认为工人的贫困是由于他们嗜酒、不知节俭的遗传基因造成,而将其部分归咎为社会剥削制度。但是左拉毕竟没有摆脱自然主义描写的束缚,在描写工人们的爱情生活时,往往过分强调生理因素和动物本能的作用。如在描写艾蒂安喝酒后"眼睛里燃烧着杀人的狂怒",将其对矿主不屈的反抗解析为"好斗的天性",诊断艾蒂安为轻微"嗜杀狂"患者,这一切都是他酒精中毒的祖先遗传的结果。

图 14-8 《萌芽》海报(1963 年)

与之相对应，第十七部小说《人兽》（1890年）中的故事发生在19世纪60年代，其中描述了一系列杀人案件。

勒阿弗尔车站长卢勃为了大好前程，迎娶了铁路公司董事长格朗墨兰的教女赛弗丽娜。新婚之夜，卢勃发现赛弗丽娜已经是其教父玩腻的"一块肉"，顿觉愤怒与羞辱，遂胁迫妻子与自己共同杀害了格朗墨兰。他们的杀人行为被火车司机——马卡尔家族第四代，绮尔维丝的另一个儿子雅克尽收眼底，赛弗丽娜施美人计拉拢雅克，二人勾搭成奸。雅克由于母亲的家族遗传，在与异性造爱时会产生难以抑制的杀人欲望。一次次的幽会中，雅克头脑中总是浮现卢勃夫妻杀害格朗墨兰的血腥情境，终于，雅克在造爱高潮到来时将赛弗丽娜杀害。其后，卢勃因种种原因被法庭误判为杀人凶手，雅克亦因与另一工人争夺情妇，在火车上打斗时坠落而亡。[1]

图14-9 《人兽》海报（1938年）

---

1 梗概来源于〔法〕爱弥儿·左拉：《人面兽心》，张继双、蒋阿华译，漓江出版社1989年版。

《罪与罚》中，拉斯柯尔尼科夫出于自创的哲学理论与窘迫的生活状况而杀人，与前者不同，《人兽》中雅克的杀人动机完全是出于一种无可名状的生理冲动，左拉对此解释为潜意识中的病态应激反应："至于他对女性有什么仇恨，他自己也说不清楚。这只能追溯到远古时代，追溯到那个时期女性对男性的压迫，追溯到穴居时代女人对男子的欺骗。这种仇恨代代积累，直至今日。雅克一旦发病，就妄图以暴力征服女性，用武力驯服女性，甚至想杀死她们，弃尸路旁，就像从别人手中夺过一头猎物，要使它永远归自己所有。"[1] 不难发现，左拉试图运用犯罪心理学之方法剖析雅克的犯罪动机与心理，这种自然主义描述手法在该系列作品中曾多次使用。

总之，在作品《人兽》中，左拉详细描述了多种杀人者以及杀人动机、杀人手段，其中包括变态杀人、图财害命、仇杀、情杀等动机，甚至详细描述了一桩毒杀案中凶手使用的药剂配方与剂量。在众多"兽性的人类"集群中，最为精彩的还是雅克杀害情妇赛弗丽娜一案，左拉认为，雅克的堕落、继而铤而走险作奸犯科是家族遗传基因被激活的直接结果，其中遗传基因是主要决定因素，诸多外界环境仅仅是其最终爆发的诱因。

"人类良心的一刹那"：《我控诉》

众所周知，左拉在西方文学界享有极高的声誉，这是因为他不仅是一位才华横溢的作家，更是一位人类良心的守候者，一位执着追求正义与真理的勇士。他在19世纪末轰动法国的"德雷福斯事件"中所展现出来的铮铮风骨以及不遗余力的抗争，谱就了一曲"公共知识分子"登上历史舞台的激昂宣言，表达了正在行动的智识者的良知、责任与道义。

---

[1] 〔法〕爱弥尔·左拉：《人面兽心》，张继双、蒋阿华译，漓江出版社1989年版，第58—59页。

知识链接

阿尔弗勒德·德雷福斯（Alfred Dreyfus，1859—1935年），阿尔萨斯人，上尉军官。1894年在法军总参谋部任职期间，被控将有关新式武器的秘密文件出卖给德国驻法武官。由于当时军界排犹主义情绪猖獗，军事法庭在证据不足的情况下判处德雷福斯终身监禁，押解到法属圭亚那的魔鬼岛服刑。数年后，法军情报处皮卡尔上校发现真正的罪犯是出身匈牙利贵族的埃斯特拉齐少校。但军方为掩盖真相将皮卡尔上校调任突尼斯，并于1898年1月宣布埃斯特拉齐无罪，案件被揭发后引起公众的广泛注意。1898年8月，法军情报处军官亨利在舆论的压力下供认关于德雷福斯罪行的材料是他伪造的，当即被捕，在狱中自杀。围绕此案进行的争论引起法国政局动荡。1899年，法国资产阶级共和派在"保卫共和国"口号下组成新政府，打击民族沙文主义者，要求司法部重新审理此案。但是，军事法庭仍判德雷福斯有罪，只是将刑期减为10年。最后，总统不得不下令对德福雷斯实行特赦，以息民愤。直到1906年，巴黎最高法院才判定德雷福斯无罪，恢复军衔、获荣誉勋章。

图14-10　德雷福斯接受审判

德雷福斯案件初始，恰逢小说《娜娜》问世不久，左拉正住在巴黎郊区的梅塘为自己呕心沥血的巨著《卢贡－马卡尔家族》增添新的篇章，对德雷福斯案一无所知。直到 1897 年年底，他回到巴黎寓所过冬，接见了一位名叫拉扎尔的记者，引起了对德雷福斯案的关注。随后，左拉又陆续搜集资料，比较清楚地了解到案件事实。从事创作三十多年来，左拉第一次感受到行动的欲望超越了创作的热情。面对为人类争取正义的紧迫性，左拉的思想与行动之间几乎没有距离，这与其实验文学作品中主人公的精神气质倒是十分近似。

1897 年 12 月，左拉与《费加罗报》社长费尔南·德·罗代斯探讨了当时闹得满城风雨的"案件事实"。罗代斯赞同左拉的看法，确信德雷福斯的无辜。几天后，在罗代斯承办的报纸上登载了左拉的第一篇文章《案件笔录》（1897 年 12 月 5 日），文中以犀利的文笔强烈谴责了反犹太主义以及以身份定罪的野蛮刑律。"这场使我们倒退一千年的野蛮运动与对博爱的需要、对宽容和解放的酷爱是完全背道而驰的，德雷福斯案就是它的杰作。"左拉将德雷福斯被陷害的原因归咎于种族歧视，认为"这种毒素就是对犹太人的疯狂仇恨，多年来有人每天都向民众灌输这种毒素。这些人是一帮以下毒为职业的人，他们以道德的名义、基督的名义下毒，俨然以复仇者和伸张正义者自居。"如果找不到任何可以说明罪行的合乎人情的理由，只要他是一个犹太人就足够了。对于民众对恶意者的盲目追随的情景，左拉惋惜不已，发出振聋发聩的呼唤，并坚信谎言终被揭穿、民众终将觉醒——"遗憾的是，我们同样也看到了，受到他们毒害的民众被引入歧途，亲爱、渺小、谦恭的老百姓今天都在追击犹太人。但是，如果某一个正直的人用正义之火点燃了他们心田的话，明天他们将会起来造反，把德雷福斯上尉拯救出来。"[1]

12 月 14 日，左拉的散文《致青年的信》以小册子的形式在市面出版，文中以昂扬的激情引导青年去勇敢地探寻真理、主持正义。这本几天之内销量高达 60 万册的小册子，饱含着左拉对青年人打碎谎言织就的沉重幕帐的期冀，认为历史

---

[1] 〔法〕马克·贝尔纳：《左拉》，郭太初译，上海译文出版社 1992 年版。

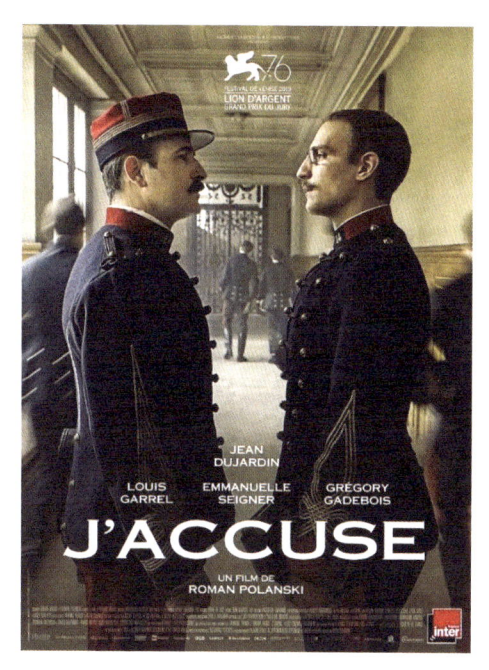

图 14-11 《我控诉》剧照（2019 年）

的重担此刻正在青年身上，所有人均关注着他们，希望由他们去争取人类的真理与正义。"青年，青年！请回忆一下，你的父辈经历了多少苦难与战斗，才获得你此刻正在享受的自由……不要去为谎言喝彩叫好，不要去为粗暴的力量、狂热者的狭隘和野心家的贪婪推波助澜，否则你会犯罪。""你要永远和正义站在一起。我这里要对你讲的并不是我们法典的正义，它仅仅是社会关系的保证。正义还有一种更加高深的概念，这种概念原则上假定，对人的任何判决都可能是错误的，并且假定被判刑的人可能是无辜的，这难道不是一种应当激起你酷爱权利的热情吗？""你未被牵连到任何不光明正大的事情中去，你可以完全清白地、完全诚实地高声说话，你不站出来要求主持正义，又让谁站出来？不是你，又有谁去参加这危险而又壮丽的事业,以理想与正义的名义去与那一伙反犹太主义者抗争?"[1]

左拉加入激烈论战的时候,反德雷福斯的潮流异常凶猛。许多人尽管确信德雷福斯是无辜的,但均避免公开表态。1898年1月10日,军事法庭宣布对"德雷福斯案"维持原判。法庭审理了对埃斯特拉齐少校的控告,尽管埃斯特拉齐承认是他向德国人提供情报,德雷福斯不过是个替罪羊,但法官和陪审员们根据"上面的旨意",还是宣判埃斯特拉齐无罪——军事当局因怕损害自身威信而拒绝改判,用一个荒诞的错误掩盖另一个荒诞的错误。[2]两天之后,1898年1月13日,一篇伟大的万字檄文——《我控诉》诞生了,《震旦报》头版全文发表了这篇文章,创下了当天销售37万份的记录。左拉以令人钦佩的勇气、缜密严谨的剖析、犀利激昂的笔触揭露了围绕在诉讼案件四周的阴谋诡计。

开篇,左拉就义正言辞向总统先生表明了自己的立场以及追求正义的决心——"……真理与公义被打了一记大耳光。一切都太迟了,法国已颜面尽失,而历史将会记载,这样一起严重罪行发生在您的总统任期内。""……既然他们敢这样做,那我也应无所畏惧,应该说出真相。我不想成为帮凶。如果我成为帮凶,在远方备受折磨的无辜者——为了他从未犯下的罪行而遭受最恐怖的折磨——的幽灵将会在夜晚时分纠缠我。"[3]

接着,左拉以翔实的资料对帕蒂少校的行径进行了揭露,声称他是该冤案的幕后真凶[4];至于对那份起诉书的效力性,左拉提出了自己的疑问:在起诉书中,所有的与德雷福斯有关的特征,均被打上了叛国通敌的烙印,"那份起诉书多么肤

---

[1] 〔美〕迈克尔·伯恩斯:《法国与德雷福斯案件》,郑约宜译,江苏教育出版社2006年版,第88页以下。
[2] 〔美〕迈克尔·伯恩斯:《法国与德雷福斯案件》,郑约宜译,江苏教育出版社2006年版,第89页。
[3] 〔美〕迈克尔·伯恩斯:《法国与德雷福斯案件》,郑约宜译,江苏教育出版社2006年版,第88页。
[4] "说备忘录是德雷福斯所写的,是他的主意;要在一间满是镜子的房间检查文件,也是他的主意。福尔内齐蒂少校告诉我们,帕蒂拿着尚未点亮的提灯进入德雷福斯正在睡觉的牢房,突然把灯光射在犯人脸上,意图使受到惊吓的犯人在毫无心理准备的条件下招供……帕蒂少校逮捕了德雷福斯,将德雷福斯关入单人牢房后,立即跑去恐吓德雷福斯夫人,如果她向外界说任何一句话,便会失去她的丈夫。还有很多可以揭发的事,但这不是我的责任;让他们去调查,让他们寻找吧。"〔美〕迈克尔·伯恩斯:《法国与德雷福斯案件》,郑约宜译,江苏教育出版社2006年版,第88页。

浅！一个人有可能因为它而被判有罪吗？如此恶劣着实令人震惊，我要求正直人士阅读它。当他们想到德雷福斯因为它而在魔鬼岛付出不相称的代价时，他们的心将因愤怒、反感而悸动。"[1]

左拉对军方高层明知案件真相却缄口不语的懦弱行径亦进行了强烈抨击，"包括瓦代弗尔将军、贡斯将军及部属，他们的良心正与陆军所谓最重要的利益相对抗，但只持续了一分钟。一分钟过后，他们妥协了。他们的罪比其他人更重，因为他们有权纠正司法不公，却没有采取行动。"[2] 唯一坚持真相的皮卡尔上校却遭到打击，甚至有被杀人灭口之危险。"皮卡尔上校以正直人士的身份尽其本分，以正义的名义恳请认真处理这起事件，希望切勿让它愈演愈烈，最终演变成公共灾难。但皮卡尔上校被他们愈调愈远，最终调到了突尼西亚。他们甚至想要指派他从事一项必然会招来杀身之祸的任务，莫赫斯侯爵就是在同一地区被杀的。"[3]

左拉还对二审军事法庭审判员身份的合理性质疑，"由于这些军人的血液中含有纪律的因子，难道这不足以取消他们担任公平审判的资格吗？纪律意味着服从，陆军部长是陆军的最高司令，他宣布的判决，您怎能期待另一个军事法庭会推翻？"[4]

尽管如此，左拉还是表达了对正义终将实现的信心——"总统阁下，我知道您无权过问，您是宪法的囚犯。但我没有一刻感到绝望，我知道真理会取得胜利。我较以前更深信真理正在向前迈进，没有什么能阻挡它。""至于我控诉的人，我从未见过他们，和他们没有恩怨仇恨。我在此采取的行动只不过是一种革命性的方法，用以催促真理和正义大白于天下。我只有一个目的：以人类的名义让阳光普照在饱受折磨的人身上。我的激烈抗议只是从我灵魂中发出的呐喊。若胆敢传

---

[1] "包括掌握数国语言、找不到任何有损他声誉的文件、偶尔的回乡探访、勤奋工作中强烈的求知欲、平时从不惊惶失措但在审讯中却惊惶失措等。"
[2] 〔美〕迈克尔·伯恩斯：《法国与德雷福斯案件》，郑约宜译，江苏教育出版社 2006 年版，第 88 页。
[3] 〔美〕迈克尔·伯恩斯：《法国与德雷福斯案件》，郑约宜译，江苏教育出版社 2006 年版，第 88 页。
[4] 〔美〕迈克尔·伯恩斯：《法国与德雷福斯案件》，郑约宜译，江苏教育出版社 2006 年版，第 88 页。

唤我上法庭，让他们这样做吧，让审讯在光天化日下举行！"[1] 文末，左拉将案件中包括真正的罪犯、审判者、司法监督者、司法鉴定专家、新闻媒体等一系列个人与机构推上审判席，以八个段落篇幅的铮铮之辞对其发出了愤怒的控诉与指责，气势磅礴、正义如山。

这篇奇文引起全法境内的极大轰动，甚至德国、英国的高层人士也开始关注此事。很快，军方以"诽谤罪"对左拉提起指控，最终判处其一年监禁和三千法郎罚金，左拉被迫流亡英国。1899年9月，德雷福斯被总统特赦。但直到1906年7月12日，即左拉逝世四年后，蒙冤长达十二年的德雷福斯才获正式昭雪。

德雷福斯案中，左拉以公共知识分子的姿态首次登上社会舞台，掀起了捍卫真理、阻止公权力蜕变的民众运动，保护了少数族裔的人格尊严，挽救了法兰西共和国的荣誉。在此之前，人们只知道他是一位伟大作家；而1897年到1900年的事实表明，他的勇气与正义感并不亚于他的才华。他是如此不遗余力地为一个与自己毫无瓜葛、同军方势力与国家利益相比实在微不足道的犹太人在说话，维护他的权利、名誉与尊严；他以一己力量向拥有强大权威的国家机器挑战——正是这个机器制造了光天化日下的冤案却拒绝悔改；他不惜以抛弃所享荣誉与安逸生活为代价，不畏惧走上法庭、被监禁、被流放，不在意铺天盖地的谩骂与侮辱，将这场势力悬殊的事业坚持到最后一刻，为维护法兰西的精神而反对法兰西，彰显了无与伦比的良知、勇气与大爱。

1〔美〕迈克尔·伯恩斯：《法国与德雷福斯案件》，郑约宜译，江苏教育出版社2006年版，第88页。

图 14-12 《震旦报》全文刊登《我控诉》

知识链接

关于"公共知识分子"称呼的由来,1898 年,为了给德雷福斯翻案,左拉在法国的《震旦报》上发表了万字长文《我控诉——致法兰西共和国总统的一封信》;第二天,《震旦报》上又刊出了《我抗议》,在这篇支持左拉行动的短文下面,署有法朗士、普鲁斯特等一大批法国"文学士"和"理学士"的签名。从此,左拉的身后开始迅速出现了"一支看不见的军队——全欧洲和全世界的钦佩做靠山"(茨威格语)。这些人的支持,不仅给了左拉以巨大的精神安慰,也使后来的人们终于看到了知识分子的群体力量。同年,法国出版了一本《法国文学界向埃弥尔·左拉致敬》的书,书中支持左拉的人由此被称为崭新意义的"知识分子",左拉的"控诉事件"便成为全世界的"知识分子的宣言"。它不仅体现了知识分子对现代社会公共事务的高度关注,体现了他们对公正、真理与真相的执着追求,也体现了他们内心深处"生命尊严高于国家利益、人的价值胜过一切权威"的伦理观念。

1902年，左拉的葬礼上，法国著名文学家法郎士沉痛致词，将左拉誉作"人类良心的一刹那"。[1] 马克·吐温亦感慨万分，对左拉在德雷福斯事件中所起的作用予以极高的评价："一些教会和军事法庭多由懦夫、伪君子和趋炎附势之徒所组成；这样的人一年之中就可以造出一百万个，而造就出一个贞德或者一个左拉，却需要五百年！"[2] 1998年1月，在《我控诉》发表一百周年纪念集会上，希拉克总统发表演讲，对左拉予以真挚的致意——"让我们永不忘记一位伟大作家的勇气，他冒尽风险，不顾自身的安危、名誉甚至生命，运用自己的天分，执笔为真理服务……左拉，一如伏尔泰，是法兰西最佳知识分子传统的化身。"[3] 是的，法兰西感谢左拉，整个人类都将感谢左拉。

　　早在启蒙思想时期，我们就已经注意到法国自由知识分子所秉承的为了"正义、自由、真理"而呐喊、而斗争的传统，他们为了民众个人权利的实现而倾力奔波——18世纪，伏尔泰为新教徒卡拉斯一家的冤案游走呼告[4]；19世纪，左拉为犹太裔军官德雷福斯的冤案愤怒控诉；20世纪，波伏娃为争取民族独立的阿尔及利亚姑娘德贾米拉被俘案挺身而出[5]。正是他们的勇气与坚强，正是他们所代表的人类的良心，才使得正义免受屠戮，真理得以昭彰。以法国文学家为代表的自由知识分子，在人类进步的路途中所扮演的先行者角色注定将被载入史册。

1　〔美〕迈克尔·伯恩斯：《法国与德雷福斯案件》，郑约宜译，江苏教育出版社2006年版，第76页。
2　〔法〕马克·贝尔纳：《左拉》，郭太初译，上海译文出版社1992年版，第32页。
3　〔法〕马克·贝尔纳：《左拉》，郭太初译，上海译文出版社1992年版，第66页。
4　参见本书对伏尔泰介绍部分。
5　1954年，法属阿尔及利亚爆发民族独立战争。阿尔及利亚姑娘德贾米拉·波巴查参加民族解放斗争，为祖国独立而战，却被送进集中营，遭到法军士兵的凌辱和酷刑，并可能被处死刑。波伏娃为了她开始奔波，她走上街头抗议、发放传单，最终使得波巴查获得释放。参见〔法〕克洛德·弗朗西斯、弗朗德·贡蒂埃：《波伏娃：激荡的一生》，唐恬恬译，广西师范大学出版社2009年版，第77页。

深度阅读

19世纪下半叶，自由资本主义进入垄断时期。科学与技术的结合加速了财富的创造，给人们带来了巨大的生活利益。科学成为人们心目中新的上帝，理性也被认为是"万物之灵长"之人类的根本属性。西方人的精神世界中，19世纪是一个科学取代上帝、理性取代信仰的时代，理性主义思潮发展至巅峰状态。人们更加坚定了三个信念：人是理性动物、人类凭借理性可以把握自然规律与世界秩序、人类可以征服自然。

对科学的崇拜，使得人们对科学的理解不仅限于科学本身，而且扩展到用科学的方法去研究一切问题。他们热衷于建立各种学科，并相应制定出一整套严密的概念、定理、研究范式，这被认为是一件荣耀至极的事。恩格斯对当时的状况深有感触："人们……想出各种各样的体系并且力求探寻一种革命的科学。仿佛谁不建立体系，就不配生活在19世纪。"[1] 正是这样一种精神风气，在文学领域熏陶出两类枝繁叶茂的奇葩：一是以福楼拜、梅里美、莫泊桑、左拉为代表的自然主义文学；一是以司汤达、巴尔扎克、狄更斯、哈代、陀思妥耶夫斯基、托尔斯泰、契诃夫、马克·吐温、易卜生为代表的批判现实主义文学。文学家们虽然世界观与价值取向不尽相同，但均秉承客观中立、价值无涉的写实主义原则，以还原客观世界的原貌为创作旨归。

1《哲学的贫困》，载中共中央马克思恩格斯列宁斯大林著作编译局：《马克思恩格斯全集》（第四卷），人民出版社1958年版，第157页。

在这种大环境下,刑法学领域,对科学本身的热爱及对科学的研究方法的追崇,催生了刑事实证学派的萌芽与发展。早期的实证学派侧重于人类学的研究,关注人的自然属性与犯罪行为的关系;后来逐渐向社会学过渡,希望透过自然环境、社会环境以及人的生物属性的角度来考察犯罪与刑罚。该时期刑法理论整体向意志决定论与主观主义倾斜,由对犯罪行为的研究转向对犯罪行为人的关注,并提出人身危险性、社会责任论等基本概念;另外,基于犯罪行为的生物、自然、社会环境决定论,刑罚观开始由报应刑向目的刑、教育刑转变。

一、自然主义文学与刑事人类学派

19世纪下半叶开始,以《物种起源》的发表为标志的自然科学进入黄金发展期,生物遗传学取得了重要进展。法国遗传学家、医学家吕卡斯的《自然遗传论》将一切肉体与精神的病例归结为遗传基因的作用,认为遗传基因具有隐性与显性特征,一个成员对某一变异基因的携带,可能导致整个家族精神或肉体的病变。法国生理学家、医学家克洛德·贝纳尔在其医学著作《实验医学研究导论》中,提出了一种与经验论和唯理论抗衡的医学实验方法,贝纳尔将它叫作决定论,即精确决定客观存在的必要条件,主要理论根基是自然界因果关系所具有的规律性。

哲学思潮方面,实证主义、唯意志论、直觉主义大行其道。法国哲学家孔德的实证主义是自然主义的理论基础,主张只对具体事实和现象进行研究,而不必追究事实和现象领域的本质与规律性。[1] 叔本华强调生存意志（或称生活意志、生命意志），认为这种意志是万物之源，根本不受理性制约。柏格森公开反对理性，认为生命冲动是宇宙万物的主宰，用神秘的生命冲动解释物种的形成和进化。尼采狂热地宣传"权力意志论"和超人哲学，鼓吹强者统治弱者的理论。

由于自然科学的发达，刑法学亦开始采用实证方法进行研究，即以实证（确定）的事实作为依据进行研究，刑事实证学派诞生。[2] 实证学派包括人类学派与社会学派两个分支。前者完全运用自然科学方法于犯罪与刑罚领域进行研究，注重罪犯的生物学因素；后者则始于垄断资本主义时期，为了抑制犯罪激增的社会需要而产生。无论是人类学派还是社会学派，均对启蒙思想时期的"意志自由论"产生疑问，认为人的意志是被决定的，主张对犯罪原因进行多层次、广角度的考察，以主观主义与社会防卫论为基础创立对危险行为人适用的保安处分措施，刑罚层面则由报应刑观念向目的刑、教育刑观念转变。

与龚古尔兄弟的文学作品以及《卢贡-马卡尔家族》等自然主义文学相契合，刑事人类学派思想开始萌芽与发展，探讨重心在于医学解剖刀下被剥落了的人类自由意志。

切萨雷·龙勃罗梭（Cesare Lombroso，1835—1909年）是刑

---

[1] 孔德是经典社会学的创始人之一，他主张只研究具体的事实和现象，而不追究事实和现象领域的本质与规律性。这种观点实际上就是自然主义不同于现实主义的最显著特征。

[2] 马克昌主编：《近代西方刑法学说史》，中国人民公安大学出版社2008年版，第161页。

事人类学派的开创者,其刑法思想核心是"天生犯罪人",并以此为对象,从生物学、人类学角度,运用实证的方法揭示犯罪人的特性在于其人身危险性,主要刑事理论围绕如何衡量犯罪人的人身危险性展开。

犯罪原因方面,与刑事古典学派的客观主义相左,龙勃罗梭第一次将理论研究重点放在犯罪人身上,重视犯罪发生原因及犯罪人的生理特征,并将人身危险性与危险个人的概念引入刑法学研究领域。龙勃罗梭认为,古典学派关注犯罪行为,研究局限于法律规范,研究方法上追求理性思辨、脱离个案,使得犯罪研究陷于空洞的哲理之中。

19世纪后期达尔文《物种起源》的出版形成以科学方法研究自然与社会现象的学术氛围,龙勃罗梭将达尔文的进化论与孔德的实证主义研究方法纳入犯罪原因研究,从生物学角度阐述"天生犯罪人"是人身危险性的必然结果,极大地开拓了刑法学的研究视野。他强调犯罪是一种自然现象,同出生、死亡、妊娠一样,力图运用生物学对犯罪原因作出科学说明,以此来彻底否定贝卡里亚的意志自由论。

在《犯罪人论》中,龙勃罗梭开门见山地指出:"意志自由只是哲学家虚构的,现实生活中,根本没有意志自由可言,人的行为受遗传、种族先天因素影响,对这些人而言,犯罪是必然的。"[1] 同时,作为一名法医,龙勃罗梭擅长运用实证主义方法,

---

1 〔意〕切萨雷·龙勃梭:《犯罪人论》,黄风译,中国法制出版社2000年版,第319页。

注重系统观察与测量第一手资料的获取,将结论建立在严格的数据之上,结束了对犯罪抽象理论形而上学的时代,将刑法学的研究视野从"犯罪行为"转向"犯罪行为者"。

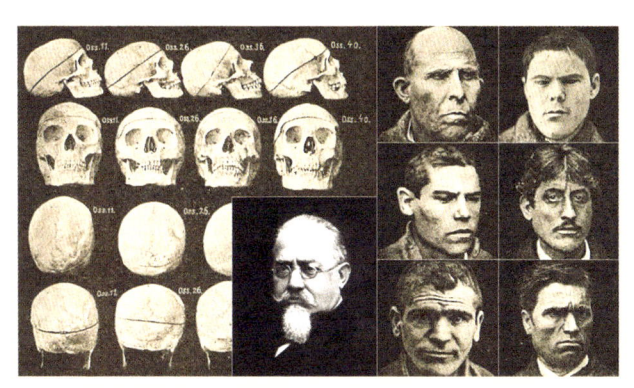

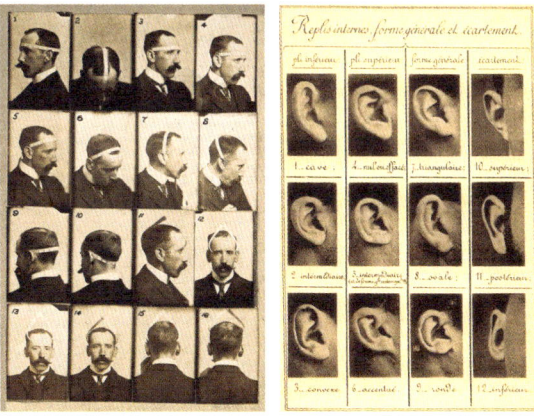

龙勃罗梭研究用图,头颅、耳廓

龙勃罗梭提出的"天生犯罪人"之命题，正如左拉的自然主义巨著《卢贡－马卡尔家族》中遗传因素对犯罪的影响一样，是对"意志自由"传统信念的直接挑战。这一学说虽然被后继学者所否定，但它将以抽象的概念方法研究"凝固的犯罪行为"转向以实证方法来研究"变化中的犯罪者"，将刑法理论研究引入所谓科学或实证的新时代。龙勃罗梭早期曾以生理学与隔世遗传学的原理解释犯罪，认为犯罪的原因在于犯罪人先天的身体构造异于常人。其原因有二：一是隔世遗传的产物，是返祖现象（从高级阶段滑向低级阶段），他们的行为不可避免地与现代文明社会的规范与期待相抵触，从而常常易陷于犯罪；二是退化，即尚未达到高级阶段就停滞不前或向后倒退。该理论体系与自然主义文学所探讨的对象、研究的结论如出一辙，这可以从龚古尔兄弟的《热曼妮·拉瑟顿》《勾栏女艾丽莎》等著作中得以鲜明体现。另外，与龚古尔兄弟、左拉等作家的实验性描写手法相似，龙勃罗梭通过对"裘克家族"的研究，肯定了隔世遗传理论；此外，龙勃罗梭还曾经调查过一百零四名罪犯的家族遗传历史，并在此基础上提出"天然类聚说"，认为两个犯罪家庭联姻后，犯罪遗传的影响更甚。因此，一个家族中犯罪人数也逐渐增加，该类聚是一种自然趋向。[1]可以看到，龙勃罗梭之观点完全可以与左拉的小说《卢贡－马卡尔家族》中的《娜娜》《小酒馆》《萌芽》等作品进行对比性研究，得到的结论大体一致。

---

1 参见陈兴良：《刑法的启蒙》（第3版），北京大学出版社2018年，第249页。

责任论与刑罚根据方面，龙勃罗梭创立了社会防卫论与特别预防论体系。古典学派将刑事责任基础建立在意志自由理论基础之上，主张道义责任论。龙勃罗梭作为决定论倡导者，彻底推翻了意志自由的神话，认为犯罪是不可避免的客观现象；为了保护社会，刑罚亦不可避免，因此刑罚除了自然防卫的需要，除此之外，再无别的根据。龙勃罗梭曾对自然学派的学者提出如下疑问："野兽食人，本性使然，人遇之，击毙而已。""如果不是依据防卫的权利，还有什么其他权利对精神病人、传染病人进行隔离呢？"由此可见，报应与威慑都是空话，刑法存在的唯一根据就是社会防卫。

刑罚论中，龙勃罗梭否定了古典学派提出的刑罚与已然犯罪相适应主义，并排斥一般预防论，认为刑事案件的频发证明了一般预防论的谬误；必须代之以刑罚与个别预防之适应，强调特别预防的观点。他所主张的社会责任论认为，刑罚不再是对付犯罪的唯一手段——因为犯罪不是个人自由选择的结果，而是由于先天基因或堕落因素造成的，几乎不可救药；刑罚不可能对天生犯罪人产生威吓作用，只是一种再造或者消灭犯罪人肉体的手段，因而龙勃罗梭力主对传统刑罚制度进行根本性变革。

刑罚适用与目的方面，龙勃罗梭认为，犯罪是由犯罪人各自不同的生理、心理特征造成的，因而罪犯的主观危险性不同。对罪犯的处罚轻重，不应当根据犯罪事实的大小，而应根据人身危险性的大小来确定。同时，龙勃罗梭以先天犯罪人为根据提出

"剥夺犯罪能力"论，主张社会防卫是刑罚的第一目的，改善犯罪人是刑罚的第二目的。龙勃罗梭强调，应当研究具体的犯罪人而非抽象的犯罪，继而提出"个别化处遇原则"与刑罚的不确定性制度。尤其可贵的是，龙勃罗梭率先提出了"犯罪人分类"理论，根据犯罪人行为的性质——天生犯罪人、偶然犯罪人、激情犯罪人等，分别处以刑罚。我们注意到，龙勃罗梭对犯罪人的分类与托尔斯泰在作品《复活》中对犯人的分类有所重合、亦有所差异，可以进一步深入对比研究。应当指出，以往的古典学派仅有对犯罪的分类，并没有对犯罪人的分类。因此，龙勃罗梭完成了从研究犯罪到研究罪犯的伟大转变，其犯罪人的分类与处遇措施的一一对应，开辟了刑法学理论的新纪元。

二、批判现实主义文学与刑事社会学派

19世纪末，尼采曾发出振聋发聩的惊呼："上帝死了！"从某种意义上而言，这意味着以基督教为核心的西方传统文明价值体系完全崩溃。文艺复兴时代，人文主义者并不反对上帝，只是抗拒上帝对人类感性的极端抑制，要求上帝将人的独立性还给人类。17世纪，培根"知识就是力量"口号的响亮提出，实际上是利用人智向上帝标示自我力量的强大，认为上帝的智慧人类也可拥有，对以往上帝才能掌握的自然奥秘的揭露就是最好的证明。进入18世纪，自然科学的迅猛发展进一步增强了人类的无限自信，人类开始以科学为武器质疑上帝的存在，一种试图摆脱上帝的崭新世界观与价值观开始形成。迈入19世纪，自然科学走向

前所未有的繁荣，给人类带来极大财富的同时，人类的傲慢亦逐渐膨胀，认为利用科学可以完成一切上帝才可以完成的事。自然科学取代了上帝的位置，或者说掌握了自然科学的人类驱逐了上帝。尼采的宣言预告上帝在人类的观念世界中逐渐隐退、消失。

但是，人类的自然属性首先是肉体需求，自私、贪婪、好斗、纵欲等劣根性始终在人类灵魂深处蛰伏。1859年，达尔文《物种起源》的出版，使得人类"性恶论"得到了自然科学而非宗教教义的确证——人类的动物属性与生俱来，人的原罪即产生于这种动物属性。这一时期，批判现实主义作家们仍在执着地探索着"人性"之话题，从其文学作品中可以追溯到三种类型的"人性论"。巴尔扎克、托尔斯泰、陀思妥耶夫斯基、哈代等作家均持"性恶论"的观点，认为是人的生物性决定了其蛰伏于灵魂深处的恶，恶之本能随时会因环境的刺激强烈迸发出来，吞噬善良、毁灭良知。而福楼拜、龚古尔、左拉、莫泊桑则从自然的角度阐明人性本无善恶之分，在一定环境下的人类根本无法控制自己的本能，如果恰好社会将这种"本能"规定为恶，他就必须接受刑罚的惩罚；如果社会恰好鼓励这种本能的存在，则会成为道德楷模。司汤达、狄更斯、马克·吐温在其作品中则持"性善论"，认为人性趋善，但社会的道德偏见、不合理的制度使得人的善良天性蒙受污损，带来了人间的悲苦与罪恶。

从西方宗教与世俗约束角度考虑，基于人性本质的不可确定性，进入文明社会的人类必须依靠自身创造的文明，例如国家暴力机器、刑律、宗教、道德等来约束原欲，维系社会的正常发展。人类文明创造的诸多对人性的外界约束中，宗教的意义远非刑律与世俗道德可以比拟——上帝所设置的天堂与地狱之界限，是刑律与世俗道德无力干涉的终极天平，无论贱民与权贵、弱者与强者、贫民与富翁，身死之后的归宿取决于人们活着时候的价值取向。在上帝面前，谁也逃脱不了末日审判。上帝存在的意义，就在于人类理性的有限性或者理性本身具有的邪恶性——对于在内心律法的谴责与人间法律的制裁中痛苦挣扎的人而言，对于在灵魂价值与肉体利益的权衡中苦恼辗转的人而言，"上帝是一种光、一线希望、一块精神馅饼"[1]。因此，从世俗角度来讲，宗教思想无疑可以遏制邪恶的滋长，也就阻止了自然犯罪行为的恣意横行。当上帝隐退之后，天堂与地狱、世俗生活与末日审判等均化为乌有。一个在精神领域驱逐了上帝的时代，必定是一个物欲横流、纵情声色、无所顾忌的时代；在个性自由、物竞天择理论的宣扬下，人不再是终极目的，人可以为所欲为，每一个人均化作他人的工具。脱离了道德义务与群体观念的人们无法去爱"自己的邻人"，所有的人际关系都基于赤裸裸的物质利益而维系。如此，这个历来依靠"天堂、地狱、末日审判"来对自己的原欲进行约束的世界，立刻演变为"一切人反对一切人""他人即地狱"的社会。

批判现实主义大师巴尔扎克在《人间喜剧》中，将新生的资

---

[1] 启良：《西方文化概论》，花城出版社2000年版，第132页。

本力量、灵魂的统治者——"金钱"作为其伟大史诗的主人公,意图告诫人们利己主义已经成为整个世界的动力,人类的善良天性根本无法阻挡金钱与恶欲的诱惑,人类逐渐向地狱沉沦。左拉、龚古尔、史蒂文森的作品中,亦揭示了情欲正如魔鬼般蛰伏于人类肉体深处,人的行动不可抗拒地俯首于情欲的肆虐。托尔斯泰与陀思妥耶夫斯基一生的作品均处于对人性的不断挖掘与研究之中,他们认为人身上的恶要比那些自然主义文学家所估计得多得多、也深得多。在任何社会制度下,人性永远是善恶兼而有之。酷刑与流放乃至死刑均无法对人类社会的进步有丝毫作用,人只有意识到自己的罪恶,采取自罚的态度,才有可能获取永远的救赎。正如18世纪爱尔兰文学史、思想史学者伯克所言:"人们能够享受自由的程度取决于人们是否愿意对自己的欲望套上道德的枷锁;取决于他们对正义之爱是否胜过他们的贪婪;取决于他们正常周全的判断力是否胜过他们的虚荣与放肆;取决于他们要听智者与仁者的忠告而非奸佞的谄媚。除非有一种对意志和欲望的约束力,否则社会就不会存在。内在的约束力越弱,外在的约束力就越强。事物命定的性质就在于此。不知克制者不得自由,他们的激情铸就了他们的镣铐。"[1]

总结19世纪后半期批判现实主义文学,它们与当时的刑事思想完全沿着相同的轨迹萌芽与发展,均是达尔文进化论与孔德实证主义研究方法的产物。在18世纪贝卡里亚等启蒙思想时代的

---

[1] 转引自陆建德:《破碎思想体系的残篇》,北京大学出版社2001年版,第195页。

刑法学家眼中，理性是第一位的，其学说依然以上帝所赋予人类的"公平、正义、平等"为基础，带有自然正义的色彩。而到了19世纪，随着《物种起源》的广泛传播，人们将上帝彻底驱逐出人间。既然上帝对尘世的"监控"撤离了，人可以想做什么就做什么。人心灵的善恶只有自己知晓，人行为的善恶只有法律才可以判断。就人的生物性而言，强力或者强权就是公理，人们自愿从自我心灵的束缚中解脱出来，俯首于人定之"法律"的评判与制裁。刑事思想的走向也随之由启蒙时代的自然正义向社会正义转变。

19世纪后半期，垄断资本化过程中，人口向大都市涌入，累犯、常习犯增加，少年犯也呈激增趋势，刑事古典学派的犯罪理论无法对该种状况进行合理周详的解释。在刑事人类学派的基础上，刑事社会学派应运而生。刑事社会学派重视犯罪的社会学原因，以德国学者李斯特为代表人物，但创始人是谁很少论及。事实上，比利时学者凯特莱（Quételet，1796—1874年）于《社会物理学》中最早提出"犯罪的原因不在于个人而在于社会"的观点，认为犯罪的发生、消灭、增减莫不受社会的影响；犯罪与气候的寒暖、年景的丰歉也有很大关系。他的主张与李斯特等学者主张的犯罪原因二元论有所不同，但在强调犯罪的社会原因上保持一致，且在时间上先于李斯特等学者。因此，凯特莱可以说是刑事社会学派理论的先驱。近代学派以实证主义为理论基础，包括以下主要观点：

第一,关于犯罪原因。凯特莱以社会学方法研究犯罪,主张犯罪的原因不在个人,而在于社会。这在西方批判现实主义文学中可以找到大量的事例作为支撑。菲利主张三元犯罪论,认为犯罪无外乎是"体质的、地理的、社会的"三种原因。《人间喜剧》《卡门》《复活》《卡拉马佐夫兄弟》《高龙巴》等从实践角度对该观点进行了确证。李斯特主张二元犯罪论,认为犯罪的原因包括"社会与个人"的原因,尤其强调社会原因,将大众的贫穷看作是"犯罪行为的培养基"。《罪与罚》《华伦夫人的职业》《小酒店》等作品是支撑该理论的杰出代表。

第二,关于意志自由。刑事社会学派否定了古典学派的意志自由论以及由此产生的道义责任论,认为世界上任何事物(包括犯罪现象)的存在均受多种因素的促成或制约。菲利对古典学派"犯罪是人们基于趋利避害的本性自由选择的结果"之理论给予批评,指出"我们的行为依照我们身上的要素与我们环境的要素竞合而左右,从而为之的意思也以此等要素是必然的因果,而我们绝没有成为意思自由之物"[1]。在批判现实主义作品中,每一个角色似乎均失去了对自我意志的主宰,他们于彷徨、恐惧、无奈的矛盾心理下实施被社会定义为犯罪的行为,例如《章鱼》《德伯家的苔丝》《化身博士》即以主人公的亲身经历证明该种观点的客观性与合理性。

第三,关于刑事责任的依据。社会学派反对古典学派的道义

---

[1] 〔意〕菲利:《实证派犯罪学》,郭建安译,中国政法大学出版社1987年版,第14页。

责任论，理由是"人的意志绝非自由"，因而犯罪人承担刑事责任的基础，并非道义对他的谴责，而是为了保护社会的需要，继而提出了社会责任论。菲利认为，一个罪犯之所以受到刑罚惩罚，是因为他作为社会的一员，对于给社会造成的危害必须自负其责。这一点在《死屋手记》《萨哈林旅行记》和《游美札记》中可以找到与之契合紧密的理论性描述。

第四，关于主观主义或人格主义。社会学派反对古典学派的客观主义，认为犯罪人的性格应当是科刑的重要标准。李斯特将刑罚处罚的重心归结为犯罪人，特别是其性格心理状况，认为应当以其性格、恶性、反社会性为标准，个别地加以刑罚。在此点上，批判现实主义文学与刑法思想产生了龃龉，《红与黑》《第六病室》《死屋手记》等作品均从相反的角度对该理论进行了旗帜鲜明的辩驳，提倡客观主义刑法思想。

第五，提出目的刑理论。近代学派反对古典学派的报应刑主义，认为刑罚不是对犯罪的单纯报应，而应追求其他目的。李斯特将法所保护的利益分为私法益（生命、自由、健康、财产、名誉等）与公法益（国家的存在与安全）。换言之，刑罚以预防再犯、防卫社会为目的。近代学派的早期目的刑主义只是特殊预防，避免犯罪人再犯。后期逐渐发展为教育刑，主张刑罚的目的是对犯罪者的再教育与改善，将社会防卫的人道性与刑罚的再教育性理解为刑罚的本质。《雾都孤儿》与《悲惨世界》的主人公的遭遇对此观点进行了有力的佐证。

行走着的歌
——文学对刑法思想发展脉络的完美诠释

以西方文学作品为镜像,从古朴粗犷、崇尚自然法则的远古时代一路走来,我们已经清晰地捕捉到西方刑法思想在孕育、发展、进化过程中所历经的数个关键性镜头——从训谕原罪、禁锢人欲的中古时代,到肯定原欲、释放人性的文艺复兴时期;从提倡公民义务与群体利益、重视规则与秩序的古典主义时期,到旨在开启人智、宣扬理性的启蒙思想时期;乃至近现代以来,西方刑法思想从向客观主义、理性精神的大步迈进,到向主观主义、感性世界的黯然退守,在极速发展的自然科学与风起云涌的哲学思潮的刺激与引导下,终于形成了多元观念之间全面冲撞、竞争、妥协、融合的局面。分裂与整合、蜕变与异化、衰亡与新生——在西方刑法思想所经历的每一次巨大变革的背后,我们均可以发现包蕴着相同主题的文学作品之身影。

从文学作品对法学思想的观照来看,二者存在显著的历时性差异——揭示法律生存危机的文学作品的出现在时间上往往先于刑法思想的变革。不仅如此,从各个时期流传至今的主流文学作品考察，西方文学作品在漫长岁月的积淀中，已经形成了对法律的批判传统（在每个历史阶段的末期，这种现象表现得尤为明显；甚至在同一历史时期，也有不同程度的波动与反复）——所谓的正典文学所传达的声音更多是对实证法的挑战、质疑与抨击，而非支持、理解与赞美。换句话说，这些具有远见卓识的作品的问世亦是当时社会问题迭出、法律危机频露的综合指征之一。

作为刑法学专业的学生、理论研究者与实务操作者，从开始接触刑法基础知识，到各个阶段对刑法理论的不断理解与深化，继而以法学理论为指导开展各项法学实务工作，相信在我们的心目中，始终贯穿着一个难以释怀的疑问：我们当今所学习、所探讨、所运用的西方刑法学思想中，最大限度地包蕴着人类对自由、平等、正义的不懈追求，因而成为彰显人类文明结晶、代表历史进化方向的典范，也成为包括我国在内的东方民族法治建设的参考；然而，囿于研究视野的狭隘与学术积淀的浅薄，笔者所接触的刑法学文献中，大多将对西方刑法理论的各种话题探讨的范围界定于18世纪启蒙思想时期之后，这就使得笔者对西方刑法理论的演化史产生了错觉——在经历了擅断、蒙昧、残酷的宗教刑法之千年统治后，西方刑法于一夜之间绽放出近现代刑法理念的完美雏形。该结论的荒谬性显而易见，历史发展的链条是环环相扣的，人类社会每一进步阶梯中必然隐含着旧有文明的基因。但是，启蒙思想时期之前的西方刑法思想究竟历经了怎样的演化过程，启蒙思想时期刑法理念所彰显的进步人文观背后到底涌动着何种连绵而至的推动力，以及在特定时期的刑法思想与人文背景之间存在如何错综复杂的关系？对这些疑问的探讨与解答，构成了本书所力图呈现的客观事实的最终旨归。

通过历史变迁视域中对西方刑法思想与文学思想的考察、分析与归纳，我们可以看到，西方刑法思想萌芽、发展、变革、进化，与以文学作品为载体的人文背景有着深厚的血缘关系。从文学作品对刑法学思想的镜像化反映可以看出，"法典"中的法与"行动"中的法总是有差距的。但这种差距并非空洞地存在，亦绝非法律进化过程中的陷阱，而是潜藏着无限能量与变革的空间，也是刑法专业人士与普通民众法律思想进行激烈交锋的平台。借助对这种交锋的分析，我们可以看到西方刑法思想是如何在世俗社会得以维持，以及历经不同层面、不同角度的解释与批判逐渐变得强大与坚固。

刻录远古时期人类社会生活图景的古希腊神话，充分彰显了童年时代的人类张扬个性、放纵原欲、肯定个体生命价值的人文特征，其中蕴含着根深蒂固的世俗人本意识，这种原欲型文化模式逐渐积淀为西方文明的两大源流之一。从西方刑法思想史角度考察，人类文明早期对侵害者的惩罚大多源于生物学意义上的护种本能。古希腊城邦司法制度产生之前，以私力复仇为主的原始、朴素的报应观是解决纠纷与仇恨的通行法则。公元前6世纪左右，已经在自然状态下演化了千年之久的罪罚现象，逐渐进入西方人的理性思考范围，人们用生存环境的需要、自然法则的恪守等理由来求证城邦刑罚权的正当性，人类社会开始由荒蛮迈入文明。以普罗塔格拉、柏拉图、亚里士多德为代表的古希腊哲学家引导人类迈出了这伟大的一步。他们以朴素、直视的观点考察犯罪与惩罚现象，认为罪与罚就像江河湖海、山川草木、飞禽走兽般属于自然现象，鼓励人们将其当作大自然的一部分或者在大自然的延长线上加以把握，并引导人们重视家族利益、城邦利益、"与自然相一致"地生活。

希腊化时期，马其顿帝国击溃希腊城邦，文化中心亦转至两河流域，不同民族间开始混居，异质文化得以融合。马其顿的君主制摧毁了希腊民主制，市民参与国家管理的权利消失，维系整体利益的观念不复存在，价值重心亦由城邦移到个人——如何获得个人幸福成为哲学思想的重要课题。此时产生了与个人幸福、利益攸关的斯多葛学派（禁欲学派）与伊壁鸠鲁学派（快乐学派）。该理论所具有的涵摄力不仅对同时期的刑法思想颇有影响，而且辐射至若干世纪之后——18世纪的功利主义刑法思想与上述学派分享着共同的理论基石。

征服了希腊城邦的古罗马崇尚武力，追求社会与国家、法律与集权的强盛与完美。希腊在大小城邦被罗马人武力征服的同时，亦以其独特的民族魅力成功地对罗马进行了反征服——面对辉煌灿烂的古希腊文化，罗马人毫不掩饰其惊叹与崇敬之情。他们将希腊神话中的神祇巧妙地更改为罗马姓氏,借以开创了自己的民族神话;与希腊神话的灵动活泼相比,古罗马文学具有更强的理性精神和集体意识,具有庄严崇高的气质。刑法思想层面,罗马人以务实的精神承袭了古希腊人所尊崇的自然法观念;与古希腊刑法对私人领域介入较多之司法实践相异,古罗马刑法侧重于刑罚权对公领域的介入,《十二铜表法》被公认为是罗马成文法典之鼻祖,在第八表、第九表中,刑法由对个人、家庭的保护逐渐向宗教、城邦领域渗透。

无论是形式还是内容均臻于完美的古罗马刑法并未能阻止罗马帝国的轰然坍塌。当时的欧洲人普遍认为,不可一世的罗马帝国毁灭的原因之一,是罗马人对古希腊原欲型文化极端化、片面化推崇,造成群体理性与个体原欲间制衡关系失调。[1]此时是希伯来—基督教文学的鼎盛期。与古希罗文学相反,它是一种强调群体本位、抑制原欲并肯定超现实之生命价值的宗教本位思想。这种抑欲型文化模式逐渐发展为西方文明的第二条源流。追寻理性生活的群体性心理需求为教会刑法思想的渗透与蔓延提供了良好的精神土壤——"强调抑制原欲、注重精神寄托、鼓励群体本位"的教会刑法逐渐发展为严密强大的逻辑体系,与罗马法、日耳曼法并列成为欧洲近代三大刑法渊源。[2]随着教权执掌者对教谕的恣意解释与苛刑酷罚的滥用,人的主体性无限萎缩,上帝成为人的异己力量,人们对它的反叛也就在所难免,对新的文化模式的追寻成为历史发展之必然趋势,文艺复兴运动蓄势待发。

文艺复兴前期,古希罗文明与希伯来—基督教文明产生大规模的冲突、互补与融合,西方社会的整个基础价值面临新的选择与缔造。历经文艺复兴的洗礼,被压抑已久的西方人终于冲破基督教之桎梏,从肉体到精神均酣畅淋漓地浸润于古希腊与古罗马文明的个性自由、心智自主之模式中。其中以彼得拉克、薄伽丘、拉伯雷作品的反叛色彩最为浓厚,这是一种对古希罗文明的回望与翻新。在

---

1 参见〔英〕罗素:《西方哲学史》(上卷),何兆武、李约瑟译,商务印书馆1997年版,第549页。
2 参见〔法〕勒内·达维德:《当代主要法律体系》,漆竹生译,上海译文出版社1984年版,序言。

古希罗文明提倡个体主义与原欲精神的映衬下，教会刑法的擅断、残酷与对人性的悖逆成为众矢之的，刑法思想亦由教会把持的神性向世俗人性回落。文艺复兴末期，西方社会的群体心理再次萌发向原欲型、放纵型文化模式涌动的迹象。旧伤未愈的欧洲人回首罗马废墟，心悸犹存，于惶恐之中再次寻找理性制约。在新的理性文化思想尚未诞生的情况下，他们不得不再次匍匐于基督教思想的脚下。我们可以从文艺复兴后期莫尔、塞万提斯、莎士比亚的作品中体验到这种对原欲型文化的刻意回拨。文艺复兴是西方文化模式的重组时期，新的价值取向与精神内蕴使得西方社会的人文传统既吸纳了古希腊—古罗马文学的世俗人本意识，也囊括了希伯来—基督教的宗教人本思想，从而完成了"放纵原欲—禁锢人性—释放人性—原欲泛滥—理性回拨"之人文精神的转换。至此，西方完整意义上之"人文主义"思想积淀成型，它指引着其后数百年西方社会价值观的波动与变迁。

理性主义时期是西方文艺复兴向启蒙思想过渡的重要时期，自然科学的突飞猛进将彼岸世界的上帝从世俗世界彻底驱逐。然而，面对肉欲横溢、道德失范的社会现实，西方人于惶恐之中迫切寻找世俗社会中的"上帝"，企图以"皇权"代替"神权"，来抵御原欲中蠢蠢欲动的"撒旦"。对理性与秩序的渴望使得国家利益、集体利益被幻化为至高无上的地位，对政治理性的追逐亦上升到前所未有的高度。体现在文学作品上，主要出现了英国的清教徒文学与法国的理性主义文学。前者提出了以"因信称义"为核心思想的宗教改革；后者则着重对个人义务与群体责任进行强调。此时的刑法思想中，"契约论"逐渐成形。无论是格劳秀斯、斯宾诺莎还是霍布斯与洛克，其"契约思想"中均包含以下三个要素：其一，公民自愿订立了"理性契约"；其二，契约中权利的保存者与保护者是君主；其三，犯罪行为是对社会整体利益的破坏与侵犯。契约论的生成与人之本性密切相关，其理论假设前提是"人性本恶"而导致的自然社会的无序状态。由于人性固有的原恶，人类若想获得平静、安定的生活秩序，就必须以理智战胜情感、个人欲望服从于群体、国家、民族利益。这样，以个人义务、群体责任以及国家利益为核心的刑法思想逐渐萌芽、发展，强调以皇权代替教权，群体理性代替个体纵欲,成文法代替习惯法,刑法观念由宗教走向世俗。

启蒙思想时期,启蒙思想家的"理性"以天赋人权为理论核心,主张自由、平等、博爱,提倡教育与科学,这种"理性"根本上不同于17世纪崇尚君主王权和封建伦理的"理性主义"。启蒙思想文学是对"王权崇拜"狂热心理的反拨,体现着人类对彻底摆脱蒙昧、张扬人智、获取自由的追求与渴望。一批代表资产阶级利益的思想家,大力抨击阻碍资本主义发展的封建专制制度,批判中世纪以来身份的、擅断的、残酷的、神学的刑法,提出民主、自由、平等、天赋人权等口号,宣传从人性论出发的自然法,力图将刑法从皇权束缚下解放出来;倡导理性主义与功利主义,刑事古典学派得以创立。刑事古典学派所提出的人类意志自由、社会契约理论、刑法与宗教分离、罪刑法定、客观主义、罪刑均衡、报应刑罚观等法学思想至今被西方刑法学奉为圭臬。但是,启蒙学者高举理性大旗,鼓舞与引导人们去探索、发现自然,解决当下的生存问题,却忽视了对人生的终极意义以及信仰、伦理与道德问题的思考。这种轰轰烈烈的科学启蒙运动背后的隐形人文缺失,已经引发了一些目光更为深邃、感触更为敏锐的启蒙学者的检讨与反思,包括卢梭、狄德罗、伏尔泰、孟德斯鸠等,他们的法学、哲学思想著作与文学作品中所表述的思想并不一致。在文学中,他们流露出更多的对启蒙理性带来的功利主义与价值低迷等负面结果的深切忧虑。总之,18世纪的启蒙运动实质上是"个性主义"的回归,是文艺复兴早期原欲型人本主义的延伸与发展。不同的是,文艺复兴时期的人本主义侧重人的感性欲望,启蒙运动时期的个性主义则强调人的智识。同样,正如文艺复兴末期的刑法思想最终走向世俗人本主义与宗教人本主义相融合的道路,启蒙运动后期的刑法思想亦包容着理性精神与宗教信仰的双重取向。

法国大革命之后,启蒙理性遭到质疑,理性主义与现实之间的差异使得西方人的目光从启蒙运动时期对外在世界的关注,逐步转向对内心宇宙的检视。人文思想由客观转向主观、由理性向感性退缩,浪漫主义思潮诞生。与此种思潮对应,这一时期的刑法思想亦一改启蒙思想时期所追寻的纯粹的"客观主义",开始向"主观主义"迈进，注重探索行为人的精神世界，并尝试将主观与客观统一于近代刑法学体系的建构之中。无论是黑格尔以"绝对观念"为原点派生出的罪罚本质观，还是费尔巴哈以"心理强制说"为中心建立的刑罚论体系，或是边沁以"人之趋乐避苦的潜意识"为基础创立的立法原则，均将对行为主体内心世界的探索与规训提升到前所未有的高度。他们一方面继续坚持启蒙刑法学者的客观主义犯罪观与刑罚观，另一方面积极开拓刑法思想研究的主观主义疆域，赋予该时期刑法思想以崭新的内涵，为近代西方刑法的理论体系勾勒出初步轮廓。

19世纪，资本主义迅猛发展，人们对自然科学的崇拜与物质财富的追逐达到空前狂热的状态，"科学与理性"将上帝彻底驱逐出人类精神世界。由于自然科学的发达、学科方法论的推广，无论是文学还是刑法学均开始采用实证方法进行研究，思想整体向排斥价值判断色彩的客观主义倾斜。西方出现自然主义文学，主张用实验方法进行写作，强调绝对的客观性与真实性；刑法学领域，刑事实证学派诞生。实证学派包括人类学派与社会学派两个分支。前者完全运用自然科学观点与方法对犯罪与刑罚进行剖析，特别注重罪犯的生物学因素；后者则认为社会环境是人类个体实施犯罪行为的决定性因素。二者均对启蒙思想学者意志自由论产生怀疑，认为人的意志由生物学与社会学等领域的诸多因素决定，主张对犯罪原因进行多层次、广角度的考察，研究重心亦由犯罪行为向犯罪行为人过渡，刑罚则由报应刑向目的刑、教育刑转变。

进入20世纪，两次世界大战给人类带来空前的灾难，人类相互残杀的惨烈现实摧毁了人们对科学与理性、自由与民主的全部幻想。西方人普遍存在因高度的"科学理性"与"物质文明"带来的深刻异化感与危机感，再一次感受到现实生存空间的非理性与荒诞性。西方现代主义文学将理智与情感、禁欲与原欲、灵与肉、善与恶、罪与罚等二元对立的人文母题推向纵深，悲观主义与虚无主义盛行。20世纪50年代以后的信息时代，传统社会道德与价值观念受到全面质疑与挑战，人类社会步入多元文化并存时期，西方社会秩序与文化观念进一步发生重大变化，各种文明观念规范着不同族群的心理机制与行为模式。西方文学击碎了数百年来的统一流派模式,流派间的显著特征逐渐退隐,文学作品亦由传统的宏观叙事模式分裂为碎片式、私语式,从不同角度与相异旨趣出发,塑造着每个人心目中不同的"罪恶"与"救赎"图景。刑法思想层面,历经两次世界大战对人权与自由、民主的极端践踏,保障个人尊严与权利的重要性被重新认识,罪刑法定主义与刑法的程序正义得到应有的强调。此背景下孕育出多维共竞的刑法思想,刑法各学派间的理论开始妥协、折中与融合,重视刑事诸科学的协调与合作:安塞尔的新社会防卫论与格拉马蒂卡的激进社会防卫论相互抗衡;韦尔策尔的目的行为论试图取代传统的因果行为论;在道义责任论与社会责任论长期对峙的格局中产生了具有折中色彩的人格责任论;由李斯特创立、耶塞克继承并发展的刑事诸科学协调合作的设想亦得到普遍重视。刑事政策方面,出于对个体生命的尊重,国际刑法学界开始对死刑的存废予以关注;对刑法谦抑思想的广泛认同与对异元文化的理解包容使得犯罪圈在世界范围内呈缩小趋势,同性恋、吸毒、卖淫、安乐死、堕胎、通奸、非自然性行为等基于人类道德、宗教层面的犯罪被逐渐清理出犯罪圈。传统刑法思想所蕴含的人文观念面临又一次的价值重塑,西方刑法学也因此进入多元观念之间全面冲撞、竞争、融合的新时代。

通过对西方文学与刑法思想的对比考察,我们发现,西方刑法思想的发展轨迹与作为社会人文精神载体之一的西方文学作品完美契合——西方文学作品对人类社会实然、应然状态的关注,时间上总是与相关刑法思想理论的形成大致同步,甚至在更多时候先于刑法意识的觉醒。至此,我们也许可以对初始的困惑作出较为客观的解释——进入启蒙时代,西方刑法学家秉持着自由、平等、民主之精神向世界大声宣称"刑法的理想状态应当如此";而同时期乃至先前数千年的文学作品却默默地诠释着"刑法的理想状态为何如此",以及"如此理想"的刑法思想是历经了怎样艰难曲折的过程才凝练而成的。文学作品在细腻刻画人之本性的同时,也深刻揭示了人类的意志、行为与社会控制之间的紧张关系。它们或隐含着特定时代人们对刑法现象之古朴性的思考,或刻录着特定时期刑法思想的丰富信息;它们既反映了世俗社会对静态刑法规范与动态刑事司法的感性认识,又积淀着刑法制度在世俗社会中得以运行的心理基础。历史发展的链条是环环相扣的，不是随机事件的无序堆积。西方刑法思想的孕育、发展与进化，有着深厚的文化底蕴的支撑。西方文明的两大源头，古希腊—古罗马文明和古希伯来—基督教文明，是一切西方刑法思想的逻辑原点；而"放纵原欲、肯定个体生命价值的世俗人本意识"以及"抑制原欲、强调群体本位的宗教人本思想"则界定了西方刑法思想的进化框架。需要注意的是，在每一个历史发展阶段，文学思想都有一定的反复，亦即在世俗人本主义与宗教人本主义之间来回摆动，发展到某一精神的极限后，必然会有一定程度的回拨；而刑法学思想却保持着从主观主义走向客观主义、再到主观主义的发展趋势，越重视个体价值、越鼓励多元化发展、越提倡价值共融，刑法理论与刑事政策就越向主观方面倾斜。这种世俗人本主义与宗教人本主义之间存在的自相矛盾之尴尬，也正彰显了西方传统文化所包蕴的辩证主义内核。正是这种矛盾的文化心理，使我们看到了被否定、被批判、被解构的旧有文化体系中，隐含着合理的、必然的、新文化重构所不可缺少的基因。

图书在版编目（CIP）数据

法学与文学公开课. 来自原罪的规训 / 刘春园著. — 北京：北京大学出版社，2023.9
ISBN 978-7-301-33845-2

Ⅰ.①法… Ⅱ.①刘… Ⅲ.①法学－研究 ②世界文学－文学研究 Ⅳ.① D90 ② I106

中国国家版本馆 CIP 数据核字（2023）第 047842 号

书　　　名	法学与文学公开课：来自原罪的规训 FAXUE YU WENXUE GONGKAIKE:LAIZI YUANZUI DE GUIXUN
著作责任者	刘春园　著
责 任 编 辑	田鹤
标 准 书 号	ISBN 978-7-301-33845-2
出 版 发 行	北京大学出版社
地　　　址	北京市海淀区成府路 205 号　100871
网　　　址	http://www.pup.cn　http://www.yandayuanzhao.com
电 子 信 箱	yandayuanzhao@163.com
新 浪 微 博	@ 北京大学出版社　@ 北大出版社燕大元照法律图书
电　　　话	邮购部 010-62752015　发行部 010-62750672　编辑部 010-62117788
印 　刷　者	北京九天鸿程印刷有限责任公司
经 　销　者	新华书店
	880 毫米 ×1230 毫米　32 开本　15.125 印张　457 千字 2023 年 9 月第 1 版　2023 年 9 月第 1 次印刷
定　　　价	89.00 元

未经许可，不得以任何方式复制或抄袭本书之部分或全部内容。
版权所有，侵权必究
举报电话：010-62752024　电子信箱：fd@pup.pku.edu.cn
图书如有印装质量问题，请与出版部联系，电话：010-62756370